Alexander Jendorff
Der Tod des Tyrannen

bibliothek
altes Reich
baR

Herausgegeben von
Anette Baumann,
Stephan Wendehorst
und
Siegrid Westphal

Band 9

Alexander Jendorff

Der Tod des Tyrannen

Geschichte und Rezeption
der Causa Barthold von Wintzingerode

Oldenbourg Verlag München 2012

Gedruckt mit Unterstützung des
Förderungs- und Beihilfefonds
Wissenschaft der VG WORT

Bibliografische Information der Deutschen Nationalbibliothek

Die Deutsche Nationalbibliothek verzeichnet diese Publikation in der Deutschen Nationalbibliografie; detaillierte bibliografische Daten sind im Internet über http://dnb.d-nb.de abrufbar.

Rosenheimer Straße 145, D-81671 München
Tel: 0 89 / 4 50 51-0
www.oldenbourg-verlag.de

Umschlagentwurf: hauserlacour
Konzept und Herstellung: Karl Dommer
Satz: primustype Hurler, Notzingen
Druck und Bindung: Memminger MedienCentrum, Memmingen

ISBN 978-3-486-70709-0

Inhalt

Vorwort

Die Drucklegung des vorliegenden Manuskripts hat sich einige Zeit hingezogen. Kurz nach der Habilitationsschrift eine weitere Studie veröffentlichen zu können, ist auch jenen zu verdanken, die in den letzten Monaten intensiv an der inhaltlichen und formalen Redaktion mitgewirkt haben. Dies gilt insbesondere für Frau Prof. Dr. Dr. h.c. Heide Wunder und Herrn Dr. Dieter Wunder sowie – einmal mehr – Herrn Prof. Dr. Holger Th. Gräf, Frau Dr. Andrea Pühringer und Herrn Dr. Steffen Krieb, die das Manuskript in unterschiedlichen Bearbeitungsstadien gelesen, kritisiert und mir damit vielfach ‚auf die Sprünge' geholfen haben. Mein Dank gilt auch der Familie von Wintzingerode und ihren verschiedenen Zweigen – namentlich Herrn Dr. des. Heinrich Jobst Graf von Wintzingerode –, die sehr unkompliziert mehrere Bilder ihrer Ahnen zur Verfügung stellten. Zu erwähnen sind auch die Herren Dr. Jörg Brückner und Dr. Christoph Volkmar vom Landeshauptarchiv Sachsen-Anhalt (Abteilung Magdeburg / Standort Wernigerode), die mit ihrem Rat und ihrer archivischen Hilfe stets zur Stelle waren. Zu Dank verpflichtet bin ich zudem und sehr gerne den Herausgebern der Reihe *bibliothek altes Reich* – namentlich Frau Prof. Dr. Anette Baumann und Herrn Dr. Stephan Wendehorst – sowie Frau Dr. Julia Schreiner, die die Betreuung seitens des Verlages übernahm.

Die archivalischen Zitate wurden vorsichtig normalisiert, wobei die Groß- und Kleinschreibung erhalten blieb, dafür gelegentlich „u" und „v" gegeneinander vertauscht und um der besseren Verständlichkeit willen manche Kommata gesetzt wurden.

Gießen, am Festtag der Hl. Lucia von Syrakus 2010

I. Ein Mordprozess und seine Wahrnehmungen

Am 22. September 1575 fand auf dem Mainzer Tiermarkt ein spektakuläres Schauspiel statt: Gegen einen Adeligen – den eichsfeldischen Ritter Barthold von Wintzingerode – wurde das Todesurteil mit dem Schwert vollstreckt. Nur kurz zuvor war er vom Mainzer Stadtgericht unter dem Vorsitz des Hofrichters Heinrich von Selbold wegen Mordes an dem Förster Arnold Geilhausen zum Tode und zur Übernahme der Gerichtskosten von 6000 Goldgulden verurteilt worden. Nicht allein die Tatsache, dass es diesen Prozess gegeben hatte, auch dessen Umstände – die Wahl des Gerichtsortes, der Ablauf des Verfahrens, die schnelle Hinrichtung, die zahlreich anwesende ‚Freundschaft' Bartholds – gaben dem Prozess und seinem Ausgang einen außergewöhnlichen Charakter. Dies empfanden Freunde wie Gegner des Eichsfelder Ritters gleichermaßen; und von beiden Personengruppen gab es viele. Schon die Verhaftung Bartholds auf seiner Stammburg Bodenstein mutete spektakulär, sogar sensationell an. Jedenfalls hatte sie einen Augenzeugen – den Jesuitenpater Thyraeus, damals Provinzial der rheinischen Ordensprovinz – emotional tief berührt, ja geradezu in Verzücken versetzt. „Auch wurde dieses Land", so schrieb er nach Rom, „durch unseren sehr verehrten Erzbischof von einem großen Tyrannen befreit. [...] Dies erweckte so sehr mein Mitgefühl, dass ich die Tränen nicht zurückhalten konnte."[1] Nach der Erstürmung des Boden-

[1] „Fuit patria haec quoque liberata magno tyranno per Rmum archiepiscopum nostrum. [...] Adeo haec me misericordiae opera commoverunt, ut lachrymis me cohibere non possem."; *Wilhelm E. Schwarz* (Hg.), Die Nuntiatur-Korrespondenz Kaspar Groppers nebst verwandten Aktenstücken (1573–1576) (Quellen und Forschungen aus dem Gebiete der Geschichte 5), Paderborn 1898, Nr. 145: Schreiben des P. Thyraeus an einen Ordensbruder in Rom vom 16. August 1574, der weiter zu berichten wusste: „Nam postquam mulierem illam subditam huius tyranni liberasset christus salvator per patrem Lodovicem in die Sancti Petri et Pauli, Rmus media nocte armata manu per suos ministros (domi enim solus remanens princeps Domino commendabat, et nos monebat quo rem, quam occulto et nocturno tempore tentarat, etiam precibus nostris domino commendaremus, etiam ut sine sanguinis effusione suum sortiretur effectum) arcem quandam invasit, atque nobilem potentem multorum facinorum perpetratione celebrem, et imperatori, principibus nobilibus, et maxime subditis ingratissimum virum una cum omnibus ministris coepit, quem postea cathenis ferreis ligatum misit ad arcem, quam in Steiorem habet, patria universa triumphum cantante. Nam adeo infensi illi omnes erant, ut in minutissimas partes eum viri nobiles et ignobiles distraxissent manibus suis, nisi militum eqitumque armatorum potestas furorem eorum repressisset, quae res magnam Rmo archiepiscopo et benevolentiam apud omnes conciliavit, et impiis malisque terrorem incussit, quia iam conati fuerant, et alii domini eundem capere, sed non potuerant, nec erat qui posset eum compescere. Nunc enim dicebat, se Saxoniae ducibus subici, nunc Moguntino, nunc aliis, atque ita impune quasi sine magistratu vivens cunctis nocebat. Nomen eius fuit Beltoldus Von Wintzingerodt. Habuit plurimos equites captivos. Dimiserunt, quos in eius arce detinebat, qui postea in curru propter compedes carceris flexis genibus publice venerunt

steins und seiner Gefangennahme sei der – bei Kaiser, Fürsten und Untertanen verhasste – Tyrann in eisernen Ketten und unter dem Jubel des ganzen Vaterlandes eingekerkert worden. Der Jubel sei so groß gewesen, weil dieser Adelige allen feindlich gesonnen gewesen sei, und wenn er nicht von den Wachen des Mainzer Kurfürsten geschützt worden wäre, hätten ihn Adelige wie Nicht-Adelige mit eigenen Händen in Stücke gerissen. Wegen der Verhaftung Bartholds sei dem Kurfürsten von allen Seiten großes Wohlwollen entgegen gebracht worden: von Seiten der Untertanen, weil sie von furchtbaren Schrecken befreit worden seien, von Seiten der Fürsten und Herren, weil sie den Mann trotz aller Versuche nicht hätten gefangen nehmen können. Barthold habe sich nämlich stets entziehen können, indem er sich geschickt mal als sächsischer, mal als Mainzer Untertan präsentierte, dabei aber letztlich ohne irgendeine Obrigkeit gehandelt habe.

Pater Thyraeus zeichnete ein Bild von Barthold von Wintzingerode, das ihn als einen allerorten verabscheuten Verbrecher wider die göttliche Ordnung und als einen ebenso gefürchteten Menschen stilisierte, der eine eigene, ungerechte Ordnung errichtet hatte. Die Schilderung und die Wortwahl des Paters müssen aufhorchen lassen, nicht zuletzt weil Jesuitenberichte aufgrund der ordensinternen Bedingungen durchaus als problematische Quellen gelten können.[2] Sie werfen jedenfalls Fragen nach den Gründen für diese Art der Darstellung und der Wertung der Ereignisse auf, zumal der Autor dem Mainzer Erzbischof zwar nahestand, aber doch auch ganz eigene ordens- und regionalpolitische Interessen verfolgte. Was war der Auslöser für die Erstürmung und die Gefangennahme gerade an St. Peter und Paul – dem 29. Juni, dem Tag der christlichen Apostelfürsten, auf die – jedenfalls bei dem Hl. Petrus – die katholische Kirche seit jeher die Legitimität der päpstlichen Sukzession des römischen Bischofs stützt? War der Jubel wirklich allgemein und wie sehr hassten die Menschen den Gefangenen? Welche Rolle spielten die Jesuiten in diesem Geschehen? Warum wurde diesem Spektakel und dem Hingerichteten – einem protestantischen Adeligen, der auf dem teilweise protestantisch gewordenen Eichsfeld mit seinen einflussreichen Adeligen lebte – überhaupt solche Aufmerksamkeit des Jesuitenpaters und seiner Zeitgenossen zuteil und welche Konsequenzen besaßen die Ereignisse? Zog sein Tod die konfessionelle Säuberung oder gar die Degradierung des Adels auf dem Eichsfeld nach sich? Schließlich nicht zu vergessen: Warum hatte – unbestreitbar und selbst vom Täter unbestritten – Barthold von Wintzingerode das Opfer eigentlich getötet?

Heiligenstadium, et inspectante laetanteque omni populo gratias pro liberatione Rmo principi egerunt".

[2] Vgl. *Ludwig Remling*, Fastnacht und Gegenreformation in Münster. Diarien, Chroniken und Litterae annuae der Jesuiten als Quellen, in: Jahrbuch für Volkskunde 5 (1982), S. 51–77, hier S. 53–58.

Bartholds Leben und Sterben interessierte allerdings nicht nur seine Zeitgenossen, sondern mit erheblichem zeitlichen Abstand auch spätere Generationen, und zwar so sehr, dass sie dreihundert Jahre nach seiner Hinrichtung über sein Handeln vehement stritten. Warum maßen Adelige, Pfarrer, Beamte und Lehrer im 19. Jahrhundert der Verhaftung, Verurteilung und Hinrichtung des Ritters, der in seinem siebzigjährigen Leben eine für seine Zeit typische – also unter anderem von Selbstbehauptung, Gewaltkultur und Fürstendiensten geprägte – niederadelige Existenz geführt hatte, solche Bedeutung zu? Was machte Barthold zu einem „Tyrannen", dessen Beseitigung seine Zeitgenossen angeblich wünschten? Oder umgekehrt: Fühlte sich Bartholds Umfeld – wie manche moderne Interpretatoren meinten – wirklich von seinen Überzeugungen, seinen Wünschen oder gar seinem Charisma angezogen oder vereinnahmten ihn später lebende Dritte lediglich für ihre eigenen Interessen?

Demnach sind an dieser Stelle nicht Fragen nach Schuld oder Unschuld, nach kriminellem Verhalten oder moralischem Versagen, ebenso wenig die Richtigkeit bestimmter historiographischer Sichtweisen relevant. Selbst das Schicksal des Barthold von Wintzingerode oder die Geschichte des Eichsfeldes erscheinen genau genommen nachrangig. Vielmehr interessiert, was von den mittelbar und unmittelbar Beteiligten dieser Geschichte und ihrer Verarbeitung als *wahr* begriffen und vermittelt wurde. Es handelt sich bei der Causa Barthold von Wintzingerode also nicht um eine, sondern um mehrere Geschichten, die sich aus den unterschiedlichen Quellen – aus den Prozessakten, aus der Berichterstattung und aus der Geschichtsschreibung – rekonstruieren lassen und die jeweils zu entschlüsseln sind. Im Fokus stehen daher jene Geschichten, die sich an die Rechtscausa anlagerten, mit ihr verbunden waren und sich von ihr ableiteten.

Die Überlieferung und Erzählungen der Geschichte des Barthold von Wintzingerode dürfen in mehrerlei Hinsicht exemplarischen Charakter für die Konstruktion und Rekonstruktion politisch-sozialer Vorgänge in Vergangenheit und Gegenwart beanspruchen. Sie erscheinen wie ein Lichtstrahl, der historische Abläufe, zeitgebundene Interessen und übergreifende Strukturen auf verschiedenen Handlungsebenen bündelte. Um sie sichtbar zu machen, muss dieser Lichtstrahl durch ein Prisma moderner Forschungsfragen gelenkt werden. Die dann erkennbaren Spektralfarben spiegeln sich in drei Kernthemen wider:

Das erste Kernthema betrifft die Frage, wie Politik am Beginn der Frühen Neuzeit – also im Übergang vom Spätmittelalter zur Moderne – betrieben wurde, welche Faktoren und Komponenten in das Handeln der politischen Akteure einflossen und welche Vorstellungen diese Akteure von ihrem Handeln und vom Begriff des Politischen besaßen. Damit wird das Feld der politischen Kultur, ihrer Begriffe sowie der Bedingungen und der Gestaltung von Herrschaft auf unterschiedlichen Ebenen bearbeitet. Hierbei gilt es, nicht nur die Interessen und Motive der Akteure zu verstehen, sondern auch ihr Argumentationsvokabular zu dechiffrieren. Die Rolle des Adels und des Landesherrn wird dabei insbesondere zu beleuchten sein, weil sie in dieser Transformationsphase hinsichtlich ihres Selbstverständnisses und ihrer Handlungsoptionen nachhaltig von Wandlungsprozessen betroffen waren.

Als zweites Kernthema gilt es, den Blick dafür zu schärfen, was adeliges Selbst- und Fremdverständnis im frühneuzeitlichen Alten Reich ausmachte, d.h. was als Komponenten solcher Adeligkeit – zum Beispiel Ehre, Freiheit, Freundschaft, Recht – definiert wurde und wer sie definierte, welche Handlungsspielräume die adeligen Akteure besaßen und wie sie diese interpretierten. Hierbei ist auszuloten, ob und inwiefern sie sich dem Neuen verweigerten oder es ihren Interessen anpassten und zu nutzen verstanden, was für sie wichtig oder unwichtig war. War ihr Handeln überhaupt reaktionär, wie es deutsche Historiker noch vor wenigen Jahrzehnten annahmen, oder nicht vielmehr zeittypisch auch für andere Sozialgruppen? So soll neben der Frage nach dem Verhältnis ‚des Adels' zum ‚Staat' – im Mittelalter: des adeligen Vasallen zum fürstlichen Lehnsherrn, in der Frühen Neuzeit: des landsässigen Niederadeligen zum Landesherrn – auch interessieren, welchen Normen das Verhältnis der Adeligen untereinander folgte, welche Freiräume – bspw. im Rahmen von Fehdeführung – man dem Einzelnen einräumte, welche Verbindlichkeit die von der Gruppe definierten und die Gruppe selbst definierenden Normen besaßen und mit welcher Sprache sie vermittelt wurden. All diese Aspekte werden nicht nur mit Blick auf die Gegenwart des Barthold von Wintzingerode, sondern auch auf deren Reformulierung im 19. Jahrhundert behandelt, mithin also mitteleuropäische Adelskultur in langer Sicht untersucht.

Denn es gilt schließlich als drittes Kernthema die Frage zu untersuchen, wie die Nachwelt – die unmittelbare Nachwelt, aber auch spätere Nachfahren des Hingerichteten, historisch interessierte Dritte, verschiedene Historikergenerationen – die Erinnerung an Barthold von Wintzingerode gestaltete. Zusammen mit der Untersuchung der Rezeptionsgeschichte wird entsprechend die Bedeutung von Erinnerung für die Erinnernden problematisiert werden müssen. Diese Erinnerungsdimension ist ebenfalls eng mit dem adelsgeschichtlichen Kernthema verbunden. Sie berührt dann aber auch die Frage, wie nicht-adelige Personen – der katholische Pfarrer, der Lehrer, der Beamte – die Causa Barthold von Wintzingerode verstanden. Somit sind die unterschiedlichen Blickwinkel auf die in den Quellen aufscheinende Geschichte herauszuarbeiten, ihre Gebundenheit an zeitgenössische Herausforderungen aufzuzeigen und auf diese Weise die verschiedenen Erzählstränge dieser Geschichte zu entschlüsseln.

Für die Problematisierung und Analyse dieser drei Kernthemen – Herrschaft, Adeligkeit und Erinnerung im Kontext sozialer Interaktion, Kommunikation und vielfältigen Wandels – werden nach einer notwendigen Skizzierung der derzeitigen Forschungsansätze zunächst diejenigen Strukturen aufgezeigt, die den Handlungsrahmen für Bartholds niederadelige Existenz und sein Handeln boten. Anschließend wird sein Handeln im Vorfeld seiner Gefangennahme dargestellt, bevor das Mainzer Prozessgeschehen – d. h. die beteiligten Akteure, der Verlauf, die juristischen und politisch-sozialen Argumente sowie der Ausgang – analysiert werden. Die mittel- und langfristigen Konsequenzen und Effekte des Prozesses werden in einem eigenen Abschnitt behandelt. Schließlich wird in einem letzten Kapitel die Frage erörtert, warum das Leben und der Prozess eines über mehrere Jahrhunderte hinweg vergessenen, von einigen Zeitgenossen als „Tyrann" stigmatisierten Niederadeligen gerade im 19. Jahrhundert für seine Nachfahren wichtig und auf dem Eichsfeld zum Gegenstand einer erstaunlichen historiographischen Kontroverse wurde. Auch dies ist Teil der genannten Kernthemen: Herrschaft und Adeligkeit lebten und leben immer noch von ihrer Erinnerung und Erzählung in unterschiedlichen Kontexten, d. h. von den Interessen der jeweiligen Zeitgenossen und ihrem Bestreben, sie ins rechte Licht zu rücken, um sie für die Gegenwart instrumentalisieren zu können.

Historische Wahrheit ist insofern stets nur erinnerte und bereits reflektierte Vergangenheit. Solcherlei Erinnerung birgt eine entsprechende Quellenproblematik in sich. Die Dekonstruktion dieser Geschichte und ihrer Erzählung erweist sich umso anspruchsvoller, als sich die Überlieferungssituation ambivalent darstellt. Denn einerseits liegen erstaunlich wenige Dokumente von Bartholds eigener Hand vor. Sie geben nur wenig über den Menschen preis. Dies gilt selbst für sein Testament aus dem Jahr 1568 oder die Briefe an seine Frau aus dem Steinheimer Gefängnis. Barthold von Wintzingerode wird als historische Persönlichkeit nicht vollends greifbar. Bessere Informationen liegen dagegen über viele seiner Zeitgenossen sowohl aus seinem engeren Umfeld als auch aus der Gruppe seiner Gegner vor. So ist es eine Aufgabe, die Hauptfigur im Gegenlicht zu beleuchten und zu begreifen, im Wesentlichen also durch Beschreibung der Personen seines Umfelds. Die damit verbundene Einordnung dieser Personen und ihrer Eigeninteressen erscheint umso notwendiger, weil die Quellen über ihn aus der Sicht eben jener Zeitgenossen und späterer Autoren zahlreich überliefert sind. Eine solche Quellensituation ermöglicht es folglich im Unterschied zu anderen älteren oder neueren Untersuchungen zu bestimmten Adeligen[3] nicht, eine Biographie dieses Adeli-

[3] Erwähnt seien an dieser Stelle lediglich *Otto Brunner*, Adeliges Landleben und europäischer Geist. Leben und Werk Wolf Helmhards von Hohberg 1612–1688, Salzburg 1949; *Brage Bei der Wieden*, Außenwelt und Anschauungen Ludolf von Münchhausens (1570–1640) (Niedersächsische Biographien 5), Hannover 1993; *Thomas Winkelbauer*, Fürst und Fürstendiener. Gundaker von Liechtenstein, ein österreichischer Aristokrat des konfessionellen Zeitalters (Mitteilungen des Instituts für Österreichische Geschichte, Ergänzungsband 34), Wien/München 1999; *Sven Rabeler*, Niederadlige Lebensformen im späten Mittelalter. Wilwolt von Schaumburg (um 1450-1510) und Ludwig von Eyb d. J. (1450–1521) (Veröffentlichungen der Gesellschaft für fränkische Geschichte IX/53), Würzburg 2006, insbesondere S. 15–21, 429–424; *Bernd Roeck/Andreas Tönnesmann*, Die Nase Italiens. Federico da Montefeltro, Herzog von Urbino, Berlin ^{2}2007; *Wolfgang Reinhard*, Paul V. Borghese (1605–1621). Mikropolitische Papstgeschichte (Päpste und

gen zu schreiben. Die Quellenlage macht es aber möglich, sein Verhalten und das Relationsfeld seines Handelns darzustellen, zu analysieren und in übergeordnete Sinnzusammenhänge zu stellen.

In anderer Hinsicht stellt sich die Quellenlage für einige Aspekte und Forschungszusammenhänge als überaus positiv dar. So beklagt die neuere Fehde-Forschung nicht selten den Mangel an Quellenbeständen, die eine differenzierte Einsicht in soziale Interaktionen und Logiken von Akteuren des gewaltsamen Konfliktaustrags ermöglichen. Die Causa Barthold von Wintzingerode stellt insofern eine für beinahe alle Phasen des Geschehens erfreuliche Ausnahme dar. Die aktenmäßige Überlieferung könnte diesbezüglich kaum besser sein, selbst wenn sich an sensiblen Stellen gewisse Überlieferungslücken zeigen. Durch die Deponierung des wintzingerodeschen Hausarchivs und durch die Lagerung der Aktenbestände der Kurmainzer Regierung zu Heiligenstadt am Wernigeroder Standort des Landeshauptarchivs Sachsen-Anhalt ist allerdings eine Parallelüberlieferung gegeben, die eine Analyse des Geschehens aus mehreren Blickwinkeln zulässt. Sie kann darüber hinaus durch Bestände weiterer Archive ergänzt werden. Diese erfreuliche archivalische Überlieferungslage wird durch die intensive historiographische Rezeption des Falls im 19. und beginnenden 20. Jahrhundert ergänzt. Dies erst ermöglicht es heute, anhand der Causa Barthold von Wintzingerode langfristigen Entwicklungen im Verständnis von Recht, Herrschaft und Adeligkeit und im Hinblick auf die Akteure, Kontexte, Strukturen und Instrumente von Kommunikation über politisch-soziale Normen nachzugehen.[4] Durch eine derartige Verknüpfung von Adelsgeschichte und dem Konzept politischer Kommunikation eröffnet sich die Chance, nach Kontinuitäten, Wandel und Brüchen in der (alt-)

Papsttum 37), Stuttgart 2009. Zur Forschungsproblematik des biographischen Ansatzes im Kontext sozialgeschichtlicher Fragestellungen vgl. *Hans Erich Bödeker*, Biographie. Annäherungen an den gegenwärtigen Forschungs- und Diskussionsstand, in: ders. (Hg.), Biographie schreiben (Göttinger Gespräche zur Geschichtswissenschaft 18), Göttingen 2003, S. 9–63. Theorie- und methodenkritisch zur Problematik des Verhältnisses zwischen individueller Biographie, adeliger Kollektivität und ihrer Historiographie: *Markus Reisenleitner*, Wege zum Adel – Theoretische Zugänge zur Kultur einer Elite, in: Frühneuzeit-Info 1 (1990), S. 28–37.

4 Zum Forschungskonzept der politischen Kommunikation sowie ihren wissenschaftsgeschichtlichen und -theoretischen Hintergründen vgl. *Luise Schorn-Schütte*, Politische Kommunikation in der Frühen Neuzeit: Obrigkeitskritik im Alten Reich, in: GG 32 (2006), S. 273–311; *dies.*, Kommunikation über Politik im Europa der Frühen Neuzeit. Ein Forschungskonzept, in: Jahrbuch des Historischen Kollegs 2007, S. 3–36; *dies.*, Historische Politikforschung. Eine Einführung, München 2006; *dies./Sven Tode* (Hg.), Debatten über die Legitimation von Herrschaft. Politische Sprachen in der Frühen Neuzeit (Wissenskultur und gesellschaftlicher Wandel 19), Berlin 2006; *Willibald Steinmetz*, Neue Wege einer historischen Semantik des Politischen, in: ders. (Hg.), „Politik". Situationen eines Wortgebrauchs im Europa der Neuzeit (Historische Politikforschung 14), Frankfurt am Main/New York 2007, S. 9–40; *Günther Lottes*, „The State of the Art". Stand und Perspektiven der „intellectual history", in: Frank-Lothar Kroll (Hg.), Neue Wege der Ideengeschichte. FS Kurt Kluxen, Paderborn/München/Wien/Zürich 1996, S. 27–45.

europäischen Gesellschaftsgeschichte zu fragen. Zugleich lässt es die Modi und Hintergründe der Rekonstruktion von Geschichte – also das Werden von Geschichtsbildern – besser verständlich werden.

Bei diesen Bemühungen stützt sich die nachfolgende Untersuchung in nicht unerheblichem Ausmaß auf Gerichtsakten. Seit kurzem sind als Folge der Verschmelzung zweier Forschungsrichtungen – der Historischen Kriminalitätsforschung und der Adelsforschung[5] – die von Adeligen und gegen Adelige geführten Gerichtsprozesse verstärkt ins Blickfeld gerückt. Bei der Benutzung solcher Prozessakten – gerade von Protokollen des Zeugenverhörs – ist allerdings größte Vorsicht geboten.[6] Denn so verführerisch solche

[5] Zur Historischen Kriminalitätsforschung vgl. *Richard van Dülmen*, Theater des Schreckens. Gerichtspraxis und Strafrituale in der frühen Neuzeit, München ^{2}1988; *Gerd Schwerhoff*, Köln im Kreuzverhör. Kriminalität, Herrschaft und Gesellschaft in einer frühneuzeitlichen Stadt, Bonn / Berlin 1991; *ders.*, Aktenkundig und gerichtsnotorisch. Einführung in die Historische Kriminalitätsforschung (Historische Einführungen 3), Tübingen 1999; *Joachim Eibach*, Kriminalitätsgeschichte zwischen Sozialgeschichte und Historischer Kulturforschung, in: HZ 263 (1996), S. 681–715; *Thomas D. Albert*, Der gemeine Mann vor dem geistlichen Richter. Kirchliche Rechtsprechung in den Diözesen Basel, Chur und Konstanz vor der Reformation (Quellen und Forschungen zur Agrargeschichte 45), Stuttgart 1998; *Peter Schuster*, Eine Stadt vor Gericht. Recht und Alltag im spätmittelalterlichen Konstanz, Paderborn / München / Wien / Zürich 1999; *Andreas Blauert / Gerd Schwerhoff* (Hg.), Kriminalitätsgeschichte. Beiträge zur Sozial- und Kulturgeschichte der Vormoderne (Konflikt und Kultur – Historische Perspektiven 1), Konstanz 2000; *Margarete Wittke*, Mord und Totschlag. Gewaltdelikte im Fürstbistum Münster 1580–1620. Täter, Opfer und Justiz (Veröffentlichungen der Historischen Kommission für Westfalen XXII; Geschichtliche Arbeiten zur westfälischen Landesforschung 21), Münster 2002, insbesondere S. 163–235 zur Nutzung der Jurisdiktion durch den Adel. Zum Forschungskomplex ‚Adel vor Gericht' vgl. *Armand Maruhn*, Prozesse niederadeliger Grundherren gegen Dorfgemeinden vor dem hessischen Hofgericht 1500–1620. Ein Beitrag zum Konzept der „Verrechtlichung sozialer Konflikte" in der Frühen Neuzeit, in: Eckart Conze / Alexander Jendorff / Heide Wunder (Hg.), Adel in Hessen. Herrschaft, Lebensführung und Selbstverständnis vom 15. bis ins 20. Jahrhundert (Veröffentlichungen der Historischen Kommission für Hessen 70), Marburg 2010, S. 269–291; *Christian Wieland*, Selbstzivilisierung zur Statusbehauptung. Untersuchungen zum Verhältnis von adligen Lebenswelten und Rechtssystem im 16. Jahrhundert am bayerischen Beispiel, in: GG 33 (2007), S. 326–349; *ders.*, Die Ausnahme in der Sprache des Allgemeinen. Bayerischer Adel und Gericht im 16. Jahrhundert, in: Walter Demel / Ferdinand Kramer (Hg.), Adel und Adelskultur in Bayern (ZBLG, Beiheft 32), München 2008, S. 107–135, mit weiterer Literatur.

[6] Zu den ambivalenten Chancen und Problemen der Auswertung von Prozessakten vgl. *Emmanuelle Le Roy Ladurie*, Montaillou. Ein Dorf vor dem Inquisitor 1294 bis 1324, Frankfurt am Main 1982; *Carlo Ginzburg*, Die Benandanti. Feldkulte und Hexenwesen im 16. und 17. Jahrhundert, (Turin 1966) Hamburg 1993, S. 7–16; *ders.*, Der Käse und die Würmer. Die Welt eines Müllers um 1600, Frankfurt am Main 1979, S. 7–20; *ders.*, Der Richter und der Historiker. Überlegungen zum Fall Sofri, Berlin 1991; *Wolfgang Behringer*, Chonrad Stoeckhlin und die Nachtschar. Eine Geschichte aus der frühen Neuzeit, München 1994; *Schwerhoff*, Aktenkundig, S. 61–68; *Anette Baumann / Siegrid Westphal / Stephan Wendehorst / Stefan Ehrenpreis* (Hg.), Prozeßakten als Quelle. Neue Ansätze zur Erforschung der Höchsten Gerichtsbarkeit im Alten Reich (Quellen und

Quellen sind, weil sie scheinbar unverfälscht über individuelle Sichtweisen und auch Empfindungen der Aussagenden Auskunft geben, so sehr gilt es ihnen zu misstrauen. Zum einen basieren sie auf der Absicht des aussagenden Akteurs, den Adressaten – Richter und Schöffen – aus taktischen Gründen seinen Interessen entsprechend zu lenken sowie die Sachverhalte und deren Bedeutung so darzustellen, wie er sie für richtig erachtete. Dies eröffnet bei konträren Aussagen im besten Fall die Chance, unterschiedliche Wahrnehmungsmuster, Normhorizonte und Vorstellungswelten zu analysieren. Sie müssen allerdings nicht zwangsläufig als kohärent angesehen werden. Zum anderen dürfen auch Prozessakten – zumal Gerichtsprotokolle – nicht als objektive Quellen gelten. Die in der Causa Wintzingerode herangezogenen Protokolle verzeichnen zwar Aussagen, in der Regel aber nicht die ebenso relevanten und für die Beurteilung einer Aussage wichtigen Details wie Gestik, Mimik oder Intonation des Aussagenden. So muss an dieser Stelle konstatiert werden: Vor Gericht wurde vieles gesagt, was andernorts nicht gesagt wurde. Der spätere Leser erfährt also vieles, was er durch ‚normale' Akten- oder Urkundenbestände nicht erfahren könnte. Im umgekehrten Fall gilt jedoch dasselbe: Vieles wurde aus prozesstaktischen Gründen verschwiegen, was andernorts gesagt wurde und gegebenenfalls überliefert ist. Der Prozess schafft demnach eigene Realitäten, auch weil er einen eigenen Akt in einem übergeordneten prozessualen Geschehen darstellt, der künstlich durch den Gang vor Gericht geschaffen wurde.

Im Zusammenhang mit dem Wert von Quellen gilt es schließlich, auf einen für die Beschäftigung mit Adelsgeschichte symptomatischen Aspekt hinzuweisen. Die Aufarbeitung dieser Causa wäre ohne die Überlieferung durch das Hausarchiv der Familie von Wintzingerode in dieser Form nur schwer möglich gewesen. Dieser Umstand wirft ein bezeichnendes Licht auf den Wert von Adelsarchiven und deren bislang von vielen Seiten – Historikern wie adeligen Familien – unterschätzten Wert für die Geschichtsschreibung.[7] Begreift man Adelsgeschichte ohne ideologische Vorbehalte, aber natürlich mit kritischem Bewusstsein als Teil der (alt-) europäischen Sozial-, Wirtschafts-, Kultur- und Herrschaftsgeschichte, erschließt sich zum einen sofort ihre Bedeutung für das Geschichtsverständnis. Zum anderen erschließt sich die Bedeutung der Adelsarchive. Sofern diese nicht über die Deponierung in

Forschungen zur Höchsten Gerichtsbarkeit 37), Köln/Weimar/Wien 2001, hier insbesondere der Beitrag von Ralf-Peter Fuchs; ausführlicher: *Ralf-Peter Fuchs/Winfried Schulze* (Hg.), Wahrheit, Wissen, Erinnerung. Zeugenverhörprotokolle als Quellen für soziale Wissensbestände in der Frühen Neuzeit (Wirklichkeit und Wahrnehmung in der Frühen Neuzeit 1), Münster 2006.

7 Vgl. *Andreas Hedwig/Karl Murk* (Hg.), Adelsarchive – zentrale Quellenbestände oder Curiosa? (Schriften des Hessischen Staatsarchivs Marburg 22), Marburg 2009. Die von *Reisenleitner*, Wege, S. 29, mit völligem Recht geäußerten Warnungen vor allzu großer, von Begeisterung ob des Materialumfangs getrübter Leichtgläubigkeit gegenüber Adels- und anderen Herrschaftsarchiven bleiben davon zweifellos unberührt.

staatlichen Archiven der interessierten wissenschaftlich-kritischen Öffentlichkeit zugänglich gemacht wurden, lagern sie nicht selten als Privatarchive verschlossen und nur schwer oder gar nicht benutzbar. Damit jedoch bleibt ein Stück europäischer Kultur und mit ihr ein Ausschnitt des europäischen Kulturverständnisses verborgen. Umgekehrt resultiert daraus die Verantwortung der interessierten Öffentlichkeit und insbesondere des Historikers im Umgang mit solchen Adelsarchiven und bei der Auswertung solcher Quellenbestände. Denn es handelt sich stets um das materielle Gedächtnis von Familien, die – bei allem internen Streit – über ein kollektives Gedächtnis verfügen, wie intensiv und divergent es auch immer ausgeprägt sein mag. Familiäre Identität definiert sich bei Adelsfamilien insbesondere über die Vergangenheit, was nicht gleichzusetzen ist mit einer vermeintlichen Rückwärtsgewandtheit der lebenden Zeitgenossen – ganz im Gegenteil. Die Thematisierung eines Familienangehörigen scheint insofern stets der Problematisierung der Familiengeschichte als Ganzer und mit Blick auf Gegenwart und Zukunft gleichzukommen.[8] Dies mahnt zur Vorsicht. Es entbindet selbstverständlich nicht von einem kritischen Umgang, muss aber mit Blick auf das Werden, die Konstruktion und die Komposition von Geschichtsbildern interessieren. Hier zeigt sich die Komplexität der Beschäftigung mit Adelsgeschichte: Die Causa, die im Folgenden untersucht wird, war ihrem rechtlich-politischen Gehalt nach eine Causa Barthold von Wintzingerode, nicht die der Gesamtfamilie, selbst wenn diese infolge der Ereignisse durch die Entwicklung tangiert war. Erst im 19. Jahrhundert machten sich Teile der Familie angesichts einer spezifischen Herausforderungslage[9] diesen Ausschnitt der Familiengeschichte so zu eigen, dass er einem Kern familiären Selbstverständnisses bis heute gleichzukommen scheint.

[8] Zu diesem Themenkomplex neuerdings vgl. *Martin Wrede / Horst Carl*, Einleitung: Adel zwischen Schande und Ehre, Tradition und Traditionsbruch, Erinnerung und Vergessen, in: dies. (Hg.), Zwischen Schande und Ehre. Erinnerungsbrüche und die Kontinuität des Hauses. Legitimationsmuster und Traditionsverständnis des frühneuzeitlichen Adels in Umbruch und Krise (Veröffentlichungen des Instituts für Europäische Geschichte Mainz, Abt. Universalgeschichte, Beiheft 73), Mainz am Rhein 2007, S. 1–24.

[9] Zu diesem Begriff vgl. *Marcus Sandl*, Historizität der Erinnerung – Reflexivität des Historischen. Die Herausforderung der Geschichtswissenschaft durch die kulturwissenschaftliche Gedächtnisforschung, in: Günther Oesterle (Hg.), Erinnerung, Gedächtnis, Wissen. Studien zur kulturwissenschaftlichen Gedächtnisforschung (Formen der Erinnerung 26), Göttingen 2005, S. 89–119.

II. ‚Adeliger' Geist und ‚rechter' Bürgersinn: das Alte Reich und die Sozialgeschichte des Adels in Deutschland

1. Der Reiz des Spektakels: die Hinrichtung eines Adeligen – Ausdruck epochenübergreifenden Sozialneids oder Movens für Geschichtsinteresse?

Schon im streitfreudigen 19. Jahrhundert widmete man sich der Causa Barthold von Wintzingerode – so kontrovers, dass der historiographische Streit über die Bewertung des Falls beinahe reizvoller erscheint als der ursprüngliche juristisch-politische Konflikt. Dabei sind sie doch untrennbar miteinander verbunden. Dies erscheint eine banale Bemerkung zu sein. Sie ist es nur dann, wenn man ausschließlich die Abhängigkeit der Gegenwart von der Vergangenheit im Blick hat. Die Abhängigkeit der Vergangenheit von der Gegenwart zeigt sich jedoch schon darin, dass über die Beurteilung Bartholds am Ende des 19. Jahrhunderts zwischen einem bürgerlichen katholischen Pfarrer – Philipp Knieb – und einem protestantischen Nachfahren Bartholds – Wilhelm Clothar Freiherr von Wintzingerode – gestritten wurde und dass am Ende die aus diesem Streit resultierende spätere Urteilsstruktur der Meinung des Pfarrers folgte, während die einzige Biographie dieses umstrittenen Niederadeligen marginalisiert wurde.

Die Ignoranz gegenüber der Barthold-Biographie des Wilhelm Clothar von Wintzingerode basierte im Wesentlichen auf den Vorwürfen Kniebs, der die methodischen Mängel dieser Monographie – insbesondere die Zitierweise – brandmarkte. Tatsächlich verletzte Wintzingerode die üblichen Zitationsregeln – die Belegung jedes einzelnen Zitats, der Paraphrase oder der Behauptung durch die Angabe der archivalischen oder der Sekundärquelle – aus Gründen der Lesbarkeit und auch deshalb, weil ihn die „an einem bestimmten Geschichtswerk [Kniebs Monographie] gemachte Erfahrung"[1] gelehrt habe, „dass sich mit Hilfe einzelner, aus dem Zusammenhang herausgerissener Zitate auch das Unrichtigste beweisen, auch die verbürgteste Tatsache bestreiten lässt. Nur ein Quellennachweis, der die Erzählung des ganzen Ereignisses vertritt, ist meines Erachtens als Beweisstück wertvoll"[2]. Folgerichtig zitierte Wintzingerode seitenweise Quellen im Wortlaut – oder um es mit den Begriffen der Historiographie des ausgehenden 20. und begonnenen 21. Jahrhunderts auszudrücken: Er lässt die Quellen ungehemmt für sich ‚sprechen'. So gibt er am Ende eines jeden Kapitels Sammelbelege, die je-

[1] Vgl. *Wilhelm Clothar Freiherr von Wintzingerode*, Barthold von Wintzingerode. Ein Kultur- und Lebensbild aus dem Reformationsjahrhundert, Gotha 1907, S. VI.

[2] *Wintzingerode*, Barthold, S. VI.

doch nur die archivalischen Quellen angeben, während die Sekundärliteratur nicht oder nur der jeweilige Autor im Fließtext erscheint. Insofern verstößt Wintzingerode in der Tat „gegen die elementarsten Regeln"[3] des Zitierens. Daraus kann jedoch keineswegs die Manipulation von Quellenaussagen gefolgert werden, wie dies Knieb mit seinen Vorwürfen suggerierte oder sogar offen aussprach. Mag man Wintzingerode familiär bedingte Voreingenommenheit, daraus resultierende mangelhafte Kritik gegenüber dem Quellenmaterial, mangelnde Kenntnis des Rechtsverfahrens und sogar ‚handwerkliche' Mängel – überdies mit völligem Recht – vorwerfen, so ändert dies nichts an dem Wert der von ihm – im Gegensatz zu Knieb umfänglich – präsentierten und von dem katholischen Reformationshistoriker Knieb wie auch von nachfolgenden Historikergenerationen in keiner Weise gewürdigten Quellen. So wenig sich Knieb mit den von Wintzingerode zitierten Quellen auseinandersetzte, so wenig setzte er sich mit dessen Interpretationsansatz auseinander. Beides kam nicht von ungefähr, wie noch zu zeigen sein wird. Aber auch Wintzingerodes Barthold-Biographie muss eher als zeitgebundenes Bemühen um eine allgemeine wie auch familiäre Vergangenheits- und Gegenwartsdeutung begriffen werden.

Der Fall des Barthold von Wintzingerode ist demnach nicht nur interessant für die Frage nach den Möglichkeiten niederadeligen Lebens in der Epoche des sich formierenden und expandierenden Fürstenstaates, sondern auch für die Frage seiner späteren Bewertung vor dem Hintergrund zeitgenössischer Bedingungen. Er gibt insbesondere auch Auskunft über die Geschichte der Regionalgeschichtsschreibung, über das regionale Geschichtsverständnis und die Wahrnehmung der Vergangenheit durch die verschiedenen sozialen Gruppen innerhalb der Gesellschaft des 19. und beginnenden 20. Jahrhunderts. So wird aus der Geschichte eines kriminellen oder kriminalisierten Adeligen eine Form der Gesellschaftsgeschichte, insofern sich in dem zu schildernden Fall und in der Art, wie er verarbeitet – d. h. erinnert – wurde, die gesellschaftliche Entwicklung widerspiegelt.

2. Der Forschungshorizont: Adelskultur im Alten Reich und ihre Bewertung

Die Einbindung des Falls in verschiedene relevante Forschungskontexte ist entsprechend wichtig, nicht zuletzt weil auch sie in die gesellschaftspolitische Entwicklungen eingebunden, d. h. von ihnen abhängig, wenigstens aber beeinflusst worden sind. Hierfür lassen sich vier solcher wissenschaftlicher Kontexte benennen: Adel und Adeligkeit, Fehde und Recht, Fürstenherr-

[3] So *Philipp Knieb*, Geschichte der Reformation und Gegenreformation auf dem Eichsfelde, Heiligenstadt ²1909, S. 135 Anm. 6.

schaft und adelige Eigenmacht sowie das Eichsfeld als Geschichts- und Kulturlandschaft und Feld der Erinnerung.

2.1. Adel und Adeligkeit

Seit der Mitte der achtziger Jahre des 20. Jahrhunderts wurde die Forschungsdebatte zum Adel in Deutschland neu dynamisiert.[4] Thematisch-analytische Schwerpunkte bildeten zunächst einerseits die sogenannte Junker-Forschung, andererseits die Reichsritterschaft und der Stiftsadel. Während die Beschäftigung mit dem Preußen-Adel vor dem Hintergrund der deutschen Katastrophe und ihrer Aufarbeitung relevant erschien,[5] rückte neben den Reichsgrafen[6] insbesondere die Reichsritterschaft als historiographisch-rechtfertigender Antipode, als eines der zahlreichen altreichischen Opfer der preußisch-adeligen Machtelite und angesichts der ehemaligen politischen Zentralität des Raumes südlich der Mainlinie und entlang des Rheins ins Blickfeld des Interesses. Zudem erschienen die reichsritterschaftlichen Adelsformationen keineswegs erfolglos, vollzogen sie doch den Entwicklungsschritt von der Einung zur reichsrechtlich relevanten politischen Institution und vermochten so die Hoch- und Erzstifte des Mittelrheins zu Hausterritorien zu machen.[7]

[4] Das wiedererwachte Interesse ist namentlich mit Volker Press und seinen zahlreichen Studien zu herausragenden Gestalten des Niederadels wie insbesondere mit der Analyse der reichsritterschaftlichen Entwicklung im 16. und 17. Jahrhundert verbunden. Ich verweise daher summarisch und weiterführend auf *Volker Press*, Adel im Alten Reich (Frühneuzeit-Forschungen 4), Tübingen 1998. Weiterhin: *Reisenleitner*, Wege, passim; *Ronald G. Asch*, Zwischen defensiver Legitimation und kultureller Hegemonie: Strategien adliger Selbstbehauptung in der frühen Neuzeit, in: zeitenblicke 4 (2005), Nr. 2 [2005-06-28]; *ders.*, Rearistokratisierung statt Krise der Aristokratie? Neuere Forschungen zur Geschichte des Adels im 16. und 17. Jahrhundert, in: GG 30 (2004), S. 144–154; *ders.*, Europäischer Adel in der Frühen Neuzeit. Eine Einführung, Köln / Weimar / Wien 2008; *Rudolf Endres*, Adel in der Frühen Neuzeit (EDG 18), München 1993; *Heinz Reif*, Adel im 19. und 20. Jahrhundert (EDG 55), München 1999, S. 57 f.; *Michael Sikora*, Der Adel in der Frühen Neuzeit, Darmstadt 2009; *Alexander Jendorff / Heide Wunder*, Einleitung: Adel in Hessen vom 15. bis zum 20. Jahrhundert – Probleme und Perspekiven der Forschung, in: Eckart Conze / Alexander Jendorff / Heide Wunder (Hg.), Adel in Hessen. Herrschaft, Lebensführung und Selbstverständnis vom 15. bis ins 20. Jahrhundert (Veröffentlichungen der Historischen Kommission für Hessen 70), Marburg 2010, S. 13–52.

[5] Vgl. *Eckart Conze*, Von deutschem Adel. Die Grafen von Bernstorff im 20. Jahrhundert, Stuttgart / München 2000, S. 13 f.; *Reif*, Adel, S. 57.

[6] Hierzu jüngst mit ausführlichem Überblick zur älteren und neueren Forschung vgl. *Tobias Busch*, Herrschen durch Delegation. Reichsgräfliche Herschaft zu Ende des 17. und im 18. Jahrhundert am Beispiel der Reichsgrafschaft Solms-Rödelheim (Quellen und Forschungen zur hessischen Geschichte 156), Darmstadt und Marburg 2008, S. 16–20. Für Thüringen von besonderer Relevanz: *Ernst Schubert*, Die Harzgrafen im ausgehenden Mittelalter, in: Jörg Rogge / Uwe Schirmer (Hg.), Hochadelige Herrschaft im mitteldeutschen Raum (1200 bis 1600). Formen – Legitimation – Repräsentation (Quellen und Forschungen zur sächsischen Geschichte 23), Leipzig 2003, S. 13–115.

[7] Vgl. *Alexander Jendorff*, Verwandte, Teilhaber und Dienstleute. Herrschaftliche Funktionsträger im Erzstift Mainz 1514 bis 1647 (Untersuchungen und Materialien zur Ver-

Im Gegensatz zu diesem Forschungsinteresse verlor man in eigentümlicher Weise die landsässigen Niederadelsformationen – mit einigen Ausnahmen[8] – weitgehend aus dem analytischen Blickfeld, nicht zuletzt weil sie vordergründig den gleichsam erfolglosen Teil adeligen Selbstbehauptungswillens zu repräsentieren scheinen. Zu sehr schien ihre Entwicklung vornehmlich an die Entstehung des territorialen Fürstenstaates, an den absolutistischen Herrschaftsanspruch von Fürsten und die damit verbundene Ein- und Unterordnung gebunden und wurde als gleichsam natürlicher historischer Niedergang angesehen, der sich parallel bzw. infolge der Verbürgerlichung der Verwaltung, der Entfaltung der Staatsidee, neuer Wirtschaftsformen etc. vollzog. Allerdings musste eingestanden werden, dass es diesem Adel immer wieder gelang, sich erfolgreich an- und einzupassen und auf diese Weise an gewandelten Herrschaftsformen maßgeblich und gewinnbringend zu partizipieren.[9] Symptomatisch hierfür interessierte schon bald nach Wiederbelebung der Forschungsdebatte weniger die Frage, ob der Adel die Effekte der soziopoli-

fassungs- und Landesgeschichte 18), Marburg 2003; *Gerrit Walther*, Treue und Globalisierung. Die Mediatisierung der Reichsritterschaft im deutschen Südwesten, in: Hans U. Rudolf (Hg.), Alte Klöster – neue Herren. Die Säkularisation im deutschen Südwesten 1803. Begleitbücher zur großen Landesausstellung Baden-Württemberg 2003 in Bad Schussenried, Bd. 2. 1 und 2. 2: Aufsätze, Stuttgart 2003, S. 857–872; *ders.*, Diskrete Bündnispartner. Zum Verhältnis zwischen geistlichen Stiften und Ritterschaft im Zeitalter der Glaubensspaltung, in: Annali dell'Istituto storico italo-germanico in Trento 30 (2004), S. 345–360; *William D. Godsey*, Jr., Nobles and Nation in Central Europe. Free Imperial Knights in the Age of Revolution, 1750–1850, Cambridge 2004.

8 Ausschnitthaft vgl. *Heinz Reif*, Westfälischer Adel 1770–1860. Vom Herrschaftsstand zur regionalen Elite (Kritische Studien zur Geschichtswissenschaft 35), Göttingen 1979; *Endres*, Adel, S. 18–37, 77–100; *Christian Hoffmann*, Ritterschaftlicher Adel im geistlichen Fürstentum. Die Familie von Bar und das Hochstift Osnabrück: Landständewesen, Kirche und Fürstenhof als Komponenten der adeligen Lebenswelt im Zeitalter der Reformation und Konfessionalisierung 1500–1651 (Osnabrücker Geschichtsquellen und Forschungen 39), Osnabrück 1996; *Peter-Michael Hahn*, Ein Geburtsstand zwischen Beharrung und Bewegung: der niedere Adel in der frühen Neuzeit, in: Günther Schulz (Hg.), Sozialer Aufstieg. Funktionseliten im Spätmittelalter und in der frühen Neuzeit (Deutsche Führungsschichten in der Neuzeit 25), München 2002, S. 193–219; *Frank Dierkes*, Streitbar und ehrenfest. Zur Konfliktführung im münsterländischen Adel des 16. und 17. Jahrhunderts (Westfalen in der Vormoderne 1), Münster 2007; *Bastian Gillner*, Unkatholischer Stiftsadel. Konfession und Politik des Adels im Fürstbistum Paderborn (1555–1618) (Forum Regionalgeschichte 13), Münster 2006; *Marcus Weidner*, Landadel in Münster 1600–1760. Stadtverfassung, Standesbehauptung und Fürstenhof (Quellen und Forschungen zur Geschichte der Stadt Münster, Reihe B N.F. 18), Münster 2000.

9 Symptomatisch für diese Einschätzung mit Blick auf die sozioökonomisch-politisch-konfessionellen Transformationsprozesse im 16. Jahrhundert: *Gerrit Walther*, Glaube, Freiheit und Kalkül. Zur Frage von ‚Anpassung' und ‚Mobilität' bei adligen Konfessionsentscheidungen im 16. Jahrhundert, in: Horst Carl / Sönke Lorenz (Hg.), Gelungene Anpassung? Adelige Antworten auf gesellschaftliche Wandlungsvorgänge vom 14. bis zum 16. Jahrhundert (Schriften zur südwestdeutschen Landeskunde 53), Ostfildern 2005, S. 185–200, hier S. 191.

tischen und sozioökonomischen Umbrüche am Beginn des 19. Jahrhunderts überlebt habe, sondern wie er sie überlebte.[10] Mehr und mehr gewann die Erkenntnis an Boden, dass das „Obenbleiben“[11] eine der zentralen Fähigkeiten des Adels war und ist. Tatsächlich war die Entwicklung der verschiedenen Adelsformationen keineswegs prädestiniert. Die ängstliche Wachsamkeit der fränkischen Reichsritter vor den – realen oder vermeintlichen – Mediatisierungsversuchen der Fürsten Frankens im 16. Jahrhundert und der Aufstieg der fuldischen Ritterschaft in den reichsimmediaten Status im 17. Jahrhundert dürfen gleichermaßen als Belege für die Unentschiedenheit, Offenheit und Situationsbezogenheit der politischen Entwicklung dienen.[12] Dies gilt auch für jene landsässigen Adelsformationen, die sich – wie bspw. der Adel in der Landgrafschaft Hessen bzw. Hessen-Kassel[13] – am Beginn der Frühen Neuzeit vordergründig dem Fürsten beugen mussten, ihm untertan wurden und in den Landständen aufgingen, um in der Folgezeit bis weit ins 19. Jahrhundert hinein maßgeblich an dem so gebildeten Herrschaftssystem als lokaler Herrschaftsstand, im Fürstendienst und auf den Landtagen zu partizipieren und durchaus als politisches Gegengewicht zum Fürsten zu fungieren.

[10] Vgl. *Hanns Hubert Hofmann*, Adelige Herrschaft und souveräner Staat. Studien über Staat und Gesellschaft in Franken und Bayern im 18. und 19. Jahrhundert, München 1962; *Volker Press*, Adel im 19. Jahrhundert. Die Führungsschichten Alteuropas im bürgerlich-bürokratischen Zeitalter, in: Armgard Reden-Dohna / Ralph Melville (Hg.), Adel an der Schwelle des bürgerlichen Zeitalters 1780–1860 (Veröffentlichungen des Instituts für Europäische Geschichte Mainz, Abt. Universalgeschichte 10), Stuttgart 1988, S. 1–19; *Conze*, Adel, S. 11 f., 14–21, 403; *Ewald Frie*, Adel um 1800. Oben bleiben?, in: zeitenblicke 4 (2005), Nr. 3; *ders.*, Adelsgeschichte des 19. Jahrhunderts? Eine Skizze, in: GG 33 (2007), S. 398–415.

[11] Vgl. *Rudolf Braun*, Konzeptionelle Bemerkungen zum Obenbleiben: Adel im 19. Jahrhundert, in: Hans-Ulrich Wehler (Hg.), Europäischer Adel 1750–1950 (GG, Sonderheft 13), Göttingen 1990, S. 87–95.

[12] Vgl. *Rüdiger Teuner*, Die fuldische Ritterschaft 1510–1656 (Rechtshistorische Reihe 18), Frankfurt am Main / Bern 1982; *L. Holle*, Die Streitigkeiten der Markgrafen von Bayreuth mit der Ritterschaft über die Reichsunmittelbarkeit, in: Archiv für Geschichte und Altertumskunde von Oberfranken 8 (1861), S. 55–115; *Robert Fellner*, Die fränkische Ritterschaft von 1495–1524 (Historische Studien 50), Berlin 1905 (ND Vaduz 1965), S. 154–216; *Gerhard Pfeiffer*, Studien zur Geschichte der fränkische Ritterschaft, in: JfL 22 (1962), S. 173–280; *Klaus Rupprecht*, Ritterschaftliche Herrschaftswahrung in Franken. Die Geschichte der von Guttenberg im Spätmittelalter und zu Beginn der Frühen Neuzeit (Veröffentlichungen der Gesellschaft für Fränkische Geschichte 9 / 42), Neustadt an der Aisch 1994; *Constance Proksch*, Die Auseinandersetzung um den Austrag des Rechts zwischen Fürsten und Ritterschaft in Franken vom Ende des 14. bis in die Mitte des 16. Jahrhunderts, in: Dieter Rödel / Joachim Schneider (Hg.), Strukturen der Gesellschaft im Mittelalter. Interdisziplinäre Mediävistik in Würzburg, Wiesbaden 1996, S. 168–195.

[13] Vgl. Hessen-Kasselische Landtagsabschiede 1649–1798 (Vorgeschichte und Geschichte des Parlamentarismus in Hessen 5), hg. und eingeleitet von *Günter Hollenberg*, Marburg 1989; *Günter Hollenberg*, Die hessen-kasselischen Landstände im 18. Jahrhundert, in: HJbLG 38 (1988), S. 1–22; *Gregory W. Pedlow*, The Survival of the Hessian Nobility 1770–1870, Princeton 1988. Allgemein zur politischen Partizipation des Adels auf Landtagen vgl. *Endres*, Adel, S. 110–115.

Gleichwohl ist der Niedergang des Adels als Herrschaftsstand kaum zu übersehen, wiewohl er eben als vielgestaltiges Schwankungsphänomen, nicht als quasi teleologisch-unilineare Entwicklung begriffen werden muss. Umso wichtiger ist der Hinweis Conzes, dass mit der adeligen Fähigkeit des ‚Obenbleibens' nicht allein die politische und ökonomische Dimension berührt ist, sondern eben auch – und vielleicht noch viel stärker – die kulturelle, habituelle, mentalitätsmäßige.[14]

Jenes Bemühen um die kulturell-habituelle Dimension von Adeligkeit weist auf einen veränderten historiographischen Zugriff auf den europäischen Adel als historisches Phänomen hin. Verstärkt wird neuerdings danach gefragt, was die Zugehörigkeit zum Adel ausmachte und mit welchen Instrumenten er sich von anderen gesellschaftlichen Gruppen abzuheben suchte. Hierfür stehen der neueren Adelsforschung soziologische Theorien und Begriffsinstrumentarien zur Verfügung, die von Pierre Bourdieu[15] und Martina Löw[16] geprägt wurden. Sie stehen für den Versuch, die im Adel als gesellschaftliche Gesamtgruppe und ebenso als in sich nach regionalen, ständisch-sozialen, politischen oder ökonomischen Aspekten differenzierte Sozialformation wirkenden Kräfte des Zusammenhalts, der Zusammengehörigkeit, der Unterscheidung und Positionierung zu erfassen. Das von Martina Löw entworfene Raum-Modell dient hierbei der Kenntlichmachung von Strukturentwürfen, Relationen und Positionierungen innerhalb des Adels und gegenüber anderen Sozialformationen. Dagegen trägt Pierre Bourdieus schon seit Längerem bekanntes Kapitalsorten-Modell, wonach der Mensch mit anderen Menschen Beziehungen durch drei Sorten von Kapital – ökonomischem, kulturellem und sozialem – aufbaut, dazu bei, die Mittel derartiger Relationierungen und Positionierungen von Adeligen innerhalb ihrer Adelsgruppe und gegenüber anderen Sozialformationen zu beschreiben und zu bewerten. Dabei gilt: „Die ungleiche Verteilung von Kapital, also die *Struktur des gesamten Feldes*, bildet somit die Grundlage für die spezifischen Wirkungen von Kapital, nämlich die Fähigkeit zur Aneignung von Profiten und zur Durchsetzung von Spielregeln, die für das Kapital und seine Reproduktion so günstig wie möglich sind."[17] Beide Modelle müssen umso mehr interessieren, weil sie sich dem Adel und seiner Adeligkeit differenzierter denn je nähern. Sie problematisieren nämlich nicht nur diese Sozialformation als ganze, sondern auch ihre Binnendifferenzierung. Damit wird es möglich, dem Verhältnis einzelner Adeliger zur

[14] Vgl. *Conze*, Adel, S. 402 f.

[15] Vgl. *Pierre Bourdieu*, Rede und Antwort, Frankfurt am Main 1992; *ders.*, Soziologische Fragen, Frankfurt am Main 1993; *ders.*, Die verborgenen Mechanismen der Macht. Schriften zu Politik & Kultur 1, Hamburg 1997; *ders.*, Der Tote packt den Lebenden. Schriften zu Politik & Kultur 2, Hamburg 1997; *ders.*, Praktische Vernunft. Zur Theorie des Handelns, Frankfurt am Main 1998; *ders.*, Sozialer Sinn. Kritik der theoretischen Vernunft, Frankfurt am Main ^{3}1999.

[16] Vgl. *Martina Löw*, Raumsoziologie, Frankfurt am Main 2001.

[17] Vgl. *Bourdieu*, Mechanismen, S. 58.

Standesgruppe intensiver nachzuspüren,[18] was in der Forschung bisher unterbelichtet blieb. Eher konzentrierte man sich auf die Analyse des Verhältnisses zwischen dem Adel und anderen Gesellschaftsgruppen.

2.2. Fehde und Recht

Das wiedererwachte Interesse am Adel im Allgemeinen initiierte auch ein neues Interesse am Fehdewesen[19] und damit an einer Forschungsrichtung, die mit Otto Brunner in den dreißiger Jahren des 20. Jahrhunderts ihren Höhepunkt erlebte und zugleich mit ihm wegen seiner Nähe zum Nationalsozialismus in Verruf geriet.[20] Indem man an Brunners Zugang zu einer Ausdrucksform adeligen Selbstverständnisses und adeliger Herrschaftskultur anknüpfte,

[18] Vgl. *Jendorff//Wunder*, Einleitung, S. 32–38; *Uwe Walter*, Aristokratische Existenz in der Antike und der Frühen Neuzeit – einige unabgeschlossene Überlegungen, in: Hans Beck / Peter Scholz / Uwe Walter (Hg.), Die Macht der Wenigen. Aristokratische Herrschaftspraxis, Kommunikation und ‚edler' Lebensstil in Antike und Früher Neuzeit (HZ, Beiheft 47), München 2008, S. 367–394; *Gerrit Walther*, Freiheit, Freundschaft, Fürstengunst. Kriterien der Zugehörigkeit zum Adel in der Frühen Neuzeit, in: Hans Beck / Peter Scholz / Uwe Walter (Hg.), Die Macht der Wenigen. Aristokratische Herrschaftspraxis, Kommunikation und ‚edler' Lebensstil in Antike und Früher Neuzeit (HZ, Beiheft 47), München 2008, S. 301–322.

[19] Hierfür zuletzt vgl. *Peter Ritzmann*, „Plackerey in teutschen Landen". Untersuchungen zur Fehdetätigkeit des fränkischen Adels im frühen 16. Jahrhundert und ihrer Bekämpfung durch den Schwäbischen Bund und die Reichsstadt Nürnberg, insbesondere am Beispiel des Hans Thomas von Absberg und seiner Auseinandersetzung mit den Grafen von Öttingen (1520–1531), München 1995; *Joseph Morsel, Das sy sich mitt der bessten gewarsamig schicken, das sy durch die widerwerttigenn Franckenn nit niedergeworffen werdenn*. Überlegungen zum sozialen Sinn der Fehdepraxis am Beispiel des spätmittelalterlichen Franken, in: Dieter Rödel / Joachim Schneider (Hg.), Strukturen der Gesellschaft im Mittelalter. Interdisziplinäre Mediävistik in Würzburg, Wiesbaden 1996, S. 140–167; *Alexander Patschovsky*, Fehde im Recht. Eine Problemskizze, in: Christine Roll (Hg.), Recht und Reich im Zeitalter der Reformation. FS Horst Rabe, Frankfurt am Main [2]1997, S. 145–178; *Alexander Jendorff/ Steffen Krieb*, Adel im Konflikt. Beobachtungen zu den Austragungsformen der Fehde im Spätmittelalter, in: ZHF 30 (2003), S. 179–206; *Christine Reinle*, Bauernfehden. Studien zur Fehdeführung Nichtadeliger im spätmittelalterlichen römisch-deutschen Reich, besonders in den bayerischen Herzogtümern (VSWG–Beihefte 170), Wiesbaden 2003; *dies.*, Fehden und Fehdebekämpfung am Ende des Mittelalters. Überlegungen zum Auseinandertreten von „Frieden" und „Recht" in der politischen Praxis zu Beginn des 16. Jahrhunderts am Beispiel der Absberg-Fehde, in: ZHF 30 (2003), S. 355–388; *Uwe Schirmer*, Kunz von Kaufungen und der Prinzenraub zu Altenburg (1455). Strukturen eines spätmittelalterlichen Konflikts, in: ZHF 32 (2005), S. 369–405.

[20] Hierfür herausragend *Gadi Algazi*, Herrengewalt und Gewalt der Herren im späten Mittelalter. Herrschaft, Gegenseitigkeit und Sprachgebrauch, Frankfurt am Main / New York 1996; vgl. dazu auch meine Rezension in: Land, Agrarwirtschaft und Gesellschaft. Zeitschrift für Land- und Agrarsoziologie 13 (1998), S. 111 ff., sowie *Anne Nagel*, in: HJbLG 49 (1999), S. 296 ff.; *Hans-Henning Kortüm*, „Wissenschaft im Doppelpaß"? Carl Schmitt, Otto Brunner und die Konstruktion der Fehde, in: HZ 282 (2006), S. 585–617. Als Diskussionsgrundlage vgl. *Otto Brunner*, Land und Herrschaft. Grundfragen der territori-

nicht aber sein mechanistisches Verständnis des Phänomens übernahm, sondern sich eher der sozialen Bedeutung, den Austragungsformen und Beurteilungsmaßstäben der Fehde widmete, eröffneten sich neue Blickrichtungen. Dies erscheint umso dringlicher, als erst in jüngerer Zeit insbesondere die Zeit- und Standortgebundenheit der Beurteilung des Adels und des Fehdewesens ins historiographische Bewusstsein gerückt ist.

Denn bis weit in die siebziger Jahre des 20. Jahrhunderts hinein bestimmte der subkutan wirkende Blickwinkel des Vormärz und der Revolution von 1848 die Beurteilung des Mittelalters als Zeit des adeligen Faustrechts und steigerte damit das durch Fürsten aufgebrachte, über Jahrhunderte hinweg transportierte, durch die Aufklärung verdichtete Feindbild des (städtischen) Bürgertums.[21] Die Stigmatisierung von ritterschaftlichen Ganerbschaften als adelige Raubnester, welche von Städten und Fürsten seit dem ausgehenden 15. Jahrhundert zielgerichtet, wenn auch in manchen Fällen keinesfalls unberechtigt betrieben wurde,[22] ist hierfür ebenso symptomatisch wie die bisherige Ausblendung der Tatsache, dass Fehde eben nicht nur von Adeligen geübt wurde, sondern insbesondere auch von nichtadeligen Personen.[23] Machtstreben, Herrschaftsexpansion und Unterjochung waren zwar gängige Argumente der öffentlichen Anklage ritterlichen Verhaltens durch die Städte. Verschwiegen wurde dabei jedoch, dass die Städte ihrerseits im Spätmittelalter ganz selbstverständlich auf Expansion ihrer Herrschaft – natürlich als politische Freiheit interpretiert – bedacht waren. In Franken wie in Schwaben standen Städte – gerade Reichsstädte – in direkter Herrschaftskonkurrenz zu Rittern und Fürsten, strebten nach militärischer Sicherung durch Burgenbau bzw. Burgeneinnahme und trachteten so nach Erweiterung ihrer Herrschaft.[24] Damit einhergehend figurierte die Zementierung des städtischen Feindbildes vom fehdeführenden Ritter als Teil einer ideologischen Legitimationskampa-

alen Verfassungsgeschichte Südostdeutschlands im Mittelalter, Brünn / München / Wien [3]1943.

[21] Vgl. *Kurt Andermann*, Raubritter – Raubfürsten – Raubbürger? Zur Kritik eines untauglichen Begriffs, in: ders. (Hg.), „Raubritter" oder „rechtschaffene vom Adel"? Aspekte von Politik, Friede und Recht im späten Mittelalter (Oberrheinische Studien 14), Sigmaringen 1997, S. 9–29, hier S. 10; *Klaus Graf*, Feindbild und Vorbild. Bemerkungen zur städtischen Wahrnehmung des Adels, in: ZGO 141 (1993), S. 121–154, hier S. 136–143; *Ronald G. Asch*, Religiöse Selbstinszenierung im Zeitalter der Glaubenskriege. Adel und Konfession in Westeuropa, in: HJb 125 (2005), S. 67–100, hier S. 67 ff.

[22] Vgl. *Alexander Jendorff*, Condominium. Typen, Funktionsweisen und Entwicklungspotentiale von Herrschaftsgemeinschaften in Alteuropa anhand hessischer und thüringischer Beispiele (Veröffentlichungen der Historischen Kommission für Hessen 72), Marburg 2010, S. 96–100.

[23] Zu diesem Komplex vgl. *Reinle*, Bauernfehden; *Ritzmann*, Plackerey.

[24] Vgl. *Andermann*, Raubritter, S. 24 ff.; *Gerhard Rechter*, *Wenn ihr nicht einen streich haltet, so müßt ihr mehr streich halten*. Zum Verhältnis zwischen Niederadel und Städten in Franken, in: Kurt Andermann (Hg.), „Raubritter" oder „rechtschaffene vom Adel"? Aspekte von Politik, Friede und Recht im späten Mittelalter (Oberrheinische Studien 14), Sigmaringen 1997, S. 133–150, hier S. 140–143.

gne, die der akuten – militärisch wie politisch bedrohlichen – Situation des 15. Jahrhunderts entsprang und die ihr Pendant auf der Seite des Ritteradels besaß.[25] Diese Konfliktlage darf allerdings nicht über die vielfältigen sozialen, ökonomischen und kulturellen Kontakte und Interessenkonvergenzen zwischen Rittern und Stadtbürgertum hinwegtäuschen.[26] Der (Nieder-) Adel war kein natürlicher ‚Städtehasser', vielmehr traten Adelige selbstverständlich auch als Gründer von Kleinstädten in Erscheinung.[27]

Zur Disposition stand an der Wende vom 15. zum 16. Jahrhundert gleichwohl die Definition zentraler Aspekte der gemeinsamen Ressourcenkonkurrenz zwischen Fürsten, Adel und Städten. Dabei bestimmte die Frage, was Recht ist, wer Recht definierte und wer Recht sprechen und ausüben durfte, fortan die Verteilung von Machtressourcen an prominenter Stelle und wurde zu einem umkämpften Feld. Letztlich entschieden die Reichstagsbeschlüsse des 15. und 16. Jahrhunderts – insbesondere bleibt hierfür der Wormser Reichstag von 1495 mit dem allgemeinen Verbot der Fehde zu nennen[28] – langfristig negativ über traditionelle Ausformung adeliger „Eigenmacht"[29].

[25] Vgl. *Graf*, Feindbild, S. 124–132; *ders.*, „Der adel dem purger tregt haß". Feindbilder und Konflikte zwischen städtischem Bürgertum und landsässigem Adel im späten Mittelalter, in: Werner Rösener (Hg.), Adelige und bürgerliche Erinnerungskulturen des Spätmittelalters und der Frühen Neuzeit (Formen der Erinnerung 8), Göttingen 2000, S. 191–204; *Ernst Münch*, Vollrat von der Lühe 1549: Straßenräuber und Mörder oder Opfer der Rostocker Justiz? Zwei historische Lieder und ihr geschichtlicher Hintergrund, in: Hansische Geschichtsblätter 117 (1999), S. 53–91; *Ulrich Andermann*, Ritterliche Gewalt und bürgerliche Selbstbehauptung. Untersuchungen zur Kriminalisierung und Bekämpfung des spätmittelalterlichen Raubrittertums am Beispiel der norddeutschen Hansestädte, Frankfurt am Main 1991.

[26] Neben den ökonomischen Kontakten gilt es gerade in diesem Zusammenhang auf die Vorbildfunktion der adeligen Lebensweise für städtische Patrizier ebenso hinzuweisen wie auf die Tatsache, dass sich etwa fränkische Niederadelige ganz selbstverständlich auch in den Söldnerdienst einer Stadt stellten; vgl. *Graf*, Feindbild, S. 145–149; *Rechter*, Verhältnis, S. 144; *Gunnar Teske* (Red.), Adel und Stadt. Vorträge auf dem Kolloquium der Vereinigten Westfälischen Adelsarchive e. V. vom 28.–29. Oktober 1993 in Münster (Veröffentlichung / Vereinigte Westfälische Adelsarchive e. V. 10), Münster 1998.

[27] Vgl. *Gerhard Fouquet*, Stadt, Herrschaft und Territorium – Ritterschaftliche Kleinstädte Südwestdeutschlands an der Wende vom Mittelalter zur Neuzeit, in: ZGO 141 (1993), S. 70–120; *Thomas Zotz*, Adel in der Stadt des deutschen Spätmittelalters. Erscheinungsformen und Verhaltensweisen, in: ZGO 141 (1993), S. 22–50.

[28] Vgl. *Elmar Wadle*, Der Ewige Landfriede von 1495 und das Ende der mittelalterlichen Friedensbewegung, in: 1495 – Kaiser, Reich, Reformen. Der Reichstag zu Worms, hg. von der Landesarchivverwaltung Rheinland-Pfalz, Koblenz 1995, S. 71–80; Frieden durch Recht. Das Reichskammergericht von 1495 bis 1806, hg. von *Ingrid Scheurmann*, Mainz 1994.

[29] Vgl. *Eberhard Isenmann*, Wer darf Recht durchsetzen? – Moderne Staatlichkeit im Spiegel des Mittelalters, in: hero.dot. Das Magazin für den Geschichtsunterricht Nr. 02, Frühjahr / Sommer 2007, S. 3 ff., hier S. 3; *Christine Reinle*, „Fehde" und gewaltsame Selbsthilfe in England und im römisch-deutschen Reich, in: Akten des 36. Deutschen Rechtshistorikertages. Halle an der Saale, 10. bis 14. September 2006, hrsg. von Rolf Lieberwirth / Heiner Lück, Baden-Baden / Bern / Stuttgart 2008, S. 99–132, hier S. 106 Anm. 24. Zum As-

Sie kriminalisierten die Fehde als Form autonomen Konfliktaustrags unter Adeligen, verabsolutierten den gerichtlichen Konfliktaustrag durch landesherrliche Justiz als einzig legalem Weg und zwangen auf diese Weise den Adel, seine Vorstellungen von Eigenmacht, deren Erhalt und Verteidigung neu – d.h. den Normen der fürstlichen Landesherrschaft entsprechend angepasst – zu definieren.

2.3. Fürstenherrschaft und adelige Eigenmacht

Eine vorbehaltlose Analyse muss demnach auf eine historisch gewachsene, ideologiegebundene Undifferenziertheit des bisherigen historischen Urteils zur adeligen Fehde hinweisen. Vor diesem Hintergrund ist angesichts der Vielgestaltigkeit der Konflikte die begriffliche Unterscheidung zwischen Raub und Fehde als kriminellem Unrecht einerseits und Krieg als legalem, mit militärischen Mitteln ausgetragenen Konflikt andererseits zu hinterfragen. Denn so müsste Krieg als legales Mittel des Konfliktaustrags der staatlichen Sphäre, die Fehde hingegen der Privatsphäre zugeordnet werden. Eine solche Sichtweise bot sich in der Vergangenheit vor dem Hintergrund der inzwischen massiv angezweifelten[30] Annahme der soziopolitischen wie ökonomischen Bedrängnis der Ritter an. Ungeachtet der synonymen, gleichwohl zwischen rechtmäßiger Fehde und unrechtmäßigem Überfall differenzierenden Verwendung der beiden Begriffe in den mittelalterlichen Quellen[31] gilt es zu fragen, ob sie den Kern des Problems trifft oder ob mit der Fehde und ihrer jeweiligen Beurteilung nicht Herrschaftsordnungen an sich problematisiert wurden, um spätere Herrschaftsverhältnisse besser legitimieren zu können. Dies gilt umso stärker für den hier zu behandelnden Problemkomplex der Konfliktentstehung und des Konfliktaustrags zwischen mehreren politischen Parteien bzw. Gruppierungen innerhalb einer gegebenen, gleichwohl sich in Wandel befindlichen inneren wie äußeren Herrschaftsordnung. Dies gilt insbesondere auch angesichts der neueren Debatten um das Verständnis von

pekt der Gewaltkultur allgemein vgl. *Rolf Peter Sieferle / Helga Breuninger* (Hg.), Kulturen der Gewalt. Ritualisierung und Symbolisierung von Gewalt in der Geschichte, Frankfurt am Main / New York 1998.

[30] Vgl. *Joseph Morsel*, Crise? Quelle Crise? Remarque à propos de la prétendue crise de la noblesse allemande à la fin du Moyen Age, in: Sources. Travaux historiques 14 (1988), S. 17–42; *Andermann*, Raubritter, S. 19 ff.; *ders.*, Grundherrschaften des spätmittelalterlichen Adels in Südwestdeutschland, in: BDLG 127 (1991), S. 145–190; *Graf*, Feindbild, S. 134; *Peter Schuster*, Die Krise des Spätmittelalters. Zur Evidenz eines sozial- und wirtschaftsgeschichtlichen Paradigmas in der Geschichtsschreibung des 20. Jahrhunderts, in: HZ 269 (1999), S. 19–55.

[31] Vgl. *Werner Rösener*, Zur Problematik des spätmittelalterlichen Raubrittertums, in: Helmut Maurer / Hans Patze (Hg.), FS Berent Schwineköper, Sigmaringen, 1982, S. 469–488, hier S. 473 f.; *Elsbet Orth*, Die Fehden der Reichsstadt Frankfurt am Main im Spätmittelalter. Fehderecht und Fehdepraxis im 14. und 15. Jahrhundert, Wiesbaden 1973, S. 54–57.

Staat und gerade hinsichtlich der Deutung des Heiligen Römischen Reiches deutscher Nation als „Reichsstaat"[32]. Denn als wesentliches Konstituens jeder Historiographie zum Fehdewesen und zu den beteiligten Akteuren darf letztthin das Verständnis von Herrschaft – und d.h. insbesondere das Verständnis von Staat und seiner Genese und umgekehrt: vom Adel und seinen Freiheiten – gelten. Hierbei ist entsprechend konsequent danach zu fragen, ob nicht letztlich doch ein sehr traditionelles, anstaltsstaatlich geprägtes Verständnis von Herrschaft[33] solchen Interpretationsansätzen zugrunde liegt. Denn wie anders kann deutlich gemacht werden, warum fürstliche Aktivitäten, d.h. bestimmte Handlungs- und Verhaltensformen gegenüber dem Niederadel in einer bestimmten Weise bewertet und legitimiert werden. Dies darf dann aber nicht nur für die Bewertung der Auseinandersetzung zwischen Fürst und Ritter, sondern muss auch im Hinblick auf die Frage gelten, wie sich ein Fürst des Niederadels und dessen spezifischer Handlungsformen bediente.

Dies lässt insbesondere die Instrumentalisierung des ‚Raub'-Rittertums durch Fürsten und Grafen im Zuge der mit militärischen Mitteln ausgetragenen Herrschaftskonkurrenz zwischen den Großen einer Region in neuem Licht erscheinen. Ein Beispiel mag dies verdeutlichen: Vermochte etwa Markgraf Albrecht Achilles von Brandenburg-Ansbach-Kulmbach (reg. 1440–1486) das vom ritterschaftlichen Niederadel Frankens ausgehende Unruhepotential durch personale Bindung an Fürsten und infolge durch die Stärkung der ritterlichen Loyalität zur fürstlichen Herrschaft zu beherrschen, entfesselte sein Sohn und Nachfolger Friedrich d.Ä. (reg. 1486–1515) diese Kräfte im Kampf gegen die Reichsstadt Nürnberg. Den Hintergrund für dieses Verhalten bildete offensichtlich nicht nur die Feindschaft gegen die Reichsstadt, sondern insbesondere die von Friedrich als Bedrohung, weil Schwächung seiner fürstlichen Herrschaft empfundene Gründung der *Einung der Ritterschaft zu Franken*. Die neue Stärke des Niederadels suchte der Markgraf wohl durch die Revitalisierung des alten adeligen Solidaritätszentrums am markgräflichen Hofe und durch Stilisierung eines gemeinsamen Feindes – die Stadt – zu konterkarieren. Von dieser politischen Strategie ließ er sich auch nicht durch seine fürstlichen Standesgenossen abbringen, die das herrschaftliche Gefüge Frankens angesichts der Bedrängnis Nürnbergs destabilisiert sahen. Schließ-

[32] Vgl. *Georg Schmidt*, Geschichte des Alten Reiches. Staat und Nation in der Frühen Neuzeit 1495–1806, München 1999, S.40–54. Dazu vgl. *Heinz Schilling*, Reichs-Staat und frühneuzeitliche Nation der Deutschen oder teilmodernisiertes Reichssystem. Überlegungen zu Charakter und Aktualität des Alten Reiches, in: HZ 272 (2001), S.377–395; *Holger Thomas Gräf/Alexander Jendorff/Andrea Pühringer*, Staatsgewalt im Alten Reich der Neuen Zeit? Bemerkungen zu drei Neuerscheinungen und ihrer Bedeutung für die Landesgeschichte, in: HJbLG 51 (2001), S.257–267, hier S.263ff.; *Alexander Jendorff*, Gemeinsam herrschen. Das alteuropäische Kondominat und das Herrschaftsverständnis der Moderne, in: ZHF (2007), S.215–242.

[33] Vgl. *Heinrich Mitteis*, Der Staat des Hohen Mittelalters. Grundlinien einer vergleichenden Verfassungsgeschichte des Lehnszeitalters, Weimar [4]1953.

lich signalisierte die Absetzung Friedrichs durch seinen Sohn Kasimir 1515, dass derartiges adeliges Tun ebenso wie ihre fürstlichen Helfershelfer keine Unterstützung mehr fanden.[34] Dies muss angesichts der Tatsache als ein wesentlicher Fortschritt gesehen werden, dass im 15. Jahrhundert Fürsten wie Kurfürsten – Friedrich der Siegreiche sei hier nur als ein Beispiel genannt[35] – die Solidarität mit ihren Standesgenossen dort enden ließen, wo ihre Eigeninteressen tangiert waren, und den ‚Raub'-Ritter als willkürliches politisch-militärisches Druckmittel in der Herrschaftskonkurrenz instrumentalisierten. Die Fehdepraxis, d.h. ihre Instrumentalisierung wie ihre Bekämpfung, stellte sich aus Sicht der aufstrebenden Fürstenmacht als ein geeignetes Mittel dar, um eigene Interessen gegenüber fürstlichen Konkurrenten und gegenüber dem Ritteradel durchzusetzen.[36]

Die Fehde kann allerdings auch nicht ausschließlich als Instrument der aufsteigenden Fürstenmacht angesehen werden. Sie war vielmehr der Ausdruck einer sozialen Praxis innerhalb der adeligen Standesgruppe, die eine wichtige Funktion in der Strukturierung und Entwicklung der Herrschaftsordnung in allen soziopolitischen Bereichen besaß.[37] So erscheinen die niederadeligen Gesellschaftsformationen einerseits als Kohäsionsgemeinschaften, die durch konnubiale Allianzen, religiöse Bruderschaften, Adels- und Turniergesellschaften und Geldgeschäfte untereinander in vielfältiger Weise verbunden waren.[38] Der Begriff der Ehre figurierte dabei als Integrationsmoment, das ein Netz gegenseitiger Beziehungen knüpfte und sicherte sowie die Beziehungen zueinander regulierte. Ehre diente nicht zuletzt als ein politisches Instrument zur Mobilisierung von Beziehungen und Dynamisierung eines Konfliktes:

[34] Vgl. *Reinhard Seyboth*, Die Markgraftümer Ansbach und Kulmbach unter der Regierung Markgraf Friedrichs des Älteren (1486–1515) (Schriftenreihe der Historischen Kommission bei der Bayerischen Akademie der Wissenschaften 24), Göttingen 1985; *ders.*, „Raubritter" und Landesherrn. Zum Problem territorialer Friedenswahrung im späten Mittelalter am Beispiel der Markgrafen von Ansbach-Kulmbach, in: Kurt Andermann (Hg.), „Raubritter" oder „rechtschaffene vom Adel". Aspekte von Politik, Friede und Recht im späten Mittelalter (Oberrheinische Studien 14), Sigmaringen 1997, S. 115–131.

[35] Vgl. *Kurt Andermann*, Der Überfall im württembergischen Geleit bei Markgröningen im Jahre 1459 – ein klassischer Fall von Straßenraub?, in: W. Schmierer / G. Cordes / R. Kiess / G. Taddey (Hg.), Aus südwestdeutscher Geschichte. FS H.-M. Maurer, Stuttgart 1994, S. 273–286; *Hermann Ehmer*, Horneck von Hornberg. Raubritter oder Opfer fürstlicher Politik?, in: Kurt Andermann (Hg.), „Raubritter" oder „rechtschaffene vom Adel"? Aspekte von Politik, Friede und Recht im späten Mittelalter (Oberrheinische Studien 14), Sigmaringen 1997, S. 65–88.

[36] Vgl. *Morsel*, Überlegungen, S. 165 f.

[37] Insbesondere *Morsel*, Überlegungen, S. 152 f., 167.

[38] Vgl. *Rolf Sprandel*, Die Ritterschaft und das Hochstift Würzburg im Spätmittelalter, in: JbfLG 36 (1976), S. 117–143; *Hillay Zmora*, Adelige Ehre und ritterliche Fehde: Franken im Spätmittelalter, in: Klaus Schreiner / Gerd Schwerhoff (Hg.), Verletzte Ehre. Ehrkonflikte des Mittelalters und der Frühen Neuzeit (Norm und Struktur 5), Köln–Weimar–Wien 1995, S. 91–109; *Joachim Schneider*, Spätmittelalterlicher deutscher Niederadel. Ein landschaftlicher Vergleich (Monographien zur Geschichte des Mittelalters 52), Stuttgart 2003.

der Fehde.[39] Zugleich weist dies darauf hin, dass niederadelige Formationen auch Konkurrenzgemeinschaften im Kampf um politische und ökonomische Ressourcen des sozialen Raumes einer Region waren. Die geschilderten Vorgänge in Franken zeigen, dass Fehde nicht nur als Ausdruck gewollter Rechtlosigkeit bzw. antietatistischen Verhaltens von niederadeliger Seite interpretiert werden kann, sondern ein politisches Instrument einer gesellschaftlichen Standesgruppe war, deren soziopolitische Existenz entscheidend vom Kriterium der Herrschaftsnähe - definiert als Grad der Einbindung in soziale Beziehungsfelder (Dienstbeziehungen, Heiratsallianzen) und der ökonomischen Kapazität (Besitz, Finanztätigkeit) - abhing.[40] Die Herrschaftsnähe, d.h. die Nähe zum Fürsten als größtem Adeligen einer Region und damit machtpolitischem Gravitationszentrum, wurde angesichts der im Zuge der Expansion der Fürstenherrschaft zunehmenden Ausdifferenzierung des Niederadels in Familien mit Anschluss zur Macht (Dienstbeziehungen, Hofämter etc.) und Familien ohne diesen Anschluss bei gleichzeitiger sozialer Segregation der ersteren zu einem immer gewichtigeren Kriterium. Neuerdings wird daher konsequent Fehde als Ausdruck des niederadeligen Kampfes um das politische wie soziale Überleben interpretiert, der besonders brisant wurde, als die gleichzeitigen und einander bedingenden Entwicklungen der sozialen Stratifikation des Adels und der Entstehung des fürstlichen Territorialstaates einander überschnitten.[41] Die Fehde unter Niederadeligen besaß demnach innere Hierarchisierungseffekte.[42] Vor diesem Hintergrund muss das systemisch angelegte Erklärungsmodell von Algazi, das Fehde als mafiöse Strategie der Herrschaftsstabilisierung durch Terror und Schutzgelderpressung interpretiert, fraglich erscheinen, basiert es doch auf der Annahme eines zumindest informell wirkenden Konsenses unter den Herren über den Sinn und das Ziel der Fehde.[43] Dieser erscheint jedoch angesichts des offensichtlichen Ressourcenkampfes wie auch angesichts der Tatsache, dass selbst Ritter

[39] Vgl. *Zmora*, Ehre, S. 101, 109. *Morsel*, Überlegungen, S. 150, verweist in diesem Zusammenhang auf den bedeutenden Aspekt der Mobilisierung des niederadeligen sozialen Netzes durch die Fehde.

[40] Vgl. *Waltraud Hörsch*, Adel im Bannkreis Österreichs. Strukturen der Herrschaftsnähe im Raum Aargau-Luzern, in: Guy P. Marchal (Hg.), Sempach 1386. Von den Anfängen des Territorialstaates Luzern. Beitrag zur Frühgeschichte des Kantons Luzern, Basel 1986, S. 353–402; *Hillay Zmora*, State und Nobility in Early Modern Germany. The Knightly Feud in Franconia, 1440–1567, Cambridge 1997; *Joseph Morsel*, La noblesse contre le prince. L'espace social des Thüngen à la fin du Moyen Age (Franconie, vers 1250–1525) (Beihefte der Francia 49), Stuttgart 2000.

[41] Vgl. *Zmora*, State, S. 88; *Jendorff/Krieb*, Adel, S. 193–199.

[42] Vgl. *Morsel*, Überlegungen, S. 160 f., wobei dann allerdings die Frage hinzugefügt werden muss, inwiefern diese Funktion der Fehde zur Kohäsion und Stabilisierung der Standesgruppe beitrug.

[43] Vgl. *Algazi*, Herrengewalt, S. 146–149. *Morsel*, Überlegungen, S. 154–158, spricht in diesem Zusammenhang m.E. angemessener von der Funktion der Fehde als herrschaftliche Kohäsion der Abhängigen und einer damit verbundenen Entfaltung herrschaftlicher Identitäten.

(Fürsten- oder Reichs-) Gerichte anriefen[44] – Fehde also vermieden oder auf andere Weise führten – hinfällig. Schließlich behinderte nicht zuletzt auch die interne Konkurrenz um Herrschaft den Formierungsprozess der Ritterschaft als anerkannte und ernst zu nehmende Standes- und Politikgemeinschaft wenigstens in Form der Reichsritterschaft.

Diese Hinweise machen darauf aufmerksam, dass der Zusammenhang zwischen dem gesellschaftlichen Wandel, der Etablierung des Reichssystems, der Stabilisierung der unterschiedlichen regionalen Politiksysteme, der Festigung der Fürstenmacht sowie der Entwicklung des Adels und insbesondere der adeligen Fehde bisher vornehmlich für das Spätmittelalter untersucht wurde. Zu offensichtlich scheint der Befund zu sein, dass mit Verkündung des Landfriedens von 1495 die Fehde als rechtliches Problem im Sinne der Fürstenmacht beseitigt wurde, indem man sie kriminalisierte. Doch was reichsrechtlich gelöst worden war – das Verbot des gewaltsamen Konfliktaustrags –, blieb in den folgenden Jahrzehnten als politisches Problem virulenter denn je, weil die mit Fehde verbundenen Konflikte und deren Anlässe nicht gelöst und die damit verbundenen Interessen keinesfalls befriedigt waren. Der sich ausbildende Fürstenstaat generierte vielmehr neue Anlässe für Konflikte und deren gewaltsame Austragung. So muss auch noch das 16. Jahrhundert als Fehdeepoche begriffen werden,[45] selbst wenn nicht immer, wenn von den zeitgenössischen Akteuren von Fehde gesprochen wurde, solche auch wirklich ausgeübt worden war, und umgekehrt.[46] Der gerichtliche Konfliktaustrag ersetzte den gewaltsamen jedenfalls bis ins 17. Jahrhundert hinein nicht völlig, nicht zuletzt weil die Welt der Adelskonkurrenz bei manchen

[44] Im Konflikt mit den Fürsten des fränkischen Raumes stritt etwa Horneck d. Ä. von Hornberg in der Mitte des 15. Jahrhunderts auch mit juristischen Mitteln; vgl. *Ehmer*, Horneck, S. 68.

[45] Vgl. *Reinle*, Fehden, passim; *Ralf Pröve*, Gewalt und Herrschaft in der Frühen Neuzeit. Formen und Formenwandel von Gewalt, in: ZfG 47 (1999), S. 792–806; *ders.*, Violentia und Potestas. Perzeptionsprobleme von Gewalt in Söldnertagebüchern des 17. Jahrhunderts, in: Markus Meumann / Dirk Niefanger (Hg.), Ein Schauplatz herber Angst. Wahrnehmung und Darstellung von Gewalt im 17. Jahrhundert, Göttingen 1997, S. 24–42; *Stuart Carroll*, The Peace in the Feud in Sixteenth- and Seventeenth-Century France, in: P&P 178 (2003), S. 74–115. Als Belege für entsprechende Fallbeispiele vgl. *Malte Diesselhorst / Arne Duncker*, Hans Kohlhase. Die Geschichte einer Fehde in Sachsen und Brandenburg zur Zeit der Reformation (Rechtshistorische Reihe 201), Frankfurt am Main 1999; *Ernst Zimmermann*, Hanau. Stadt und Land. Kulturgeschichte und Chronik einer fränkisch=wetterauischen Stadt und ehemaligen Grafschaft, 2 Bde., Hanau 1903, hier Bd. 2, S. 564–572, mit entsprechenden Fehdebeispielen aus dem 16. Jahrhundert.

[46] Man mag sofort an die Sickingen- und die Grumbach-Fehde denken, die später noch Erwähnung finden werden. Ebenso ließe sich allerdings auch fragen, ob die Kölner Wirren der 1580er Jahre eben nicht nur vor der konfessionspolitischen Entwicklung gesehen werden können, sondern in ihrem politisch-sozialen Kern auch eine Form der Fehde darstellten. Insofern können sich jene angelsächsischen Interpretationsansätze, die – anknüpfend an Algazi – die französischen Religionskriege als Ausdruck und Vorwand des Bestrebens des dortigen Adels sehen, das Land und die Bevölkerung ausbeuten zu können, als durchaus hilfreich erweisen; vgl. *Asch*, Selbstinszenierung, S. 71 mit Anm. 12.

Herausforderungen den gewaltlosen Konflikt schlicht sozial nicht zuließ. Zu Recht wurde daher von der jüngeren Forschung auf den im europäischen Adel stets virulenten und in seinen sozialen Effekten unkalkulierbar komplexen Ehr-Faktor hingewiesen.[47] Das Argument der Ehrverteidigung konnte dabei durchaus nur ein Kunstgriff sein, um bestimmten Verhaltensweisen ein soziales Kleid zu geben. Gleichwohl galt es im sozialen Kontext des Adels als ein valides Argument, und in diesem Zusammenhang galt dasselbe für den Fehde-Begriff und die Begründung der Fehde gerade im Kontext des von der Fürstenherrschaft geforderten institutionalisierten Konfliktaustrags.

2.4. Das Eichsfeld als Adels- und Geschichtslandschaft: Raum, Menschen und Erinnerung

Schließlich gilt es noch, den Blick auf den geographischen Raum der Causa Barthold von Wintzingerode zu werfen, also auf das Eichsfeld als Handlungs-, Kommunikations-, Geschichts- und Erinnerungsraum. Dem Eichsfeld widerfuhr nämlich in den letzten Jahrzehnten seit dem Ende des Zweiten Weltkriegs das Schicksal einer – gleichsam als Erbe des Kalten Krieges – historiographisch vernachlässigten, dabei historisch gesehen typischen Übergangsregion oder „Brückenlandschaft“[48]. Aus Sicht der neueren deutschen Geschichte des 19. Jahrhunderts musste sie uninteressant erscheinen, weil sie zu jenen Gebieten zählte, die im Gefolge der Auflösung des Alten Reiches und der territorialen Neuordnung Deutschlands nach dem Wiener Kongress bei der großen Flurbereinigung von 1802/15 aus der Herrschaft des aufgelösten Kurfürstentums Mainz in den Besitz des Königreichs Preußen übergingen. So gesehen stand die eichsfeldische Vergangenheit synonym für die Geschichte einer gescheiterten, zudem katholischen Herrschaft.[49] Aus der Perspektive gesamtdeutscher Reichsgeschichte nach 1870/71 wiederum musste das Eichsfeld als reichsferne Provinz erscheinen, aus der im Unterschied zu der ebenfalls nur mäßig reichsnahen Provinz Brandenburg keine Impulse für die nationale Entwicklung kamen. In den Zeiten der DDR interessierte seine Geschichte gleichermaßen wenig, nicht zuletzt weil es als deutsches Zonenrandgebiet in erster Linie ostzonales Sperr- und militärisches Aufmarschge-

[47] Vgl. *Dierkes*, Streitbar, S. 23–35, hier besonders S. 31 ff.; *Jendorff/Krieb*, Adel, S. 204 ff.

[48] Zu diesem von Ernst Schubert eingehend anhand der Harzgrafen thematisierten Begriff vgl. *Schubert*, Harzgrafen, S. 17 f. Das Eichsfeld bildete allerdings lediglich einen Ausläufer jener ehemaligen, von den Harzgrafen im Spämittelalter gebildeten Brückenlandschaft. Als letzter Literatur- und Forschungsüberblick zum Eichsfeld und seiner Geschichte vgl. *Günter Christ/Georg May*, Handbuch der Mainzer Kirchengeschichte 2: Erzstift und Erzbistum Mainz. Territoriale und kirchliche Strukturen (Beiträge zur Mainzer Kirchengeschichte 2), Würzburg 1997, S. 345–394 mit weiterer älterer Literatur.

[49] Zur Umwertung des Geschichtsbildes – oder vielmehr: von Geschichtsbildern – in Deutschland am Beginn des 19. Jahrhunderts vgl. *Wolfgang Burgdorf*, Ein Weltbild verliert seine Welt. Der Untergang des Alten Reiches und die Generation 1806 (bibliothek altes Reich 2), München 2006.

biet war. Seit der deutschen Wende von 1989/90 ist das historische Interesse zwar wieder erwacht. Ihren historisch-historiographischen Platz sucht die Region allerdings immer noch, was sich nicht zuletzt daran erweist, dass sich drei Historische Kommissionen – die thüringische, die niedersächsische und die sachsen-anhaltinische – um sie bemühen können. Insofern bleibt der Charakter des Eichsfeldes als Übergangsregion erhalten und weiterhin problematisch.

Als Konsequenz aus den historischen Entwicklungen des beginnenden 19. Jahrhunderts blieben das Eichsfeld und die Eichsfelder in den nächsten Jahrzehnten – wie später auch – historiographisch-erinnerungspolitisch auf sich allein gestellt. Dieser Umstand ist insofern bedeutsam, als in diese Lücke hinein der eichsfeldische Adel stieß. Er, der dieses Land über Jahrhunderte hinweg neben den zwei großen Städten Heiligenstadt und Duderstadt und ihren Einwohnern geprägt hatte, nahm sich zunächst indirekt, später direkt der eichsfeldischen Landesgeschichte an. Indem sich einige Adelsfamilien verstärkt um ihre familiäre Vergangenheit bemühten und diese zu Papier brachten oder indem ein (ehemaliger) Landrat wie Levin Freiherr von Wintzingeroda-Knorr sich den Wüstungen des Eichsfeldes und der Reformationsgeschichte widmete,[50] gestalteten sie die eichsfeldische Landesgeschichtsschreibung maßgeblich mit. Die verbliebenen adeligen Familien konnten sich jenseits aller Herrscher- und Herrschaftswechsel als Wahrer und Verkörperung der eichsfeldischen Geschichte empfinden, wie dies von Max von Westernhagen 1909 zum Ausdruck gebracht wurde: „Alles, was in der vorliegenden Schrift gesagt wird, soll den jetzigen Familienmitgliedern gewidmet sein, um von Kind auf Kindeskind die Erinnerung zu vererben an ihre Eltern, Ureltern und Vorfahren und an die uralte Heimat, welche auf dem sogenannten Eichsfelde zu suchen ist. [...] Wir aber, die wir die alten Namen ‚Hagen und Westernhagen' führen, können noch mit Stolz auf eine Geschichte von vielen Jahrhunderten zurückblicken; und wenn auch unsere einstigen Burgen und festen Schlösser den Stürmen der Zeit und den volksgeschichtlichen Ereignissen der Jahrhunderte zum Opfer gefallen sind, so grünen und blühen wir noch immer als die Sprossen des alten Stammes und die uralte Pflanz- und Heimstätte auf dem Eichsfelde ist auch immer noch unsere Heimat geblieben bis auf den heutigen Tag. In der Geschichte des Adelsgeschlechtes der von Hagen und von Westernhagen spiegelt sich gleichsam ein Stück Volksgeschichte wieder."[51] So wurden aus gestaltenden Akteuren der eichsfeldischen

[50] Vgl. *Levin Freiherr von Wintzingeroda-Knorr*, Die Wüstungen des Eichsfeldes (Geschichtsquellen der Provinz Sachsen und angrenzender Gebiete 40), Halle 1903 (ND Duderstadt 1995); *ders.*, Die Kämpfe und Leiden der Evangelischen auf dem Eichsfelde während dreier Jahrhunderte (Schriften des Vereins für Reformationsgeschichte 136), 2 Teile, Halle 1892/93.

[51] *Max von Westernhagen*, Geschichte der Familie von Westernhagen auf dem Eichsfelde während eines Zeitraumes von 7 Jahrhunderten, Reprint der Ausgabe 1909, Heiligenstadt 2003, S. 5.

Geschichte die historiographischen Gestalter der Geschichte, ihrer Erzählung und Interpretation.

Trotz solchen Selbstbewusstseins muss selbst der um seine Vergangenheit bemühte und geschichtsbewusste eichsfeldische Niederadel bis heute – wie so vieles aus der Geschichte dieser Region – als eine bisher noch wenig erforschte historische Gruppe gelten.[52] Gleiches gilt in jeder Hinsicht für die Familie von Wintzingerode und ihre Bedeutung für die historische Entwicklung des Landes und seiner Geschichtsschreibung.[53]

[52] Eine neuere Untersuchung fehlt bislang. Man wird notgedrungen zurückgreifen müssen auf *Theodor Steinmetz*, Ankunfft und Fortsetzung / der Wohlgebohrnen Haeuser / Der loeblichen Ritterschaft im Land des Eichsfelds, Göttingen / gedruckt bei Josquinus Woycken, in: Ursprung und Fortgang / Leben und Thaten des vor Christi unsers Erlösers Gebuhrt in Unglück und Unruhe zu Rom gebohren glueckselig und ruhigen Edlen Roemers Ußlar von Dorocampo und der von ihm in Teutschland entsprossenen Herren von Ußlar / Sambt Stamm=Registern der Ritterschafft im Land des Eichsfelds, Göttingen 1701, sowie auf *Johann Wolf*, Eichsfeldisches Urkundenbuch nebst einer Abhandlung von dem Eichsfeldischen Adel, Göttingen 1819, oder die bei *Wintzingerode*, Barthold, S. X, und *Westernhagen*, Geschichte, S. 4, angegebene Literatur, die vornehmlich aus dem 19. Jahrhundert stammt, aber informativ ist. Zu einzelnen Familien vgl. *Carl Philipp Emil von Hanstein*, Urkundliche Geschichte des Geschlechts der von Hanstein in dem Eichsfeld in Preußen (Provinz Sachsen) nebst Urkundenbuch und Geschlechts-Tafeln, Kassel 1856 / 57 (ND Duderstadt 2007); *Gerhard Strotkötter*, Burg und Geschlecht der von Hanstein, in: Unser Eichsfeld 3 (1908), S. 97–117, 145–166; Burg Hanstein. Zur 700-jährigen Geschichte einer eichsfeldischen Grenzfeste, hg. im Auftrag des Familienverbandes der von Hanstein von *Hans-Dieter von Hanstein*, Duderstadt 2008; Geschichte der in einem Familienverband zusammengeschlossenen Geschlechter von dem Hagen, vom Hagen, von der Hagen, von Hagen mit 67 Stammtafeln 1150–1990, hg. vom Hagen'schen Familienverband e. V., verfasst von *Hans Wätjen*, Hannover / Bremen 1991; *Annelies Ritter*, Die Ratsherren und ihre Familien in den südhannoverschen Städten Göttingen, Duderstadt und Münden vom 15. bis zum Ende des 17. Jahrhunderts (Provinzial-Institut für Landesplanung und niedersächsische Landes- und Volksforschung Hannover Göttingen A / II,6), Oldenburg 1943, S. 74, 133 f.; *Paul Kesseling*, Zur Geschichte der Familie von Horn in Duderstadt im 17. und 18. Jahrhundert, in: Unser Eichsfeld 10 (1924), S. 186–189; *Detlev Freiherr von Linsingen a.d. h. zu Birkenfelde und Udra*, Zur Geschichte der Herren, Freiherren und Grafen von Linsingen zu Linsingen, Jesberg, Asphe usw. in Hessen, zu Birkenfelde, Udra, Rengelrode, Burgwalde usw. im Eichsfeld, zu Ricklingen, Adenstedt, Gerstorf usw. im Hannoverschen sowie in England und Südafrika, in Holland und Frankreich, und in Brasilien (Schriftenreihe des Heimat- und Geschichtsvereins Jesberg e. V.), o. O. 2004; *Albrecht Frhr. von Minnigerode / Hansjochen Leist*, Geschichte der Freiherren von Minnigerode, Delmenhorst 1982.

[53] Vgl. *Eberhard von Wintzingerode*, Stammbaum der Familie von Wintzingerode, mit biographischen Erläuterungen, Göttingen 1848; *Wintzingerode*, Barthold; *ders.*, Burg Scharfenstein, in: Mühlhäuser Geschichtsblätter 11 (1910 / 11), S. 39–48; *ders.*, Geschichte der Familie von Wintzingerode im Mittelalter, Gotha 1923; *Heinrich Jobst Graf v. Wintzingerode / Bernd Winkelmann / Rita Gassmann*, Die Burg Bodenstein im Eichsfeld: Geschichte und Gegenwart, hg. vom Kuratorium der Burg Bodenstein, Evangelische Kirche der Kirchenprovinz Sachsen, Duderstadt [2]1996; *Sittig-Wasmuth Freiherr von Wintzingerode-Knorr*, Familiengeschichte derer v. Wintzingerode (Knorr), Wolfsburg 2004; *Heinrich Jobst Graf von Wintzingerode*, „Recht tun behält sein Preis allzeit". Die Geschichte der Herren von Wintzingerode und der Burg Bodenstein, Heft 1 (Bodunger Beiträge 8),

Vor diesem Hintergrund stellt sich die Frage, inwiefern und auf welche Weise die Causa Barthold von Wintzingerode erinnert wurde. Die kulturwissenschaftliche Gedächtnisforschung hat in der jüngeren Vergangenheit auf den inneren Zusammenhang von Geschichts- und Gegenwartsinteressen hingewiesen und deutlich gemacht, dass genaugenommen nicht die Vergangenheit, sondern die Gegenwart erklärend, legitimierend, begründend erzählt wird.[54] Zentral erscheint dieser Betrachtungsweise die identitäts- und gemeinschaftsstiftende Funktion von sogenannten fundierenden Erzählungen (Assmann) oder Metaerzählungen (Gehrke), die auf von außen an die Vergangenheit herangetragenen Erinnerungsinteressen beruhen und die die Vergangenheit gewissermaßen enthistorisierend traditionalisieren. Im Falle der Causa Barthold von Wintzingerode und der historischen Entwicklung auf dem Eichsfeld im 19. Jahrhundert ist daher zu fragen, wer zu welchen Zeitpunkten, mit welchen Interessen und in welchen Situationen die Geschichte dieses Adeligen erinnerte und erzählte. Angesichts der Vielschichtigkeit und Vielgestaltigkeit des Wandels auf dem Eichsfeld dieser Zeit verbieten sich von vorneherein eindimensionale Antworten ebenso, wie uniforme Antagonismen – bspw. zwischen Adel und Bürgertum – nur Teilaspekte werden abdecken können und zu differenzieren sind.

Großbodungen 2004; 800 Jahre Wintzingerode 1204–2004, hg. von der Ortschaft Wintzingerode, Stadt Leinefelde-Worbis, Ortschaft Wintzingerode 2004.

[54] Vgl. *Maurice Halbwachs*, Das kollektive Gedächtnis, Stuttgart 1957; *Jan Assmann*, Kollektives Gedächtnis und kulturelle Identität, in: ders. / Tonio Hölscher (Hg.), Kultur und Gedächtnis, Frankfurt am Main 1988, S. 9–19; *ders.*, Das Kulturelle Gedächtnis. Schrift, Erinnerung und politische Identität in frühen Hochkulturen, München 1992; *Peter Burke*, Geschichte als soziales Gedächtnis, in: Aleida Assmann / Dietrich Harth (Hg.), Mnemosyne: Formen und Funktionen der kulturellen Erinnerung, Frankfurt am Main 1991, S. 289–304; *Hans-Joachim Gehrke*, Mythos, Geschichte, Politik – antik und modern, in: Saeculum 45 (1994), S. 239–264; *Otto G. Oexle*, Memoria als Kultur, in: ders. (Hg.), Memoria als Kultur (Veröffentlichungen des MPI für Geschichte 121), Göttingen 1995, S. 9–78; *Thomas Fuchs*, Traditionsstiftung und Erinnerungspolitik. Geschichtsschreibung in Hessen in der Frühen Neuzeit (Hessische Forschungen zur geschichtlichen Landes- und Volkskunde 40), Kassel 2002, S. 1–26; *Sandl*, Historizität, passim.

III. Unser Land des Eichsfelds: Grundlagen und Bedingungen, Möglichkeiten und Verständnisweisen niederadeliger Existenz im südniedersächsisch-nordthüringischen Raum

Unser Land des Eichsfelds – Wie selbstverständlich verwendeten die Mainzer Kurerzbischöfe und Domkapitulare diese Formulierung in allen offiziellen Dokumenten, die diese Region betrafen.[1] Sie formulierten damit ihren Herrschaftsanspruch über eine Übergangsregion in Nordthüringen-Südniedersachsen und lieferten damit zugleich eine Definition, was sie unter dem Eichsfeld verstanden. Für sie stellte dieses *Land* eine im Lauf mehrerer Jahrhunderte langsam gewachsene Agglomeration von Besitz, Rechten und Ämtern sowie einen Handlungsraum dar, den die Mainzer im 16. Jahrhundert gegen äußere Einflüsse abzuschirmen, innerherrschaftlich stärker zu homogenisieren und besser zu beherrschen suchten. Aus ihrer Sicht war das Eichsfeld integraler, unveräußerlicher, rechtlich klar umrissener Bestandteil des Kurmainzer Territorialsystems mit den Kurfürsten als Klammer an der Spitze. Seine Einwohner – gleichgültig ob adelig oder nicht-adelig – erschienen entsprechend als kurfürstliche Untertanen.

[1] So bspw. im Bestallungsrevers des Oberamtmanns Lippold von Stralendorf aus dem Jahr 1574:
„Revers Leopolden von Stralendorffs uber die gemaine Amptmannschafft des Landts des Eichsfeldts
[I]ch Leopoldt von Stralendorff Bekhenne hiemitt offentlich, das der hochwurdigst Furst und Herr Herr Daniel Ertzbischove Zu Maintz und Churfurst etc. meine gnedigster Herr mich zu Ihrer Churf. Gn gemeinen Ambtman Ihres Landts des Eichsfeldeß bestellt auf und angenohmen, Ich auch daruber gelobtt geschworn und pflicht gethan hab, Inhaltt ihrer Churf. Gnaden Bestallungsbrieff von wortt zu wortten hernach geschrieben also lauttendt:
Wir Daniel von Gottes gnaden des heiligen Stuels zu Maintz Ertzbischove des heiligen Romischen Reichs durch Germanien ErtzCantzler und Churfurst, Bekennen und thun khundt mitt diesem brieff das wir den Vesten unseren lieben getreuen Leopolden von Stralendorff zu unserm und unsers Ertzstiffts Maintz gemeinen Ambtman uber alle und Jede vnsere, undt unseres Ertzstiffts Schloß unseres Landts deß Eichsfeldeß, Nemblich Rustenberg Gleichenstein Gibeldenhausen, Lindau, Greiffenstein und Bischoffstein, Horburg, Worbiß, Treffurtt, Dorlar, Dorlar und Langula auch sonsten uber alle andere unser Schloß, Ambtt und underthanen des Eichsfeldeß ein Jahr lang ufgenohmen, gesetzt unnd gemacht haben, setzen und machen Ihnen zu vnserem und unsers Ertzstiffts gemeinen Ambtman in craft diß brieffs“; vgl. StAWü Mz.Ingr. 72, fol. 285–287', hier fol. 285.

Unser Land des Eichsfelds – Aus Sicht des auf dem Eichsfeld beheimateten Adels konnte diese kurfürstliche Formulierung mit ihren drei Teilbegriffen unverständlich oder gar verstörend wirken. Er mochte sich entweder über den kurfürstlichen Besitzanspruch wundern oder die Realitätsferne des kurfürstlichen Landesverständnisses belächeln oder den damit verbundenen Machtanspruch fürchten. Den Besitzanspruch des Mainzer Kurfürsten mochte man nicht infrage stellen, wohl aber den Machtanspruch, der daraus erwachsen sollte. Seit Jahrhunderten lenkte man die Geschicke in Nordthüringen je nach Interessenlage in Koalition oder in Konfrontation mit den Mainzern, handelte in und mit ihrem Willen oder gegen ihn. Die wahren Herren des Eichsfeldes – das waren die Adeligen, die das Land besaßen, bewirtschafteten, vor Ort beherrschten und kannten. Was war eigentlich dieses *Land*? Handelte es sich wirklich um die Agglomeration kurfürstlicher Rechte und Verwaltungsbezirke oder nicht vielmehr um eine Agglomeration adeliger – daneben auch klösterlicher und städtischer – Grundherrschaften, die über mehr oder weniger selbstständige Herrschaftsrechte an ihrem Grundbesitz verfügten? Mochten sie irgendwie den Mainzer Kurfürsten unterstehen, so genossen die Adeligen doch traditionell relative Freiheit in der Verwaltung ihrer lokalen Belange auf ihrem Grund und Boden, ganz abgesehen davon, dass nicht wenige von ihnen selbst als Funktionsträger der Kurfürsten auftraten. Aus ihrer Sicht machte das Land zweifellos mehr als die Verwaltungssprengel aus. Es war ihnen Patria im Sinne von Heimat, die den wesentlichen Ausgangspunkt für die eigenen Aktivitäten darstellte. Schließlich stellte sich die Frage, was unter dem *Eichsfeld* verstanden werden konnte. War es nur eine rechtlich-politische Einheit des kurfürstlich-mainzischen Territorialsystems oder reichte es über die Grenzen kurfürstlicher Hoheitsrechte hinaus, weil seine adeligen Hauptakteure ihr Handeln nicht an solchen Rechtsgrenzen – schon gar nicht an (kur-) fürstlichen – ausrichteten? Zudem mochte auch der Adel vom Eichsfeld als *seiner* Patria sprechen, aber letztlich der eigenen Gutsherrschaft verbundener gewesen sein. Die eichsfeldische Patria war ihm ein – durchaus wichtiger – Teil seines Handlungs- und Kommunikationsraums, der sich allerdings über die Grenzen des Eichsfeldes erstreckte und weitere soziale Handlungsfelder und Beziehungsebenen umfasste.

Unser Land des Eichsfelds – Das war durch eine von allen Akteuren dieser Region verwendbare Formulierung, die jedoch – und wenn auch nur in Nuancen – verschieden interpretiert werden konnte. Das Eichsfeld war ein Handlungsraum, den die auf ihm und in ihm wirkenden Akteure definierten. Die Zahl der Akteure war groß, ihre Interessen vielgestaltig und inhomogen, nicht selten gegenläufig. Auch die Wintzingerode zählten zu den eichsfeldischen Akteuren, selbst wenn sie keine Mainzer Untertanen waren, sondern Hohnsteiner Vasallen, und selbst wenn sie sich primär ins Welfenland orientierten. So konnten sie in sehr vorteilhafter Weise jeweils selbst entscheiden, ob sie zum Eichsfeld und / oder zu welchem Eichsfeld sie gezählt werden wollten.

1. Adel und Reformation: Ausmaß und Selbstverständnis adeligen Handelns in geistlichen Angelegenheiten vor Ort

Der ritterschaftliche Niederadel des Eichsfeldes befand sich in einem vielfältigen Konkurrenzkampf mit Fürsten und Standesgenossen um individuelles Ansehen, ständische Partizipation und regionalpolitischen Einfluss. Dabei musste er sich mit einem gravierenden politischen Belastungsfaktor auseinandersetzen: Die eichsfeldische Ritterschaft war landsässig, d.h. sie war untertänig; und dies unbezweifelbar. Dies stellte noch zu Beginn des 16. Jahrhunderts kein politisches Problem dar, weil die Konfliktpotentiale mit dem kurfürstlichen Landesherrn nicht virulent waren. Der fürstliche Pol der regionalen Herrschaftstopographie war zudem wenig präsent. Akut wurde der Status der ritterschaftlichen Landsässigkeit im Gefolge der Reformation, weil sich an ihr die Frage aufwarf, wer auf dem Eichsfeld die Konfession bestimmte bzw. die konfessionspolitischen Vorgaben machen durfte. Es war symptomatisch für die erzstiftisch-mainzische Situation im Allgemeinen wie für die Eichsfelder Situation im Speziellen, dass den Partikularkräften des Erzstifts in dieser Frage von der kurfürstlichen Zentralregierung das Heft des Handelns zunächst überlassen wurde.[2] Ebenso symptomatisch für das Selbstbewusstsein der eichsfeldischen Ritter war es, dass sie sich wie selbstverständlich mit ihren Standesgenossen aus den reichsritterschaftlichen Dynastien des Mittelrheins solidarisierten. Die selbständige Wahl der Konfession und die Ausübung ihrer Patronatsrechte im Sinne der Einsetzung von – später protestantischen – Priestern war aus ihrer Sicht ein Teil jener adeligen Eigenmacht, die für sie eine Selbstverständlichkeit darstellte.

Diese Solidarität und der darin implizierte wie manifestierte Anspruch ständisch-reichsrechtlicher Gleichheit schlug sich augenfällig am Beginn der Reformation nieder. Wie auch zahlreiche Mitglieder der mittelrheinischen und fränkischen Reichsritterschaft[3] zählten eichsfeldische Adelige zu den ersten Anhängern des Luthertums auf dem Eichsfeld. Hans von Entzenberg – neben den von Wintzingerode einer der Mitinhaber der Burg Scharfenstein und stets mit ihnen in Fehde liegend[4] – hatte 1521 den aus dem Zisterzienserkloster Reifenstein ‚entsprungenen' Mönch Heinrich Pfeifer auf dem Schar-

[2] Zum erzstiftisch-mainzischen Kontext vgl. *Alexander Jendorff*, Reformatio Catholica. Gesellschaftliche Handlungsspielräume kirchlichen Wandels im Erzstift Mainz 1514–1630 (Reformationsgeschichtliche Studien und Texte 142), Münster 2000; *ders.*, Verwandte, S. 150–157.

[3] Vgl. *Martin Brecht*, Die deutsche Ritterschaft und die Reformation, in: Ebernburg-Hefte 3 (1969), S. 27–37; *Christoph Bauer*, Reichsritterschaft in Franken, in: Anton Schindling / Walter Ziegler (Hg.), Die Territorien des Reichs im Zeitalter der Reformation und Konfessionalisierung. Land und Konfession 1500–1650. Bd. 4: Mittleres Deutschland (KLK 52), Münster 1992, S. 182–213, hier S. 194–198; *Jendorff*, Reformatio, S. 289–298.

[4] Vgl. *Wintzingerode*, Barthold, S. 13 f.

fenstein als Kaplan angenommen. Dort ließ er ihn ungezügelt reformatorisch, aber auch sozialkritisch predigen.[5] Entzenberg stand mit seiner Haltung keineswegs allein. Christoph vom Hagen zu Deuna hatte zusammen mit seinem Bruder Heinrich seit 1504 die Universität Erfurt besucht und dort kirchenkritische Stimmen rezipiert.[6] Er stellte schon vor 1525 auf Schloss Deuna den Prediger Thomas Hofen an.[7] Ähnlich entwickelte sich auch das Religionsbewusstsein im einflussreichsten Adelsgeschlecht des Eichsfeldes, bei denen von Hanstein: Während Christian von Hanstein noch vor Ablauf seiner Dienstzeit als kurfürstlicher Amtmann auf dem Rusteberg 1520 als Statthalter in Kassel in landgräflich-hessische Dienste wechselte und von dort aus die Verbreitung des Protestantismus vorantrieb,[8] besuchte sein Bruder Konrad seit 1516 die Universität Wittenberg, bevor er in hessische, später in dänische, markgräflich-ansbachische und schließlich auch kaiserliche Söldnerdienste trat.[9] Seine Brüder Lippold und Burkhard studierten seit 1517 in dem sich rasch protestantisierenden Erfurt. Dies hielt jedoch Burkhard keineswegs davon ab, 1527 ein Kanonikat am Fritzlarer Petersstift und schließlich 1541 die Propstei am Heiligenstädter Martinsstift zu erlangen.[10] Vielmehr bildete diese kirchliche Karriere die Möglichkeit, sich unter Verzicht auf die Lehensgüter zugunsten der Brüder materiell abzusichern und zugleich das protestantische Bekenntnis im Schutze altgläubiger Institutionen in den ritterschaftlichen Patronatspfarreien einzuführen. Burkhard von Hanstein verstand es, nicht nur die Protestantisierung des Eichsfeldes durch seine Standesgenossen zu decken und als Propst des Martinsstifts weitere Pfarreien an sich zu ziehen, sondern diese

[5] Vgl. *Wintzingerode*, Barthold, S. 10 f.; *Knieb*, Geschichte, S. 24 ff. Erst auf Druck des Amtmanns zu Rusteberg Bernhard von Hartheim wurde Pfeifer zu Beginn des Jahres 1523 zunächst von seiner Stelle entfernt, woraufhin er nach Worbis, später nach Mühlhausen floh und von dort aus erfolgreich und mit verheerender Wirkung für das Eichsfeld bzw. die Klöster und die Ritterschaft – wie der Bauernkrieg bewies – weiter hetzte. Zuletzt die Entwicklung und Forschungslage zusammenfassend: *Arno Wand*, Reformation, Katholische Reform und Gegenreformation im kurmainzischen Eichsfeld (1520–1648), Heiligenstadt 1998, S. 74–79.

[6] Zu Erfurt in der Epoche der Vor- und Frühreformation vgl. *Ulman Weiß*, Von der Frühbürgerlichen Revolution bis zur völligen Unterwerfung durch Kurmainz vom Ende des 15. Jahrhunderts bis 1664, in: Willibald Gutsche (Hg.), Geschichte der Stadt Erfurt, Weimar [2]1989, S. 103–144; *ders.*, Die frommen Bürger von Erfurt. Die Stadt und ihre Kirchen im Spätmittelalter und in der Reformationszeit, Weimar 1988.

[7] Vgl. *Wintzingeroda-Knorr*, Kämpfe I, S. 16 f.

[8] Vgl. *Knieb*, Geschichte, S. 48 f.; *Thomas T. Müller*, Der Abschied von den Heiligen. Die Hansteiner und die Reformation, in: Burg Hanstein. Zur 700-jährigen Geschichte einer eichsfeldischen Grenzfeste, hg. im Auftrag des Familienverbandes der von Hanstein von Hans-Dieter von Hanstein, Duderstadt 2008, S. 123–128, hier S. 125 ff.

[9] Vgl. *Wintzingeroda-Knorr*, Kämpfe I, S. 18. In kaiserlichen Diensten ließ er sich schriftlich zusichern, niemals gegen Glaubensgenossen kämpfen zu müssen.

[10] Vgl. *Wintzingeroda-Knorr*, Kämpfe I, S. 20 f.; *Knieb*, Geschichte, S. 49 f.; *Theodor Niederquell*, Die Kanoniker des Petersstifts in Fritzlar 1519–1803 (Veröffentlichungen der Historischen Kommission für Hessen 41), Marburg 1980, S. 118.

auch ohne Genehmigung des Mainzer Erzbischofs an seine protestantischen Brüder weiterzugeben.[11]

Aber erst seit dem Beginn der vierziger Jahre wagte der eichsfeldische Niederadel offen, evangelische Prediger auf vakante Pfarrstellen einzusetzen.[12] Als Hebel wurden die jeweiligen Patronatsrechte der Familien benutzt. Die Zuständigkeit des Geistlichen Kommissars in Heiligenstadt - des höchsten erzbischöflichen Vertreters auf dem Eichsfeld - wurde dabei ignoriert. Ebenso blieb die erzbischöfliche Visitation des Jahres 1549 ohne Konsequenzen.[13] Hatte man zuvor noch meistens die Pfarrgüter in Eigennutzung genommen - die Pfarrstellen also offiziell vakant gelassen - und bezahlte Hausprediger die Gottesdienste vollziehen lassen, bewirtschafteten die Prediger seit den vierziger Jahren diese Pfarrgüter wieder selbst, nachdem der adelige Patron sie offiziell eingesetzt und somit die Pfarreien - nicht immer ohne Widerstand der Dorfbewohner - protestantisiert hatte.[14] Seit dieser Zeit bildete sich jene Praxis der Pfarreibesetzung in den eichsfeldischen Dörfern unter niederadeligem Patronat aus, das den Mainzer Weihbischof Nikolaus Elgard dreißig Jahre später zu der Bemerkung veranlasste, der Adel setze ungezügelt und wie selbstverständlich häretische Prediger ein.[15] Er unterließ es wohlweislich darauf hinzuweisen, dass es sich bei diesen Niederadeligen nicht um theologisch ungebildete Raufbolde, sondern nicht selten um humanistisch gebildete, weil in den akademischen Zentren des noch jungen Protestantismus ausgebildete Ritter handelte, die ihre Prediger zunächst auf ihren Schlössern angestellt und diese erst später - nachdem die mangelnde Durchsetzungsfähigkeit der kurfürstlichen Zentralregierung offenkundig war - unter Missachtung der erzbischöflichen Autorität in ihren Patronats- und Gerichtsdörfern eingesetzt hatten.

Bis zur Jahrhundertmitte konnte von einem Bruch *der* eichsfeldischen Ritterschaft mit der kirchlichen Tradition keine Rede sein. Denn zum einen verblieb man noch soweit wie möglich in den altgläubigen Strukturen, um sie für die eigenen Belange nutzen zu können. Zum anderen bekannte sich zwar eine deutliche Mehrheit des Eichsfelder Niederadels zum Protestantismus, aber dies galt nicht für alle Angehörigen dieser Standesgruppe. Als 1555 Kurerzbischof Daniel Brendel von Homburg (reg. 1555–1582) von den eichsfeldischen Ständen eine neue Form des Huldigungseides[16] verlangte, verweigerte sich

[11] Vgl. *Knieb*, Geschichte, S. 49 ff.

[12] Belegt wird dies durch den Bericht des Oberamtmanns Oiger Brendel von Homburg vom 01.05.1559; vgl. *Knieb*, Geschichte, S. 63–79.

[13] Vgl. StAWü MRA H 1240d–g; *Wintzingeroda-Knorr*, Kämpfe I, S. 24–27.

[14] Dies ließe sich exemplarisch für das unter dem Patronat der vom Hagen stehende Dorf Deuna aufzeigen; vgl. *Knieb*, Geschichte, S. 48.

[15] Vgl. *Schwarz*, Nuntiatur-Korrespondenz, Nr. 250: Schreiben Elgards an Como vom 18.06.1575.

[16] Für die Bewertung dieses Vorgangs ist allerdings zu beachten, dass er nicht zwangsweise in den Kontext des religionspolitischen Gegensatzes gestellt werden muss, wie dies mit

der Adel bis auf vier Personen, darunter zwei Westernhagen, die sich gegen das Votum der übrigen Familienangehörigen gestellt hatten.[17] Frühestens erst nach der Jahrhundertmitte formierte sich die Ritterschaft langsam zu einer konfessionell homogenen Gruppe, die sich rasch im Zuge eines stärker werdenden Drucks aus Mainz seit dem Beginn der siebziger Jahre und erst recht nach der Visitation des Jahres 1574 verfestigte. Dies weist auf einen anderen wichtige Umstand hin: Es gab bis in das sechste Jahrzehnt hinein keinen Religionskonflikt auf dem Eichsfeld, weil es – noch – keine konfessionellen Fronten mit entsprechenden Akteuren gab. In dem Maße, in dem der Adel erst sich und später seine Patronatsgemeinden protestantisierte, indem er selbstverständliche lokale Herrschaftsrechte ausübte, formte sich in Mainz zur gleichen Zeit ein Reformkatholizismus zunächst defensiver, später zunehmend offensiver Natur aus. Die kurfürstliche Regierung interessierte sich für die religiös-konfessionellen Belange des Eichsfeldes erst seit den ausgehenden fünfziger Jahren, verstärkt seit den sechziger Jahren. Seitdem agierte sie eher punktuell und auf eine Weise, die keinen Anlass gab, aus der losen, eher miteinander beschäftigten Schar der protestantischen Adeligen eine geschlossene Front werden zu lassen. Langsam, aber deutlich zeichnete sich allerdings auch ab, dass der als Selbstverständlichkeit begriffene Anspruch der Ritterschaft, die konfessionelle Richtung ‚ihrer' Kirchengemeinden selbst und im protestantischen Sinne zu bestimmen, und die sich abzeichnende Absicht der Mainzer Regierung, aus landsherrlichem Verständnis heraus die kirchlich-religiösen Belange auf dem Eichsfeld einer entschiedenen Reform im katholischen Sinne zu unterziehen, erhebliches Konfliktpotential bargen.[18]

einem gewissen Automatismus von allen Autoren bisher geschieht. Denn was die Huldigungskommission im Juli 1555 verlangte, war die Vereidigung aller Untertanen auf ihren kurfürstlichen Landesherrn. Dies – und nur dies – verweigerte der Großteil des eichsfeldischen Adels; und er wusste warum: Mit der Eidleistung eines jeden Einzelnen – also auch der adeligen Hintersassen – wurden alle gewissermaßen vor dem Landesherrn gleich, wenn auch unterschiedlich ständisch privilegiert. Dieser Vorgang griff selbstverständlich das adelige Selbstverständnis an, eigenmächtig zu sein, d. h. gewissermaßen zwischen Landesherr und Hintersassen zu stehen. Dass dieser Vorgang in Konsequenz auch eine religionspolitische Dimension besaß, resultierte aus dem vorhergehenden Sachverhalt, nicht umgekehrt. Nichtsdestotrotz zog die Mainzer Zentralregierung aus dem gesamten Vorgang – die Huldigungskommission scheiterte schließlich am Widerstand des Adels – ihre Konsequenzen: Sie verzichtete zunächst auf derartige direkte Einwirkungen und beschränkte sich gewissermaßen auf Belohnung von treuen Adeligen, auf die Vereinnahmung derjenigen, die ihrer bedurften – wie etwa die Vettern Bartholds – oder auf die Annäherung an solche, die ihnen offenen Widerstand entgegensetzten; vgl. *Wintzingeroda-Knorr*, Kämpfe I, S. 31 ff.; *Westernhagen*, Geschichte, S. 230 f.

[17] Hans von Westernhagen (-Berlingerode, Wallstamm) blieb – wie sein Vater Ernst sowie Christoph und Jobst von Hardenberg, der erst 1584 zum Luthertum konvertierte – katholisch, musste sich jedoch dem Protestantisierungswillen seiner Verwandten in den Patronatspfarreien beugen; vgl. *Knieb*, Geschichte, S. 51 mit Anm. 9, S. 67–75; *Wintzingeroda-Knorr*, Kämpfe I, S. 31 ff.; *Westernhagen*, Geschichte, S. 230.

[18] Vgl. *Jendorff*, Reformatio, S. 35–119.

Von alldem blieb die wintzingerodesche Adelsherrschaft zunächst unberührt. Ungefähr seit dem Jahr 1520 wirkte auf dem Bodenstein ein evangelischer Prediger.[19] Dennoch vollzog nicht die gesamte Dynastie den Religionswechsel derart schnell: Wie schon sein Vater blieb auch Bartholds Vetter Hans von Wintzingerode bis 1560 altgläubig.[20] Die Protestantisierung der Familie und der Untertanen ihrer Güter konnte und wollte aber auch er nicht aufhalten. So wurde schließlich in den siebziger Jahren für die wintzingerodeschen Güter eine Kirchenordnung erlassen, die das protestantisch-lutherische Bekenntnis festschrieb und das Kirchenwesen in den ritterschaftlichen Patronatspfarreien und Gemeinden detailliert regelte.[21] Damit einhergehend mussten die Untertanen ihren ritterlichen Herren einen konfessionell motivierten Eid „bei Gott und den heiligen Evangelien" leisten. Gleiches galt für die Eidesschwüre in Gerichtsangelegenheiten.[22] Als Patronats- und Gerichtsherr auf dem Bodenstein übte Barthold von Wintzingerode – wie selbstverständlich in jenen Jahren und damit also einem reichsritterschaftlichen Standesgenossen gleich – unangefochten das *ius territoriale* wie auch das *ius episcopale* aus. Seine starke Position in Religionsangelegenheiten wurde durch die Beschaffenheit seines Lehensverhältnisses zu den zunächst noch altgläubigen, erst seit 1552 protestantischen Grafen von Hohnstein gefestigt.[23] Im Gegensatz zu den übrigen eichsfeldischen Adelsdynastien, die sich von ihrem mainzisch-kurfürstlichen Lehensherrn vorhalten lassen mussten, sie hätten gegen dessen religionspolitische Prärogative verstoßen, räumte selbst der Heiligenstädter Oberamtmann ein, „mit denen von Wintzingerode [habe es] eine weit andere Beschaffenheit [in Religionsdingen], als es vielleicht mit andern [Rittern] haben magk"[24].

Die Wintzingerode besaßen Patronatsrechte in Kalten- und Warmohmfeld und in Wintzingerode selbst. Dort stellten sie nach der hohnsteinischen Syn-

[19] Vgl. *Wintzingerode*, Barthold, S. 10.

[20] Vgl. *Wintzingerode*, Barthold, S. 80.

[21] Vgl. LHASAMD Rep. H Bodenstein II Nr. 1429; *Emil Sehling* (Hg.), Die evangelischen Kirchenordnungen des XVI. Jahrhunderts II/2, Leipzig 1904 (ND Aalen 1970), S. 250–259. Zur Datierungsproblematik vgl. *Mager*, Katholiken, S. 124 mit Anm. 19 und 20, die das Dokument für die Zeit zwischen 1570 und 1577 datiert.

[22] Vgl. *Wintzingerode*, Barthold, S. 61 f., 74.

[23] Graf Ernst V. starb 1552 als dezidiert antireformatorischer Katholik, musste jedoch 1542 eine herzoglich-sächsische Visitation dulden. Diese stellte fest, dass bis auf zwei Orte die Untertanen dem katholischen Bekenntnis anhängen würden. Bereits 1547/48 sah sich Ernst V. zu Verhandlungen mit Moritz von Sachsen wegen Einführung gemeinsamer Bräuche gedrängt. Seine Söhne Ernst VI., Volkmar Wolf und Eberwein führten schließlich die Reformation ein; vgl. *Sehling*, Kirchenordnungen, S. 250 f.; *Rudolf Reichhardt*, Die Grafschaft Hohenstein im 16. und 17. Jahrhundert. Festschrift zur 200jährigen Jubelfeier der Vereinigung der Grafschaft Hohenstein mit dem brandenburgisch=preussischen Staate, Hohenstein 1899, S. 5–18; *ders.*, Die Reformation in der Grafschaft Hohenstein (Volksschriften des Vereins für Kirchengeschichte in der Provinz Sachsen 2), Magdeburg 1912.

[24] Zit. nach *Wintzingerode*, Barthold, S. 79.

ode von Walkenried seit 1556 lutherische Pfarrer an.[25] Als plessisches Lehen verwaltete Barthold die Vikarie Esplingerode, die jedoch wegen Pfarrermangel unbesetzt blieb und deren Einkünfte er zweckentfremdet einnahm.[26] Gleichzeitig maßte sich Barthold die Patronatsrechte in Tastungen und Wehnde an, die der Äbtissin von Teistungenburg gehörten. Ihr Protest gegen die Einsetzung eines Prädikanten verhallte 1555 ungehört. Barthold griff den Wunsch der Bevölkerung von Wehnde auf, die aufgrund der Vernachlässigung durch das Kloster verfallene Kirche wiederaufzubauen, und unterstützte die Bauern finanziell und materiell. Dem Mainzer Protest hielt er seine hohnsteinschen und quedlinburgischen Lehenbriefe entgegen und konnte sich einstweilen bei den Grafen von Hohnstein damit durchsetzen. Denn Mainz verzichtete auf ein weiteres Vorgehen, weil es auf konfessionspolitische Deeskalation und Kooperation mit den jungen, gerade zum Luthertum übergetretenen Hohnsteiner Grafen bedacht war.[27] Dagegen trat Mainz im Fall der Pfarrei Reinholterode massiver auf: In Reinholterode teilten sich die Wintzingerode und die Westernhagen die Gerichtsrechte je zur Hälfte. Schon vor 1554 hatten sie dort protestantische Pfarrer eingesetzt,[28] wie es scheint nicht immer mit dem nötigen Glück und gegen den Willen der Bevölkerung. Diese bat 1574 – ein Jahr vor der Hinrichtung Bartholds – von sich aus beim Geistlichen Kommissar um einen katholischen Priester, nachdem der protestantische Prediger Bindseil die mainzischen Obrigkeiten von der Kanzel herab beschimpft hatte und daraufhin nach Heiligenstadt zitiert worden war.[29] Bindseil wurde abgesetzt und die Pfarrei mit Zustimmung der Einwohner vom benachbarten katholischen Pfarrer versehen. Die Proteste der Wintzingerodes wurden mit dem Hinweis, man ändere nur die Neuerungen der Junker, übergangen. Zwar amtierte der Prädikant auf politisches wie gewalttätiges Betreiben der Westernhagen noch ein Jahr weiter, wie in anderen adeligen Gerichtsdörfern auch wurde er aber zwei Jahre später endgültig beseitigt.[30]

Diese Vorgänge zeigen, dass die Auseinandersetzungen zwischen Barthold von Wintzingerode und der Mainzer Regierung, die 1575 zur Hinrichtung des Adeligen führten, nicht genuin konfessionspolitischer Natur waren. Barthold und seine Familie verhielten sich nicht anders als die übrigen Adelsfamilien dieser Region und speziell des Eichsfeldes. Sie führten in ihren Pa-

[25] Vgl. *Knieb*, Geschichte, S. 13.

[26] Vgl. *Knieb*, Geschichte, S. 69, 77, 117. Die Visitation des Eichsfeldes 1549 ergab für die Vikarie Esplingerode den schlichten Befund: „Nobiles a Wissingerode praesentant non idoneam personam ad vicariam quam sic habent ad suam collationem spectantem, & fructus, quos per 20 Annos unde perceperunt"; StAWü MRA H 1240e, fol. 1'.

[27] Vgl. *Knieb*, Geschichte, S. 69, 102, 117; *Wintzingerode*, Barthold, S. 81.

[28] Vgl. *Wintzingerode*, Barthold, S. 82.

[29] Vgl. den Bericht des Geistlichen Kommissars Bunthe an Erzbischof vom 05.08.1574 nach *Knieb*, Geschichte, S. 76 mit Anm. 10.

[30] Vgl. *Wintzingeroda-Knorr*, Kämpfe I, S. 40; *Knieb*, Geschichte, S. 131 f., 164, 166, 200; HCH 1576.

tronatsgemeinden den Protestantismus durch die Einsetzung von Predigern mit der adeligen Überzeugung ein, herrschaftlich so handeln zu dürfen, und – wenigstens in einigen Fällen – aus der Glaubensüberzeugung heraus, im religiösen Sinne ihrer Bauern als Grund- und Patronatsherren so handeln zu müssen. Insofern war die protestantische Religiosität ein fester Bestandteil adeligen Selbstverständnisses, wenigstens auf dem Bodenstein.[31]

2. Niederadelige Familien und fürstliche Herrschaft: Eigenmacht und Landeshoheit im Widerstreit

Die Entwicklung des Religionswesens bis zur Jahrhundertmitte warf symptomatisches Licht auf die herrschaftlichen Verhältnisse. Das Eichsfeld war in typischer Weise vor 1550 Adelsland, weil in Adelshand. Auf dem Eichsfeld lebte „eine unglaubliche Menge adeliche Geschlechter, von denen mehr als 90 ausgestorben sind"[32], wie Johann Wolf in seiner Anzeige an den Adel im

[31] Eine solche Feststellung zur Religiosität auf dem Bodenstein findet eventuell (!) auch ihren archivalischen Beleg in den Marginalien eines Aktenbändchens, das sich im Staatsarchiv Marburg findet und zahlreiche Kopien von Urkunden aus der Zeit Bartholds von Wintzingerode enthält. Nicht nachvollziehbar ist, wie dieses Kopial in die Archivbestände der Kasseler Regierung gelangte, wer es anfertigte – der Kopist oder der Schreiber Bartholds oder eines anderen Wintzingerode? – und wann es angefertigt wurde. An einer Stelle findet sich die Unterschrift eines Jorg Hessen. Inwiefern er mit dem Kasseler Prokurator auf der Kanzlei M. Georg Heß in Verbindung gebracht werden kann, entzieht sich der sicheren Kenntnis. Es finden sich jedenfalls zwischen den verschiedenen Abschriften, an den unteren und seitliche Rändern der Blätter immer wieder Sinnsprüche folgender Art: „Fromigkeit mag gefallen mier, mehr dann goldt unnd silbergeschier laus deo honor et gloria in excelsis; So Godt mit uns ist, wer wirdt wider uns sein; Ich lebe und weis nit wie lange, Ich strebe und weis nit wanne, Ich vahr und weis nit wohin, mich wundert das ich frolich bin; Alle mein Hoffen zu Godt; Gott ist mein Schildt"; vgl. StAMr 17d v. Wintzingerode Nr. 10. Zu Georg Heß vgl. *Franz Gundlach*, Die hessischen Zentralbehörden von 1247 bis 1604, 3 Bde. (Veröffentlichungen der Historischen Kommission für Hessen und Waldeck 12), Marburg 1930–1932, hier: Bd. 3, S. 100.

[32] *Wolf*, Urkundenbuch, S. 1. Dabei griff Wolf wohl auf Steinmetzens Abhandlung aus dem Jahr 1701 zurück, in der folgende Geschlechter als ausgestorben bezeichnet wurden: Bodenstein, Bodensee, Cammerer, Entzenberg, Geißleben, Germershausen, Gittel, Grüne, Kerstlingerode, Kirchberg, Kühlstedt, Mengelroda, Nesselroda, Pleß, Rengelroda, Rustenberg, Saltze, Schwebda, Volckeroda, Westhausen, Windold, Wolfen. Es verkauften oder unterverpfändeten ihre Güter auf dem Eichsfeld die Mutzschefall, Resenhut, Uslar, Wildungen, Worbis. Es „seind annoch am Leben / und werden ohne praejuditz eines oder des andern praeeminentz und Vorgangs / nach Ordnung des A b c d angeführet": Amelunxen, Bodenhausen, Bodungen, Bültzingsleben, Cornberg, Eschwege, Hagen, Hanstein, Hardenberg, Harstall, Hopfgarten, Keudell, Knorr, Leuthorst, Linsingen, Minningeroda, Steinmetzen, Tastungen, Trotten, Westernhagen, Wintzingeroda; vgl. *Steinmetz*, Ursprung, S. 33. Anschließend erfolgte die Auflistung der Stammtafeln der einzelnen Geschlechter (S. 34–112). Auch während des 18. Jahrhunderts veränderte sich dieser Adelsbestand. Im Jahr 1819 blühten demnach – gemäß Wolfs Angaben – die Geschlechter Amelunxen, Bodenhausen, Bodungen, Bültzingsleben, Hagen, Hanstein,

Jahre 1795 bemerkte. Neben den alteingesessenen Familien – wie den Hanstein, Westernhagen, Hagen und Wintzingerode – wanderten weitere Adelsgeschlechter zu.[33] Der eichsfeldische Zweig der Familie von Linsingen etwa kam hierher, als Friedrich von Linsingen (ca. 1420–1495) – ursprünglich kurpfälzischer Statthalter Friedrichs des Siegreichen – nach Verkauf seiner kurpfälzischen Besitzungen 1466 die Güter der ausgestorbenen Familie von Mengelrode erhielt. Ein anderer Zweig der Familie war in der Landgrafschaft Hessen beheimatet und verankert. Wie im Falle der Linsingen so erweist sich auch an anderen, in mehrere Linien strukturierten Adelsfamilien des Eichsfeldes, dass es sich nicht um eine abgeschlossene, sondern um eine mobile, familiär differenziert organisierte Standesgruppe handelte.[34]

Die Verwaltungs- und Herrschaftsstruktur glich eher einem Konglomerat mehrerer autochthoner Einzelherrschaften. Die Beziehungen der Ritterschaft zum Mainzer Kurfürsten als „Herr des Eichsfeldes" gestalteten sich vor dem Hintergrund seiner dauernden Abwesenheit. Zwischen 1517 und 1574 war kein Mainzer Erzbischof mehr auf das Eichsfeld gezogen, war die kurfürstliche Herrschaft in Person des Amtmanns auf dem Rusteberg als Vizedom bzw. nach 1540 in Person des zu Heiligenstadt residierenden Oberamtmanns wahrgenommen worden. Aufgrund der Ferne des kurfürstlichen Herrn herrschte der Adel. Sein Selbstbewusstsein manifestierte sich nicht zuletzt in seinem politischen Engagement während der Ritterschaftsbewegung der

Hardenberg, Harstall, Kaisenberg, Knorr, Linsingen, Mingerode, Steinmetzen, Walthausen, Wedemeyer, Westernhagen, Wintzingerode und Zwehl, während zu den bereits ausgestorbenen Geschlechtern die Bodenstein (um 1640), Entzenberg (um 1640), Kerstlingerode (1641), Keudell (1792) und Tastungen (1751) zählten; vgl. *Wolf*, Urkundenbuch, S. 9–20.

[33] Vgl. *Steinmetz*, Ursprung, S. 38–42, 85–88, 94–98; *Wolf*, Urkundenbuch, S. 26–29. Die Bodenhausen stammten demnach ursprünglich aus Ungarn. Die Bodungen kamen aus dem Schwarzburgischen, die Bültzingsleben und die Kindehusen aus dem Thüringischen, die Harstall aus der Wetterau, die Linsingen aus dem Kurpfälzischen, die Leuthorst aus Hannover. Rab von Amelunxen – hessischer Amtmann zu Trendelburg und Helmershausen – wurde erst 1603 von Landgraf Moritz mit dem Dorf Bodensee aus den Gütern der ausgestorbenen von Bodungen belehnt.

[34] Vgl. *Linsingen*, Geschichte, S. 42–50, 54–78; *Steinmetz*, Ursprung, S. 85–88. Im Falle der Duderstädter Hagen lässt sich diese Mobilität besonders gut in der Frühen Neuzeit beobachten: Seit der Mitte des 13. Jahrhunderts in Duderstadt beheimatet und mit dem dortigen Patriziat verbunden, wurde die Reformation in dieser Stadt unter direkter Einwirkung der Familie eingeführt. Schließlich zog allerdings der seit 1541 protestantische Wedekind v.d. Hagen mit seinen Söhnen aus Duderstadt ins landgräflich-hessische Allendorf an der Werra. Die Familie kehrte erst nach dem Dreißigjährigen Krieg nach Duderstadt zurück und konvertierte. Der Stamm von Hagen-Rüdigershagen dagegen blieb auf dem Eichsfeld. Seine Vertreter – insbesondere Christoph I. (gestorben 1573) und Christoph II. (gestorben 1614) – zählten zu herausragenden kurfürstlichen Funktionsträgern auf dem Eichsfeld, obwohl auch sie protestantisch waren; vgl. *Ritter*, Ratsherren, S. 74, 133 f.; *Wätjen*, Geschichte, S. 19–30, 35–43, 45, 52.

Jahre 1522/23, bei der er zusammen mit anderen Grafen und Herren auch reichspolitisch aktiv geworden war.[35]

Die Herrscherferne bedeutete für den eichsfeldischen Ritteradel gleichzeitig eine später nie wieder erreichte Herrschaftsnähe. Denn er verfügte zwischen dem Beginn und der Mitte des 16. Jahrhunderts über ausgezeichnete Beziehungen zum Mainzer Kurfürsten: Zum einen stand er in Dienstbeziehungen zum Kurfürsten, der Mitglieder der Ritterschaft zu Amtmännern auf dem Rusteberg und damit Stellvertreter kurfürstlicher Herrschaft auf dem Eichsfeld bestellte.[36] Auch in anderen Funktionen – wie z. B. als Duderstädter Stadthauptmann, als Ratsherren, Bürgermeister und Schultheißen in den Städten[37] – erschienen sie. Der Niederadel nahm in dieser Zeit die Funktion einer politischen Funktionselite wahr, die das Land herrschaftlich strukturierte, weil nach dem Ausfall der Klöster infolge von Reformation und Bauernkrieg kein kontrollierendes oder regulierendes politisches Gegengewicht existierte.

Zum anderen wurde diese Position innerhalb des eichsfeldischen Herrschaftsgefüges durch die zahlreichen Pfandschaften, die eichsfeldische Ritterfamilien vom Mainzer Kurfürsten seit Jahrzehnten innehatten, gefestigt.[38] Dem Verlust direkten Herrschaftszugriffs auf Untertanen stand für den Kurfürsten eine stärkere Einbindung des Ritteradels in den Herrschaftsorganismus gegenüber.

Schließlich wurden – zum dritten – die Beziehungen und die Stellung des Adels auf dem Eichsfeld durch konnubiale, güterrechtliche und freundschaftliche Bindungen gefestigt, die durch weitere Konnubien außerhalb dieser

[35] Vgl. *Fellner*, Ritterschaft, S. 240 f. mit Anm. 81; *Winfried Dotzauer*, Das „Burgenterritorium" des Franz von Sickingen, in: Ebernburg-Hefte 9 (1975), S. 166–192, hier S. 186.

[36] Als Vizedome amtierten in dieser Zeit Rudolf von Bültzingsleben (1499–1513), Christian von Hanstein (1513–1517), Volkmar Vogt (1517–1522, 1527), Bernhard von Hartheim (1523–1527), Hans von Mingerode (1527/28), Hans von Hardenberg (1528–1534) und Siegfried von Bültzingsleben (1534–1540); vgl. *Johann Wolf*, Politische Geschichte des Eichsfeldes, neu bearbeitet und herausgegeben von K. Löffler, Duderstadt 1921, S. 194 f.; für die Bedeutung der Hansteiner als erzbischöfliche Vizedome im 14./15. Jahrhundert vgl. *Strotkötter*, Burg, S. 101 ff.

[37] Vgl. *Wolf*, Urkundenbuch, S. 42–45.

[38] So waren an die von Bültzingsleben die Ämter Greifenstein, Harburg-Worbis und die Hälfte von Bischofstein, das Amt Scharfenstein an die von Winzingerode, das Dorf Heyerode an die von Berlepsch und von Ebeleben und Teile des Amtes Rusteberg an die von Hanstein verpfändet; *Knieb*, Geschichte, S. 14; *Günther Christ/Georg May*, Handbuch der Mainzer Kirchengeschichte 2: Erzstift und Erzbistum Mainz. Territoriale und kirchliche Strukturen (Beiträge zur Mainzer Kirchengeschichte 2), Würzburg 1997, S. 352–384; Burg Hanstein. Zur 700-jährigen Geschichte einer eichsfeldischen Grenzfeste, hg. im Auftrag des Familienverbandes der von Hanstein von *Hans-Dieter von Hanstein*, Duderstadt 2008; *Peter Aufgebauer*, „Grundsteinlegung" 1308 und Bau der heutigen Burg, in: Burg Hanstein. Zur 700-jährigen Geschichte einer eichsfeldischen Grenzfeste, hg. im Auftrag des Familienverbandes der von Hanstein von Hans-Dieter von Hanstein, Duderstadt 2008, S. 60–66, hier S. 64 f.

Adelsformation ergänzt und verstärkt wurden. Die seit dem 13. Jahrhundert in Duderstadt beheimateten, andererseits auf dem Gut Rüdigershagen ansässigen Hagen heirateten im 16. Jahrhundert in die Familien Westernhagen, Knorr und Berlepsch ein, daneben auch in die Familien Schlitz gen. Görtz, Entzenberg, Hardenberg und Vitzthum von Erckstädt. Dieses Heiratsverhalten deckte den gesamten südniedersächsisch-nordhessisch-thüringischen Raum ab und wurde durch entsprechende Anstellungen in Fürstendiensten ergänzt.[39] Die Linsingen heirateten bevorzugt in die Familien des eichsfeldischen Uradels ein – bspw. in die Hanstein und Westernhagen –, richteten sich allerdings auch am hessisch-landgräflichen Uradel aus, was aus den Interessen der hessischen Linie der Familie resultierte.[40] Bei denen von Hanstein heirateten die Familienmitglieder der Dittmars-Linie (auch Ershäuser Linie) im 15. bis 17. Jahrhundert in die Familien Harstall, Bültzingsleben, Tastungen und Uslar, zugleich in die Rau von Holzhausen, Trott und Hardenberg ein, die Mitglieder der Lippolds-Linie (auch Besenhäuser Linie) in die Familien Wintzingerode, Berlepsch, Bodenhausen, Gudensberg, Hardenberg, Volkerode, Berlepsch, Uffeln, Baumbach oder Witzefahl nebst vielen Heiraten mit Cousinen und Cousins aus den eigenen Familien.[41] Ähnliches ließe sich bei den Westernhagen aufzeigen.[42] Neben solchen konnubialen Allianzen wurden die Beziehungen unter und zwischen den Adelsfamilien des Eichsfeldes durch gemeinsamen Besitz gefestigt.[43] Dies allerdings in ambivalenter Weise, weil es nicht selten gerade wegen gemeinsamer Güter zu Konflikten kam. So wurden angesichts der Größe ihrer Familie die Lehen- und Allodialgüter der in vier Stämmen – Burgstamm und Teistunger Stamm als erste (Teistunger) Linie, Wallstamm und Ottostamm als zweite (Berlingeroder) Linie, jeweils mit zwei Nebenlinien – differenzierten Familie Westernhagen zwischen 1542 und 1549 aufgeteilt, so dass nur noch ein Haus – bezeichnenderweise das Gerichtshaus zu Teistungen – in gemeinschaftlichem Besitz verblieb. Die Verwaltung der Gerichtsbarkeit und des Patronats sowie die Oberaufsicht über die Subvasal-

[39] Vgl. *Wätjen*, Geschichte, S. 25–30, 35 f., 45 f., 52. Für den archivalischen Zugang vgl. LHASAMD Rep. H Möckern.

[40] Vgl. *Linsingen*, Geschichte, S. 54–78.

[41] Vgl. *Hanstein*, Geschichte, Tafel 3, 4, 9; *Hans-Dieter von Hanstein*, Überblick über die Geschichte der Familie von Hanstein, in: Burg Hanstein. Zur 700-jährigen Geschichte einer eichsfeldischen Grenzfeste, hg. im Auftrag des Familienverbandes der von Hanstein von Hans-Dieter von Hanstein, Duderstadt 2008, S. 13–52, hier S. 16–51; *Thomas T. Müller*, Die Hand am Burgtor. Rechtliche Normierung auf dem Hanstein im 16. Jahrhundert, in: Burg Hanstein. Zur 700-jährigen Geschichte einer eichsfeldischen Grenzfeste, hg. im Auftrag des Familienverbandes der von Hanstein von Hans-Dieter von Hanstein, Duderstadt 2008, S. 112–122, hier S. 120 ff. Für den archivalischen Zugang vgl. LHASAMD Rep. E Hanstein (Besenhausen).

[42] Vgl. *Westernhagen*, Geschichte, S. 223–230.

[43] Dies gilt etwa für die Hagen in Bleiderode und die Hanstein in großem Umfang; vgl. *Wätjen*, Geschichte, S. 26–30; *Hanstein*, Geschichte, S. 255–283; *Müller*, Hand, S. 113–120; *Aufgebauer*, Grundsteinlegung, S. 64 ff.

len oblag dem jeweiligen *senior familiae*.[44] Dies verhinderte selbstverständlich keinesfalls internen Streit. So mussten die zwischen den westernhagenschen Stämmen entstandenen Irrungen um Ehegelder, Äcker und Grenzsachen im Oktober 1554 von Jaspar von Hardenberg als Verwandten der Familie, dem kurfürstlichen Oberamtmann und Mainzer Domkapitular Johann Andreas Mosbach zu Lindenfels sowie zwei Freunden einer jeden Linie – für Ernst und Hans von Westernhagen vom Wallstamm erschien Ludolf von Oldershausen, für Arnd, Heinrich und Wilhelm von Westernhagen vom Teistunger Stamm und vom Burgstamm die angeheirateten Verwandten Christoph vom Hagen und Hans von Heringen – geschlichtet werden.[45] In ähnlicher Weise bestimmten die Hanstein bereits in ihrem gemeinsamen Burgfrieden des Jahres 1526 die Einsetzung von Freunden als Schlichter im Konfliktfall.[46]

Dennoch – und hier muss die Kehrseite der Situation bis zur Jahrhundertmitte beleuchtet werden, die sich nach 1550 politisch auswirken sollte – konnte trotz dieser sich zunächst insgesamt günstig darstellenden Situation ein wichtiger Aspekt ritterschaftlicher Existenz auf dem Eichsfeld nicht übersehen werden: Die Ritterschaft besaß nicht einfach nur den Status der Landsässigkeit, es fehlte ihr letzthin an der Integration in den personalen und politischen Organismus des kurfürstlichen Territorialstaates. Denn die Ritterdynastien des Eichsfeldes waren weder in den herrschaftlichen Ämterorganismus noch in das familiär-dynastische Allianzfeld der führenden Familien des Erzstifts eingebunden, die sich in der Reichsritterschaft des Mittelrheins zusammenfanden. Sie dienten weder bei Hofe, noch nahmen sie in anderen Ämtern des Ober- und Unterstifts Funktionen wahr. In den für die kirchliche Verwaltungsstruktur und die Familienversorgung wichtigen Kollegiatstiften hatten eichsfeldische Adelige kaum Fuß gefasst.[47] Ebenso blieben sie aufgrund ihrer Landsässigkeit von dem zweiten Machtzentrum neben dem Erzbischof – dem Domkapitel – ausgeschlossen und verfügten über keine Heiratsbeziehungen oder andere Loyalitäten zu den reichsritterschaftlichen Dynastien[48] des Mittelrheins. Der Ritteradel des Eichsfeldes nahm eine einflussreiche Stel-

[44] Vgl. *Westernhagen*, Geschichte, S. 126–132, 227, 230.

[45] Vgl. *Westernhagen*, Geschichte, S. 227 ff., mit Schlichtungsurkunde vom 05. 10. 1554.

[46] Vgl. *Hanstein*, Geschichte, S. 699–702; *Müller*, Hand, S. 113–120.

[47] Vgl. *Wolf*, Urkundenbuch, S. 46–56. Am Mainzer Dom erhielten Lupold von Hanstein (1291) und Wilhelm von Bültzingsleben (1492) Präbenden. Weiterhin einige Eichsfelder in Halberstadt und besonders in Hildesheim. Ferner fanden sich niederadelige Eichsfelder als Stiftskleriker in Fritzlar, Heiligenstadt, Nörten, Erfurt, Nordhausen, Jechaburg und Dorla. Am Mainzer Petersstift ist mit Barthold von Wintzingerode (1315), der auch als erzbischöflicher Protonotar amtierte, nur ein Eichsfelder zu finden, in Aschaffenburg mit Otto von Rengelrode (1465) ebenfalls. Die Klöster der Umgebung scheinen in erster Linie bis ins 16. Jahrhundert für die Versorgung der Töchter attraktiv gewesen zu sein. Es lassen sich bis ins 15. Jahrhundert und erst recht danach nur wenige Söhne nachweisen.

[48] Vgl. *Jendorff*, Verwandte, S. 46–80, 150–157. Exemplarisch für die Bedeutung dieser Verbindungen: *Volker Rödel*, Die von Walderdorff als Burgmannen zu Friedberg und als Mitglieder der Reichsritterschaft, in: Friedhelm Jürgensmeier (Hg.), Die von Wal-

lung in der Region ein, genoss diese jedoch in politischer Segregation vom Rest des Mainzer Personen- und Territorialverbandes. Das machte es erst möglich, dass die Repräsentanten des aus rivalisierenden, jedoch prinzipiell zum politischen Konsens bereiten, weil aufeinander angewiesenen Adelsdynastien konstitutierten Mainzer Personenverbandsstaates nach 1540 und erst recht seit den siebziger Jahren in deutlicher Distanz zur vornehmsten Standesgruppe der Region als Vertreter des Kurstaates auf dem Eichsfeld auftreten konnten.

Mit der Reform der Regierung für das Eichsfeld 1540 setzte zunächst unmerklich, später dafür umso spürbarer eine Zeit der neuen Inanspruchnahme von Herrschaft durch den Kurfürsten ein, allerdings unter versuchter Einbindung des Adels. Diese Entwicklung begann mit einer Neuregelung des Gerichtswesens: 1534 wurde das Landgericht zu Heiligenstadt eingerichtet, das sechs Jahre später zum Oberlandgericht umbenannt und dem sämtliche (weiterbestehende) Untergerichte des Adels, der Klöster wie auch der Städte untergeordnet wurden.[49] Dieser Berufungsinstanz, der je zwei Assessoren aus der Landtagskurie der Geistlichkeit, der Ritterschaft und der Städte nebst mehreren Rechtsgelehrten angehörten, präsidierte der Oberamtmann.[50] Da das Oberlandgericht die erste Instanz für den Adel darstellte, musste sein Vizepräsident ein Adeliger sein, um einen standesgemäßen Richterspruch fällen zu können. Ebenso wurden dem Adel bei der Einrichtung des Landsteueramts mit zwei Assessorenstellen die politische Partizipation gesichert, während seine eigenen Güter steuerfrei blieben.[51] Damit einhergehend wurde 1540 der Sitz des höchsten kurfürstlichen Amtsträgers – des als Vizedom oder Oberster Amtmann bezeichneten Rusteberger Amtmanns – nach Heiligenstadt verlegt und endgültig als „Oberamtmann des Eichsfeldes" und damit Haupt der kurfürstlichen Regierung bei gleichzeitiger Subordination der übrigen Amtsvogteien eingesetzt.[52] Damit wurde eine seit der Mitte des 14. Jahrhunderts dauernde Entwicklung institutionell-organisatorisch abgeschlossen,

derdorff. Acht Jahrhunderte Wechselbeziehungen zwischen Region–Reich–Kirche und einem rheinischen Adelsgeschlecht, Köln 1998, S. 19–30.

[49] Zur Entwicklung des Gerichts- und Kriminalwesens im Erzstift Mainz in der Frühen Neuzeit allgemein vgl. *Karl Härter*, Regionale Strukturen und Entwicklungslinien frühneuzeitlicher Strafjustiz in einem geistlichen Territorium: die Kurmainzer Cent Starkenburg in: AHG 54 (1996), S. 111–163; *ders.*, Policey und Strafjustiz in Kurmainz. Gesetzgebung, Normdurchsetzung und Sozialkontrolle im frühneuzeitlichen Territorialstaat (Studien zur europäischen Rechtsgeschichte 190), 2 Halbde., Frankfurt am Main 2005, S. 247–329; StAWü Mz.Urk. WS 73 Nr. 109: vorläufiger Vertrag zwischen Kurmainz und den Harstall über die Gerichtsbarkeit in den Dörfern Diedorf und Katharinenberg 1579; StAWü Mz.Urk. WS 73 Nr. 115: Vertrag zwischen Kurmainz und Philipp von Volkersrode über die Niedergerichtsbarkeit in seinen Gerichtsdörfern 1606.

[50] Vgl. *Christ/May*, Handbuch, S. 390 f.; *Wolf*, Geschichte, S. 209; StAWü Mz.Ingr. 61, fol. 39–40: Ausschreibung des Landtages für das Jahr 1540.

[51] Vgl. *Wolf*, Urkundenbuch, S. 66 f.

[52] Vgl. *Christ/May*, Handbuch, S. 385 f.

die aus dem Landvogt einen mit umfassenden Kompetenzen ausgestatteten, jederzeit absetzbaren Beamten des Kurfürsten machte. Die Verlegung des Amtssitzes nach Heiligenstadt, wo auch der oberste kirchliche Amtsträger des Erzbischofs – der Geistliche Kommissar für das Eichsfeld – residierte, kam insofern auch symbolische Bedeutung zu: Die Regierung des Eichsfeldes verlagerte sich endgültig und unwiederbringlich von den Ritterburgen in die Stadt, die nun zur kurfürstlichen Amts- und eichsfeldischen Hauptstadt – wenn auch nicht Wirtschaftszentrum – avancierte. Dies bedeutete allerdings keinesfalls die abrupte Beendigung des ritterschaftlichen Einflusses im Lande; zu schwach und oftmals zu handlungsunwillig – oder aus Sicht der Ritter vielmehr: kooperationsbereit – waren die kurfürstlichen Oberamtmänner.[53] Zudem blieb die niederadelige Gerichtsbarkeit in den 15 adeligen Gerichtssprengeln bestehen, und im Gegensatz zu den klösterlichen waren sie größtenteils nicht in den kurfürstlichen Ämterverband integriert.[54] Wie selbstbewusst und stark sich der eichsfeldische Niederadel gegenüber seinem Herrn und dessen Repräsentanten fühlte und präsentierte, erwies sich bei der Reise der kurfürstlichen Huldigungskommission im Juli 1555: Die drei Stände – Klerus, Städte und Adel – waren aufgefordert worden, einschließlich – und dies war neu – ihrer Hintersassen zur Ableistung eines neu formulierten Huldigungseides in Duderstadt zu erscheinen. Die Ritterschaft lehnte dieses Ansinnen in ihrer Mehrheit ab. Drohungen mit Lehensentzug wie auch gutes Zureden durch die Mainzer Deputierten blieben zwecklos. Die Ritter setzten sich schließlich durch und leisteten am 23. Juli in Heiligenstadt ihren alten Huldigungseid. Die kurfürstliche Kommission verzichtete sogar auf das ihr gemachte Zugeständnis der Ritter, bei der Verlesung der Huldigung vor den Hintersassen anwesend sein zu dürfen.[55] Ähnliche Komplikationen ergaben sich bei der Huldigung der Ritterschaft im Jahre 1582.[56]

Die geographische Verlegung deutete jene politische Akzentverschiebung an, die auf eine stärkere zentralherrschaftliche Präsenz auf dem Eichsfeld, auf den Willen zur Durchsetzung kurfürstlicher Interessen bei der politischen

[53] Der Oberamtmann Melchior von Graenrodt etwa verzichtete am Ende der fünfziger Jahre auf eine gewaltsame Durchsetzung kurfürstlicher Religionsmandate und pflegte stattdessen seine guten Kontakte zum Protestanten Lippold von Hanstein; vgl. *Jendorff*, Reformatio, S. 102 f.

[54] Vgl. *Christ/May*, Handbuch, S. 389 f.; LHASAMD Rep. E Knorr Nr. 28: Belehnung der Brüder Hans und Wilhelm Knorr mit den Untergerichten vom 15.04.1572 nach Vergleich betreffend die Zuständigkeit des Oberlandgerichts vom 27.03.1572; LHASAMD Rep. E Knorr Nr. 33/34 und 118/119: weitere Belehnungen vom 26.07.1577 bzw. 13./21.10.1782. Exemplarisch für niederadelige Jurisdiktion auf dem Eichsfeld vgl. *Hans-Dieter von Hanstein*, Das „Semmelhansloch". Zum Samtgericht Hanstein, in: Burg Hanstein. Zur 700-jährigen Geschichte einer eichsfeldischen Grenzfeste, hg. im Auftrag des Familienverbandes der von Hanstein von Hans-Dieter von Hanstein, Duderstadt 2008, S. 145–187; *Strotkötter*, Burg, S. 104 f.; *Westernhagen*, Geschichte, S. 223.

[55] Vgl. *Wintzingeroda-Knorr*, Kämpfe I, S. 32.

[56] Vgl. StAWü Mz.Ingr. 73, fol. 1–10.

Gestaltung dieses Landes und letzthin auf die subordinierende Einbindung der Ritterschaft in das landesherrlich zentrierte, territorialstaatlich organisierte Herrschaftsgefüge zielte. Kurz: Es ging darum, das Land des Eichsfeldes endgültig kurfürstlich zu definieren.

Dies musste nicht zwangsläufig zur wachsenden Konfliktträchtigkeit des Verhältnisses zwischen Kurfürst und Ritterschaft beitragen, zumal diese seit 1479 auf dem Eichsfelder Landtag – unter Androhung des Abfalls von kurfürstlicher Herrschaft abgetrotzt als Reaktion auf den als tyrannisch geltenden Amtmann Heinrich von Schwarzburg – neben den Städten sowie den Kollegiatstiften, den Klöstern und dem Geistlichen Kommissar eine dritte Kurie bildete und somit an politischen Entscheidungsprozessen partizipierte.[57] Es führte jedoch zu einer wachsenden Distanz, dass sich parallel mit der Etablierung zentralisierter Herrschaftsstrukturen die Dienstbeziehungen des eichsfeldischen Ritteradels zum Kurfürsten auflösten. Gut abzulesen ist dies an der herrschaftspolitischen Bedeutung der Familie von Hanstein: Die Familie hatte das Amt des Rusteberger Vizedoms seit 1162 ununterbrochen vereinnahmt. Ursprünglich zählte sie also zu den Garanten und Stabilisatoren kurfürstlich-mainzischer Interessen auf dem Eichsfeld. Gefestigt wurde ihre Beziehung zum Mainzer Erzbischof durch den Neubau der Burg Hanstein und deren Verlehnung an die Familie durch den Erzbischof zu Beginn des 14. Jahrhunderts. Nach der faktischen Entmachtung des Rusteberger Vizedominats 1296 und der Einsetzung eines Amtmanns bzw. Obersten Amtmanns wurde die Familie allerdings im Gegensatz zu anderen Adelsfamilien des Eichsfeldes – insbesondere den Hardenbergs, aber auch Wintzingerode, Bült-

[57] Vgl. *Christ/May*, Handbuch, S. 393 f.; *Paul-Joachim Heinig*, Die Mainzer Kirche im Spätmittelalter (1305–1484), in: Friedhelm Jürgensmeier (Hg.), Handbuch der Mainzer Kirchengeschichte, Bd. 1: Christliche Antike und Mittelalter (Beiträge zur Mainzer Kirchengeschichte 6), Würzburg 2000, S. 416–554, hier S. 540–544, 547 ff.; *Strotkötter*, Burg, S. 145–154; *Elmar Golland*, „Das Volk alle war dem Ritter geneigt …" Werner von Hanstein – eine legendäre Rittergestalt, in: Burg Hanstein. Zur 700-jährigen Geschichte einer eichsfeldischen Grenzfeste, hg. im Auftrag des Familienverbandes der von Hanstein von Hans-Dieter von Hanstein, Duderstadt 2008, S. 94–98, hier S. 96 ff.; *Westernhagen*, Geschichte, S. 118; *Wolf*, Geschichte, S. 207–212; *ders.*, Urkundenbuch, Nr. CX: Einladung des eichsfeldischen Amtmanns Graf Heinrich von Schwarzburg an den Duderstädter Rat zum Landtag vom Freitag nach Reminiscere 1479. Allgemein ist über diese Landtage und ihre Etablierung 1479 in der Literatur wenig bekannt. In der Lesart Westernhagens erscheint der historische Vorgang als Überlassung des Eichsfeldes an den Adel durch den Kurfürsten, was sich u. a. darin äußerte, dass die gegen Schwarzburg rebellierenden Adeligen – wie etwa die Westernhagen – für ihre „Treue" mit weiteren Lehen versehen wurden und auf diese Weise die Einheit von Land, Adel und Landesherr wiederbegründet wurde. Wie ernst die Bedeutung der Eichsfelder Landstände von Mainzer Seite genommen wurde, beweist die Stellungnahme des Mainzer Domkapitels hinsichtlich der Steuerschatzung des Jahres 1548: Erst müsse man dazu die Landstände einberufen; vgl. StAWü Mz.Domkap.Prot. 9, fol. 16: Sitzung vom 03. 02. 1548.

zingsleben oder Bodenhausen – mit dieser Funktion nicht betraut.[58] Schließlich amtierte ein Werner von Hanstein aus der Dittmars-Linie zwischen 1434 und 1437 als Amtmann des Eichsfeldes. Diese Phase der intensiven Berücksichtigung des Adels in der kurfürstlichen Administration des Eichsfeldes wurde in der zweiten Hälfte des 15. Jahrhunderts unterbrochen, als die Mainzer Politikeliten untereinander zerstritten waren und andere Prioritäten setzten. Im Zusammenhang mit der Mainzer Stiftsfehde und der anschließenden regionalpolitischen Schwächeperiode bei gleichzeitiger Konzentration auf die Reichspolitik wurde die Amtmannschaft seit 1451 an Grafen und Fürsten Mitteldeutschlands vergeben. Erst seit 1499 wurde das Amt wieder an einheimische Niederadelige vergeben. So ging Werners gleichnamiger Neffe in den sechziger Jahren in die Dienste des Landgrafen Ludwig II. von Hessen-Kassel und amtierte zuletzt als dessen Marschall. 1479 wurde er zu einem der Wortführer bei der Ablösung des verhassten Amtmanns Graf Heinrich von Schwarzburg. Christian von Hanstein – der Sohn dieses Werner – amtierte zwischen 1513 und 1517 wiederum als kurfürstlicher Amtmann. Zuvor hatte er seit den achtziger Jahren des 15. Jahrhunderts als Rat und Hofdiener des hessischen Landgrafen Wilhelm I. gewirkt; und in landgräfliche Dienste kehrte er als Statthalter zu Kassel nach 1517 wieder zurück.[59]

Seit 1540 wurde das Oberamt überwiegend mit landfremden Adeligen[60] und die Amtsvogteien überwiegend mit nicht-adeligen Fürstendienern[61] besetzt, während der Ritteradel verstärkt in die Dienste anderer Fürsten trat[62] und in

[58] Vgl. *Strotkötter*, Burg, S. 101 ff., 145–154; *Hanstein*, Geschichte, S. 74–92; *Hanstein*, Überblick, S. 15–29; *Peter Aufgebauer*, Die Vorgängerburgen, in: Burg Hanstein. Zur 700-jährigen Geschichte einer eichsfeldischen Grenzfeste, hg. im Auftrag des Familienverbandes der von Hanstein von Hans-Dieter von Hanstein, Duderstadt 2008, S. 53–59, hier S. 55–59; *ders.*, Grundsteinlegung, passim.

[59] Vgl. *Wolf*, Geschichte, S. 194; *Hanstein*, Geschichte, Tafeln 8 und 9; *Christ/May*, Handbuch, S. 385 f.; *Karl E. Demandt*, Der Personenstaat der Landgrafschaft Hessen im Mittelalter. Ein „Staatshandbuch" Hessens vom Ende des 12. bis zum Anfang des 16. Jahrhunderts, 2 Bde. (Veröffentlichungen der Historischen Kommission für Hessen 42), Marburg 1981, Nr. 1000 und 1004; *Golland*, Werner, S. 94 ff., 98; *Wintzingeroda-Knorr*, Wüstungen, S. 832 f.

[60] Seit 1540 wurde das Oberamt mit Philipp von Habsburg, Peter von Schwalbach, Johann Andreas Mosbach von Lindenfels, Melchior von Graenrodt, Jodokus von Hardenberg, Johann Oiger Brendel von Homburg und Kaspar von Berlepsch überwiegend durch Landfremde besetzt. Diese Tendenz bei der Besetzung des Oberamts wurde nur in den ersten eineinhalb Jahrzehnten des 17. Jahrhunderts durchbrochen, als Wilhelm von Harstall und Sebastian von Hatzfeld berufen wurden; vgl. *Wolf*, Geschichte, S. 193–197; *Knieb*, Geschichte, S. 36, 45; *Wintzingeroda-Knorr*, Kämpfe I, S. 15.

[61] Vgl. *Jendorff*, Verwandte, S. 332–339.

[62] Für das 16. und beginnende 17. Jahrhundert lassen sich folgende Personen aus dem eichsfeldischen Niederadel in hessischen Diensten nachweisen: Hans und Caspar von Berlepsch als Räte und Haushofmeister; Herrmann, Hans Ludwig, Hartmann, Christian und Johann von Harstall als Zollschreiber, Amtmänner, Hofjunker und Hofräte; Johann von Linsingen als Amtmann, Rat und Haushofmeister Ludwigs IV. von Hessen-Marburg und Heinrich von Westernhagen als Drost der Herrschaft Plesse; vgl. *Gundlach*, Zent-

der institutionalisierten Regierung eine immer geringere Rolle spielte. Diese Entwicklung wurde durch das Bestreben des Mainzer Kurfürsten verstärkt, die an den Adel vergebenen Pfandschaften wieder einzulösen. Insbesondere nach 1574 versuchte die kurfürstliche Regierung, die vergebenen Pfänder von den niederadeligen Pfandnehmern einzulösen. Dies führte im Falle des halben Amtes Bischofstein gegenüber den von Bültzingsleben wie auch im Fall des seit 1357 an die von Hardenberg verpfändeten Amtes Nörten-Hardenberg zu großen Konflikten und in letzterem Fall sogar zur dauerhaften Entfremdung des Gutes.[63] Denn die Hardenberg unterstellten sich schließlich 1607 dem Schutz des Herzogs von Braunschweig-Wolfenbüttel, der seine Beute in Verträgen von 1632 und 1692 sichern konnte.

Es zeichnete sich folglich eine zunehmende herrschaftliche Desintegration des Ritteradels im eigenen Land ab. Durch die konfessionelle Spaltung wurde diese Tendenz weiter verschärft. Ihre Auswirkungen wurden in Gestalt des sich abzeichnenden Konfessionskonflikts offensichtlich, als eine in Religionsangelegenheiten selbstbewusster auftretende, institutionell gefestigte und handlungswillige, dabei jedoch noch vielfach gehemmte Mainzer Zentralregierung wie selbstverständlich kirchlich-religiöse Änderungen vornehmen wollte. Sie traf dabei auf eine Ritterschaft, die über Einfluss im Land, aber

ralbehörden 3, S. 16ff., 87f., 153f., 296. In der Herrschaft Braunschweig-Grubenhagen amtierten Georg von Mingerode, Hans von Berlepsch, Otto von Hagen und Johann von Mingerode als adelige Räte und Drosten. Als Räte fanden in Braunschweig-Calenberg Hans von Hardenberg, Lippold von Hanstein, Hans von Stockhausen und Heinrich von Stockhausen Anstellung. In Braunschweig-Wolfenbüttel wurden Hans von Stockhausen als Rat und Hofmeister, Melchior von Stockhausen als Rat und Großvogt, Curt von Hardenberg als Kammerling, Johann von Mingerode als Rat, Christoph von Hardenberg als Rat, Tönnies von Uslar als Großvogt, Franz Friedrich von Uslar als Rat und der promovierte Jurist Johann von Uslar ebenfalls als Rat angestellt; vgl. *Helmut Samse*, Die Zentralverwaltung in den südwelfischen Landen vom 15. bis zum 17. Jahrhundert. Ein Beitrag zur Verfassungs- und Sozialgeschichte Niedersachsens (Quellen und Darstellungen zur Geschichte Niedersachsens 49), Hildesheim / Leipzig 1940, S. 163, 178, 183f., 192, 201, 245, 250, 254, 273, 289, 312f.

[63] Vgl. *Christ / May*, Handbuch, S. 361, 383. Rückpfändungen waren in jeder Hinsicht ein problematisches Geschäft, selbst wenn sie der Rezentralisierung von Ressourcen dienten. Einerseits lockerten sie gewachsene Beziehungen, ohne die keine Politik in der Herrschaftsperipherie zu machen war, andererseits weckten sie Begehrlichkeiten, die man nicht erwarten konnte. Im Falle der Rückpfändung des Amtes Harburg-Worbis durch die Kurfürstlichen etwa forderte Christoph vom Hagen-Rüdigershagen seit 1573 vom Mainzer Kurerzbischof die Wiedereinsetzung seiner Familie in die genommenen Güter, die die Harburger Amtsinhaber – die Bültzingsleben – vereinnahmt hatten, nachdem sie am Beginn des 16. Jahrhunderts aufgrund erfolgloser Fehdetätigkeit der Familie Hagen genommen worden waren. Christoph vom Hagen führte deshalb 1607 / 08 sogar einen (wohl erfolglosen) Reichskammergerichtsprozess; vgl. LHASAMD Rep. A 53 H Nr. 14. Zur politisch-sozialen Bedeutung der Verpfändung von Ämtern vgl. *Hans-Georg Krause*, Pfandherrschaft als verfassungsgeschichtliches Problem, in: Der Staat 9 (1970), S. 387–404, 515–532; *Wolfgang Reinhard*, Staatsmacht als Kreditproblem. Zur Struktur und Funktion des frühneuzeitlichen Ämterhandels, in: VSWG 61 (1974), S. 289–319.

zunehmend geringere Einflussmöglichkeiten in den institutionalisierten, nun maßgeblich vom fürstlichen Willen bestimmten Herrschaftsstrukturen verfügte. Das frühere herrschaftliche Nicht-Verhältnis wandelte sich seit der Jahrhundertmitte immer stärker zur inneren Herrschaftskonkurrenz, wobei sich die politische Waagschale langsam, aber ebenso stetig zugunsten der Fürstenmacht verschob.

Zwei letzte Aspekte der inneren Herrschaftskonkurrenz auf dem Eichsfeld müssen in diesem Zusammenhang benannt werden: Obwohl die Landsässigkeit und Untertänigkeit des Ritteradels ein unbezweifelbares Faktum darstellte, versuchten sich einige Ritter dem landesherrlichen Zugriff durch anderweitige lehnsrechtliche Zuordnung zu entziehen. Dabei boten ihnen die vielgestaltigen lehnsrechtlichen Abhängigkeitsverhältnisse – erleichtert durch die Verzweigungen der Familien und deren Verankerungen in anderen soziopolitischen und rechtlichen Beziehungsgeflechten – geeignete Möglichkeiten. Die Mehrfachvasallität machte dies möglich. So waren die von Westernhagen auch von Braunschweig, vom Stift Quedlinburg sowie den Grafen von Blankenburg-Reinstein, Schwarzfeld-Lauterberg, Eberstein und Plesse, die vom Hagen in Sachsen und Braunschweig, die von Hanstein in bzw. von Fulda, Hessen, Sachsen, Schwarzburg und Braunschweig belehnt.[64] Die von Hanstein nutzten am Ausgang des 16. Jahrhunderts ihre Doppelvasallität, um Braunschweig und Mainz in einen veritablen Grenzkrieg im Kampf um die Hottenröder Kirche zu verwickeln.[65] Kurzfristig waren solche Versuche sogar erfolgreich. Letztlich konnten sie jedoch die herrschaftlichen Grundstrukturen nicht erschüttern.

Zudem schwächte sich der Ritteradel durch permanente inter- wie auch intrafamiliäre Konflikte selbst, die teils gewaltsam teils gerichtlich ausgetragen wurden. Die Zahl der allein vor dem Reichskammergericht ausgetragenen Prozesse gibt davon ein beredtes Zeugnis und verweist zugleich darauf, dass diese Adelsformation sehr wohl und sehr geschickt mit den vorhandenen Instrumentarien des Konfliktaustrags umzugehen wusste, wenn es um die Vertretung ihrer Interessen gegen wen auch immer – gegen Standesgenossen, widerwillige Untertanen, Stadtgemeinden, einzelne Stadtbürger oder gegen den Mainzer Kurerzbischof – ging. Dabei taten sich neben Barthold von Wintzingerode und den Bültzingsleben seit dem fünften Jahrzehnt des 16. Jahrhunderts auch die Knorr, Westernhagen und Hagen kontinuierlich im

[64] Vgl. *Knieb*, Geschichte, S. 14; *Hanstein*, Geschichte, S. 168–255; *Westernhagen*, Geschichte, S. 76–125.

[65] Vgl. *Christ/May*, Handbuch, S. 354; *Karl Kayser*, Der Kampf um die Kirche zu Hottenrode 1597–1616. Ein Beitrag zur hannoverschen Kirchengeschichte, Göttingen 1894. Seit 1357 waren sie zugleich aber auch hessische Vasallen, was zu politisch problematischen Verhältnissen in der Folgezeit führte; vgl. *Hanstein*, Geschichte, S. 164–204; *Strotkötter*, Burg, S. 115 f.

gegenseitigen Konflikt hervor.[66] Infolge dessen stellte die eichsfeldische Ritterschaft bis in die siebziger Jahre keine geschlossene Front dar, selbst wenn man in prinzipiellen Zielen übereinstimmte und partiell zusammenarbeitete.

3. Kollektives Standesbewusstsein und gegenläufiger Eigensinn oder: das Problem der konkurrierenden Ehre

Die Familie von Wintzingerode zählte zu den alteingesessenen Adelsfamilien der eichsfeldischen Region.[67] Sie blieb ihr über Jahrhunderte hinweg verbunden, selbst wenn sie sich schon frühzeitig zu anderen Bezugssystemen – wie den braunschweigischen Herzögen – orientierte. Barthold selbst wurde 1505 als zweiter Sohn des Heinrich von Wintzingerode (um 1470–1520) und der Anna von Oldershausen (gest. 1539) geboren. Er war insofern das genealogische Produkt der im Jahr 1500 eingegangenen Verbindung des einflussreichsten hohnsteinischen Vasallen und einer Tochter der Familie der herzoglich-braunschweigischen Erbmarschälle, mithin ein Ausweis für die übliche politisch-soziale Beziehungsdiversivität der Wintzingerodes. Diese Verwandtschaft dürfte ihm den 1520 zunächst eingeschlagenen Weg an den Hof Herzog Philipps I. von Grubenhagen (reg. 1526–1551) wesentlich erleichtert haben.

Wie viele andere seiner Standesgenossen besaß Barthold Lehen mehrerer Herren: Nach dem Tode seines Bruders Hans (um 1502–1547) wurde er 1547 und 1549 von Kurerzbischof Sebastian von Heusenstamm (reg. 1545–1555) mit Besitzungen in den Ämtern Scharfenstein, Worbis, Gieboldehausen, Rus-

[66] Insbesondere die Knorr und die Westernhagen lebten intensiv ihre familiären Zwistigkeiten untereinander aus. Für zahlreiche Adelsfamilien lassen sich Reichskammergerichtsverfahren als Kläger und Beklagte nachweisen, die Konfliktgegenstände aller Art betrafen: Zehntangelegenheiten, Zahlung ausstehender Kredite, Vormundschaftsangelegenheiten, illegaler Holzeinschlag, Beleidigung, Güterfragen, Erpressung, Totschlag etc. Nicht selten wurde in diesen Verfahren der Vorwurf des Landfriedensbruchs erhoben. Im Einzelnen ergeben sich für folgende Familien entsprechende Nachweise:
Bodenhausen: LHASAMD Rep. A 53 B Nr. 83;
Berlepsch: LHASAMD Rep. A 53 B Nr. 42 I und II;
Bültzingsleben: LHASAMD Rep. A 53 B Nr. 64, 65, 123;
vom Hagen: LHASAMD Rep. A 53 H Nr. 12–15;
Hanstein: LHASAMD Rep. A 53 H 88–94; LHASAMD Rep. A 53 E Nr. 83 I und II sowie Nr. 88;
Kerstlingerode: LHASAMD Rep. A 53 H Nr. 42, 47, 89;
Knorr: LHASAMD Rep. A 53 K Nr. 81–85;
Westernhagen: LHASAMD Rep. A 53 W Nr. 58–77.

[67] Im Jahr 1337 wurde der Bodenstein von Johann von Wintzingerode zusammen mit Berthold von Worbis erkauft und als gemeinschaftliche Burg – also als Ganerbenburg – konstituiert. Johann von Wintzingerode amtierte zwischen 1328 und 1332 und zwischen 1337 und 1351 als Vizedom des Eichsfeldes; vgl. *Wolf*, Geschichte, S. 194.

Abb. 1: Erzbischof Sebastian von Heusenstamm (reg. 1545–1555).

teberg, in Duderstadt und in Heiligenstadt belehnt. 1549 erhielt er von Graf Ernst von Gleichen-Tonna die Ortschaften Heringen, Uthleben und Welkerode verlehnt. 1554 belehnte ihn Herzog Ernst II. von Grubenhagen (reg. 1551–1567) mit Gütern auf dem Eichsfeld und die Grafen von Schwarzburg mit Auleben, Tirungen, Ruspelswende und Schlotheim in der Goldenen Aue. 1556 belehnte ihn Graf Ernst VI. von Hohnstein (reg. 1552–1562) mit dem Bodenstein samt Zubehör, mit Gütern zu Neustadt am Hohnstein, Ellrich und Scharzfeld am Harz. Ein Jahr später folgte die Fürstäbtissin Anna von Quedlinburg mit Besitzungen bei Duderstadt. 1562 erhielt Barthold plessische Güter im Eichsfeld verlehnt.[68] Damit war er von insgesamt sieben Herrschaften belehnt worden, was ihm einen beträchtlichen herrschaftlichen Spielraum verschaffte. Zwar galt er als hohnsteinischer Vasall. Seine Lehensbeziehungen zum Grafen scheinen für ihn jedoch nur eine austauschbare Variable seiner Politik gewesen zu sein.

Dies erwies sich im Konflikt mit den Bültzingsleben, die nach dem Tode von Bartholds unverheirateten Onkel Georg (um 1481–1543) und während einer ‚dienstbedingten' Abwesenheit Bartholds die Gunst der Stunde nutzen wollten, um sich wintzingerodesche Güter anzueignen. Sie behaupteten die Grenze zwischen ihren und den wintzingerodeschen Gütern sei falsch gezo-

[68] Vgl. *Wintzingerode*, Barthold, S. 60.

gen worden und die von ihnen beanspruchten Gebiete deshalb kurmainzisch. Ein zunächst getroffener Schiedsspruch erwies sich als hinfällig, die gewalttätigen Irrungen gingen weiter, bis am Ende das Reichskammergericht mit dem Fall befasst war. Schließlich wurde Herzog Philipp I. von Grubenhagen sowie weitere Fürsten und Herren herangezogen, um den Streit zu schlichten – umsonst. Als Vergeltung für die Ermordung eines wintzingerodeschen Schäfers besetzte Barthold einige Dörfer der Bültzingsleben. Als am 19. Juli 1545 die Vertreter des hohnsteinischen Grafen, des Mainzer Kurfürsten und des braunschweigischen Herzogs einen Schiedsspruch zustande brachten, schien sich ein Ende des Konfliktes anzubahnen, indem dessen Austrag dem Reichskammergericht überlassen wurde.[69] Doch wenige Monate später gerieten die beiden Familien wieder in Streit, weil der jeweils andere das Abkommen gebrochen habe. Diesmal schlug Barthold eine andere Taktik ein: Er bot sich und den Bodenstein im Oktober 1547 dem Mainzer Erzbischof als Lehen an und verkehrte so die Fronten. Denn zu jener Zeit galt Graf Ernst V. (reg. 1514–1552) von Hohnstein noch als katholisch und sein Rat und Marschall – Heinrich von Bültzingsleben, der seinerseits vom Kloster Worbis erworbenes Gut als hohnsteinisches Lehen auszugeben bestrebt war – ebenfalls. Im Schmalkaldischen Krieg hatte Barthold zudem auf der Seite der unterlegenen Partei gestanden und sich so den katholischen Herzog Heinrich d. J. von Braunschweig-Wolfenbüttel zum Feind gemacht, der infolge sogar die wintzingerodeschen Güter brandschatzte. Barthold war im Konflikt mit den Bültzingsleben der einzige bekennende Protestant – und wandte sich an einen Mainzer Erzbischof, von dem das Gerücht ging, er sei lutherisch gesinnt.[70] Doch Erzbischof Sebastian wie auch das Mainzer Domkapitel lehnten das Anerbieten ab, „da es dem Stifft allerhandt anhang geberen möge“[71]. Barthold blieb also auf seinen Lehensherren, den Grafen von Hohnstein, angewiesen, der zusammen mit den kurfürstlichen Repräsentanten im Beisein der Kontrahenten die Grenze neu festlegte.[72]

Tatsächlich schien das Handeln der Fürsten zunächst Frieden gebracht zu haben. Doch während Bartholds abermaliger Abwesenheit überfielen die Bültzingsleben und ihre Leute im Februar 1550 abermals die wintzingerodeschen Besitzungen bei Kaltohmfeld, woraufhin Barthold bei seiner Rückkehr in das Gericht Harburg einfiel und zahlreiche Gefangene machte. Bis auf zwei – Hans und Henning Menge, die er als Aufrührer ausgemacht hatte und auf dem Bodenstein festsetzte – ließ er alle frei. Der Mainzer Erzbischof und die Bültzingsleben erhoben gegen Barthold vor dem Speyerer Reichskammergericht Anklage wegen Landfriedensbruch. Das Gericht verurteilte ihn am 21. Mai 1551 zur Freilassung seines letzten Gefangenen – Hans Menge, dessen

[69] Vgl. *Wintzingerode*, Barthold, S. 31 f., 41–45, LHASAMD Rep. H Bodenstein Nr. 247.
[70] Vgl. *Jendorff*, Reformatio, S. 36 f.
[71] StAWü Mz.Domkap.Prot. 9, fol. 39: Sitzung vom 08. 03. 1548.
[72] Vgl. *Wintzingerode*, Barthold, S. 46.

Bruder hatte er schon an Pfingsten 1551 freigelassen – und zu zehn Mark Strafe. Barthold akzeptierte das Urteil nicht.[73] Der Konflikt dauerte juristisch wie gewalttätig bis 1554 fort und konnte nur unter dem diplomatischen Einsatz des Herzogs Ernst II. von Grubenhagen und des Grafen Hans Günther von Schwarzburg wieder ans Reichskammergericht zum Entscheid verlagert werden. Dort blieb der Konflikt auf Jahre hinaus unentschieden, während Barthold die Streitobjekte – gewaltsam geschützt – einbehielt.[74]

Die langjährige Auseinandersetzung mit den Bültzingsleben zeigte augenfällig, wie komplex die Herrschafts- und Politikverhältnisse auf dem Eichsfeld waren. Die Mehrfachvasallität war in den Händen des Niederadels ein gefährliches Instrument gegeneinander und gegen die Fürsten. Barthold hatte erfahren müssen, dass sich die Mainzer Regierung nicht auf dieses Spiel einließ, weil ihr die Beziehungen zu den übrigen Fürsten wichtiger waren und weil sie nicht zum Spielball subordinierter, halb-unabhängiger Niederadeliger werden wollte. Denn das Spiel mit der Lehnsherrschaft konnte zum politischen Bumerang werden. Barthold hatte zum ersten Mal offen versucht, souverän und unabhängig aufzutreten. Er war gescheitert – mit Folgen für sein Verhältnis zu seinem hohnsteinischen Lehensherren wie zu den übrigen Fürsten.

Zugleich zeigte die Fehde mit den Bültzingsleben, wie problematisch und brüchig der Zusammenhalt innerhalb der eichsfeldischen Ritterschaft genaugenommen war. Aus der vielfältig geschaffenen Kohärenz resultierte nur bedingt Friedfertigkeit und Zurückhaltung. Aus gemeinsamer Standeszugehörigkeit erwuchs nur wenig Rücksichtnahme. Allen konnubial-familiären oder materiell-güterrechtlichen Bindungen zum Trotz geriet man aneinander, trug Konflikte rücksichtslos aus – auch und gerade gewaltsam – und versuchte dem Gegner zu schaden, ja betrachtete ihn geradezu als Feind. Das war regionalpolitischen Entwicklungen ebenso geschuldet wie familienpolitischen Interessen oder deren Verschränkung. Der gewaltsame Konfliktaustrag – die Fehde also – war ein im Spätmittelalter und noch im 16. Jahrhundert von allen politischen Akteuren der Region genutztes Instrument des Konkurrenzkampfes: innerfamiliär, gegen die eigenen Standesgenossen und gegen Standeshöhere.[75]

[73] Vgl. LHASAMD Rep. H Bodenstein Nr. 258, 259, 260; LHASAMD Rep. A 53 M Nr. 57: Reichskammergerichtsprozess 1551/52.

[74] Vgl. *Wintzingerode*, Barthold, S. 47 ff.; LHASAMD Rep. H Bodenstein Nr. 3279, 3280; LHASAMD Rep. A 53 B Nr. 64: Brüder Georg d. Ä. und Martin d. Ä. von Bültzingsleben sowie Wilhelm d. J. und Georg d. J., seit 1564 auch Siegfried, Reinhard, Hans und Wilhelm für sich und ihre unmündigen Brüder gegen Barthold von Wintzingerode.

[75] Die Fehdeneigung des eichsfeldischen Adels kann dabei – verglichen mit anderen Adelsformationen – nicht als größer eingeschätzt werden. Sie war schlicht typisch, auch in ihren Ausprägungen, wie das Beispiel der Hanstein erweist: Werner von Hanstein bekämpfte in Solidarität mit seinen Standesgenossen den verhassten Amtmann Heinrich von Schwarzburg. Zugleich erweist der Burgfriede der Familie für den Hanstein aus dem Jahr 1526 die innerfamiliäre Konfliktbeladenheit, die auch für andere Adelsfamilien des Eichsfeldes galt; *Hanstein*, Geschichte, S. 568–623; *Westernhagen*, Geschichte, S. 198, mit

Das galt auch für die Wintzingerode und insbesondere für Barthold. Nicht nur mit den Bültzingsleben, auch mit Hans von Entzenberg – bis zu seinem Tode Mitinhaber des Scharfenstein – setzten sich die Wintzingerodes in den zwanziger Jahren gewaltsam auseinander.[76] In den vierziger Jahren befand sich Barthold von Wintzingerode erstmals in Auseinandersetzungen mit der Stadt Göttingen.[77] Seit 1549 flammte ein alter Streit zwischen ihm und den Duderstädter Bürgerfamilien der Ludolfen und Hessen um die Ickendorfer Flur wieder auf, nachdem sich Barthold zuvor noch um einen Ausgleich bemüht hatte. Am Ende landete der Fall 1563 vor dem Reichskammergericht.[78]

Weitere Kreise zog seit 1555 die Auseinandersetzung Bartholds mit den Holunger Bauern des Klosters Gerode um Schweinemastgerechtsame in den Wäldern auf der Sonder, Hohekammer und Huchelheim. Aus dem lokalen Kampf um die Schweinemast entwickelte sich ein veritabler Grenzstreit zwischen Mainz und Hohnstein, in dessen Zentrum Barthold stand und in dessen Verlauf 1569 ein bodensteinischer Förster ermordet wurde.[79] Mainz konnte sich mit seinen Gebietsforderungen allerdings nicht durchsetzen. Umfangreicher stellte sich die Auseinandersetzung mit den Westernhagen dar, die den Wintzingerode – d. h. Barthold und seinen Vettern – seit 1556 die Wüstung Ickendorff streitig machten. Sie wurden darin von der Mainzer Regierung unterstützt, die die unumschränkte Anerkennung ihrer landesherrlichen Oberhoheit über diesen Ort verlangte, weil die Westernhagen ihre Lehensleute waren. Folgerichtig kam es abermals zur Auseinandersetzung der fürstlichen Regierungen, während die Bauern vor Ort und ihre adeligen Grundherren die Angelegenheit auf dem Fehdeweg austrugen. 1559 sah sich Barthold zur Bezahlung der vom ebenfalls involvierten Reichskammergericht auferlegten Strafe genötigt, vor dem er ein Jahr später in der gleichen Angelegenheit seinerseits einen bis 1575 andauernden Prozess gegen die Westernhagen anstrengte.[80]

deutlichem Hinweis auf die Fehdetätigkeit der Hanstein im späten Mittelalter, die von Braunschweig inspiriert und von Kurmainz aus Machtlosigkeit heraus toleriert worden sei; *Golland*, Werner, S. 96 ff.; *Peter Aufgebauer*, Zeit der Fehden im 14. und 15. Jahrhundert, in: Burg Hanstein. Zur 700-jährigen Geschichte einer eichsfeldischen Grenzfeste, hg. im Auftrag des Familienverbandes der von Hanstein von Hans-Dieter von Hanstein, Duderstadt 2008, S. 91–93; *ders.*, Grundsteinlegung, S. 65 f.; *Müller*, Hand, 114 f.

[76] Vgl. *Wintzingerode*, Barthold, S. 13 f.; LHASAMD Rep. H Bodenstein Nr. 113. Zu weiteren Konflikten der Familie mit Mühlhausen und Bremen vgl. StAMr 17d von Wintzingerode Nr. 13.

[77] Vgl. StAMr 17d von Wintzingerode Nr. 13.

[78] Vgl. *Wintzingerode*, Barthold, S. 99 f.; LHASAMD Rep. A 37a Nr. 424.

[79] Vgl. *Wintzingerode*, Barthold, S. 95 ff.; BAEf GG III E 4/17; LHASAMD Rep. H Bodenstein Nr. 248.

[80] Aus diesem Konflikt gingen noch drei weitere Prozesse am Reichskammergericht hervor. Endgültig beigelegt wurde der Streit zwischen den beiden Großfamilien erst 1674/77; vgl. *Wintzingerode*, Barthold, S. 90–95; *Westernhagen*, Geschichte, S. 247–254, 280 f.; LHASAMD Rep. H Bodenstein Nr. 251 und 262; LHASAMD A 53 M Nr. 58: Reichskammergerichtsprozess 1557–1574.

Mit Christoph vom Hagen zu Deuna stritt sich Barthold seit 1558 um Güter an der Südgrenze des Amtes Bodenstein. Wechselweise gestützt auf mainzische und hohnsteinische Lehenbriefe, je nachdem wie Bartholds Auskommen mit dem Grafen bzw. dem Kurfürsten war, nutzte Hagen, der zeitlebens ein besonderer Intimfeind Bartholds – gleichsam das agonale Kontinuum seiner Lebensgeschichte – bleiben sollte, seinerseits die komplexe herrschaftliche Gemengelage. Auch diese Angelegenheit wurde an mehreren Land- und Hofgerichten ausgetragen, um schließlich unentschieden am Reichskammergericht zu landen.[81] Seit dem Dezember des Jahres 1560 klagte die Stadt Worbis gegen Barthold am Heiligenstädter Oberlandgericht um die Herausgabe von Wäldern, Zinsländereien und die Bezahlung einer Schuld von fünf Gulden. 1561 ließ Barthold erfolgreich die beim Mainzer Kurfürsten wie auch dem hessischen Landgrafen vorgebrachte Klage der Bischoffshausen wegen der Einziehung von Zehnten in den Wüstungen Kamp und Wildungen versanden.[82]

Schwerwiegender als all diese Auseinandersetzungen mit anderen Adelsdynastien oder Städten war jedoch der langjährige innerfamiliäre Konflikt Bartholds mit seinen Vettern Hans (1515–1582) und Bertram (um 1517–1577) – Söhne seines Onkels Friedrich von Wintzingerode (um 1479–1540) –, der sich am Ende der fünfziger Jahre um Güterfragen entzündete und auf andere Bereiche ausgriff. Barthold fühlte sich bei der Besitzteilung benachteiligt, verweigerte seinen Vettern daraufhin die Nutzung, ja sogar den Zutritt zu den gemeinsamen Gütern.[83] Immerhin vermochten Verwandte und Freunde die Kontrahenten zu einem friedlichen Konfliktaustrag vor dem Gericht des Grafen von Hohnstein zu bewegen.[84] Aus Bartholds Sicht schien dies jedoch eine vergebliche Mühe gewesen zu sein, weshalb er sich – allerdings ebenso vergeblich – nach den gräflich-hohnsteinischen und kurfürstlich-mainzischen Gerichten in dieser Sache auch an das Reichskammergericht wandte.[85] Selbst nachdem die Vettern die Immission gerichtlich erstritten hatten, verweigerte er ihnen den Zugang. Mehrere Vermittlungsversuche des Hohnsteiner Grafen schlugen ebenso fehl wie die 1565 vorgenommene, ebenfalls durch Repräsentanten des Hohnsteiner Grafen ausgearbeitete Teilung der gemeinsamen bodensteinischen Güter. Selbst die zwischen 1566 und 1568 ergangenen

[81] Vgl. *Wintzingerode*, Barthold, S. 98; LHASAMD Rep. H Bodenstein Nr. 249, 252, 3264–3274 und 249.

[82] Vgl. *Wintzingerode*, Barthold, S. 101 f.; LHASAMD Rep. H Bodenstein Nr. 261.

[83] In diesem Kontext stand auch der 1548 geschlossene Pachtvertrag Bartholds mit den Vettern, mit dem er deren Anteile an den gemeinsamen Gütern übernahm. Einige Jahre später wollten die beiden Brüder die Rückpfändung vornehmen, sahen sich aber einem unwilligen, ja wütenden Barthold gegenüber; vgl. LHASAMD Rep. H Bodenstein Nr. 34, 69 und 70; StAMr 17d von Wintzingerode Nr. 2.

[84] Vgl. StAMr 17d v. Wintzingerode: Kopie des Vergleichsrezesses zwischen Barthold und seinen Vettern vom Dienstag nach Oculi 1556, vermittelt durch Dietrich von Plesse, Reinhard von Hanstein, Jost von Mingerode und Jost von Fladebeck.

[85] Vgl. LHASAMD Rep. A 53 W Nr. 103 I–IV; Nr. 105, 106.

Entscheidungen des gräflichen Hofgerichts zu Lohra, das in der Mehrzahl der strittigen Einzelpunkte zugunsten Bartholds entschied, beruhigte das Verhältnis unter den Vettern nicht.[86] Stattdessen eskalierte der Streit in der Folgezeit, beschimpfte, provozierte und bedrohte man sich zunehmend und immer aggressiver gegenseitig. Andere Handlungsfelder und weitere Unbeteiligte wurden involviert. So setzte Barthold den tüchtigen, von der Bevölkerung sehr geschätzten Pfarrer Eberhard Müller, den der Graf von Hohnstein in die von Barthold vereinnahmten Pfarreien Wehnde und Tastungen eingesetzt hatte, eigenmächtig wieder ab. Grund hierfür war die enge Verbindung zwischen Müller und Bartholds Vettern, Meinungsverschiedenheiten über die Pfarrkompetenz und anscheinend auch Müllers pastorale Aktivitäten im protestantischen Dorf Ferna im Westernhagenschen.[87] Der Streit eskalierte 1567 an der Frage des Holzeinschlages, obwohl er zunächst auf Vermittlung des Grafen Volkmar gelöst zu sein schien.[88] Nachdem Barthold dem Pfarrer weitere Tätigkeiten verboten, dieser sich jedoch nicht angeschickt hatte, die Pfarrei zu räumen, prügelte ihn der Ritter hinaus und verwies ihn des Landes. Am 9. Dezember 1567 setzte ihn Graf Volkmar Wolf von Hohnstein wieder ein, woraufhin Barthold den Pastor zunächst auf dem Bodenstein einkerkerte und später bei Androhung der Todesstrafe aus seiner Herrschaft jagte. Barthold führte sich in diesem Streit als freier, ‚eigenmächtiger' Herr auf und schreckte nicht davor zurück, dies öffentlich kundzutun. Gegenüber der gräflich-hohnsteinischen Kanzlei äußerte er sich im Juli 1571: „Weil mir einige gewallt oder unbilligkeitt nicht zugemessen werden kann unndt ich meines gnedigen herrn vorsiegeltte abschiede vndt vorträge vorgelegtt, vorbitte ich mich zu allem überfluss, mit bitt, mich hierüber diesser sachen halben weitter nicht zu beschreiben."[89] Nachdem eine Erstürmung seiner Burg Bodenstein vier Jahre zuvor kläglich gescheitert war, schien der Ritter nahezu unangreifbar zu sein, zumal er mit einiger Aussicht auf Erfolg nun gegen seinen Hohnsteiner Lehnsherrn, dessen adelige Helfer sowie gegen seine Vettern Hans und Bertram vor dem Reichskammergericht wegen Landfriedensbruch klagte. 1572 erschien Pfarrer Müller wieder in Tastungen. Barthold kerkerte ihn auf dem Bodenstein ein und missachtete die Befehle des Grafen Volkmar Wolf. Der ließ Müller schließlich befreien. Doch auf der Flucht wurde er von Bartholds Reitern erschossen.[90] Dieser Vorfall schien keine Konsequenzen für Barthold nach sich zu ziehen, im Gegenteil. Graf Volkmar wie auch die Vettern Hans und Bertram handelten nicht, sondern sahen sich ihrerseits mit schweren und bedrohlichen Vorwürfen von seiten protestantischer Fürsten

[86] Vgl. LHASAMD Rep. H Bodenstein Nr. 34, 70, 151, 208–230; *Wintzingerode*, Barthold, S. 121 ff.
[87] Vgl. *Wintzingerode*, Barthold, S. 84.
[88] Vgl. LHASAMD Rep. H Bodenstein Nr. 152: Vergleich vom 09. 12. 1567.
[89] Zit. nach *Wintzingerode*, Barthold, S. 86.
[90] Vgl. LHASAMD Rep. A 37a Nr. 325 (Summarischer Extract); *Wintzingerode*, Barthold, S. 84–87, 162 f.

ausgesetzt. Gleichzeitig konnte es sich Barthold leisten, auch den nächsten vom Hohnsteiner Grafen 1572 auf die Pfarrei Wehnde-Tastungen präsentierten Pfarrer – Caspar Landstein – abzulehnen, ihm am 7. April zu drohen, aufzulauern und dauerhaft fernzuhalten.[91]

Niemand schien Barthold am Ende der 1560er Jahre wirksam entgegentreten zu wollen oder zu können. Seine Gegner blockierten sich gegenseitig oder waren einzeln zu schwach gegen ihn, der über vielerlei Kontakte und im rechten Augenblick über geeignete Helfer wie auch über ein Gespür für das nachhaltig wirkende Maß an Schneid, Rücksichtslosigkeit und Brutalität verfügte. Barthold wusste die gesamte Bandbreite herrschaftlich-politischer Instrumente – von Gewalt über den Allianzwechsel bis hin zur Einschaltung der Justiz – einzusetzen, um in einer herrschaftlich zerklüfteten Umgebung als einzelner Politikakteur zu überleben und sich gegenüber den sich langsam arrondierenden Fürstenherrschaften zu behaupten. Auffällig war bereits sein gewiefter Umgang mit den Gerichten, die er für seine Interessen zu bemühen wusste. Deshalb wandte er erhebliche Kosten für die vielfältige Prozessführung auf, allein weil er sich um entsprechend gute Advokaten und Prokuratoren – insbesondere am Reichskammergericht – bemühte.[92]

4. Materielle Ressourcen adeliger Eigenmächtigkeit

Die Austragung solcher Konflikte sowie die Form und das Ausmaß der Selbstbehauptung wurden für Barthold möglich, weil er auf eine intakte, wenn auch noch immer im Aufbau begriffene ökonomische Basis zurückgreifen konnte. Dies war das Ergebnis zäher ökonomischer Konsolidierungsarbeit seiner Mutter Anna. Die Grundlage seiner niederadeligen Existenz waren seine Güter rund um die Stammburg Bodenstein, die – 1337 von Hans von Wintzingerode und Barthold von Worbis gemeinsam gekauft und seither als familiäres Gemeineigentum geltend[93] – dem Vater und seinen beiden Onkeln vererbt worden war.[94] Anders als gegenüber vielen seiner Standesgenossen hatten sich die wintzingerodeschen Bauern im Aufstand von 1525 anfangs nicht gegen ihren Herren gewandt. Dagegen erstürmten eichsfeldische Bauern das von Hans von Entzenberg und den Wintzingerode umkämpfte

[91] Vgl. *Wintzingerode*, Barthold, S. 86 f.

[92] Vgl. LHASAMD Rep. H Bodenstein Nr. 206: Prozessvollmacht für Dr. iur. Johann Augsburger am Reichskammergericht 1572; LHASAMD Rep. H Bodenstein Nr. 3442: Anstellung des Dr. Franz Schulze als Rechtsbeistand des Barthold von Wintzingerode in der Osterwoche 1572.

[93] Vgl. LHASAMD Rep. H Bodenstein Nr. 143: Burgfriede des Jahres 1337.

[94] Vgl. LHASAMD Rep. H Bodenstein Nr. 30: Teilungsrezess zwischen den Brüdern Heinrich, Friedrich und Georg von Wintzingerode aus dem Jahr 1518/19; LHASAMD Rep. H Bodenstein Nr. 64/65: weitere Verträge zu gemeinsamen Güterfragen der Brüder.

Schloss Scharfenstein.[95] Nachdem bereits Ende April / Anfang Mai 1525 die Klöster, Städte und Burgen von Aufständischen unter Pfeifer und Müntzer geplündert und gebrandschatzt worden waren,[96] wurden schließlich auch die wintzingerodeschen Besitzungen eingeäschert.[97] Nach der Niederschlagung des Aufstandes verlangten die Wintzingerodes 4677 Gulden Ersatz für den Schaden in der Herrschaft Bodenstein und im Pfandamt Scharfenstein. Am Ende wurde ihnen etwa die Hälfte - zahlbar durch die Stadt Mühlhausen, die dies wenigstens bis 1553 noch nicht leistete - zugestanden.[98] Die Summe entsprach dem Doppelten des durchschnittlichen Höchstbetrages, so dass die Familie im Vergleich mit anderen niederadeligen Geschlechtern glimpflich davongekommen war.

Die eichsfeldischen Grundherren waren von dem Bauernaufstand des Jahres 1525 ökonomisch schwer getroffen worden und versuchten seitdem die Folgekosten auf die Bauern abzuwälzen. Über die klösterlichen Grundherren urteilte selbst der Geistliche Kommissar auf dem Eichsfeld Heinrich Bunthe, „das sie doch inn iren einkommen oder Nutzigungen einzufurdern in vielen der orter ire underthanen deme vom Adel gleich schinden und schatzen ire Reisige stell in grossen ehren mehr dan das Gotteshaus haltenn“[99]. Die Bauern beklagten sich permanent bei der kurfürstlichen Obrigkeit. Selbst das Mainzer Domkapitel war in den fünfziger bis siebziger Jahren mit solchen Klagen befasst. So führten die Harburger vehemente Klagen gegen die Bültzingsleben vor dem Mainzer Domkapitel, das sich für den Schutz dieser Untertanen einsetzte. Man forderte 1560 eine Spezialkommission „oder aber eynloßung berurter pfandtschafft [...] uff das deren von Bültzingsleben unpillich furhaben gesteuert unnd die Armen bey gleichmessig lenger unbelestigt gelassen“[100] würden. Im Juni 1570 wurde eine Abordnung der Dörfer Ferna, Hundshagen, Tastungen, Berlingerode, Blickenrode, Esplingerode und Brehme beim Domkapitel vorstellig, weil die Belastungen durch die Westernhagen zu hoch, ja sie zu Leibeigenen gedrückt würden, was der „hergebrachten freyheitt zuentgegen“[101] sei. Das Domkapitel begrüßte denn auch die Reise des Erzbischofs auf das Eichsfeld 1574, weil „dies nitt allein zu abwendung allerhand

[95] Vgl. *Wintzingerode*, Barthold, S. 13; *Josef Reinhold / Günther Henkel*, Die Burg Scharfenstein im Eichsfeld in Geschichte und Gegenwart, Duderstadt 2009, S. 16–20.

[96] Vgl. *R. Jordan*, Pfeifers und Münzers Zug in das Eichsfeld und die Verwüstung der Klöster und Schlösser, in: Zeitschrift des Vereins für thüringische Geschichte und Altertumskunde NF 14 (1904), S. 36–96.

[97] Vgl. *Wintzingerode*, Barthold, S. 15–18.

[98] Vgl. *Knieb*, Geschichte, S. 30.

[99] StAWü MRA Stifte und Klöster K 685 / 1004, fol. 1–6, hier fol. 3': Schreiben Bunthes an Rusteberger Vogt vom 09. 06. 1573.

[100] StAWü Mz.Domkap.Prot.11, fol. 327': Sitzung vom 05. 11. 1560, ebenso StAWü Mz.Domkap.Prot. 11, fol. 356 f. mit Sitzungen vom 10. 06. 1561 und vom 13. 06. 1561 sowie StAWü Mz.Domkap.Prot. 12, fol. 25, 51', 54: Sitzungen vom 06. 04. 1563, 02. 08. 1563 und 07. 07. 1563.

[101] StAWü Mz.Domkap.Prot. 14, fol. 412 f., hier fol. 412': Sitzung vom 17. 06. 1570.

beschwerungen, domitt die arme underthane von frembden herrschafften und pfandherren belestiget"[102]. Noch 1577 ermahnte Erzbischof Daniel Brendel den Adel angesichts dessen ungehorsamer, weil unbeugsam-selbstherrlicher Religionspolitik, „da Ir ja ewern schreiben nach so grosse vorsorge der underthanen wegen traget, [solltet ihr] dieselbigen in zeitlichen Sachen mitt so übermessigen Fronen diensten und andern Beschwerden zuverschonen bedencken, damit sie bei weib und kindern gewindung Ires teglichen Brodtz leben und pleiben mögen. Daß würdet ohn zweifell zu dem ir es auch zuthun schuldig und pflichtig, unß euch und allen underthanen zeittlichen und ewigen gedeyhen und wolfhart gereichen"[103].

Auch die wintzingerodeschen Güter waren von dem Bauernaufstand schwer mitgenommen worden. In den folgenden Jahren betrieb Bartholds Mutter Anna – die Witwe des 1520 verstorbenen Heinrich von Wintzingerode – den Wiederaufbau und die ökonomische Sanierung der niederadeligen Herrschaft. Dabei musste sie zunächst zwischen 1527 und 1530 sechs Dörfer verpfänden, um 520 Gulden und 20 Taler zum Wiederaufbau ihres Drittels am Bodenstein zu erhalten. Bereits 1531 pachtete sie das Drittel ihres Schwagers Georg, der seinen Bauanteil nicht repariert hatte und dafür 3000 Gulden bzw. 150 Gulden jährlich als Leibrente erhielt. Nach schweren familieninternen Zerwürfnissen erwarb Anna das Drittel ihres Schwagers Friedrich wiederkäuflich und konnte so ihren Söhnen den Bodenstein ungeteilt vererben.[104] Gemeinsam mit ihren Schwägern baute sie das Dorf Kaltohmfeld wieder auf, indem sie den Einwohnern das Erbpachtrecht und weitere Vergünstigungen zukommen ließ. Seit 1533 ließen die Wintzingerode Wälder roden, die auf günstigem Ackerboden wuchsen, verkauften das Holz und siedelten eine gewinnbringende Glashütte an.[105] Der Einschlag und der Verkauf von Bauholz sowie die Verbrennung von Holz in der Glaserei zu Pottasche oder Kohle waren einträgliche Geschäfte. Ebenso einträglich war der Bau von Wassermühlen, in denen die Bauern ihr Korn mahlen lassen mussten, und die Nutzung der eigenen Bierbraugerechtigkeit. Dadurch durfte im Bodensteinschen nur das auf dem Schloss gebraute Bier getrunken werden. Ferner wurden zahlreiche Wirtshäuser, Höfe, Meiereien und Fuhrwerke auf Festzins oder Gewinn-

[102] StAWü Mz.Domkap.Prot. 15, fol. 636 f. bzw. 622 f. (neu): Sitzung vom 04. 05. 1574.

[103] *Johann Wolf*, Eichsfeldische Kirchengeschichte mit 134 Urkunden, Göttingen 1816, Urk. LXIV: Schreiben des Erzbischofs an den Adel vom 17. 06. 1577, mit dem er auf die Schrift des eichsfeldischen Adels reagierte, wonach er die freie Religionsausübung für sich reklamierte.

[104] Vgl. *Wintzingerode*, Barthold, S. 22; LHASAMD Rep. H Bodenstein Nr. 67: Vertrag zwischen Friedrich, Georg und der Witwe Heinrich (also Anna) von Wintzingerode über Scharfenstein und Bodenstein zugunsten Annas Söhnen Barthold und Hans 1532; LHASAMD Rep H Bodenstein Nr. 68: Vertrag über den Verkauf seines Drittelanteils durch Friedrich von Wintzingerode an die übrigen Eigner 1536.

[105] Vgl. *Wintzingerode*, Barthold, S. 22 f.

anteil verpachtet.[106] Die wirtschaftliche Stärke Bartholds versetzte ihn auch in die Lage, vielerorts als Kreditgeber in Erscheinung zu treten.[107]

So erfolgreich dieses – keinesfalls adelsuntypische[108] – ökonomische Handeln war, es stützte sich nicht zuletzt auf die wohl wenigstens teilweise umstrittene Nutzung der umliegenden Wälder. Dies musste zwangsläufig zu Konflikten mit der Mainzer Regierung führen. Bereits seit 1548 hatte es Diskussionen um den Holzeinschlag der Wintzingerodes gegeben.[109] Die Übertragung der Scharfensteiner Pfandburg auf Bartholds Vettern nach dem Tode ihres Vaters Friedrich von Wintzingerode gestaltete sich deshalb nicht unproblematisch, weil nach Ansicht des Erzbischofs solcher Holzeinschlag nicht nur zu Bauzwecken und täglichem Gebrauch geschehe. Die Gehölze und Waldungen – so die Einlassungen des Kurfürsten Daniel Brendel – würden von den Niederadeligen als Eigengut behandelt, und dies angesichts der bedenklichen Holzknappheit in der Region.[110] Schließlich wurde im Februar 1556 das Amt Scharfenstein als erneuertes Pfand dann doch Bartholds Vettern mit sämtlichem Zubehör und Rechten überschrieben. Zudem wurden ausdrücklich die in diesem Amt gelegenen Klöster Beuren und Reifenstein von dieser Pfandüberschreibung ausgenommen. Der Wert des Pfandes wurde mit 4100 Rheinischen Goldgulden zuzüglich der Kosten für den Wiederaufbau des Schlosses in Höhe von 2000 Talern festgesetzt.[111] Die Baulast wurde als bei den Brüdern liegend erklärt. Gleichzeitig wurden den neuen Pfand- und Amtsinhabern die hergebrachten Abgaben und Dienste ihrer Amtsuntertanen zugesichert, „doch sollen sie die Leutt in dem gericht gesessen, nit höher beschweren an bede, noch an diensten, dan als von alters herkhomen und gewonheit gewest ist. Unnd sunderlich sollen dieselben leut niendert annderst wohin, dann allein zum Schloß Scharpfenstein wie von alter herk-

[106] So verpachtete Barthold 1565 die Ohmfelder Mühle an Hans Stueler auf ein Jahr; vgl. StAMr 17d v. Wintzingerode Nr. 10: Kontrakt (Kopie) vom Pfingstmontag 1565; *Wintzingerode*, Barthold, S. 67 ff.

[107] Was eigene Kreditaufnahme natürlich nicht ausschloss. Von seiner Kreditorenfunktion zeugen die zahlreichen in Kopie überlieferten Schuldverschreibungen von Adeligen wie auch Nicht-Adeligen; vgl. StAMr 17d v. Wintzingerode Nr. 10.

[108] Vgl. *Walther*, Freiheit, S. 306; *Barbara Stollberg-Rilinger*, Handelsgeist und Adelsethos. Zur Diskussion um das Handelsverbot für den deutschen Adel vom 16. bis zum 18. Jahrhundert, in: ZHF 15 (1988), S. 273–309.

[109] Vgl. StAWü Mz.Domkap.Prot. 9, fol. 98 f.: Sitzung vom 31. 10. 1548.

[110] Vgl. StAWü Mz.Domkap.Prot. 11, fol. 6' ff.: Sitzung vom 06. 05. 1556; *Reinhold/Henkel*, Burg, S. 23–26.

[111] Vgl. StAWü Mz.Ingr. 67, fol. 69'–74, hier 71 f.: Vertrag zwischen dem Erzbischof und den Brüdern Hans und Bertram bzw. deren Vormündern vom 04. 02. 1556; LHASAMD Rep. H Bodenstein Nr. 34: Teilungsrezess zwischen Barthold sowie Hans und Bertram über die Verteilung der Ländereien 1555/56. Zum Scharfenstein vgl. *Johannes Müller*, Kurmainzische Amtsgebäude auf dem Eichsfelde, in: Unser Eichsfeld 5 (1910), S. 162–166, 191–195, hier S. 162–166; *Elmar Golland*, Die Burg Scharfenstein, 875 Jahre Beuren. Beiträge zur Geschichte eines Dorfes im Eichsfeld von 1128–2003, hg. von der Ortschaft Beuren, Ortsteil der Stadt Leinefelde, Duderstadt 2003, S. 188–196.

homen zu frönen und zu dhiennen, mit nichten beschweren, sonder sollen sie schauen, schirmen und verantworten, alls fehrn sie kumen und vermögen, und als dick inen das noth ist"[112]. Weiterhin wurde den Gebrüdern der Holzeinschlag über den häuslichen Eigenbedarf hinaus unter Verweis auf die kurfürstliche Holzordnung verboten. Wichtiger aber noch im Hinblick auf die vergangenen Vorfälle war die Bestimmung, wonach „sie und ire erben keinen neuen krieg machen, noch keinen alten verneuern, noch iemandt davon schaden thun [sollen], mit keinem ungefug, ohne [unser] wissen oder unserer nachkommen unnd Stiffts wissen unnd willen".[113]

Der Erhalt des Scharfenstein für Hans und Bertram, der – wohl nach internen Querelen – seinen Anteil später seinem Bruder verschrieb,[114] war demnach nicht zuletzt auf die Initiative Bartholds zurückzuführen,[115] der seit 1535 zusammen mit seinem Bruder Hans für die Güter der Familie verantwortlich war. In dieser Zeit erwies er sich als ein um die Belange der Gesamtfamilie besorgtes Familienmitglied. Gleichzeitig baute er seine Herrschaft rund um den Bodenstein zielgerichtet aus und stabilisierte damit seine eigene ökonomische Basis. Dabei blieben selbstverständlich wie bei anderen Grundherren auch Beschwerden seiner Bauern nicht aus.[116]

Barthold heiratete im Sommer 1551 Katharina von Rautenberg (gestorben 1577), die er nach der Schlacht bei Mühlberg im Erzstift Magdeburg kennengelernt hatte.[117] Mit ihr hatte er drei Töchter: Sophia (geboren ca. 1552),

[112] StAWü Mz.Ingr. 67, fol. 70'.

[113] Ebd., 71'f.

[114] Ein erster Teilungsrezess wurde 1564 geschlossen, ein weiterer 1571. Im Jahr 1577 wurde die Verteilung der Einkünfte abermals geregelt; vgl. LHASAMD Rep. H Bodenstein Nr. 31: Teilungsrezess vom 27.01.1564 zwischen Hans und Bertram; LHASAMD Rep. H Bodenstein Nr. 77: Teilungsvertrag vom 06.03.1571; LHASAMD Rep. H Bodenstein Nr. 72: Auseinandersetzungsurkunde zwischen Hans und Bertram über die vorläufige Nutzung der väterlichen Güter vom 10.04.1559; StAWü Mz.Urk. WS 73/107: Vertrag zwischen Hans und Bertram von Wintzingerode vom 07.05.1571, mit dem Bertram seinen Anteil für die Summe von 1538 Gulden und ein ewiges Wohnrecht in einem Hof zu Kirchohmfeld an seinen Bruder Hans verschrieb; LHASAMD Rep. H Bodenstein Nr. 32: Verteilung der Einkünfte aus dem Jahr 1577.

[115] Nach dem Tod des Vaters 1540 standen Hans und Bertram zunächst unter der Vormundschaft Philipps von Boineburg und Hartmuts von Eschwege. Dies bewahrte die Minderjährigen allerdings nicht vor einigem Ungemach: Der minderjährige Bertram soll Bürgschaften in Höhe von 15000 Talern übernommen haben. Deshalb wurde seit 1562 gegen die vermeintlichen Betrüger wegen Betrugsverdachts ein Reichskammergerichtsprozess angestrengt. Ebenso sorgte Barthold bspw. 1560 im Streit seiner Vettern mit dem Abt des Klosters Reifenstein für einen günstigen Ausgang; vgl. LHASAMD Rep. H Bodenstein Nr. 186: Anstellung der genannten Adeligen zu Vormündern 1549; LHASAMD Rep. A 53 W Nr. 101: Reichskammergerichtsverfahren des Bertram von Wintzigerode 1562–1567/77; *Wintzingerode*, Barthold, S. 118; *Wintzingerode*, Stammbaum, S. 22 ff.

[116] Vgl. *Wintzingerode*, Barthold, S. 146–150.

[117] Vgl. LHASAMD Rep. H Bodenstein Nr. 4: Eheberedung Bartholds mit Katharina von Rautenberg 1551/59. Zu den Umständen der Hochzeit vgl. *Wintzingerode*, Barthold, S. 53–56.

Katharina (geboren 1561) und Anna, von denen eine 1567 mit dem kursächsischen Rat Heinrich von Bünau, eine weitere 1594 mit dem kurbrandenburgischen Vizekanzler Dr. Arnold von Reyher verheiratet wurden, während die dritte später ins Kloster Ebstorf ging.[118] Vor seiner Hochzeit hatte Barthold mit einer „Sophia" über längere Zeit hinweg zusammengelebt. Sie begleitete ihn auf seinen Feldzügen und lebte auf dem Bodenstein. Diese Sophia gebar zunächst zwei Söhne – Heinrich und Claus, von denen nichts weiter bekannt ist – sowie 1550 eine Tochter namens Sophia, bei deren Geburt sie verstarb.[119] Im gleichen Jahr heiratete Bartholds Schwester Apollonia einen Herren von Dotzen.[120]

Die von Barthold als Senior der Familie betriebene Heiratspolitik war nicht auf die eichsfeldischen Kreise, sondern – den familiären Traditionen, seinen eigenen außereichsfeldischen Kontakten und seiner Stellung als hohnsteinischer Vasall entsprechend – auf das Braunschweigisch-Hessisch-Sächsisch-Brandenburgische ausgerichtet. Statt sich intensiver mit den eichsfeldischen Standesgenossen zu vernetzen, band er sich lieber andernorts, vielleicht wegen seiner Beziehungen zum Grubenhagener Hof und nicht zuletzt aufgrund seiner Dienstzeiten als Söldner. Seine Vettern und deren Söhne dagegen beschritten eher die kleinräumigen Wege und verbanden sich konnubial heimisch: Hans verband sich 1561 mit Anna Elisabeth (Ilse) von Wrede, Bertram

[118] Vgl. *Wintzingerode*, Barthold, S. 57, 205; *Wintzingerode*, Stammbaum, S. 18. Die Angaben der beiden Autoren widersprechen einander. Der Autor der Barthold-Biographie geht davon aus, dass die älteste Tochter Anna 1567 als Fünfzehnjährige Heinrich von Bünau heiratete, die zweite Tochter Sophia den Kanzler Reyher ehelichte, Katharina ins Kloster ging. Der Verfasser des Stammbaums sieht Sophia als älteste Tochter mit Bünau vermählt, Katharina als zweitälteste mit Reyher, Anna im Kloster. Letzte Sicherheit ist nicht zu gewinnen. Jedenfalls lud Barthold 1561 seine Freunde und Verwandten zur Taufe seiner jüngst geborenen Tochter ein (vgl. StAMr 17d v. Wintzingerode Nr. 10: Kopie der Einladung vom Mittwoch der Osterwoche 1561 für die Taufe am kommenden Montag, ohne Adressatenangabe). Die Unsicherheiten setzen sich bei der Bestimmung der Ehemänner fort: Es ist nicht klar, ob es sich bei dem Brandenburger um jenen aus den Niederlanden stammenden Arnold von Reyger (1559–1615) handelt, der als Vizekanzler und geachteter Rechtsgelehrter am kurfürstlichen Hofe wirkte. Hinsichtlich Heinrichs von Bünau ist unklar, um welchen der gleichnamigen Brüder es sich handelte, die 1555 und 1558 geboren wurden, oder ob es sich gar um Heinrich II. von Bünau (1505–1570) handelte. Sicher ist immerhin, dass 1561 Bartholds Tochter Katharina geboren wurde, zu deren Taufe Adelige aus dem Hessischen, Braunschweigischen und Mindenschen kamen. Zu Reyger vgl. *Ernst Landsberg*, Art. Arnold von Reyger, in: Allgemeine Deutsche Biographie, Bd. 28, Leipzig 1889, S. 349 f. Zur Bedeutung der Familie von Bünau vgl. *Martina Schattkowsky* (Hg.), Die Familie von Bünau. Adelsherrschaften in Sachsen und Böhmen vom Mittelalter bis zur Neuzeit (Schriften zur sächsischen Geschichte und Volkskunde 27), Leipzig 2008, insbesondere mit den Beiträgen der Herausgeberin sowie von Uwe Schirmer, Martin Wittig und Joachim Schneider.

[119] Vgl. *Wintzingerode*, Barthold, S. 51 ff. Alle drei Kinder aus dieser Beziehung durften auch nach der Hochzeit mit Katharina von Rautenberg auf dem Bodenstein leben und wurden im Testament Bartholds von 1568 bedacht.

[120] Vgl. *Wintzingerode*, Barthold, S. 52 f.

1565 mit Agnes von Hanstein. Seine Söhne Hans Friedrich (1568–1615) und Heinrich (1577–1634) heirateten mit Katharina von Uslar und Mathilde von Linsingen. Die Söhne seines Bruders Hans – Friedrich (1564–1626), Wilko (1568–1629), Hans (1570–1584) und Georg (1576–1586) – blieben ehelos oder starben im Kindesalter. Zwei seiner drei Töchter – Margaretha (1572–1633) und Elisabeth (1574–1639) – wurden mit Burchard von Cram bzw. Lippold von Hanstein verheiratet.[121] Die genealogische Linie der Wintzingerodes wurde demnach erfolgreich nur von Bertram fortgesetzt. Im Gegensatz zu ihrem problematischen Verwandten vom Bodenstein legte die Scharfensteiner Linie demnach Wert auf eine intensive Verankerung in der unmittelbaren Adelsgesellschaft, was eher ihren Verpflichtungen und politischen Optionen zugunsten des Mainzer Kurfürsten und den Kontakten zu dessen Funktionsträgern[122] entsprach.

Ähnlich wie andere eichsfeldische Ritter inklusive seiner Vettern[123] baute sich Barthold von Wintzingerode im Dienste von Fürsten ein zweites wirtschaftliches Standbein auf. Er besaß weder zu dem Grafen von Hohnstein noch dem Mainzer Erzbischof Dienstbeziehungen. Ebenso wenig ging er in den Regierungs- oder Verwaltungsdienst der Braunschweiger Herzöge, so nahe sie ihm auch stehen mochten.[124] Immerhin nahm ihn Herzog Ernst II. 1561 zum Rat und Diener von Haus aus auf. Mit dieser drei Jahre später erneuerten Verpflichtung war eine Besoldung von 200 Talergulden nebst sechs Pferden und Kleidung verbunden. Barthold stand damit im Grubenhagener Wartesold, hatte sich eng, aber nicht zu eng an den Herzog gebunden, für den er eine jederzeit abrufbare – auch militärische – Reserve darstellte.[125]

[121] Vgl. LHASAMD Rep. H Bodenstein Nr. 5–8 mit den entsprechenden Eheberedungen der Söhne Bertrams.

[122] Wenigstens zum kurfürstlichen Oberamtmann Jobst von Hardenberg pflegten sie exzellente Kontakte. So setzte sich der Oberamtmann am landgräflichen Hof für Bertram von Wintzingerode gegen die Schuldforderungen des Juden Heinrich von Witzenhausen ein; vgl. StAMr 17d v. Wintzingerode Nr. 14: Schreiben Hardenbergs vom 12. 04. 1557 auf ein entsprechendes Schreiben Bertrams vom Sonntag Laetare 1557.

[123] Wenigstens von Bertram ist bekannt, dass er am Ende der 1540er Jahre als Söldner in Frankreich kämpfte; vgl. *Wintzingerode*, Barthold, S. 116.

[124] Aus dem Jahr 1553 stammt eine Bestallung Bartholds zum Hofdiener im Herzogtum Braunschweig-Calenberg, was sie genau an Pflichten umfasste, ist nicht klar; vgl. HStAHa Cal. Br. 34 Nr. 134. Ebenso wenig ist die Quittanz Bartholds über 150 Gulden Dienstgeld des sächsischen Kurfürsten August vom Montag nach Jubilate 1554 einzuschätzen, d. h. es ist nicht erkennbar, ob es sich um Hof- bzw. Verwaltungsdienste oder militärisch intendierten Wartesold handelte; vgl. StAMr 17d v. Wintzingerode: Quittanz von 1554.

[125] Durch die Bestallung verpflichtete sich Barthold, „er solle unnd will dieselbigen drey Jahr unser getreuer Rath unnd Diener sein, und fromen stifften, und unß von hauß aus zu jeder Zeidt uf unßer erfordern, wotzu wir Ihnen Rathsweiße gebrauchen, und sonst verschicken werden, gehorsamlich und unverzüglich erscheinen, unnd sich uf unßern kosten gebrauchen lassen“; StAMr 17d v. Wintzingerode Nr. 10: Kopie der Bestallung vom 01. 01. 1564.

Eine solche lockere Bindung war für ihn allerdings vorteilhaft. Barthold verdingte sich nämlich als Söldner und Kriegsunternehmer kleinen Stils. Niederdeutsche Söldner waren zu dieser Zeit gefragt, gerade auch auf Seiten der kaiserlich-katholischen Partei im Reich bzw. bei den spanischen Habsburgern.[126] Bereits 1533 hatte sich Barthold zusammen mit seinem Bruder Hans bei seinen Onkeln Hans von Stockhausen und Kurt von Worbis 100 Gulden geborgt, um sich und einige Reisige auszurüsten.[127] Sein erstes Engagement erhielt er vom Landgrafen Philipp von Hessen im selben Jahr. Aufgrund von dessen militärischen Erfolgen und der gemachten Beute konnten die Brüder den aufgenommenen Kredit im Winter 1534/35 zurückzahlen.[128] Zwischen 1536 und 1547 ließ sich Barthold mit seinen Mannschaften für die Feldzüge Karls V. in Frankreich und Geldern, für die Feldzüge der Herzöge von Braunschweig-Wolfenbüttel und des Landgrafen Philipp von Hessen und während des Schmalkaldischen Krieges für die protestantische Seite anwerben.[129] Er nahm seit 1550 als besoldeter Rittmeister an den Kriegs- und Raubzügen des Markgrafen Albrecht Alkibiades ebenso teil, wie er während der Grumbachschen Händel seit 1564 bis 1566 auf der Seite des kaiserlichen Heeres unter dem sächsischen Kurfürsten August I. im Wartesold – am Ende mit einem Spekulationsgewinn von 1000 Talern – stand.[130] Zuvor hatte er seit 1561 in jenem bereits erwähnten Wartesold des Grubenhagener Herzogs Ernst II. gestanden.[131] 1569 ließ er sich als Oberstleutnant für den Konfessionskrieg Karls IX. in Frankreich anwerben.[132]

[126] Vgl. *Gertrud Angermann*, Der Oberst Georg von Holle 1514–1576. Ein Beitrag zur Geschichte des 16. Jahrhunderts (Mindener Beiträge 12), Minden 1966, insbesondere S. 72–134; *Bei der Wieden*, Außenwelt, 167 f., 274 f., 279–283; *ders.*, Zur Konfessionalisierung des landsässigen Adels zwischen Weser, Harz und Elbe, in: ARG 89 (1998), S. 310–319, hier insbesondere S. 311 f.; *ders.*, Niederdeutsche Söldner vor dem Dreißigjährigen Krieg. Geistige und mentale Grenzen eines sozialen Raums, in: Bernhard R. Kroener/Ralf Pröve (Hg.), Krieg und Frieden. Militär und Gesellschaft in der Frühen Neuzeit, Paderborn/München/Wien/Zürich 1996, S. 85–107.

[127] Vgl. *Wintzingerode*, Barthold, S. 23 f.

[128] Vgl. *Wintzingerode*, Barthold, S. 27.

[129] Vgl. *Wintzingerode*, Barthold, S. 27–41. Sein Bruder Hans kämpfte während des Schmalkaldischen Krieges wenig glücklich im Heer des Herzogs Erich II. von Calenberg; vgl. *ders.*, Barthold, S. 35 f.

[130] Vgl. *Westernhagen*, Geschichte, S. 251; *Wintzingerode*, Barthold, S. 57 ff., 128 ff.; HStADd Best. 10024 Loc. 9129/16: Verzeichnis der Reiter, die 1564 von Kurfürst August im Auftrag des Kaisers angeworben wurden; HStADd Best. 10024 Loc. 9129/19: Quittungen Bartholds von Wintzingerode über sein Wartegeld.

[131] Vgl. *Wintzingerode*, Barthold, S. 89 f. Es ist nicht ersichtlich, ob Barthold nicht schon seit der Mitte der fünfziger Jahre in Sold bei den Grubenhagenern stand. Abwegig wäre dies nicht, weil die Herzöge seit 1555 intensive Kontakte an den Brüsseler Hof pflegten und die spanischen Dienste Philipps II. gerne annahmen; vgl. *Gustav Mittendorf*, Verbindung der Herzöge Ernst, Wolfgang und Philipp zum Grubenhagen mit Philipp II. König von Spanien 1556–1593, in: Archiv des Historischen Vereins für Niedersachsen 1846, S. 193–260.

[132] Vgl. *Wintzingerode*, Barthold, S. 136–146; *Christoph v. Rommel*, Geschichte von Hessen, 10 Bde., Marburg und Cassel 1820–1858, hier Bd. 5, S. 86 f. Dieses Engagement war von

Diese Tätigkeit war finanziell riskant,[133] aber allem Anschein nach einträglich, zumal wenn es sich um Wartesold handelte, der ihm immer genug Geld für den Unterhalt von Mannschaften verschaffte, die er in seinen eigenen Fehden einsetzen konnte. So blieb Barthold für seine adeligen Gegner im eichsfeldischen Adel für lange Zeit nahezu unangreifbar, gerade in jenen konfliktreichen 1560er Jahren. Nicht umsonst wagte Erzbischof Daniel Brendel die Gefangennahme Bartholds 1574 nur mit einem massiven Truppenaufgebot und zu einem Zeitpunkt, da er ohne Anstellung war. Wie er anfangs den Weg gerade in den Dienst des hessischen Landgrafen fand, ist nicht nachvollziehbar. Es ist nicht mit Bestimmtheit zu sagen, ob Barthold aus seiner Zeit am Grubenhagener Hof bereits entsprechende Kontakte zu Personen besaß, die ihn – wie in diesem ‚Gewerbe' jener Zeit üblich – am Marburger Hof weiterempfahlen oder ob er sich angesichts des Kriegerbedarfs dieser Zeit auf gut Glück an den Landgrafen wandte.[134] Wegweisend war dieser Schritt sowohl bezüglich der Art seines Handelns als auch der Art der Sozialkontakte. Schließlich resultierten aus der zeittypischen adeligen Söldnerexistenz Bartholds die Mehrzahl jener *freundschaftlichen* Sozialkontakte, die ihn bis zum Lebensende begleiteten. Die nicht im modernen, emotional konnotierten Sinne zu verstehenden *Freundschaften* zu Adrian und Melchior

den Grafen Philipp (1541–1569) und Christoffel [Ernst] (1543–1603) von (Hessen-)Diez eingefädelt worden, die bei Göttingen seit Ende 1568 Truppen anwarben. Unter den so gemusterten 1600 Reitern, die vom französischen König gegen die Hugenotten in Sold genommen worden waren, befand sich neben Barthold von Wintzingerode unter anderem auch Christoph von Amelunxen und Otto von Hagen. Das Engagement endete für Barthold jedoch unerquicklich: Seine Reiter meuterten, er selbst geriet mit dem Grafen Philipp in Streit und verließ die Truppe bereits nach wenigen Monaten des Jahres 1569. Zu den genannten Diezer Grafen, die zwei der sieben Söhne aus der zweiten Ehe des Landgrafen Philipp von Hessen waren, vgl. *Manfred Rudersdorf*, Ludwig IV. Landgraf von Hessen-Marburg 1537–1604. Landesteilung und Luthertum in Hessen (Veröffentlichungen des Instituts für europäische Geschichte Mainz, Abt. Universalgeschichte 144), Mainz 1991, S. 56 f., 140–143.

[133] Neben körperlichen Schäden bestand das Risiko nicht zuletzt auch darin, dass die eingesetzten bzw. vorgestreckten Gelder von den – fürstlichen – Soldherren nicht pünktlich gezahlt wurden; vgl. HStAHa Cal. Br. 22 Nr. 1658: Forderungen des Hans und Barthold von Wintzingerode an Herzog Erich II. aus Darlehen und Unterhaltung von Reitern 1547 bis 1558. Im Falle seiner Solddienste für den Grafen Philipp von Diez wurde Barthold noch 1571 bei den hessischen Landgrafen vorstellig und verlangte für die dem gefallenen Grafen gestellte Ausrüstung von 200 Pferden insgesamt 4815 Gulden. Die Landgrafen zahlten ihm schließlich als Sofortgeld und Ausgleich 3000 Gulden, die sie mit den Diezer Einkünften verrechnen wollten. Offenbar war man hessischerseits nicht bereit, diesen verdienten Söldner zu verlieren!; vgl. StAMr 17d v. Wintzingerode Nr. 10: Schreiben des Kellers Jacob Pley (Diener des Landgrafen Ludwig) an Landgraf Philipp vom 22. 03. 1571.

[134] Wenigstens im Falle Christophs von Steinberg, vielleicht auch im Falle Alhards von Hörde wäre die Anbahnung eines Soldengagements durch Weiterempfehlung Bartholds am Landgrafenhof denkbar; vgl. *Heike Preuß*, Söldnerführer unter Landgraf Philipp dem Großmütigen von Hessen (1518–1567) (Quellen und Forschungen zur hessischen Geschichte 30), Darmstadt / Marburg 1975, hier S. 501 f., 504 f. zu den Genannten, S. 130–143 zum Modus der Weiterempfehlung.

von Steinberg sowie zu Angehörigen der Familien von Holle (Holla) – insbesondere zu dem bekannten Söldnerführer Georg von Holle[135] –, Veltheim, von der Schulenburg, Münchhausen, Fries (Frese) und anderen führten nicht nur zu immer neuen Soldkontrakten, weil Barthold in das weite Netzwerk niederdeutscher Söldner eingebunden wurde. Sie erwiesen sich auch im späteren Prozess gegen Barthold als stabil, wie die entsprechenden Suppliken der Kameraden beim Mainzer Landesherrn und anderen Fürsten in den Jahren 1574/75 zeigten.[136] Das bewahrte die *Freunde* zwar nicht davor, unter Umständen als Söldner verfeindeter Heerführer gegeneinander kämpfen zu müssen, wie es sich während des Schmalkaldischen Krieges zeigte, als selbst die Gebrüder von Wintzingerode in den Diensten der verfeindeten Seiten standen: Hans im Heer des katholischen Kaisers, Barthold in dem des protestantischen Kurfürsten Johann Friedrich I.[137] Dennoch schadete dieser Umstand weder der Solidarität unter den Brüdern noch den Beziehungen Bartholds zu seinen adeligen Freunden, sondern wurde offenkundig als Ausweis beruflicher Professionalität innerhalb der dadurch gebildeten Gewaltgemeinschaft und selbstverständliches Element dieser Form adeliger Existenz begriffen, deren Mentalität selbst für den Adel eine ganz eigene war.[138]

Gleiches galt für den Aspekt konfessioneller Solidarität. Der Protestant Barthold von Wintzingerode besaß offenbar angesichts des lukrativen Handgeldes keine Skrupel, sich 1569 in dasjenige Heer des französischen Königs Karl IX. zu begeben, das erfolgreich gegen die Hugenotten eingesetzt wurde. Mit solchem Verhalten unterschied er sich nicht von anderen niederdeutschen Adeligen, die Grubenhagener Herzöge, die sich seit der Mitte der 1550er Jahre in spanischen Diensten befanden, jene schon genannten nieder-

[135] Zur adeligen Herkunft Holles und seiner Biographie nach dem aktiven Solddienst vgl. *Angermann*, Oberst, S. 18–37, 213 ff.

[136] Eine entsprechende Auflistung derjenigen Adeligen, mit denen zusammen Barthold seit den 1530er Jahren in verschiedenen militärischen Konflikten kämpfte, in: *Wintzingerode*, Barthold, S. 32–35.

[137] Vgl. *Wintzingerode*, Barthold, S. 33–36. Hans von Wintzingerode hatte schon frühzeitig – nämlich seit 1545 – die Rüstungen Herzog Heinrichs d. J. von Wolfenbüttel unterstützt; StAWo 1 Alt 8 Nr. 508, fol. 137.

[138] Zu Mentalität unter Söldnern, der Ausbildung einer spezifischen, wenn auch regional unterschiedlich ausgeformten Nebengesellschaft und der (öffentlichen) Kritik am Kriegs- und Söldnerdienst vgl. *Hans-Michael Möller*, Das Regiment der Landsknechte. Untersuchungen zu Verfassung, Recht und Selbstverständnis in deutschen Söldnerheeren des 16. Jahrhunderts (Frankfurter Historische Abhandlungen 12), Wiesbaden 1976; *Peter Burschel*, Söldner im Nordwestdeutschland des 16. und 17. Jahrhunderts. Sozialgeschichtliche Studien (Veröffentlichungen des MPI für Geschichte 113), Göttingen 1994; *Bei der Wieden*, Söldner, S. 86–102; *Gundula Gahlen / Carmen Winkel*, Militärische Eliten in der Frühen Neuzeit: Einführung, in: dies. (Hg.), Militärische Eliten in der Frühen Neuzeit (Militär und Gesellschaft in der Frühen Neuzeit 14/1 (2010)), S. 7–31; *Frank Göse*, *Es war mir wie einem armen Gemeinen zu Muthe*. Überlegungen zur Professionalisierung adliger Offiziere ausgewählter deutscher Reichsterritorien im 17. Jahrhundert, in: Gahlen / Winkel, Eliten, S. 185–214, besonders S. 189 ff.

adeligen Freunde eingeschlossen. Die Spanier waren beispielsweise 1567 an Hilmar von Münchhausen und Georg von Holle interessiert, weil diese beiden über ein weitreichendes, mobilisierbares Klientelnetz zu verfügen schienen und für die spanischen Rüstungen unverzichtbar waren.[139] Interessanterweise zeigte sich allerdings in ihren Reihen seit 1562/63 die Tendenz, sich entweder solchen Diensten aus Konfessionsgründen zu entziehen oder die Soldverträge um den Passus zu modifizieren, nicht gegen protestantische Konfessionsverwandte kämpfen zu müssen.[140] Um Holle und Münchhausen entwickelte sich somit eine – quantitativ nur schwer bemessbare – Gruppe adeliger Söldner, die ihr ‚geschäftliches' Handeln nicht nur, aber eben erstmals auch an konfessionellen Aspekten ausrichtete.[141] Barthold von Wintzingerode, der sich in der sozialen Nähe jener Adeligen befand, verhielt sich offenkundig nicht sofort so, einige Jahre später aber ähnlich und dann konsequent: Zusammen mit seinen Reitern bat der Oberstleutnant von Wintzingerode im Januar 1569, in seinen Soldkontrakt möge die Bedingung aufgenommen werden, nicht gegen seine protestantischen Konfessionsverwandten im Reich oder gar auf der Seite des Herzogs von Alba kämpfen zu müssen. Über diese und andere Forderungen kam es schließlich zum Bruch mit seinem Soldherrn – dem Grafen Philipp von Diez –, weshalb er die Truppe alsbald wieder verließ.[142] Wenigstens an diesem Punkt lässt sich von einer bewussten konfessionell motivierten Entscheidung sprechen, die auf ähnlichen Überzeugungen wie bei seinen Freunden gründete. Im Gegensatz zu diesen jedoch lässt sich bei Barthold von Wintzingerode die Tiefe der Glaubensüberzeugung nicht weiter verfolgen.[143]

[139] Vgl. *Bei der Wieden*, Konfessionalisierung, S. 312.

[140] Dies galt für Georg von Holle, der sich nach dem Auslaufen seines Kontraktes 1559 zunächst weiteren spanischen Diensten verweigerte, später aber einwilligte unter eben jenem konfessionellen Vorbehalt. Gleiches galt allerdings auch für die Grubenhagener Herzöge, die 1563 den spanischen König Philipp II. zu dieser Konzession gewannen; vgl. *Bei der Wieden*, Konfessionalisierung, S. 312 f.; *Angermann*, Oberst, S. 113–134.

[141] Vgl. *Bei der Wieden*, Konfessionalisierung, S. 313; *Angermann*, Oberst, S. 187–190. Mehrere Personen dieser Gruppe – namentlich Georg von Holle – kämpften später im niederländischen Aufstand auf der antikaiserlichen Seite oder planten diesen gar mit.

[142] Vgl. *Wintzingerode*, Barthold, S. 136–145, hier besonders S. 138 f. Wegen der infolge ausstehenden Soldgelder musste Barthold mehrfach an den hessischen Landgrafenhöfen vorstellig werden, die ihn schließlich auszahlten.

[143] Während nämlich in anderen Fällen – wie etwa bei Statius von Münchhausen, einem Sohn Hilmars und späterem Fürsprecher Bartholds, ebenso bei Christoph von Steinberg, Georg von Holle und Graf Otto IV. von Holstein-Schaumburg – der Bau mehrerer (protestantischer) Kirchen, die Stiftung von Schulen oder die Initiierung von Stiftungen sowie die Errichtung aufwändiger Epitaphien und anderer Repräsentationen niederadeliger Glaubensüberzeugung belegt ist, lässt sich für Barthold von Wintzingerode abgesehen von der Bestallung protestantischer Prediger kein weitergehendes Engagement aufzeigen; vgl. *Bei der Wieden*, Konfessionalisierung, S. 314 ff.; *Walther*, Glaube, S. 188–191; *Karin Tebbe*, Epitaphien in der Grafschaft Schaumburg. Die Visualisierung der politischen Ordnung im Kirchenraum, hg. von Vera Lüpkes und Heiner Borggrefe (Materialien zur Architektur-, Kunst- und Kulturgeschichte in Nord- und Westdeutschland 18), Marburg

So lukrativ Bartholds Söldnerleben gewesen sein mag, es war – neben gesundheitlichen Risiken[144] – auch mit einem gehörigen regionalpolitischen Risiko behaftet. Das musste der Ritter sowohl im Zuge des Schmalkaldischen Krieges und des Markgräflerkrieges als auch im Gefolge der Grumbach-Fehde erfahren. Als direkte Folge der militärischen Niederlage der Schmalkaldener 1547 griff der katholisch-kaiserlich gesinnte Herzog Heinrich d. J. von Braunschweig-Wolfenbüttel die Güter der Familie von Oldershausen – also der Familie Bartholds mütterlicherseits – an und beabsichtigte sogar den Bodenstein zu vereinnahmen.[145] Barthold musste seitdem vor dem Herzog gewarnt sein.[146]

Umso bedrohlicher nahm sich sein Engagement auf Seiten des Markgrafen Albrecht Alkibiades von Brandenburg-Kulmbach (reg. 1541–1554/57) aus, der mit seinen Soldtruppen – angesichts der reichs- und europapolitischen Situation vom Kaiser lange Zeit unterstützt, benutzt und unbehelligt – die geistlichen Territorialstaaten in Franken und am Mittelrhein plündern und verheeren konnte. Wie viele andere Adelige, die mit Blick auf die eigenen politischen und insbesondere materiellen Interessen ihre Hoffnung in den charismatischen Markgrafen setzten, fand sich auch Barthold von Wintzingerode seit 1550 in dessen Heer wieder. Schließlich formierte sich aber 1553 mit Unterstützung König Ferdinands I. eine Fürstenkoalition aus dem sächsischen Kurfürsten Moritz, den fränkischen Bischöfen und dem Wolfenbütteler Herzog Heinrich. Wenige Monate später kam es bei Sievershausen – zwischen Hannover und Braunschweig gelegen – zur Entscheidungsschlacht, in der neben Kurfürst Moritz von Sachsen und zwei Söhnen des Welfenherzogs eine große Zahl von Ritteradeligen auf beiden Seiten starben. Barthold von Wint-

1996, S. 39–55, 61–72, 79–93; *dies.*, Epitaphien aus dem Weserraum um 1600, in: „… uns und unseren Nachkommen zu Ruhm und Ehre". Kunstwerke im Weserraum und ihre Auftraggeber (Materialien zur Kunst- und Kulturgeschichte in Nord- und Westdeutschland 6), Marburg 1992, S. 9–67, hier S. 22–37, 46 f.; *dies.*, Epitaphien adeliger Auftraggeber in städtischen Kirchen des Weserraumes, in: Der Adel in der Stadt des Mittelalters und der Frühen Neuzeit. Beiträge zum VII. Symposion des Weserrenaissance-Museums Schloß Brake vom 9. bis zum 11. Oktober 1995, veranstaltet vom Institut für vergleichende Städtegeschichte an der Westfälischen Wilhelms-Universität Münster (Materialien zur Kunst- und Kulturgeschichte in Nord- und Westdeutschland 25), Marburg 1996, S. 321–332, hier S. 323–326.

[144] Wohl nicht zuletzt deshalb und wegen seiner zeitweiligen längeren Abwesenheit setzte Barthold Guts- und Gerichtsverwalter – wie bspw. 1562 Jost Ochsenburg – ein; vgl. StAMr 17d v. Wintzingerode Nr. 10: Kopie der Bestallung Ochsenburgs zum Verwalter für 12 Taler Jahresbesoldung nebst zwei Kleidern und weiteren Zinseinkünften.

[145] Vgl. *Wintzingerode*, Barthold, S. 40 f.

[146] Dieser prozessierte bspw. zwischen 1550 und 1556 wegen Landfriedensbruchs gegen Barthold und andere seiner Freundschaft – wie den Steinberg, Oldershausen, Friese etc. – als Parteigänger der Stadt Braunschweig vor dem Reichskammergericht; vgl. StAWo 6 Alt Nr. 37, 38, 47. Dabei war das Verhältnis zu dem Herzog keineswegs immer derart vergiftet gewesen. Noch 1543 hatte Barthold zusammen mit anderen Adeligen für den Herzog eine Bürgschaft über 700 Joachimstaler übernommen; vgl. StAWo 5 Urk Nr. 149.

zingerode hatte sich kurz zuvor von dem Markgrafen getrennt, nachdem er dessen ‚Mordbrennen' und Plünderungszüge im Rhein-Main-Gebiet – also quer durch die Kernregionen des Erzstifts Mainz! – über Monate hinweg mitgemacht hatte. Nachdem sich der Markgraf jedoch gegen den mächtigsten Fürsten seiner Heimatregion – Heinrich d. J. von Wolfenbüttel – vom bereits verheerten Franken aus nach Norden gewandt und sich damit das Geschehen, dessen mögliche Folgen nun unkalkulierbar werden konnten, in seine Heimatregion verlagert hatte, scheint ihm diese Entscheidung die einzig richtige gewesen zu sein. Von nun an blieb er neutral, insofern er sich nicht der Fürstenkoalition anschloss.[147] Das brachte ihm im Gegensatz zu anderen – gerade Braunschweiger – Adeligen, die ihre Hoffnungen auf den Markgrafen gesetzt hatten und nach der Schlacht von Sievershausen vom siegreichen Herzog von Wolfenbüttel bedrängt wurden, eine gewisse Sicherheit. Insofern entkam Barthold schwerwiegenden Konsequenzen.

Folgenreicher erwiesen sich für ihn dagegen die sogenannten Grumbachschen Händel und der sich daran unmittelbar anschließende Gothaische Krieg zwischen 1563 und 1567.[148] Für den niedersächsisch-nordthüringischen Raum wurde dieser langjährige und vielschichtige Konflikt relevant, nachdem der Würzburger Fürstbischof Melchior Zobel von Giebelstadt 1558 im Konflikt mit Wilhelm von Grumbach – einem 1503 geborenen, vermögenden, zeitweilig in höchste Ämter des Hochstifts Würzburg aufgestiegenen, zwischen den rivalisierenden Fürsten Frankens lavierenden Söldnerführer – getötet worden war. Auch Grumbach hatte unter dem Markgrafen Albrecht Alkibiades gedient; und auch Grumbach und seine Anhängerschaft blieben zunächst unbehelligt, weil Kaiser und Reichsfürsten seiner bedurften, sich untereinander nicht einig waren, gar mit ihm sympathisierten[149] und wohl auch befürchteten, er könne die Reichsritterschaft und den landsässigen Adel aufhetzen. Erst 1563 / 64 kam er in die Reichsacht. Dass sie nicht sofort vollstreckt wurde, resultierte aus dem Dienstverhältnis, das Grumbach seit dem

[147] Vgl. *Wintzingerode*, Barthold, S. 57 ff.; *Horst Rabe*, Reich und Glaubensspaltung. Deutschland 1500–1600 (Neue Deutsche Geschichte 4), München 1989, S. 284–293; *Ernst Büttner*, Der Krieg des Markgrafen Albrecht Alcibiades in Franken 1552–1555, Bayreuth 1908; *Otto Kneitz*, Albrecht Alcibiades, Markgraf von Kulmbach 1522–1557 (Die Plassenburg 2), Kulmbach 1951 (²1982); *Christine Pflüger*, Kommissare und Korrespondenzen. Politische Kommunikation im Alten Reich (1552–1558) (Norm und Struktur 24), Köln / Weimar / Wien 2005, S. 33–52.

[148] *Volker Press*, Wilhelm von Grumbach und die deutsche Adelskrise der 1560er Jahre, in: BDLG 113 (1977), S. 396–431; *Rabe*, Reich, S. 311 ff.; *Friedrich Ortloff*, Geschichte der Grumbachschen Händel, 4 Bde., Jena 1868–1870; *Gerrit Walther*, Abt Balthasars Mission. Politische Mentalitäten, Gegenreformation und eine Adelsverschwörung im Hochstift Fulda (Schriftenreihe der Historischen Kommission bei der Bayerischen Akademie der Wissenschaften 67), Göttingen 2002, S. 117–131; HStAWe EGA Reg. P: Grumbachsche Händel und daraus entstandene Gothaische Händel.

[149] Der Braunschweiger Herzog Erich II. von Calenberg bspw. galt als solcher ‚Wackelkandidat'; vgl. *Ortloff*, Geschichte 3, S. 7–12.

Ausgang des Markgräflerkrieges zum sächsischen Herzog Johann Friedrich II. besaß. Der Sachsenherzog, der genährt durch Grumbach weiterhin Hoffnung auf eine Restitution der verlorenen ernestinischen Kurwürde hatte, hielt an seiner Beziehung zu diesem Adeligen fest, der seine Interessen als Eintreten für die adelige Freiheit zu vermitteln verstand. Schlecht beraten von seinem Kanzler, abhängig von Prophezeiungen und unter dem Einfluss Grumbachs wurde 1566 auch über Johann Friedrich II. die Reichsacht verhängt. Ein Jahr später – im April 1567 – endeten diese Händel mit der Meuterei der fürstlichen Truppen in dem vom sächsischen Kurfürsten August als Reichsexekutor belagerten Gotha. Es folgte die Inhaftierung des Herzogs, die Übergabe der Regierung an seinen Bruder und das Blutgericht über die Rädelsführer, deren Häupter – Wilhelm von Grumbach und der herzogliche Kanzler Brück – lebendig gevierteilt wurden.[150]

Aber nicht nur gegen sie gingen die Fürsten nun vor, auch gegen die – wirklichen oder vermeintlichen – Akteure und Sympathisanten in der zweiten, dritten Reihe wie gegen die Rittmeister und Hauptleute Grumbachs und des Sachsenherzogs. Insbesondere Kurfürst August bemühte sich darum, jene Personen zur Rechenschaft zu ziehen. Entsprechend der Kollaboration verdächtigt, mussten sich Hans und Moritz Fries, Volbrand von Stockheim, Johann und Asch von Holle, Johann von Rössing und Statius von Münchhausen verantworten und brachten – teils mit Unterstützung ihrer Fürsten – wortreiche Entschuldigungen hervor.[151] Diese energischen Nachstellungen resultierten unter anderem aus dem Beweismaterial, das dem sächsischen Kurfürsten in die Hände gefallen war: ein Verzeichnis der von Herzog Johann Friedrich II. angeworbenen Rittmeister und Obristen, in dem neben Johann von Holle als Obrist auch Erich und Barthold von Mandelslohe, Hans und Moritz Fries sowie Asch von Holle erschienen, für die am 27. Januar 1567 entsprechende Bestallungsurkunden ausgefertigt worden sein sollten.[152]

Auch für Barthold von Wintzingerode besaß dieses Dokument existenzielle Bedeutung: Sein Name tauchte nämlich in jenem Verzeichnis auf, weshalb er gleichsam auf der kurfürstlichen ‚Fahndungsliste' landete. Eine solche eichsfeldische Beteiligung dürfte die kursächsischen Verantwortlichen nicht verwundert haben. Bereits im Dezember 1566 und Januar 1567 hatte sich Kurfürst August an den Mainzer Kurfürsten Daniel Brendel mit der Bitte gewandt, für eine Abstellung der Truppenwerbungen Grumbachs auf dem Eichsfeld zu sorgen. Im Visier hatte man damals noch insbesondere Christoph von Hardenberg.[153] Doch scheinen diese kursächsischen Anzeigen eher typisch für die damalige Hysterie unter den Fürsten gewesen zu sein, die das Ausmaß

[150] Vgl. *Ortloff*, Geschichte 4, S. 99–126.
[151] Vgl. *Ortloff*, Geschichte 4, S. 281 ff.
[152] Vgl. *Ortloff*, Geschichte 3, S. 533 f.
[153] Mit ihm zusammen vielleicht auch noch Christoph von Uslar und Hans von Westernhagen, die sich verdächtig machten; vgl. *Westernhagen*, Geschichte, S. 251.

des gothaischen Werbens und der Unterstützung des Unternehmens im Adel wohl überschätzten. Nach dem Ende der Fronde jedoch hatte es Christoph von Hardenberg – damals Rat und Diener des Herzogs Heinrich d. J. von Braunschweig-Wolfenbüttel – sehr eilig, sich mit nachhaltiger kurfürstlich-mainzischer Unterstützung zu entschuldigen und sogar anzubieten, auf Eid hin hinsichtlich seiner Unschuld verhört zu werden.[154] Weiter noch ging Barthold von Wintzingerode, freilich gerade wegen der ausbleibenden Unterstützung der Mainzer: Er schrieb am 2. März 1567, nachdem bei ihm auf dem Bodenstein die kursächsischen Feldobristen Jacob von der Schulenburg und Otto von Ebeleben erschienen waren, einen öffentlichen, später gedruckten Brief an Wilhelm von Grumbach, in dem er klarstellte, dass dieser ihn wahrheitswidrig und in falscher, unehrenhafter Weise als Rittmeister bezeichnet habe. Barthold seinerseits bezeichnete Grumbach als Aufrührer, der wider die allgemeine Wohlfahrt handele. Vom gleichen Tag datiert ein Schreiben Bartholds, das er an die engsten Diener Herzogs Johann Friedrich II. richtete. Auch in ihm verwahrte er sich gegen die Behauptung, er habe in den Diensten der Frondeure gestanden. Viel eher habe er bei seinem letzten Besuch in Gotha ein vom Kanzler Brück vermitteltes vertrauliches Gespräch mit dem Herzog abgelehnt, weil er zu diesem Zeitpunkt noch in kursächsischen Diensten gestanden habe. Deshalb sei er auch sofort abgereist und habe dem Herzog von seinem Vorhaben und den bei ihm weilenden Personen gewarnt.[155] Damit schien er sich vordergründig glaubwürdig von den Vorwürfen gelöst haben zu können. Jedenfalls wurde er in dieser Angelegenheit nicht noch einmal belangt.

Bartholds Rolle in diesem – reichspolitisch richtungsweisenden – Geschehen ist nicht einfach damit erklärt, er habe sich aufgrund seines Ehrverständnisses nicht zum Verräter geeignet und an seinen Pflichten gegenüber Herzog Ernst II. von Grubenhagen und dem Kaiser festgehalten.[156] Viel eher lässt sich seine Rolle als die des klug abwartenden Taktierers erklären. Vor dem Hintergrund seiner öffentlichen Entschuldigungen vom März 1567 erklärt sich sein Verhalten möglicherweise wie folgt: Barthold scheint sich an der Jahreswende

[154] Vgl. *Ortloff*, Geschichte 3, S. 513 ff.; 4, S. 12 f.

[155] Zu beiden Schriften vgl. *Ortloff*, Geschichte 4, S. 13 f. mit entsprechenden archivalischen Quellenbelegen. Als Drucke verzeichnet in: Verzeichnis der im deutschen Sprachbereich erschienenen Drucke des XVI. Jahrhunderts [VD 16], hg. von der Bayerischen Staatsbibliothek in München in Verbindung mit der Herzog August Bibliothek in Wolfenbüttel, I. Abteilung, Stuttgart 1995, Nr. W 3565 (an Wilhelm von Grumbach wegen dessen falscher Angabe, Herzog Johann Friedrich habe Barthold zum Rittmeister bestallt) und Nr. W 3566 (an Hieronymus von Brandenstein, Caspar von Gottfart und Heinrich von Bünau auf der Feste Grimmenstein wegen der fälschlichen Behauptungen Grumbachs). Zur allgemeinen Bedeutung der Medialisierung des Konfliktgeschehens vgl. *Stefan W. Römmelt*, Adel, medialer Konfliktaustrag und Öffentlichkeit im Heiligen Römischen Reich. Das Beispiel der Grumbachschen Händel (1553–1567), in: Walter Demel / Ferdinand Kramer (Hg.), Adel und Adelskultur in Bayern (ZBLG, Beiheft 32), München 2008, S. 271–300.

[156] So zu lesen bei *Wintzingerode*, Barthold, S. 127.

1566/67 tatsächlich nicht oder noch nicht eindeutig zu einem Engagement auf Grumbachs Seite bereit gefunden zu haben. Grumbach selbst äußerte sich im gütlichen Verhör vom 14. April 1567 gegenüber seinen Inquisitoren, Barthold habe wegen seiner Dienstpflichten gegenüber dem sächsischen Kurfürsten kein Rittermeisteramt übernehmen wollen. Er habe erklärt, mit seiner Entscheidung bis Ostern warten zu wollen.[157] Die vom Sachsenherzog im Januar 1567 ausgefertigten Bestallungsurkunden entsprachen bezüglich einiger Personen demnach entweder lediglich dem Wunschdenken der Gothaer Verantwortlichen oder sie wurden angefertigt, weil man nach entsprechenden Gesprächen über die Möglichkeit einer späteren, aber rechtzeitigen Bestallung vorbereitet sein wollte und fest mit einem Engagement rechnete. Dass man sich damit in seinen Hoffnungen und Annahmen täuschte, spielt keine Rolle. Anlass für solche Hoffnungen konnte es jedenfalls geben, weil sich Barthold 1566 – aus welchen Beweggründen auch immer – nicht noch einmal auf ein Jahr beim sächsischen Kurfürsten in Sold hatte nehmen lassen.[158] Vor dem Hintergrund der Äußerungen Grumbachs und der Gespräche mit Barthold jedenfalls muss in Gotha der Eindruck zurückgeblieben sein, der Eichsfelder sei zusammen mit seinen angeworbenen Reitern zu einem Engagement geneigt, sofern es die Umstände zuließen. Doch die Umstände – d.h. die absehbare Erfolglosigkeit des Unternehmens – ließen ein solches Engagement für Barthold nicht zu. Insofern war der Ostertermin als Entscheidungszeitpunkt von ihm – im Nachhinein betrachtet – perfekt gewählt, ließ er ihm doch genügend Spielraum, um abzuwarten, ohne Türen zuzuschlagen, und sich nicht des Vorwurf des Verrats aussetzen zu müssen. Zudem war seine Aussage, er habe den Herzog vor seinen Ratgebern und dem bevorstehenden Kampf gewarnt, nicht wirklich nachprüfbar. Ebenso ambivalent war seine öffentliche Erregung, darüber, dass ihn Grumbach zu Unrecht zur Gruppe der Rittmeister gezählt hatte. Damit sagte er nämlich wohlweislich nichts darüber, ob diesbezüglich nicht doch ernsthafte Gespräche geführt worden waren.

Ein wirklich ernsthaftes Engagement Bartholds auf Seiten Grumbachs und des Sachsenherzogs erscheint aus drei Gründen wenig wahrscheinlich: Zum einen fand sich sein engster fürstlicher Bezugspol – der Grubenhagener Hof und Herzog Ernst II. – nicht zu einer Unterstützung Grumbachs bereit. Zum anderen unterstützte Herzog Heinrich d.J. von Wolfenbüttel die Reichsexekution nachhaltig, wohlwissend dass er damit seinen eigenen Adel und dessen benachbarten Familienanhang domestizieren konnte. Was das bedeutete, hatte Bartholds Familie zu Beginn der fünfziger Jahre ebenso leidvoll erfahren, wie anhand des Beispiels des Markgrafen Albrecht Alkibiades deutlich geworden war, dass es auch für die Fürsten unüberschreitbare Grenzen des Erträglichen gab und ihre Rache schrecklich sein konnte. Zum Dritten hatte sich Barthold entgegen dem Werben Grumbachs und seiner Anhänger im

[157] Vgl. *Ortloff*, Geschichte 4, S. 13f.
[158] Vgl. *Wintzingerode*, Barthold, S. 129.

Jahr 1564 – als Grumbach endlich in die Reichsacht erklärt worden war – von Kurfürst August anwerben lassen. Zusammen mit seinen – bereits bekannten – Kampfgefährten der letzten Jahre und Jahrzehnte stand Barthold seitdem bis ins Jahr 1566 im Wartesold desjenigen Kurfürsten, der auf Beschluss und auf Kosten von Kaiser und Reichsständen ein Heer mit mehreren Tausend Reitern gleichsam als Eingreifreserve für die absehbare Reichsexekution aufstellte.[159] Diese Bestallung, die überdies auch finanziell lukrativ war, machte Barthold zur Partei, bot ihm sicherlich hinreichend Einblicke in den Gang der Entwicklung und ließ einen Frontenwechsel letztlich eher unwahrscheinlich erscheinen. Kurzum: In den Grumbachschen Händeln gab es zu wenig zu gewinnen und zu viel zu verlieren.

Dennoch sollte seine Bestallung bei den Kaiserlichen nicht zu seiner Entlastung beitragen. Vielmehr machte sich der Vorwurf des Kurfürsten August just daran fest, Barthold habe in seinen Diensten gestanden, als er mit Grumbach und seinen Konsorten verhandelt habe. Gleichwohl war ihm am Ende – sogar obwohl er einigen Beteiligten des Gothaer Geschehens Unterschlupf gewährte[160] – nichts nachzuweisen, nicht zuletzt weil er sich noch kurz vor dem Ende der Auseinandersetzung öffentlich von den Gothaern distanzierte. Dennoch blieb der sächsische Kurfürst seitdem ihm gegenüber eingenommen und vermittelte dies auch dem Mainzer Erzbischof.[161] Beiden musste der wenig domestizierbare, sich immer unbändiger präsentierende Adelige, den Wilhelm von Grumbach 1564 offen zur Beseitigung der mainzischen Herrschaft im Eichsfeld ermuntert hatte, als ein umso gefährlicherer, weil undurchschaubarer Faktor in dieser ohnehin unruhigen Region erscheinen.[162] Das konnte – musste vielleicht – für Barthold umso problematischer sein, je größer das Misstrauen und die Furcht der Fürsten war, insbesondere der landsässige Adel in den welfischen Landen, Paderborn, Hessen, Mansfeld und eben auch auf dem Eichsfeld könnte den Ideen Grumbachs gewogen sein.[163]

Dabei bestand für solche Befürchtungen bei genauerer Betrachtung nicht zwingend ein Anlass. Denn die Grumbachschen Händel hatten reichsweit

[159] Vgl. *Ortloff*, Geschichte 2, S. 8–17; HStADd Best. 10024 Loc. 9129/16: Verzeichnis der Reiter, die Kurfürst August auf kaiserlichen Wunsch und auf Reichskosten 1564 für sechs Monate Wartesold anwerben ließ; ferner HStADd Best. 10024 Loc. 9129/14–21 mit den jeweiligen Quittungen Bartholds, des Hans von Staupitz, des Heinrich von Gleissenthal, des Adrian von Steinberg, des Jacob von der Schulenburg und des Johann von Rehbock.

[160] Vgl. *Wintzingerode*, Barthold, S. 134 f. Dabei handelte es sich um Asmus von Stein zum Liebenstein, Volbrand von Stockheim, Moritz und Georg Hausner, Antonius Pflug und damit um Bartholds Kriegskameraden.

[161] So unterließ es der sächsische Kurfürst, Barthold seit dem Jahr 1569 wieder in Solddienste zu nehmen, obwohl im dazu von seinen Ratgebern und Agenten geraten wurde, weil der Ritter sehr gute Kontakte zu fähigen Adeligen im Braunschweigischen, Hessischen und Magdeburgischen pflege, die ebenfalls in Dienst genommen werden könnten; vgl. *Wintzingerode*, Barthold, S. 145 f.

[162] Vgl. *Wintzingerode*, Barthold, S. 126–135.

[163] Vgl. *Press*, Adelskrise, S. 427 f.

und auch mit Blick auf die eichsfeldischen Verhältnisse gezeigt, dass die Mehrzahl des Adels – insbesondere des in Amt und Diensten der Fürsten gekommenen Niederadels – bei aller möglichen Unzufriedenheit zu solchem politischen Hazard nicht mehr geneigt war, weil für ihn mittlerweile zu viel auf dem Spiel stand.[164] Die Reichsritterschaft ordnete sich just in jenen Jahren endgültig dem Reichsverfassungsgefüge ein. Auch viele führende Köpfe des landsässigen Adels hatten bereits in der Akzeptanz der von Fürsten bestimmten politischen Welt und ihrer Regeln größere Chancen als in der Verwirklichung eines ominösen Postulats adeliger Freiheit erkannt. Grumbach wurde nicht allein durch die Fürsten, sondern insbesondere auch durch die Unterstützung des Ritteradels im Reich besiegt. Auf Barthold von Wintzingerode hätten diese Entwicklungen entsprechenden Eindruck machen und die Erkenntnis reifen lassen können, dass Einordnung und Anpassung langfristig ein letztlich unumgängliches Gebot der Stunde war. Das geschah aber nicht, wie die späteren Ereignisse und sein Verhalten auf dem Eichsfeld bewiesen, was nicht zuletzt dadurch bedingt gewesen sein mag, dass die Verhältnisse in Südniedersachsen und Nordthüringen weiterhin genügend Spielraum zu bieten schienen, um in alter Manier zwischen verschiedenen Herrn zu lavieren.

5. Landsässige Ritterschaft und fürstliche Herrschaftskonkurrenz in der Region

Gerade die regionalpolitische Konstellation stellte eine wichtige Stütze für Bartholds politische Überlebensstrategie dar. Das Eichsfeld war zwar kurmainzischer Herrschaftsraum, es war aber kein abgeschlossener hoheitlicher Rechtsbezirk mit unzweifelhaften Zuordnungen. Vielmehr wirkten hier vielfältige Interessen und Einflüsse hinein. Die Mainzer Kurfürsten mussten ihre landesherrliche Oberhoheit immer wieder gegen Einflussnahmeversuche und Ansprüche fürstlicher Anrainer verteidigen. Der Gedanke der Rechtswahrung und der gleichzeitige Versuch der territorialen wie rechtlichen Herrschaftsexpansion stellten nämlich für die regionale Herrschaftskonkurrenz der Fürsten eine politische Konstante dar. Dabei zeigten sich allerdings deutliche Unterschiede in den Umgangs- und Austragungsformen dieser Konkurrenz bzw. bei den Versuchen der Interessenwahrung und der Konfliktbewältigung. Für die Mainzer Kurfürsten waren die Landgrafen von Hessen (-Kassel), die sächsischen Kurfürsten und Herzöge sowie die braunschweigischen Herzöge die wichtigsten Partner und Konkurrenten, die seit dem Beginn und gerade in der Mitte des 16. Jahrhunderts um ein erträgliches Verhältnis zueinander rangen. Dies betraf nicht nur die Frage der Konfession, sondern letztlich der Hege-

[164] Zu dieser im Kontext traditioneller Forschungsinterpretationen verdienstvollen Revision, die den Press'schen Begriff der Adelskrise der 1560er Jahre ins rechte Licht rückt vgl. *Walther*, Abt, S. 130.

monie, und dies umso mehr, als nach dem Scheitern des Landgrafen Philipp von Hessen und des ernestinisch-sächsischen Kurfürsten Johann Friedrich I. – des daraufhin degradierten späteren Herzogs – im Schmalkaldischen Krieg 1546/47 die regionalpolitischen Karten neu gemischt wurden. Als Profiteure des politisch-militärischen Scheiterns der genannten protestantischen (Kur-) Fürsten konnten sich Kurmainz und der 1542 von den beiden Häuptern des Schmalkaldischen Bundes bezwungene, altgläubige Herzog Heinrich d. J. von Braunschweig-Wolfenbüttel ansehen. Einige der mitteldeutschen Grafen konnten zudem versuchen, aus der neuen Situation politischen Gewinn zu schlagen. In diesem Raum mussten die fürstlichen Kräfte teilweise neu austariert werden – unter steter Anteilnahme der mittelgroßen und kleineren Politikakteure.[165]

Während sich für Kurmainz das Verhältnis zum albertinischen Kursachsen in den Bahnen einer gemeinsamen, auf Ausgleich bedachten Reichspolitik bewegte – zumal praktisch keine territorialen Reibungsflächen auf dem Eichsfeld existierten[166] –, ergaben sich im Verhältnis zur Landgrafschaft Hessen mehrere Konfliktpunkte im Untereichsfeld und rund um die Ganerbschaft Treffurt. Das unter Landgraf Philipp betriebene Ausgreifen Hessens wurde seit dem Schmalkaldischen Krieg und der anschließenden Gefangennahme des Landgrafen sowie der Teilung der Landgrafschaft nach dem Tod Philipps und der Übernahme der Regierung in Kassel durch Wilhelm IV. 1567 abgemildert. Seitdem war man beiderseits um ein gutnachbarschaftliches Verhältnis zueinander bemüht. Die gleichwohl weiterbestehenden Konflikte bewegten sich im Rahmen lokalpolitischer „Irrungen", die die mainzisch-hessischen Beziehungen allenfalls erschwerten, nicht aber nachhaltig belasteten. Sie wurden durch den Austausch von Ortschaften oder die Versteinung der Grenzen gemeinsam vertraglich gelöst.[167]

Schwieriger gestaltete sich das Verhältnis der Kurmainzer zu den Grafen von Hohnstein – den Lehnsherrn Bartholds –, die ihrerseits die Grafschaft und die beiden Herrschaften Lohra und Klettenberg als Halberstädter Stiftsle-

[165] Vgl. *Franz Petri*, Nordwestdeutschland im Wechselspiel der Politik Karls V. und Philipps des Großmütigen von Hessen, in: ZHG 71 (1960), S. 37–60; *ders.*, Herzog Heinrich der Jüngere von Braunschweig-Wolfenbüttel. Ein norddeutscher Territorialfürst im Zeitalter Luthers und Karls V., in: ARG 72 (1981), S. 122–158; *Dieter Stievermann*, Kurfürst Johann Friedrich von Sachsen, seine hegemoniale Stellung und der Schmalkaldische Krieg, in: Volker Leppin / Georg Schmidt / Sabine Wefers (Hg.), Johann Friedrich I. – der lutherische Kurfürst (Schriften des Vereins für Reformationsgeschichte 204), Heidelberg 2006, S. 101–125, mit weiterführender Literatur.

[166] Eine Ausnahme stellte hier lediglich der Konflikt um das Dorf Deuna dar, wo die Westernhagen ein lehnsrechtliches Doppelspiel betrieben; vgl. *Jendorff*, Reformatio, S. 281 f., 519.

[167] Vgl. *Jendorff*, Reformatio, S. 484–496; *ders.*, Condominium, S. 285–497; *Friedrich P. Kahlenberg*, Konsolidierung und Arrondierung des Territorialstaates in der zweiten Hälfte des 16. Jahrhunderts. Der Merlauer Vertrag von 1582 zwischen Hessen und Mainz, in: HJbLG 14 (1964), S. 123–198.

hen besaßen. Ihre Herrschaft grenzte im Osten an das Eichsfeld an und ragte mit dem Bodenstein keilförmig in das Eichsfeld hinein. Bis auf wenige Irrungen blieben die Beziehungen zu Kurmainz ungetrübt. Aus Mainzer Sicht musste jedoch dieser gräfliche Anrainer im Osten – ein typischer Vertreter der zahlreichen mitteldeutschen Grafschaften[168] – problematisch erscheinen, weil seine dynastisch-herrschaftliche Stabilität keinesfalls gesichert war. Die Hohnsteiner Grafschaft selbst war mittlerweile zum Spielball der regionalen Herrschaftskonkurrenz der Fürsten geworden.[169] Als Teil der – vielfältig, weil konnubial, finanziell, politisch verbundenen – Gemeinschaft der Harzgrafen, die eine herrschaftlich-politische Brückenlandschaft zwischen den rivalisierenden Welfen und Wettinern darstellte, die sich jedoch seit dem Ende des 14. Jahrhunderts in einem schleichenden Verfallsprozess befand, geriet sie in den Sog der regionalen Formierungs- und Hegemonisierungsentwicklung. Ihm konnten sich die Hohnsteiner Grafen nur schwer entziehen, selbst wenn sich seit dem Ende des 15. Jahrhunderts noch einmal ein neuer Fluchtpunkt – Kaiser und Reichsgefüge – anbot.[170] Religionspolitisch war die Hohnsteiner Grafschaft bis in die Mitte der fünfziger Jahre im Lager der Altgläubigen verblieben. Der Tod des Grafen Ernst V. und die 1552 erfolgte gemeinsame Übernahme der Regierung durch die Söhne Ernst VI., Volkmar Wolf und Eberwein bedeutete zugleich den Konfessionswechsel. Der religionspolitische Schwenk ins protestantische Lager nach 1552 zog einerseits im Verhältnis zu Kurmainz keine Verschlechterung nach sich, bewirkte andererseits keine Verbesserung der politischen Position der Grafschaft gegenüber ihren protestantischen Nachbarn. Sie blieb zusammen mit ihren erbverbrüderten Grafschaften Stolberg und Schwarzburg das Objekt territorialpolitischer Interessen der Braunschweiger – vornehmlich der Grubenhagener – Herzöge,[171] die die Grafschaft nur allzu gerne vereinnahmt hätten und daran durch Einflussnahme auf die Lehenspolitik des Stifts Halberstadt eifrig arbeiteten. Der

[168] Vgl. *Schubert*, Harzgrafen, S. 23 f., 33 f., 37 ff., 60 f., 87 f., 90 f., 106 f. *Thomas Klein*, Ernestinisches Sachsen, kleinere thüringische Gebiete, in: Anton Schindling / Walter Ziegler (Hg.), Die Territorien des Reichs im Zeitalter der Reformation und Konfessionalisierung. Land und Konfession 1500–1650. Bd. 4: Mittleres Deutschland (KLK 52), Münster 1992, S. 8–39, hier S. 29–34; *Stievermann*, Kurfürst, S. 118–124, mit weiterführender Literatur.

[169] Vgl. *Friedrich Christian Lesser*, Historie der Grafschaft Hohnstein. Nach dem Manuskript im Thüringischen Haupstaatsarchiv zu Weimar, hg. von Peter Kuhlbrodt (Schriftenreihe der Friedrich-Christian-Lesser-Stiftung 5), Nordhausen 1997, S. 76–91; *Uwe Mosebach*, Wo einst die Grafen von Hohnstein lebten. Über die Geschichte der Grafschaft und der Burgruine Hohnstein (bei Nordhausen), Clausthal-Zellerfeld 1993, S. 30, 41, 49, 52; *Reichhardt*, Grafschaft, S. 1–44; *ders.*, Die Grafschafschaft Hohenstein unter der Herrschaft des Grafen Thun 1628–1631, in: Zeitschrift des Harz-Vereins für Geschichte und Altertumskunde 36 (1903), S. 274–283; *Peter Kuhlbrodt*, Das alte Ellrich – Geschichte einer Südharzstadt, Nordhausen 2000, S. 62 f.

[170] Vgl. *Schubert*, Harzgrafen, S. 96–114, insbesondere S. 111–114.

[171] Zu den braunschweigischen Ansprüchen auf Hohnstein seit dem Beginn des 16. Jahrhunderts vgl. LHASAMD Rep. A37a Nr. 69, 80, 84.

Tod der Brüder Ernst VI. 1562, Eberwein 1568 und Volkmar Wolf 1580 (reg. 1562–1580), die Kinderlosigkeit von Volkmar Wolfs Sohn Ernst VII. (reg. 1583–1593) und die Überschuldung[172] der Herrschaft ließ den – schließlich 1593 vollzogenen – Anfall der Grafschaft absehbar und die Herrschaft zum politischen Spekulationsobjekt werden. Eine Übernahme Hohnsteins durch die Braunschweiger Herzöge hätte die vollständige Umklammerung des mainzischen Eichsfelds von Norden bis Osten durch die – später allesamt protestantischen – Herzöge bedeutet, die eine unübersehbar aggressiv-expansionistische Regionalpolitik betrieben.

Dieses Verhalten der Braunschweiger Herzogtümer resultierte aus ihrer delikaten dynastischen und territorialpolitischen Situation.[173] Aus der im 15. Jahrhundert erfolgten, 1512 abermals festgeschriebenen Teilung des welfischen Herrschaftskomplexes in die Linien Lüneburg, Grubenhagen, Calenberg-Göttingen und Wolfenbüttel erwuchsen trotz aller familiärer Solidarität auch Rivalität und Konkurrenz. Den Bemühungen der jeweiligen Herzöge um Verselbständigung ihrer Herrschaft standen massive Versuche gegenseitiger territorialpolitischer Einflussnahme gegenüber. Solches Abgrenzungs- und Konkurrenzverhalten führte schließlich zu Expansionsunternehmungen auf Kosten der kleineren Akteure aus den Reihen der Grafen, der Edelherren und der geistlichen Herren, wie es sich bspw. in der Hildesheimer Stiftsfehde von 1521/22 zeigte und die Grafen von Hohnstein unmittelbar betraf. Während das Herzogtum Lüneburg für die eichsfeldischen Belange des 16. Jahrhunderts kaum eine Rolle spielte, mussten die Hohnsteiner und Mainzer Verantwortlichen die Entwicklungen in den anderen drei Welfenlanden also sehr wohl aufmerksam beobachten.

[172] Zum Ausmaß der Hohnsteiner Überschuldung, die neben anderen eichsfeldischen Adeligen nicht zuletzt auch von der Scharfensteiner Linie der Wintzingerodes getragen wurde, symptomatisch: StAWo 1 Alt 31 Hohnstein Nr. 16/II.

[173] Zur dynastischen und territorialpolitischen Entwicklung in den braunschweigischen Herzogtümern, auch im Zusammenhang mit kirchen- und konfessionspolitischen Entscheidungen vgl. *Manfred von Boetticher*, Niedersachsen im 16. Jahrhundert (1500–1618), in: Geschichte Niedersachsens, begründet von Hans Patze, hg. von Christine van den Heuvel und Manfred von Boetticher, Bd. 3,1 (Veröffentlichungen der Historischen Kommission für Niedersachsen und Bremen 36), Hannover 1998, S. 19–116; *Heinrich Schmidt*, Kirchenregiment und Landesherrschaft im Selbstverständnis niedersächsischer Fürsten des 16. Jahrhunderts, in: Niedersächsisches Jahrbuch für Landesgeschichte 56 (1984), S. 31–58; *Ernst Schubert*, Steuer, Streit und Stände. Die Ausbildung ständischer Repräsentation in niedersächsischen Territorien des 16. Jahrhunderts, in: Niedersächsisches Jahrbuch für Landesgeschichte 63 (1991), S. 1–58; *Michael Streetz*, Das Fürstentum Calenberg-Göttingen (1495/1512–1584), in: Niedersächsisches Jahrbuch für Landesgeschichte 70 (1998), S. 191–235, hier besonders S. 195–214; *Walter Ziegler*, Braunschweig-Lüneburg, Hildesheim, in: Anton Schindling/Walter Ziegler (Hg.), Die Territorien des Reichs im Zeitalter der Reformation und Konfessionalisierung. Land und Konfession 1500–1650 (KLK 51), Bd. 3: Der Nordosten, Münster 1991, S. 8–43.

Dabei erwies sich das Herzogtum Calenberg-Göttingen als der schwächste Anrainer.[174] Bereits seit der Regierung Herzog Erichs I. (reg. 1491–1540) vermochte der Wolfenbütteler Herzog Heinrich d. J. in die Calenberger Belange hineinzuregieren. Die späte Geburt eines Sohnes – des späteren Herzogs Erich II. (reg. 1546–1584) – im Jahr 1528 zerschlug die Erbschaftsideen Heinrichs, der als prononcierter altgläubiger Fürst seinen Calenberger Verwandten bis zu dessen Tod 1540 auch gegen den Einfluss von dessen protestantischer Ehefrau Elisabeth im kaiserlich-katholischen Lager zu halten vermochte. Der seit 1540 einsetzende Kampf um die Vormundschaft für Erich II. wurde hart geführt und schien zunächst mit einem Sieg der Herzogin-Witwe zu enden, die aber auch nach der militärischen Niederlage Heinrichs gegen die Schmalkaldener 1542 nicht dem protestantischen Bund beitrat. Nach der Übernahme der selbständigen Regierung erwies sich ihr Sohn Erich II. als unsteter, schwacher Politiker. Territorialpolitisch besaß er aufgrund der Schuldenproblematik des Landes nur eine schwache Position gegenüber den Calenberger Ständen. Sein beabsichtigter Verkauf des Herzogtums an seinen Vetter Heinrich d. J. scheiterte, führte aber zur Einsetzung kaiserlicher Kuratoren. Reichs- und konfessionspolitisch lavierte er lange Zeit erfolglos. Dem militärischen Fiasko im Schmalkaldischen Krieg bei der Schlacht von Drakenburg im Mai 1547, folgte ein ungeschicktes Lavieren im Markgräfler Krieg 1552, weshalb er sich am kaiserlichen Hof in Brüssel verantworten musste. Schließlich war er gezwungen, gegenüber seinem Wolfenbütteler Vetter in den Einbecker Vertrag von 1553 einzuwilligen, mit dem Calenberg-Göttingen faktisch an Wolfenbüttel fiel. Erich II. und seine Mutter verließen das Land, das beim Protestantismus verbleiben durfte. Der Herzog begab sich seitdem in ausländische Solddienste. Er starb 1584 kinderlos, so dass Calenberg-Göttingen endgültig an Braunschweig-Wolfenbüttel fiel.

Dieses stärkste der drei südlichen Welfen-Herzogtümer musste als politisches Zentrum der welfischen Länder gelten.[175] Von Herzog Heinrich d. J. seit 1514 allein und unter gewaltsamer Ausschaltung seines – zeitweise inhaftierten – Bruders regiert, wurde es dezidiert altgläubig ausgerichtet. Nach dem Bruch der Freundschaft zu Landgraf Philipp von Hessen radikalisierte sich Herzog Heinrichs Auffassung zu den Protestanten merklich und zeitweise sogar im Gegensatz zum Kaiserhof. Seine Vertreibung aus dem eigenen Land durch den Schmalkaldischen Bund 1542 und die anschließende hessisch-sächsische Kontrolle des Herzogtums wurde erst durch den Schmalkaldischen Krieg wieder aufgehoben. Wie sehr das Verhältnis zwischen Landesherrn und Ständen in dieser Zeit – bspw. wegen des landesherrlichen Kampfes gegen den niederadeligen Pfandbesitz – bereits gelitten hatte, bewies sich in der Unterstützung des Hildesheimer und Wolfenbütteler Niederadels für den Kriegszug des Markgrafen Albrecht Alkibiades 1552/53. Der mili-

[174] Vgl. *von Boetticher*, Niedersachsen, S. 76–83.
[175] Vgl. *von Boetticher*, Niedersachsen, S. 83–98.

tärische Sieg Heinrichs in der Schlacht bei Sievershausen bedeutete daher nicht nur den Sieg über seinen Calenberger Vetter Erich II., sondern auch die Ausschaltung eben jenes renitenten Niederadels. Weil in dieser Schlacht die beiden ältesten Söhne des Herzogs getötet worden waren, übernahm 1568 der zunächst ungeliebte, körperlich behinderte Sohn Julius (reg. 1568–1589) die Regierung, setzte neue Akzente und gab insbesondere konfessionspolitisch dem Territorium eine neue – protestantische – Ausrichtung.

Diese war im Falle des kleinsten welfischen Herzogtums Grubenhagen von Beginn an unzweifelhaft.[176] Seit 1530 war das Herzogtum unter Philipp I., an dessen Hof Barthold von Wintzingerode einige Jahre verbracht und sich mit den Herzogssöhnen angefreundet hatte, Mitglied des Schmalkaldischen Bundes. Die zwei unverbundenen Gebietsteile dieses Herzogtums um Einbeck und um Osterode / Herzberg wurden erst 1526 unter Philipp I., der bis 1508 mit seinem Bruder Erich die Teilherrschaft im Harz regiert hatte, zusammengeführt. Angesichts seiner Erfahrungen sowohl mit geteilter als auch mit gemeinsamer Herrschaft setzte der seitdem selbständig regierende Fürst in seinem Testament eine Senioratsregierung fest, d.h. einerseits sollten alle Söhne im Besitz der Herrschaft sein, andererseits wurde diese vom jeweils Ältesten ausgeübt. Angesichts der eingeschränkten materiellen Ressourcen des Herzogtums galt für alle Söhne gleichermaßen, dass sie sich in Söldnerdienste begeben mussten. Auch diese Bedingung adeliger – selbst hochadelig-fürstlicher – Existenz scheint als vorbildhafte Selbstverständlichkeit auf Barthold abgefärbt zu haben. Jedenfalls konnte er auf diesem Weg entsprechende Kontakte knüpfen. Dynastisch versuchte Herzog Philipp I. während der Hildesheimer Stiftsfehde vermittelnd zwischen den gegeneinander kämpfenden Welfen-Linien zu wirken, was wenig fruchtete. Reichs- und konfessionspolitisch war die Grubenhagener Politik fest im protestantischen Lager verankert. Im Schmalkaldischen Krieg stand sie im Lager der Verlierer, weshalb der Herzogssohn Ernst anschließend zusammen mit Kurfürst Johann Friedrich in Gefangenschaft ging. Gänzlich geschadet hat es der Grubenhagener Politik, die seit 1551 von eben jenem Ernst II., seit 1567 von Wolfgang (reg. 1567–1595) und seit 1595 (für ein Jahr) von Philipp II. gelenkt wurde, nicht, selbst wenn man gegenüber der Landgrafschaft Hessen und den welfischen Verwandten ins regionalpolitische Hintertreffen geriet. Dieses innerdynastische Verhältnis könnte auch ein Erklärungsansatz für die Grubenhagener Bemühungen um das untere Eichsfeld sein. Denn die Möglichkeit seines Erwerbs eröffnete den Grubenhagener Herzögen 1566 die Aufnahme in die welfische Gesamtbelehnung. Im Gegenzug sagten sie ihren Verwandten zu, sie im Erwerbsfall durch das Stift Quedlinburg mitbelehnen zu lassen.

So sehr die innerwelfischen Verhältnisse zur Gestaltung der Regionalpolitik beitrugen, so nachhaltig erklärt sich das Handeln der Calenberger und der Grubenhagener Verantwortlichen aus dem Handeln ihrer Nachbarn. Denn

[176] Vgl. *von Boetticher*, Niedersachsen, S. 66 ff.

gerade die südlichen Welfen-Herzöge sahen sich vehementem Druck von Seiten der hessischen Landgrafen im Süden und Habsburg-Burgunds im Westen ausgesetzt. Unter Philipp dem Großmütigen wurde der landgräfliche Herrschaftsbereich durch die Erweiterung der Lehensrechte über die Herrschaften Plesse, Lippe, Diepholz sowie über die Grafschaften Rietberg, Hoya und Schaumburg erweitert.[177] Der konfessionspolitische Glaubens- und Bundesgenosse war eben zugleich ein regionalpolitischer Konkurrent, der seine Eigeninteressen durchaus auch rücksichtslos wahrnahm. Erst die Niederlage im Schmalkaldischen Krieg bremste diesen hessischen Expansionsdruck, ohne ihn aufzuheben. Zugleich bedeutete das Engagement Habsburg-Burgunds im Nordwesten eine eminente Herausforderung der herrschaftlich-politischen Statik in der Region, nicht zuletzt auch unter konfessionellen Vorzeichen.[178] Die Bedeutung des Schmalkaldischen Krieges kann insofern gar nicht überschätzt werden. Denn einerseits klärte er die innerwelfische Situation vorerst zugunsten des altgläubig-kaisertreuen Herzogs Heinrich d.J. von Wolfenbüttel, jenes Gegners von Barthold von Wintzingerode, seiner Familie und Freunde; andererseits schien er zunächst die Möglichkeit der Etablierung eines habsburgischen Königreiches im Nordwesten des Reiches in greifbare Nähe zu rücken, was die Stellung der Welfendynastie in der Region nachhaltig erschüttert hätte. Aber daraus wurde nichts, nicht zuletzt weil der Calenberger Herzog Erich II. als kaiserlicher Feldherr bei Drakenburg versagte. Infolge verzichtete Kaiser Karl V. auf ein weiteres militärisches Engagement in Norddeutschland, was gleichbedeutend war mit dem Erhalt des welfischen Einflusses in der Region und dem Erhalt des dortigen Protestantismus – beides für den Niederadel wie auch für Barthold von Wintzingerode von essentieller Bedeutung, die auf die eichsfeldischen Verhältnisse zurückwirkte, insofern dort die Situation für die Kurfürstlichen dadurch keineswegs einfacher wurde. Denn der militärische Gesamtsieg des Kaisers änderte nichts an den politisch-herrschaftlich-konfessionellen Verhältnissen im Eichsfeld. Dagegen hatten es die Mainzer Politiker nun mit fürstlichen und niederadeligen Nachbarn und Untertanen zu tun, die die schlimmste militärisch-politische Katastrophe überstanden hatten und angesichts der Notwendigkeit, zu retten und zu bewahren, was möglich war, auf jede Chance warteten, sich politisch zu sanieren.

Das Verhältnis der Mainzer Kurfürsten zu den Braunschweiger Herzögen gestaltete sich in diesem Kontext nicht zuletzt wegen der mancherorts diffusen Rechtsverhältnisse im Eichsfeld problematisch. Vornehmlich die Grubenhagener Herzöge erhoben Ansprüche auf zahlreiche Ortschaften im Untereichsfeld. Daraus entstanden Irrungen, wie sie zum regionalpolitischen Alltag in den Beziehungen zwischen den Fürstentümern üblicherweise zählten. Das Verhältnis zwischen Mainz und Grubenhagen wurde allerdings durch die

[177] Vgl. *von Boetticher*, Niedersachsen, S. 39–43.
[178] Vgl. *von Boetticher*, Niedersachsen, S. 43–49.

schwerwiegende, weil prinzipielle Auseinandersetzung um die Oberhoheit im Untereichsfeld – der sogenannten Goldenen Mark – belastet. Der Konflikt entzündete sich an der Stadt und dem Landgebiet Duderstadt, das sich in der ersten Hälfte des 14. Jahrhunderts als Lehen des Stifts Quedlinburg im Besitz der Braunschweiger Herzogsbrüder Heinrich II., Ernst und Wilhelm befunden hatte. Von ihnen hatten die Mainzer Erzbischöfe seit 1334 sukzessive Anteile an Duderstadt pfand- oder kaufweise erworben, bis sie schließlich seit 1440 im Besitz der gesamten Mark waren.[179] Seit dem Beginn der sechziger Jahre des 16. Jahrhunderts feindeten die Grubenhagener Herzöge die Eigentumsrechte des Erzstifts am Untereichsfeld an, indem sie den Kauf als Verpfändung interpretierten. Seit 1561 vertraten sie öffentlich die Meinung, „daz land des Eychfeldts stünde inen zu"[180], weshalb sie das Pfand einzulösen bestrebt waren, nachdem sie bei der Quedlinburger Äbtissin die Belehnung erreicht hatten, und bereits den Pfandschilling beim Reichskammergericht hinterlegten.[181]

Einen weiteren Konfliktpunkt mit dem Herzogtum Braunschweig-Grubenhagen stellte das Amt Lindau dar, das der nördlichste Posten mainzischer Herrschaft im Eichsfeld war und sich in mainzischer Pfandschaft vom Hochstift Hildesheim befand.[182] Die Zentralregierung lehnte in diesem Fall eine Rückgabe des Pfandes ebenso ab, wie sie jegliche Ansprüche der Braunschweiger Herzöge auf die Goldene Mark oder auch nur Konzessionen kategorisch abwies. 1572 konnte sie diesbezüglich einen nachhaltigen gerichtlichen Erfolg verbuchen, der allerdings nicht vor weiteren Auseinandersetzungen schützte.[183]

Das Untereichsfeld stellte folglich ein Gebiet dar, in dem sich sehr viele Interessen- und folglich Konkurrenzlinien kreuzten. Gerade angesichts der Unruhe im Reich, der aufgrund des Verdrängungswettbewerbs der Fürstenhäuser gegenüber kleineren Herrschaften unkalkulierbaren Situation in der

[179] Vgl. *Christ/May*, Handbuch, S. 366 f.; *Manfred Stimming*, Die Entstehung des weltlichen Territoriums des Erzbistums Mainz (Quellen und Forschungen zur Hessischen Geschichte 3), Darmstadt 1915, S. 139 f.

[180] StAWü Mz.Domkap.Prot. 11, fol. 350': Sitzung vom 19. 04. 1561.

[181] Unterstützt wurden sie dabei durch die Äbtissin des Stifts Quedlinburg, die 1569 das Lehen einziehen und ihren Stolbergischen Brüdern und Vettern vergeben wollte. Die Stolberger Grafen traten ihre Ansprüche jedoch 1587 an das Herzogtum Braunschweig-Wolfenbüttel ab, dessen Herzog Heinrich Julius diesen Rechtstitel 1596 nutzte, um durch den Wappenanschlag und eine Kindstaufe in Duderstadt seine Ambitionen im Untereichsfeld durchzusetzen; vgl. *Johann Wolf*, Denkwürdigkeiten des Marktfleckens Gieboldehausen im Harz=Departement, District Duderstadt, Göttingen 1813, S. 18 ff.; *Christ/May*, Handbuch, S. 367 f.

[182] Vgl. *Wolf*, Denkwürdigkeiten, S. 24–34 mit Beilagen 7 und 8; StAWü Mz.Domkap.Prot. 12, fol. 56', 57 f., 88 f., 107, 207 f., 231, 252', 270', 279'ff., 259': Sitzungen der Jahre 1563–65; vgl. *Christ/May*, Handbuch, S. 376 ff.

[183] Vgl. *von Boetticher*, Niedersachsen, S. 67; HStAHa Celle Br. 74 Nr. 315. Zu den daraus im 16. und 17. Jahrhundert erwachsenden Konflikten vgl. LHASAMD Rep. A 37a Nr. 33, 36, 39, 41–44, 46–48, 51–53, 55–66, 89–123; HStAHa Cal. Br. 1 Nr. 1260.

Region und der diffusen religionspolitischen wie herrschaftlichen Zustände auf dem Eichsfeld trugen die grubenhagenschen Ambitionen auf die Goldene Mark zu einer zusätzlichen Verunsicherung auf Mainzer Seite bei. Für die eichsfeldische Ritterschaft und insbesondere für Barthold von Wintzingerode stellte sich diese Situation eher als Chance dar, bot sie doch weiteres Potential zum Lavieren zwischen einem schwachen, scheinbar handlungsunfähigen hohnsteinischen Lehnsherrn, einem um Stärke bemühten Mainzer Kurfürsten und den Welfen. Zudem war Barthold seit 1520 am Grubenhagener Hof des Herzogs Philipp I. erzogen worden und hatte sich dort mit dem Herzogssohn Ernst angefreundet; eine Freundschaft, die bis zu Bartholds Verhaftung und Hinrichtung Bestand haben sollte.[184] Als ihn Herzog Ernst II. 1561 zum Rat und Diener von Haus aus bestallte,[185] geschah dies just zu einer Zeit, da die Grubenhagener Herzöge begannen, öffentlich das Untereichsfeld für sich zu reklamieren. Allerdings begab sich Barthold zeit seines Erwachsenenlebens weder in den Hof- noch in den Regierungsdienst der Herzöge, selbst wenn eine intensive und unmittelbare Beziehung zu ihnen bestand. So machte Barthold auch öffentlich keinen Hehl aus seinen Aversionen gegen die Mainzer „Rademachergesellen" und aus seiner Unterstützung für die grubenhagenschen Prätensionen gegenüber dem Mainzer Kurfürsten hinsichtlich des Untereichsfeldes wie auch hinsichtlich des herrschaftlichen Schicksals der Grafschaft Hohnstein.[186] Nicht zuletzt dies musste das Verhältnis zwischen ihm und dem Mainzer Erzbischof belasten, wenigstens aber schwierig gestalten. Am gegenseitigen Vertrauen mangelte es jedenfalls von Grund auf und angesichts der geschilderten Rahmenbedingungen musste sich die Frage stellen, ob und wie dieses überhaupt aufgebaut werden konnte. Konkret stellte sich die entscheidende Frage, wie Bartholds Drang zur Selbstbehauptung und Eigenmächtigkeit, ja Unabhängigkeit im Spannungsdreieck des Souveränitätsanspruchs des Hohnsteiner Grafen, des Expansionswünsche der Grubenhagener Herzöge und des Sicherheits- bzw. Arrondierungsbedürfnisses des Kurmainzers harmonisiert werden konnte.

6. Fazit: alle gegen alle auf der Suche nach Plätzen und Ordnung oder: die große Definitionskonkurrenz

Barthold von Wintzingerode wuchs in einem Umfeld auf, das bestimmt war von allseitiger Konkurrenz, vom Zwang, sich mit allen Mitteln selbst zu behaupten, und von der Suche nach Ordnung, die die jeweiligen Akteure am besten selbst zu definieren wussten. Vielfältige und weitgestreute Beziehungen waren dabei von entscheidender Bedeutung. Sie waren zugleich volatil,

[184] Vgl. *Wintzingerode*, Barthold, S. 6 ff.
[185] Vgl. *Wintzingerode*, Barthold, S. 89 f.; StAMr 17d v. Wintzingerode Nr. 10.
[186] Vgl. *Wintzingerode*, Barthold, S. 89 f.

keine festen Größen, mussten immer wieder geknüpft und erneuert werden, weil sie vielfältigen Belastungen ausgesetzt waren. Adelige Standessolidarität war daher ebenso begrenzt wie die adelige Familiensolidarität. Je nach Interessenlage bzw. dem Gleichklang der jeweiligen Interessen konnte sie stärker oder schwächer, manchmal gar nicht vorhanden sein. Dabei wurden der Konfliktaustrag und die Vertretung der eigenen Interessen mit gewaltsamen Mitteln einerseits insbesondere unter den Grafen und Rittern allen reichspolitischen Entwicklungen zum Trotz weiterhin als Selbstverständlichkeit angesehen, andererseits immer stärker von Seiten des Kaisers, der Fürsten und einer wachsenden Gruppe innerhalb des Niederadels bekämpft. Gewaltanwendung stellte sich als ein notwendiges Instrument im Kampf ums ‚Obenbleiben' dar. Zugleich avancierte Gewaltanwendung im Alltag des Mit- und Gegeneinanders der Herren untereinander und insbesondere zwischen Fürsten und Niederadel zu einer Kategorie politischen Verhaltens, deren Bewertung und Wertigkeit ambivalent war. Gewalt konnte verpönt sein und als rechtswidrig verfolgt werden, sie konnte unter gewissen Umständen und Interessenlagen aber auch akzeptiert sein. Barthold erlebte beides: die Duldung von fürstlichen „Mordbrennern" und reichsritterschaftlichen Intriganten wie den Markgrafen Albrecht Alkibiades und Wilhelm von Grumbach, aber auch deren Beseitigung, je nachdem wie sich die Interessenlage im Reich – gerade bei Kaiser, König und Fürsten – darstellte, insbesondere aber je nachdem wie sich die Fürsten gegeneinander ausspielen ließen.

Für beides besaß Barthold Erfahrungen seines eigenen Umfeldes: Die Fürsten in seinem regionalen Umfeld befanden sich im permanenten Konkurrenzkampf, in dem sie auf die niederadeligen Herren angewiesen waren, selbst wenn sie diese letztlich untertänig machen wollten. Barthold vermochte deshalb zwischen verschiedenen Bezugspolen zu lavieren und seine Handlungsspielräume gegen seinen Hohnsteiner Lehnsherrn ebenso zu wahren wie gegenüber oder mit anderen Fürsten zu erweitern. Bei der Wahl seiner Mittel musste er dabei aufgrund einer zunächst fehlenden fürstlichen Autorität nicht wählerisch sein. Niemand schien ihm bis in die sechziger Jahre hinein entschieden entgegentreten zu wollen oder zu können, nicht zuletzt weil er sich zum Koalitionspartner der Grubenhagener Herzöge eignete. Möglich wurde dies, weil Barthold über ausreichende materielle Ressourcen, Personal und Verbindungen verfügte, so dass er eine beinahe unabhängige Rolle in der südniedersächsisch-nordthüringischen Region spielen konnte.

Darin war er den Angehörigen der eichsfeldischen Ritterschaft, zu der er als Hohnsteiner Lehensmann nicht zählte, ähnlich. Die Reformation hatte – wie in anderen Regionen des Reiches[187] – offenbart, wie eigenständig sie sich fühlten. Kirchenlehen und Kirchenpatronat wurden als Ressource und Ausfluss adeliger Eigenmacht verstanden und gehandhabt. Die Selbstverständlichkeit, mit der in den Gemeinden protestantische Pfarrer eingesetzt wurden, resul-

[187] Vgl. *Walther*, Abt, S. 581; *ders.*, Bündnispartner, S. 355.

tierte ebenso so sehr aus Glaubensüberzeugung wie aus aus generellem Herrschaftsanspruch. Beides ergänzte sich und stand seit den fünfziger Jahren im Gegensatz zum Mainzer Anspruch auf Durchsetzung und Akzeptanz der kurfürstlichen Religionshoheit. Die religionspolitisch-konfessionelle Entwicklung war nicht die Ursache für den Fundamentalkonflikt des zweiten Drittels des 16. Jahrhunderts, sondern ein weiteres, wenn auch dann gewichtiges Element, das das latent immer vorhandene Spannungsverhältnis zwischen Fürsten und Niederadel gleichsam objektivierte.

Das reformatorische Verhalten des Adels war auch Ausfluss der endemischen Konkurrenz innerhalb der Ritterschaft des Eichsfeldes. Es ergab sich aus der permanenten Notwendigkeit, sich als herrschaftsfähig beweisen und handeln zu müssen, weil ansonsten gegebenenfalls jemand anderes agierte. Es waren Maßnahmen zum Erhalt oder Ausbau adeliger Eigenmacht, die aus dem jeweiligen adeligen Eigensinn erfolgten. Entsprechend zahlreich waren die Konflikte innerhalb des eichsfeldischen Adels. Sie drehten sich in erster Linie um grundlegende materielle Aspekte adeliger Existenz, letztlich noch nicht einmal um die Frage, wer in der adeligen Binnenhierarchie der Eichsfelder oben bzw. unten stand. Aufgrund der beschränkten Ressourcen und der fehlenden Integration in das politische System des Mainzer Erzstifts waren alle Akteure zu einem Leben in Diversivität gezwungen. Amtsdienste, Solddienste oder Lehensbindungen wurden mit verschiedenen Fürsten eingegangen. Sie boten die Chance des Lavierens und verstärkten auf diese Weise das adelige Selbstverständnis, eigentlich unabhängig zu sein.

All das kannte Barthold von Wintzingerode, ja er führte es beinahe paradigmatisch vor. Seine Konflikte, die er mit Standesgenossen ebenso wie mit seinen Vettern austrug, waren Auseinandersetzungen um Materielles, nicht um Ehre. Gleichwohl tangierten sie das adelige Selbstverständnis, insofern sie die konkreten Grundlagen für den jeweiligen Eigensinn betrafen. Bartholds Fähigkeit, als Söldner und Söldnerführer seine materielle Basis zu stabilisieren und zu erweitern, verschaffte ihm zugleich weitreichende und vielfältige Beziehungen, die ihm zugleich die Möglichkeit einbrachten, sich gegenüber seinem Lehnsherrn und anderen Fürsten regelrecht autonom verhalten zu können, ohne sich in die eichsfeldischen Verhältnisse allzu sehr einlassen zu müssen. Er lebte den Zustand der Diversivität und Uneindeutigkeit völlig aus und trieb den Wunsch, als Adeliger selbstständig und eigenmächtig handeln zu können, auf die Spitze, selbst gegenüber adeligen Standesgenossen. Insofern stellte er sich außerhalb des gesellschaftlichen Raums des eichsfeldischen Adels, mochte dieser immer noch keine geschlossene Formation darstellen und sich in zahlreichen Konflikten befehden und mochte Barthold landesrechtlich nicht dazugehören. Sozial war er jedenfalls nicht integriert und legte auch keinen Wert darauf. Deshalb trug noch nicht einmal die gemeinsame protestantische Glaubensüberzeugung zur Schaffung von Gemeinsamkeit bei, ganz abgesehen davon, dass Barthold zwar zweifellos protestantisch, aber außer der Einsetzung von Predigern in religionspolitischen Belangen kaum aktiv war. Sein Beharren auf absoluter Eigenmacht unterschied ihn von seinen benachbarten Standesgenossen; und irgendwann musste sich daher die Frage stellen, ob er bei all seinem Tun Grenzen kannte, ob er diese überhaupt wahrnahm und wann bzw. bei wem er an diese stoßen würde. Die Schicksale des Markgrafen Albrecht Alkibiades und Wilhelm von Grumbachs, die beide die vorhandenen Grenzen überschritten hatten und von denen sich Barthold von Wintzingerode jeweils rechtzeitig zurückgezogen oder ferngehalten hatte, müssen ihm einerseits als Negativbeispiele sehr wohl vor Augen gestanden haben. Andererseits konnte er angesichts der Fürstenkonkurrenz in seiner Heimatregion aus ihrem Ende den Schluss ziehen, dass es nicht so sehr auf die Grenzen an sich ankam, sondern vielmehr darauf, diese rechtzeitig zu erkennen.

IV. Vom Unruhestifter zum Tyrannen

1. Eintrübende Stimmung in gespannter Atmosphäre

Mochte es offensichtlich am gegenseitigen Grundvertrauen gemangelt haben, so konnte die Mainzer Regierung in einem Punkt gewiss sein: Barthold von Wintzingerode handelte gewissermaßen typisch für den nicht-fürstlichen Adel der Region insgesamt, selbst wenn er hinsichtlich des Ausmaßes seines Selbstbewusstseins und seines Handelns den übrigen Adel des Eichsfeldes übertraf. Der Ritter verfügte über das gesamte Spektrum an Kapitalsorten, die ein adeliges Leben strukturierten. Offen blieb zunächst, inwiefern er diese in unterschiedlichem Maße ausgebildeten Kapitalien einzusetzen und ob er mit ihnen klug zu disponieren verstand. Vorerst war er nur einer von vielen dieser Standesgruppe, die zu integrieren, domestizieren und letztlich zu subordinieren die Fürsten – und nicht nur die Mainzer! – sich bemühten. Dies gebot allein das fürstliche Streben nach Ruhe und Ordnung.

Wie beschrieben, war Barthold erstmals in der Mitte der vierziger Jahre des 16. Jahrhunderts ins politische Bewusstsein der Mainzer Verantwortlichen getreten. Er hatte damals bereits das vierzigste Lebensjahr erreicht und konnte als ein erfahrener Söldner mit beachtlichen materiellen Ressourcen und sehr guten Beziehungen gelten. Seitdem war er den Mainzern bekannt; ebenso seine Art, keiner Auseinandersetzung aus dem Wege zu gehen, seine Ziele gegen alle Anfeindungen und mit allen Mitteln zu verfolgen und nur wenig Raum für Kompromisse zu geben, die ihm nicht ausreichend für seine Interessen zu sein schienen. So kann es nicht verwundern, dass bereits in den fünfziger Jahren der Mainzer Kurerzbischof Daniel Brendel während Bartholds Streit mit den Westernhagen in einer Sitzung des Domkapitels bemerkte, der Bodensteiner sei „uber alle versuche gutlicheyt nit zur gute zu vermögen“[1]. Er ging sogar soweit zu prognostizieren, dass „gedachter von Wintzingerode eyn unruig man, unnd dem Stifft etwan beschwernißen hieraus ervolgen möchten“[2]. Die Domkapitulare stützten die Position des Erzbischofs, mit dem Fall vor das Reichskammergericht zu gehen, „das den Rechten sein wahrer lauff gelassen, dan will man der armen underthanen genießen, müsse man sie auch bey gleichem schutzen unnd schirmen“[3].

Aus der Stellungnahme des Domkapitels ließe sich der Schluss ziehen, die Mainzer hätten frühzeitig beabsichtigt, ihn zur Strecke zu bringen, und gleichsam eine entsprechende Langzeitstrategie verfolgt. Doch dafür gibt es keine Beweise, und eine solche Annahme missdeutet die damaligen politischen Realitäten ebenso wie auch die Möglichkeiten und Ziele der Mainzer

[1] StAWü Mz.Domkap.Prot. 11, fol. 154f., hier fol. 155: Sitzung vom 29.11.1557.
[2] Ebd.
[3] Ebd.

Politikeliten. Aus ihrer Sicht gab es wichtigere Angelegenheiten, auch was das Eichsfeld betraf. Barthold von Wintzingerode war lediglich ein Faktor, mit dem man umzugehen hatte, den man gleichwohl – wie andere eichsfeldische Adelige auch – nicht aus den Augen verlieren durfte. Denn der Loyalität ihrer adeligen Vasallen auf dem Eichsfeld konnten die Mainzer alles andere als sicher sein, was sich angesichts der welfischen Ambitionen umso bedrohlicher ausnehmen musste. Der Umgang mit diesen Adeligen war delikat und erforderte Fingerspitzengefühl ebenso wie gespannte Wachsamkeit. Dies galt zu jeder Zeit und nicht nur gegenüber den Wintzingerode.[4] Zu große Nachgiebigkeit konnte leicht als kurfürstliche Schwäche ausgelegt werden, zumal diese in den fünfziger und sechziger Jahren mit Händen zu greifen war. Obrigkeitliche Unnachgiebigkeit und Härte dagegen musste unter Umständen auch unter Beweis gestellt werden, was der Mainzer Obrigkeit – wie auch dem Hohnsteiner Grafen – schwer fiel; und wenn sie denn punktuell erfolgreich gewesen wäre, hätte die Gefahr bestanden, dass sich der betroffene Adelige um Hilfe bei anderen Fürsten, deren Vasall oder Dienstmann er war, geholt hätte.

Besondere Vorsicht bot sich aus Mainzer Perspektive gegenüber Barthold von Wintzingerode an, weil der Bodenstein im Kontext der Bemühungen um Grenzregulierung, -arrondierung und -stabilisierung vornehmlich im Norden und Osten ein Konkurrenzobjekt zwischen Braunschweig und Kurmainz darstellte. Hart konnte man den Bodensteiner nicht anpacken, ansonsten hätte er schnell die Fronten gewechselt, zumal er weder seine exzellenten Verbindungen zum Welfenhof noch seine Abneigung gegen die Mainzer verschwieg.

So konnte es sich Barthold leisten, gegenüber dem kurfürstlichen Oberamtmann auf dem Eichsfeld – immerhin Statthalter des Kurfürsten – regelrecht und regelmäßig ausfällig zu werden. Zu massiven Auseinandersetzungen zwischen Barthold und kurfürstlichen Autoritäten kam es seit den sechziger Jahren im Zuge des Konflikts zwischen dem Ritter und den Ludolfen aus Duderstadt. Der Oberamtmann Oiger Brendel von Homburg – ein Verwandter des regierenden Kurfürsten – hatte versucht, die Übergriffe gegen die Ludolfen und andere Adelige zu verhindern und beschwichtigend auf den Konflikt einzuwirken. Daraufhin soll, wie im Mainzer Domkapitel bekannt wurde, der

[4] So wies Kurfürst Daniel Brendel seinen neu bestallten Oberamtmann Lippold von Stralendorf eindringlich darauf hin, er müsse sich in Adelsangelegenheiten wenigstens bezüglich Heinrichs von Westernhagen – also eines Mitglieds einer prinzipiell eigentlich wohlgesonnenen Familie – darauf einrichten, dass, „Sollte dann er Westernhagen d[er] sachen unlustig werden, hett er zu erachten waß geringen nutz ein solches gebaren würde, und waß er mitt ein geringen ausrichten hett mögen, dar zu bedörfft er uff solchen fall nechst viel Mitt diesen und dergleichen mehr notwendigen moiliren"; LHASAMD Rep. A 37a Nr. 260, fol. 9–14, hier fol. 13': Schreiben des Kurfürsten an den Oberamtmann Stralendorf vom 20.08.1574.

Bodensteiner Herr „Inen an seinen ehren angegriffen"[5] haben. Barthold habe sich angesichts des energischen Einschreitens Brendels an die Braunschweiger Herzöge Heinrich und Ernst gewendet und ihren „schutz und schirm angenommen, alles darumb dem Stifft und underthanen desto mehr zu trutz und zu beschweren"[6]. Damit saßen die Mainzer in jener politischen Zwickmühle, in die sie gewiss nicht hatten kommen wollen: Sie hatten Partei ergriffen, weil sie wohl Partei ergreifen mussten, hatten sich damit aber eine andere Partei – Barthold – abspenstig gemacht, die wiederum eine weitere Partei – die Welfen – geschickt involviert hatte, die sich ihrerseits nun höchst gern als neutraler Schiedsrichter aufspielte. Entsprechend widerwillig entschloss sich Erzbischof Daniel Brendel zur Beschickung des von den Braunschweiger Herzögen anberaumten Schiedstages zu Mühlhausen,[7] stellte es doch dem kurfürstlichen Politikmanagement ein schlechtes Zeugnis aus.

Die Bemühungen der Mainzer Verantwortlichen mussten darauf gerichtet sein, die vorhandenen Konflikte innerhalb des Adels bzw. zwischen dem Adel und anderen Untertanen im Land möglichst effektiv zu moderieren und für alle Seiten akzeptabel zu lösen.[8] Nur dann ließ sich das Land und im Land regieren; und nur dann ließ sich fürstliche Herrschaft effektiv realisieren, sofern man es nicht auf eine große, gar gewaltsame Kraftprobe ankommen lassen wollte. Dieses Mainzer Interesse traf sich mit dem gleichartigen gräflich-hohnsteinschen und musste es auch, weil nicht selten die jeweiligen Lehensleute miteinander in Konflikt standen und wiederum Freunde und Verwandte aus der anderen Herrschaft involvierten. Entsprechend forderte der Hohnsteiner Graf Ernst 1544 zusammen mit dem kurfürstlichen Oberamtmann im Konflikt Bartholds mit dem kurmainzischen Vasallen Heinrich von Bültzingsleben den Bodensteiner auf, in einen gütlichen Vergleich einzuwilligen, „daß desselb halb kein weytter unlust Zanck und beschwerung

5 StAWü Mz.Domkap.Prot. 12, fol. 262 f.: Sitzung vom 14.06.1565. Das muss umso mehr verwundern, als er noch im Februar 1558 – also bei dessen Amtsantritt auf dem Eichsfeld – den Oberamtmann Brendel als „meinen gendigsten herrn unnd Insonder gutenn freunde" (StAMr 17d v. Wintzingerode Nr. 10: Kopie des Schreibens Bartholds an Brendel vom 18.02.1558) bezeichnet hatte. Offenkundig hatte sich auch dieses ehedem gute Verhältnis in sein Gegenteil verkehrt oder war von Barthold niemals aufrichtig betrieben worden, vielleicht weil er sich vom Oberamtmann ein anderes Handeln erhofft hatte.

6 Ebd.

7 Vgl. ebd., fol. 262'.

8 Daraus resultierte auch ein erstaunliches Maß an Zurückhaltung, wenn es um die Verteidigung der Interessen eigener Lehnsleute ging. Der Oberamtmann Brendel vermied es bspw. 1563/64, sich in den Streit des Hans von Wintzingerode mit Rudolph von Uslar einzumischen, weil er eine Verquickung dieses Konfliktes mit seiner Auseinandersetzung mit Barthold von Wintzingerode und zugleich eine Ausweitung des Konfliktes auf das Verhältnis zu dessen anderen Lehnsherrn befürchtete; vgl. *Levin Freiherr von Wintzingerode-Knorr*, Ein Criminal-Proceß aus dem 16. Jahrhundert, in: Zeitschrift des Harz-Vereins für Geschichte und Alterthumskunde 11 (1878), S. 101–118, hier S. 111.

zwischen Euch beyden einreissen mochten“[9]. Doch Barthold lehnte einen solchen Schiedstag rundheraus ab, weil er der Ansicht war, „ich vermerckte, daß ehs ihm kein ernst ist“[10]. Weil die Lehensherren offenkundig nicht imstande waren, für Ruhe zu sorgen, trat Herzog Philipp I. von Grubenhagen (reg. 1526–1551) auf den Plan und unterbreitete den beiden Streitparteien einen Vorschlag zu einem Schiedstag[11] – dessen Ergebnis aber auch keine nachhaltige Ruhe brachte. So waren – immer wieder flankiert von Braunschweiger Interventionen, Irritationen und Interludien – die Mainzer und Hohnsteiner Funktionsträger und ihre Regierenden bemüht, die Auseinandersetzungen innerhalb des eichsfeldischen Adels auf gütliche Weise beizulegen.[12] Erfolg war ihnen dabei durchaus beschieden – wenn man von Hans, Bertram[13] und Barthold von Wintzingerode absah, dessen Verhältnis zu vielen Adeligen des Eichsfeldes und auch zu seinen eigenen Familienangehörigen immer komplizierter und aggressiver wurde.

2. Vergehende Bande: Barthold, seine Familie und seine Standesgenossen

Die offensichtliche Ohnmacht seiner Widersacher konnte über eines nicht hinwegtäuschen: Der mittlerweile über sechzig Jahre alte Barthold von Wintzingerode war in den 1560er Jahren zunehmend auf dem Eichsfeld isoliert und die Auseinandersetzungen nahmen an Schärfe zu. Mochte er noch so eigenmächtig sein und unangreifbar erscheinen, beides gewann für ihn eine zunehmend zweifelhafte Ambivalenz. Es ist nicht erkennbar, wer von den eichsfeldischen Standesgenossen freundschaftliche oder auch nur gute Kontakte mit ihm pflegte. Dergleichen beschränkte sich auf seine Beziehungen ins Braunschweigische. Auf dem Eichsfeld – seiner Patria – hingegen galt er als Zänker, vor dessen unbeherrschten Ausbrüchen man sich in Acht nehmen

9 LHASAMD Rep. H Bodenstein Nr. 247, fol. 15 f., hier fol. 15: Schreiben des Grafen Ernst von Hohnstein an Barthold vom Sonnabend Nicolai 1544. Ebenso auf Barthold einwirkend, er möge sich auf einen Vergleich einlassen: LHASAMD Rep. H Bodenstein Nr. 248, fol. 4 f.: Schreiben des Oberamtmanns Christoph von Habsberg an Barthold von Wintzingerode vom Sonnabend nach Visitationis Mariae 1544.

10 LHASAMD Rep. H Bodenstein Nr. 247, fol. 19 ff., hier fol. 19': Schreiben Bartholds an den Grafen von Hohnstein vom Mittwoch Assumptionis Mariae 1544.

11 Vgl. ebd., fol. 22 ff.: Schreiben des Herzogs Philipp I. von Braunschweig-Grubenhagen an Herbert Schenk vom Sonntag nach Jacobi Apostoli 1544.

12 Vgl. LHASAMD Rep. A 37a Nr. 70, fol. 2–35, mit entsprechenden Schreiben der kurfürstlich-mainzischen Amtsträger 1563 / 64 im Kontext der Konflikte um den Bodenstein und die dortigen mainzisch-hohnsteinischen Hoheitsansprüche.

13 Auch auf die beiden Brüder wirkten der Graf und der Oberamtmann in moderierender Absicht ein, so etwa 1559, als man ihnen jede Aggression gegen Barthold untersagte – mit der Folge, dass sie eine juristische Fehde lostraten mit allerlei verbalen und schriftlichen Injurien; vgl. *Wintzingerode*, Barthold, S. 116.

musste und mit dem man nur in beschränktem Rahmen verhandeln konnte. Daraus resultierte die abnehmende Bereitschaft seiner Umgebung, sich überhaupt auf Verhandlungen mit ihm einzulassen. Viel eher setzten seine Widersacher – wie Barthold selbst – zunehmend auf Provokation, Einschüchterung und Gewalt, wie es sich in dem Reichskammergerichtsprozess erwies, der von Hans und Bertram 1560 angestrengt wurde.

Wenige Monate zuvor war Barthold in bis dahin nicht gekannter Weise gegenüber seinen Vettern ausfällig geworden war. Hintergrund der Auseinandersetzung war der schwelende Güterstreit, der nach dem Teilungsabkommen ausgebrochen war, weil Barthold sich benachteiligt fühlte.[14] Barthold verweigerte seinen Vettern den Zugang, verweigerte ihnen vereinbarte Gelder und bedrohte sie. Die so Angegriffenen bemühten sich daher vor dem Reichskammergericht um ein *Mandatum de non offendendo cum executione*. Barthold weigere sich nicht nur die Forderungssumme zu zahlen, sondern habe sich öffentlich und schriftlich vernehmen lassen, er werde „Ihme [Hans] den Kopff entzwey schlagen“[15], sollte er seine Forderungen abermals stellen. Nüchtern stellten die Richter des Reichskammergerichts fest, „daß er Hanns von Wintzingerod in sorgen leibs unnd lebens stehen musse“[16]. Aktenkundig wurde in diesem Zusammenhang auch, dass der Beklagte der „Clegern beider von Wintzingeroda gemeinen Holtzförster zu Ohmfeld Liborium Mila nahe bey Wintzingeroda mit gewerter Hand uberranndt getretten unnd Ihme die Buchsen einmal od[er] etlich Ins angesicht gestossen, unnd solchen armen mann mit den beiden Clegern, gedachten von Wintzingeroda, zu trotz, hon, unnd verachtung, hart geschlagen“[17] habe. Barthold möge sich bis auf weiteres an den Landfrieden halten. Erstmals war damit die Gewalttätigkeit des Beklagten gegenüber Dienern von Gegnern bis zur höchsten Reichsgerichtsbarkeit aktenkundig geworden – ein Umstand, der im Vorfeld und Verlauf des späteren Mainzer Prozesses eine herausragende Rolle spielen sollte.

Allerdings scheint harte Gewalt gegenüber Dienern verfeindeter Herren nicht selten und keineswegs nur für Barthold typisch gewesen zu sein. Auch Bartholds Vetter Hans nahm die Tötung von Unbeteiligten in Kauf. Ende April 1567 überfiel er mit mehreren Bewaffneten Köhlerstellen Bartholds, wobei ein Köhler getötet und weitere schwer verletzt wurden. Barthold eröffnete daraufhin seinerseits wegen Landfriedensbruchs ein Verfahren am Reichskammergericht.[18] Dies scheint auf den Beklagten jedoch nur wenig Eindruck gemacht zu haben. Im Zuge der Auseinandersetzungen vom August 1568 ging Hans gegen einen Vogt seines Vetters – Kurt Drübing – vor, weil er empört war, diesen plötzlich auf Seiten Bartholds zu sehen. Mit der ausdrücklichen

[14] Vgl. *Wintzingerode*, Barthold, S. 108–116; LHASAMD Rep. A 53 W Nr. 103 I–VI.

[15] LHASAMD Rep. A 53 W Nr. 99, fol. 4: Kaiserliches Mandat vom 04. 03. 1560.

[16] Ebd., fol. 4'.

[17] Ebd., fol. 5'.

[18] Vgl. LHASAMD Rep. A 53 W Nr. 102: Reichskammergerichtsprozess Bartholds gegen Hans von Wintzingerode.

Absicht, ihn zu erschießen oder mit dem Schwert zu erschlagen, ging er auf den Mann zu, wurde aber im letzten Moment von einem Begleiter ermahnt, „Er sollte es lassen gutt sein“[19]. Hans beruhigte sich tatsächlich und ließ von dem Mann ab. Im Gegensatz dazu konnte sich sein Vetter Barthold in solchen Augenblicken kaum beherrschen und schien dann jedes Maß zu verlieren.

Wie gestört, wenn nicht gar bereits zerstört das Verhältnis Bartholds zu seinen Vettern und ihren zahlreichen Freunden seit dem Ende der sechziger Jahre war, erwies sich im Kontext eines anderen über Jahre hinweg geführten Reichskammergerichtsprozesses, der mit dem Aufeinandertreffen vom August 1559 in Zusammenhang stand.[20] Am Abend des 3. August 1559 hatte Hans von Wintzingerode bei Heinrich von Westernhagen um Hilfe gebeten. Er wolle am nächsten Tag ‚seine‘ – also die mit Barthold strittigen – Güter besuchen. Ausdrücklich fügte er hinzu, man suche keinen Streit, „Dann wir nitt willens ettwas anzufahen, sonnder nach dem unnsern sehenn“[21]. Gerade deshalb aber und weil man doch hinreichend um die Stärke Bartholds wisse, bitte er um Begleitung. Westernhagen möge doch möglichst viele Herrn, Knechte und Pferde schicken – was auch geschah. Am nächsten Tag müssen durch die strittigen Dörfer mehr als zwanzig Reiter geritten sein. Wie nicht anders zu erwarten, fasste Barthold, auf den man bei Kirchohmfeld getroffen war und den man bis auf den Bodenstein gejagt hatte, diesen Akt als Provokation auf, leitete daraus Landfriedensbruch nebst versuchten Mord ab und eröffnete sofort einen weiteren Prozess vor dem Reichskammergericht in Speyer. Offenbar beabsichtigte er, die Gegenpartei vor Gericht vorzuführen, indem deren Bösartigkeit, Hinterlist und Friedensunwilligkeit bloßgestellt und der eigene Standpunkt gerechtfertigt wurde. Das gelang jedoch nur bedingt, allein weil die Prozessgegner sich vertreten bzw. ihre schriftlichen Aussagen verlesen ließen. Allerdings gibt dieser Prozess, der sich ebenfalls bis ins Jahr 1573 zog, interessante Einblicke in die Wahrnehmung Bartholds durch seine Gegner. Sie sahen in ihm nicht mehr nur einen schrulligen alten Kämpen, mit dem man als Standesgenossen – notfalls auch gewalttätig – Konflikte austrug; sie hatten offensichtlich nicht mehr nur Respekt, sondern Angst, selbst wenn sie nicht davon abließen, ihn zu reizen. In symptomatischer Weise stritt Burkhard von Westernhagen den Vorwurf der Anklage selbstverständlich ab.

[19] LHASAMD Rep. A 53 W Nr. 98, fol. 162–197, hier fol. 168’: Probationsschrift Bartholds vom 10. 11. 1573 anlässlich eines Reichskammergerichtsprozesses. Auch Hans von Wintzingerode wusste seine – vermeintlichen oder realen – Rechte gegenüber anderen Adeligen zu behaupten, wie aus einem entsprechenden Rechtsstreit mit Rudolph von Uslar 1563/64 wegen der Misshandlung eines wintzingerodeschen Untertans in Reinholderode hervorgeht; vgl. LHASAMD Rep. H Bodenstein Nr. 250; *Wintzingerode-Knorr*, Criminal-Proceß, passim.

[20] Vgl. LHASAMD Rep. A 53 W. Nr. 100 I und II: Reichskammergerichtsprozess Bartholds gegen seine Vettern.

[21] LHASAMD Rep. A 53 W Nr. 98, fol. 37: Schreiben des Hans von Wintzingerode an Heinrich von Westernhagen vom 03. 08. 1559 (beglaubigte Kopie).

Bei der verhandelten Angelegenheit – so Westernhagen – habe man in Begleitung einiger Diener lediglich eine „freundliche Besichtigung der Welder gehapt"[22], weshalb er die Aufregung des Herrn vom Bodenstein so gar nicht verstehen könne. Zusammen mit den anderen beklagten Adeligen – Heinrich und Wilhelm von Westernhagen, Craft und Wilko d. J. von Bodenhausen sowie Berthold Schepperle – räumte er zwar ein, von „allerley Irrung und Zwiespalt des Bodensteins"[23] gewusst zu haben. Ebenso sei es allerdings „wahr, daß sich Itz gemelter Bartholdt von Wintzingerodtt gegen gedachten seynen vettern allerley betrauung vernemen laßen […] Item wahr das Bartholdtt von Wintzigerode gemeinlich 18 oder 20 pferdtt uf die Streu erhelltt und etwan mit 15 dann 18 auch 20 pferden stark pfleget zu reytten"[24]. Westernhagen gestand damit mehr oder minder die Verantwortlichkeit für die Vorkommnisse bei Kirchohmfeld ein. Das muss an dieser Stelle jedoch nicht interessieren. Viel interessanter ist die tieferliegende Erkenntnis: Was als gerichtliche Verteidigungsstrategie gedacht war – Selbstschutz durch Abschreckung angesichts eines stark bewaffneten Gegners, der doch juristisch im Unrecht war –, musste sich in den Ohren des genannten Klägers als Eingeständnis von Schwäche anhören; und das war es auch. An anderer Stelle behaupteten die beklagten Adeligen, sie hätten Barthold gar nicht töten, sondern ihn nur einschüchtern und ihm einen Denkzettel verpassen wollen.[25] Doch war diese Aussage nur schwer nachzuprüfen und darüber hinaus ein abermaliges Eingeständnis, dass man den letzten Schritt – die Beseitigung Bartholds – nicht wagte oder dazu nicht imstande war. Gleichgültig wie man diese Stellungnahme beurteilte, die Erklärungen aller beklagter Widersacher stellten denselben ein denkbar schlechtes Zeugnis aus: Sie waren nicht in der Lage mit einem sechzigjährigen Ritter fertig zu werden. Dabei darf bezweifelt werden, dass sie ihn wirklich haben ermorden wollen. Tod als Kollateralschaden einer Provokation kam da schon eher in Betracht. Mord hätte zu viele politisch-juristische Unannehmlichkeiten und Unwägbarkeiten mit sich bringen können. Fest stand damit aber, dass man an Barthold von Wintzingerode offenkundig weder vorbei- noch herankam, was sein Anwalt in Speyer auch mit offener Süffisanz zugab: Natürlich reite sein Klient stets mit sechs bis sieben Mann Begleitung, „wiewoll er von wegen gefährligkeit seines leibs und lebens ein grossere anzall woll nottürftig"[26] habe; und zudem konnte sich Barthold zu dieser Zeit wie auch in den sechziger Jahren eine solche Bedeckung leisten, schließlich stand er vielfach im Solddienst und unterhielt eigene Söldner.

[22] Ebd., fol. 30'.

[23] Ebd., fol. 32–36, hier fol. 33': Schriftliche Stellungnahme der genannten Adeligen vom 15.12.1559.

[24] Ebd., fol. 33'.

[25] Vgl. LHASAMD Rep. A 53 W Nr. 100 I und II.

[26] LHASAMD Rep. A 53 W Nr. 98, fol. 51–54, hier fol. 52: Antwort des Anwalts vom 02.12.1560.

Für die familiären Verhältnisse hatten diese Vorkommnisse selbstverständlich verheerende Auswirkungen. Von Vertrauen konnte nicht mehr die Rede sein. Der Konflikt war mittlerweile umfassend und grenzenlos, wurde mit allen Mitteln geführt und tangierte Säulen der familiären Existenz. Dies erwies sich bspw. an der Auseinandersetzung um die Familienurkunden. Barthold hatte noch 1564 beim Rat der hohnsteinschen Stadt Elrich wichtige Lehens- und Pfandurkunden hinterlegt und mit Wissen des Grafen und im Beisein von dessen Kanzler Peter Bötticher darüber ein Inventar anfertigen lassen, über das die Vettern Kenntnis und eine Abschrift erhielten.[27] Ebenso willigte Barthold in die Deponierung der Bodensteiner Originalurkunden und in die Anfertigung von Abschriften dieser Urkunden ein. Die Originalurkunden sollten im gräflichen Archiv zu Bleicherode deponiert werden. Freiwillig hatte er diesem Vorgang nicht zugestimmt, vielmehr war er 1565 vom Grafen unter Androhung einer Strafe von 600 Gulden gezwungen worden, nachdem die Vettern ein entsprechendes Verfahren gegen ihn angestrengt hatten.[28] Einer endgültigen Deponierung entzog sich Barthold aber geschickt. Unter Verweis auf seinen Streit mit den Bültzingsleben vor dem Reichskammergericht brachte er sich an Pfingstdienstag 1567 wieder in den Besitz der im gräflichen Archiv befindlichen hohnsteinischen Lehenurkunden – wiederum mit dem Konsens des Grafen. Dagegen protestierten seine Vettern noch Jahre später energisch bei der gräflichen Kanzlei, weil sie Benachteiligungen fürchteten.[29] Diese Auseinandersetzung musste die Gemüter zusätzlich erhitzen, weil ihr Besitz nicht nur ein erhebliches Faustpfand und Potential darstellte, sondern auch Aufschluss über die familieninterne Hierarchie gab. Dementsprechend stand Barthold weiterhin an erster Stelle, schien also – selbst in der Wahr-

[27] Vgl. LHASAMD Rep. H Bodenstein Nr. 3198: Inventar der von Barthold in Ellrich hinterlegten Urkunden vom 04. 07. 1564 mit insgesamt 58 Schriftstücken. Die älteste mainzische Lehensurkunde stammte aus dem Jahr 1412 (Lehnbrief Ludwigs von Busbeck, Provisor zu Erfurt über die Bodensteinischen Lehenstücke). Es wurden auch die Lehenbriefe der Erzbischöfe Albrecht von 1515 und Daniel Brendel aus dem Jahr 1569, ebenso der von Erzbischof Albrecht von Mainz bezeugte Vertrag zwischen Friedrich und Jörg von Wintzingerode einerseits und Hans von Entzensberg andererseits aus dem Jahr 1527 verzeichnet. Weiterhin inventarisierte Barthold den Pfandbrief des Otten von Rusteberg über 18 Morgen Land aus dem Jahr 1389, Verschreibung des Scharfenstein von 1338, insbesondere die hohnsteinischen Briefe (bspw. den Kaufbrief Heinrichs von Hohnstein über den Bodenstein 1337, der an die Familien Worbis, Wintzingerode, Rusteberg und Wolff verliehen wurde, den Lehenbrief des Grafen Volkmar Wolf von Hohnstein von 1556) sowie weitere schwarzburgische, stolbergische, rigensteinsche, quedlinburgische, braunschweigische (Urkunde Graf Heinrichs von Braunschweig über sieben Hufe bei Nesselroden aus dem Jahr 1331) und plessische Lehnsurkunden.

[28] Vgl. ebd., fol. 1 ff.

[29] Vgl. LHASAMD Rep. H Bodenstein Nr. 3200, fol. 26 ff.: Schreiben der Vettern an den Grafen vom 12. 09. 1574, und frühere Schreiben, in denen sie ihren Befürchtungen Ausdruck verliehen – und Recht behalten sollten. Denn Barthold blieb im Besitz der Urkunden, selbst wenn er sie für die Prozessführung vor dem Reichskammergericht gar nicht mehr benötigte.

nehmung des mit ihm mittlerweile gleichfalls im Streit liegenden Grafen von Hohnstein – wirkliche Verfügungsgewalt über diese Fundamente familiärer Adelsexistenz zu besitzen. Zugleich bedeutete der Vorgang aus Sicht der Vettern einen weiteren Vertrauensverlust: Diese Urkunden – jene Schriftstücke, die über materielle Vergangenheit, Gegenwart und Zukunft der Familie Aufschluss und Halt gaben – waren nicht umsonst an einem neutralen Ort – beim Lehnsherrn – deponiert worden. Barthold hatte auch dieses gemeinsame Band – eines der letzten – angetastet. Langsam, aber sicher gab es nicht mehr viel – bis auf den Familiennamen –, was die Vettern aneinander band.[30]

3. Eskalation und Krisis: der Sturm auf den Bodenstein 1568

Zu Beginn des Jahres 1568 war es auf dem Eichsfeld kalt – jedenfalls lässt sich dies für zwei Burgen annehmen: den Scharfenstein und den Bodenstein. Zur Jahreswende hatte sich die Stimmung zwischen den Vettern weiter abgekühlt. Gleiches galt für die Auseinandersetzung um den Tastunger Pfarrer zwischen Barthold und dem Hohnsteiner Grafen. Für Letzteren war nun offenkundig das Maß an Unbotmäßigkeit seines Vasallen unerträglich geworden. Er ließ den Bodenstein in der Nacht vom 11. auf den 12. April – Mittwoch nach Palmsonntag 1568 – von 400 eigenen Bewaffneten sowie weiteren Dienern des Hans und Bertram von Wintzingerode nebst Artillerie stürmen. In „Landtfriedenbruchiger Meuchell mörderischer weise“[31] – so Bartholds spätere Darstellung –, weil ohne irgendeine Anklage oder dergleichen sei die Eroberung versucht worden. Der erste Zusammenstoß erfolgte in der Schäferei. Ein großer Sachschaden und Körperverletzung an wintzingerodeschen Untertanen wurde verursacht mit der ausdrücklichen Absicht, den Burgherren

[30] Dass diese Familienbande doch nicht restlos vergingen, erwies sich später. Angesichts der Verhaftung und des bevorstehenden Prozesses seines Vetters wies Hans von Wintzingerode seinen Speyerer Advokaten Bernhard Kuehorn an, er solle auf weitere Rechtsmittel in den anhängigen Kammergerichtsprozessen gegen Barthold verzichten, „biß unser vetter unndt gegentheil, seiner gefenglichen hafft entledigt“ sei; LHASAMD Rep. H Bodenstein Nr. 217, fol. 154–155, hier fol. 155': Schreiben der Vettern an ihren Anwalt vom Samstag nach Bartholomaei 1574. Allerdings ließe sich dieses Schreiben auch auf andere Weise lesen, nämlich als taktische Anweisung. Demnach befürchteten Bartholds Vettern, durch einen Verfahrensfehler aufgrund der Haftbedingungen könnten die übrigen Prozesse gefährdet sein und zu ihren Ungunsten ausgehen. Sie rechneten also mit einem günstigen Ausgang des Mainzer Geschehens.

[31] LHASAMD Rep. H Bodenstein Nr. 245, fol. 2–5, hier fol. 2: Versuchte Erstürmung des Bodensteins durch den Grafen von Hohnstein, Darstellung ohne Datum und Unterschrift; Parallelüberlieferung in: LHASAMD Rep. A 53 W Nr. 104: Urkunde des Reichskammergerichts vom 16.08.1572, wiedergegeben auch bei *Winzingerode*, Barthold, S. 154–159. Folgt man dem Bericht des Oberamtmanns von Berlepsch an die Mainzer Regierung vom 24.04.1568 waren an der Aktion 300 Mann beteiligt, von denen vier getötet wurden; vgl. LHASAMD A 37a Nr. 72, fol. 3 f.

gefangen zu nehmen und ihn nach Klettenberg abzuführen. Dieser Versuch scheiterte. Die von dem im Schlaf überraschten Barthold organisierte Gegenwehr führte zu mehreren Toten unter den Angreifern, die schließlich in die Flucht geschlagen werden konnten, als deutlich wurde, dass Bartholds Leute immer zahlreicher erschienen. Schließlich sollen sich die zurückweichenden Angreifer zugerufen haben: „Wo ist nun Bertram von Wintzingerode der uns ahngefurt hadt mit seinen Leutten?"[32] Ausdrückliches Lob zollte Barthold seinem Mitstreiter Heinrich von Hardenberg, weil er tapfer „mit adelich redlich gemuth"[33] gegen eine Übermacht gekämpft habe.

Der Sturm des Bodenstein war zweifellos ein Paukenschlag. Wenn auch gescheitert, markierte er einerseits einen vorläufigen Höhepunkt in der Eskalationsspirale, andererseits einen Endpunkt. Er stellte einen Höhepunkt dar, weil nie zuvor so deutlich geworden war, dass für die Gegner des Ritters die Situation ein unerträgliches Maß erreicht hatte und sie eine Klärung herbeiführen wollten. Unübersehbar war jetzt auch, dass weder Familien- noch Lehensbande ihn vor solch gravierenden Schritten bewahrten, die zuvor gut und heimlich organisiert gewesen sein müssen. Beides drängte auf eine Entscheidung. 1569 herrschte immerhin allseits Ruhe, nachdem die Herzöge von Braunschweig und die Obersten des Sächsischen Reichskreises allen Konfliktparteien harte Sanktionen angedroht hatten. Ein Jahr später jedoch flammte der Streit erneut auf und eskalierte in einem bis dahin nicht gekannten Ausmaß. Durch alle Herren von Wintzingerode wurden Untertanen und Diener der jeweiligen Gegenpartei misshandelt. Im August / September 1572 schließlich verheerten die Brüder Hans und Bertram mit Unterstützung des Grafen und des kurfürstlich-mainzischen Oberamtmanns die Besitzungen Bartholds.[34]

Der Sturm des Bodenstein stellte auch einen Endpunkt des bisherigen Konfliktgeschehens dar. Bisher hatte sich der Hohnsteiner Lehnsherr – obwohl längst Konfliktpartei – bedeckt gehalten und auf einen Ausgleich gedrängt. Diese Zurückhaltung hatte er nun aufgegeben – mit allen Konsequenzen. Gesprächswilligkeit schien es seinerseits nicht mehr zu geben.[35] Für alle drei Seiten musste nun klar sein, dass nach dieser missglückten Aktion nichts mehr so sein konnte wie zuvor. Im Juli 1568 entband der Graf die wintzingerodeschen Untertanen von ihrer Treuepflicht gegenüber Barthold, nur um festzustellen,

[32] LHASAMD Rep. H Bodenstein Nr. 245, fol. 3.

[33] Ebd., fol. 4.

[34] Vgl. *Wintzingerode*, Barthold, S. 161–165; LHASAMD Rep. A 53 W Nr. 104: Erneutes Mandat des Reichskammergerichts vom 05. 03. 1573 gegen den Grafen von Hohnstein, die Brüder Hans und Bertram sowie den kurfürstlichen Oberamtmann.

[35] Mehrmals ließ Barthold beim Grafen durch Adrian von Steinberg, Jobst und Christoph von Hardenberg sowie durch die Herzöge Wolfgang und Philipp von Braunschweig-Grubenhagen anfragen, warum der Angriff erfolgt sei. Er erhielt keine Antwort; vgl. LHASAMD Rep. A 53 W Nr. 104: Kaiserliches Mandatum de non offendendo vom 16. 08. 1572.

dass sie sich hinter ihren Herrn stellten. Die Belehnung der Brüder Hans und Bertram und deren Beauftragung mit der Festnahme des ungehorsamen Vasallen geriet zur Farce.[36] Zwar erwiesen sich alle Seiten als gleich stark. Das zeigte der Ausgang der Gewaltaktion: 400 Mann nebst Artillerie waren nicht in der Lage gewesen, einen auf die Siebzig zugehenden Ritter nebst bewaffneter Bedeckung gefangen zu nehmen – eine Blamage sondergleichen für den Lehnsherrn, die sich zudem in der Nacht vom 31. April zum 1. Mai 1568 wiederholte;[37] und das obwohl der Zeitpunkt eigentlich gut gewählt war: Barthold war nach den Grumbachschen Händeln in einer prekären Lage. Er stand unter politischer Beobachtung und war zudem mittlerweile ohne Dienstanstellung, die ihm den Unterhalt einer größeren Mannschaft erfahrener Söldner ermöglicht hätte. Nur einige waren ihm wohl verblieben – die aber hatten zur Abwehr des Angriffs ausgereicht. Hans und Bertram wiederum konnten sich vorerst von ihrem Wunsch verabschieden, ihren Vetter zu domestizieren und in den ungeschmälerten Besitz ihrer Güter zu gelangen. Zudem warf die missglückte Aktion auch auf sie ein ganz schlechtes Licht hinsichtlich ihrer militärisch-handwerklichen Fähigkeiten und ihrer familiären Verpflichtungen. Das ging an die adelige Ehre.

Auf Barthold hinterließ der erfolgreich abgewehrte Sturm des Bodensteins einen nachhaltigen Eindruck. Trotz des Scheiterns seiner Feinde war nicht mehr zu leugnen, dass es für ihn keine Sicherheit mehr gab. Vielmehr war er in hohem Maße angreifbar und der Bodenstein keineswegs eine uneinnehmbare Trutzburg. Barthold stand allein[38] und war so verhasst, dass man ihn mit allen Mitteln zur Raison bringen, wenn nicht beseitigen wollte. Er reagierte in dreifacher Weise:

Zum einen begab sich Barthold am Ende des Jahres wieder in Solddienste, diesmal in die des französischen Königs Karl IX., der im Kampf gegen die Hugenotten in Deutschland über die Grafen von Diez Truppen anwerben

[36] Vgl. *Wintzingerode*, Barthold, S. 160 f.

[37] Vgl. *Wintzingerode*, Barthold, S. 159 f.

[38] Dabei fiel wohl auch wenig ins Gewicht, dass immerhin Hans von Westernhagen – ein Mitstreiter in den Grumbachschen Händeln – im Juli 1565 für Barthold die Bürgschaft übernahm, er könne im Konflikt mit seinen Vettern „ruhig sitzen". Der Hintergrund dieses Vorgangs ist nicht eindeutig zu bestimmen. Es ist insbesondere nicht die Motivation des Hans von Westernhagen zu bestimmen, der in seinem – mit den Wintzingerodes, und zwar allen, eigentlich in Konflikt stehenden – Familienverband insofern isoliert war, als dass er einer der wenigen verbliebenen Katholiken im eichsfeldischen Adel war und von seiner Restfamilie massiv unter konfessionspolitischen Druck gesetzt wurde, aber dennoch stets loyal gegenüber den Kurfürstlichen war. Vielleicht war sein wohlwollendes Verhalten gegenüber Barthold auch durch diese familieninternen Auseinandersetzungen inspiriert. Zwei Jahre später – im Oktober 1567 – bürgte auch Hansens Vetter Jobst von Westernhagen im Prozess Bertrams und Hans' von Wintzingerode gegen Barthold für letzteren. Unabhängig von einem abschließenden Urteil zeigt beides immerhin, dass Barthold zu diesem Zeitpunkt noch nicht von allen sozialen Kanälen und Kontakten abgeschnitten war, dass sich dies jedoch bis ins Jahr 1568 entschieden geändert hatte; *Westernhagen*, Geschichte, S. 230–233, 240 f., 244, 251 f., 306.

ließ.[39] Aus diesem – allerdings nur sehr kurzzeitigen Engagement – erhielt er 1575 Gelder in Höhe 4000 Kronen. Vielleicht mochte für ihn zu diesem Zeitpunkt aber wichtiger sein, zunächst einmal ohne Gesichtsverlust von der eichsfeldischen Bildfläche verschwinden und so die Situation beruhigen zu können. Zugleich versetzte ihn die Anwerbung in die Lage, wieder Reiter um sich scharen zu können, die ihm als Schutz dienten, nachdem seine letzte Bestallung bei Kurfürst August von Sachsen bereits zwei Jahre zuvor ausgelaufen war.

Im Gefolge dieser Anwerbung setzte Barthold im November 1568 in Duderstadt sein Testament auf. Darin bekundete er, er habe sich auf Drängen des Notars aus allerlei Ursachen bemüßigt gefühlt, sich in fremde Königreiche zu begeben und in ausländische Kriegsbestallungen einzulassen.[40] Er wolle „Seinem geliebten weybe unnd kindern“[41] einen geordneten Nachlass hinterlassen und christlich begraben werden. Detailliert und großzügig bedachte er seine Diener, seine ehelichen und unehelichen Kinder sowie seine Frau Katharina, während seine Vettern hinsichtlich des nicht-verlehnten Besitzes leer ausgingen und für die selbst hinsichtlich des Lehnsbesitzes gewisse Hürden aufgerichtet wurden.[42] Die großzügige Abfindung seiner Diener, von denen er

[39] Vgl. *Wintzingerode*, Barthold, S. 136–146; *Rommel*, Geschichte, Bd. 5, S. 86 f.

[40] Vgl. LHASAMD Rep. H Bodenstein Nr. 168, fol. 4–17, hier fol 4’: Testament Bartholds von Wintzingerode vom Dienstag, den 23. 11. 1568, zwischen 9 und 10 Uhr vormittags zu Duderstadt.

[41] Vgl. ebd., fol. 4’.

[42] Vgl. ebd. Im Detail wurden von Barthold folgende Bestimmungen getroffen: Bartholds Frau und seine Kinder sollten – von den Vormündern verwaltet – 1000 Gulden erhalten, die entsprechend angelegt wurden; der Pfarrer zu Ohmfeld erhielt 100 Gulden; Heinrich von Bünau („meinem lieben sehne“; fol. 6) erhielt drei gute Pferde, Harnische und 300 Goldgulden; Conrad Schneider zu Northausen erhält wegen seiner vorherigen Dienste und auch damit er der Witwe Schutz gebietet, 400 Goldgulden; der Diener und Schreiber Wilhelm Schultheiß wurde mit Haus und Garten zu Wintzingerode als Eigentum sowie 300 Talern bedacht; die unehelichen Söhne Heinrich und Claus wurden mit einem Meierhof sowie jeweils 200 Gulden bedacht, jedoch mit der Auflage, dass sie sich gegenüber Bartholds Weib und Kind „treulich verhalten werden“ (fol. 6’); darüber hinaus sollte dem unehelichen Sohn Claus ein Pferd und ein Harnisch gegeben werden; die Tochter Sophia „der itzgedachtenn beider Jungen schwester soll man mit Einhundert guldennn muntze auch aushalten“ (fol. 6’); der alte Diener Jacob Holstein sollte sein Leben lang in dem zugewiesenen Haus wohnen und 100 Taler erhalten; Barthold bedachte seine Frau Katharina, weil sie ihm stets geholfen habe, die Güter schuldenfrei zu halten, und einst 8000 Goldgulden zugeschossen habe, mit einem stattlichen Leibgedinge auf die Lehenstücke; weil seine Vettern sich dazu bisher nicht geäußert, sondern sich stattdessen gewalttätig gegen ihn gewandt hätten, verfügte Barthold, dass seine Frau vollständig in seine Nutzungsrechte über den Bodenstein, die damit verbundenen Besitztümer und Einnahmen eintreten solle. Aus dem Anteil Bartholds am Bodenstein ergäben sich jährlich 16 000 Goldgulden an Zinsen, die Katharina zufallen sollten. Zudem sollten seine Lehensnachfolger seiner Frau weitere 1000 Gulden für den Ankauf einer entsprechenden Behausung geben; Katharina sollte sich solange auf den Lehengütern aufhalten dürfen, bis sie die 8000 Goldgulden erhalten habe. Zu der besagten, später umstrittenen Kapitaleinlage Katharinas vgl. StAMr 17d v. Wintzingerode Nr. 10: Abschrift der Beglaubigung Bartholds

wusste, dass sie nach seinem Tod in einer prekären Lage sein würden, erwies sich an einem Beispiel symptomatisch: „Balthasar Nuß meinem Jungen will ich das Ihme Einhundert thaler, Ein Pferdt so guth es Im stalle ist unnd einen Harnisch gegeben werden“[43]. Mit jenem *Jungen* bedachte der Testator einen seiner loyalsten Diener. Der 1545 in Brückenau geborene Nuß darf als ebenso brutal und grausam wie skrupellos gelten: Er war es wohl, der kurze Zeit später den Tastunger Pfarrer erschoss und den Förster Arnold Geilhausen aus dem Haus zerrte. Bald nach Bartholds Gefangennahme flüchtete Nuß ins Fuldische und konvertierte zum Katholizismus, um seit 1575/76 an der Seite des streng gegenreformatorisch-jesuitischen Abts Balthasar von Dernbach zunächst als Förster, seit 1602/03 als Zentgraf und Malefizmeister in der Stadt Fulda zu wirken, wo er Hexenprozesse durchführte. 1606 wurde er wegen Bereicherung, Unterschlagung und Bestechlichkeit verhaftet und zwölf Jahre später hingerichtet.[44] Neben ihm bedachte Barthold auch einen weiteren loyalen Diener: Dem Wagenknecht Blasius beabsichtigte er „umb seines Langwierigen unnd vleissigen Dinst willen zu seinem Hausse unnd Hoffe noch eine halbe Huffe Lande im Sachssenthal erblich zumessen, unnd gentzlich dinnst frei lassen“[45]. Ausdrücklich äußerte er sich zu seinen Vettern Hans und Bertram von Wintzingerode, dass „Inn solchem widder willen der zwischen Ihnen unnd mir schwebenden Rechtsachen erwachßen, daß Ich nith allein keine richtige gunst [...] nicht erhalten konnen, Sondern sie haben auch darzu durch Ir gefehrlich practicirenn, vorgedachter graffen vonn Honstein, auch abgewant, unnd sich vonn beydentheilen mich mein gelibtes weyb unnd Kinder, in die euserste noth unnd gefhar legten unnd lebens zubrengen sich understanden, wie solchs Landkundig und menniglich wissent ist, Das ich mich also wie vorgedacht widder zu der Herrschaft nach denn mitbelentenn, einige gnade, oder forderung, die sich doch in solchen fellenn pillich eignenn, unnd geburen, zugetroffenn sondern vielmehr beschwerung und nachtheil von Ihnenn zugewarttenn“[46] hätten. Konsequent schloss er beide ausdrücklich und abermals von jenen Erbstücken aus, die nicht verlehnt waren[47] und

über die Kapitaleinlage Katharinas von 8000 Gulden nebst Zeugen (Christian und Adrian von Steinberg sowie Friedrich Schwartz (fürstlich-braunschweigischer Statthalter) vom Donnerstag nach Trinitatis 1563.

[43] LHASAMD Rep. H Bodenstein Nr. 168, fol. 7.

[44] Vgl. *Walther*, Abt, S. 338 f., 618–621, 685–688; *Berthold Jäger*, Zur Geschichte der Hexenprozesse im Stift Fulda. Forschungsstand – Kritik – Perspektiven, in: Fuldaer Geschichtsblätter 73 (1997), S. 7–64, hier S. 14–22.

[45] LHASAMD Rep. H Bodenstein Nr. 168, fol. 7.

[46] Ebd., fol. 9.

[47] Vgl. ebd., fol. 11–13'. Hierzu benannte er neben einzelnen Rechten, Höfen und Gebäuden: das halbe Dorf Reinholderode, das ganze Dorf Kaltohmfeld, das ganze Sachsenthal. Die Gründe für diesen Ausschlussrigorismus mag auch damit verbunden gewesen sein, dass seine Vettern seit 1561 versucht hatten, die von Barthold vernlasste Verschreibung einer Leibzucht über 8000 Gulden zugunsten seiner Gattin Katharina mit allen Mitteln und natürlich unter Einschaltung des Hohnsteiner Grafen zu verhindern. Denn die Leib-

setzte als Testamentsvollstrecker Christoff, Adrian und Melchior von Steinberg, Kurt (von) Schwicheldt, Hans von Bartensleben und den Wolfenbütteler Kanzler Dr. Joachim Minsinger von Frundeck – einem der herausragenden Juristen des Reiches in dieser Epoche – ein.[48]

Die Benennung jener Verwandten und Freunde als Testamentsvollstrecker erwies Bartholds problematische Situation: Ihm blieben nurmehr die Braunschweiger Beziehungen. Eichsfeldische hatte er keine mehr. Andererseits konnten auch die Umstände der Testamentsabfassung in jener Situation als neuerliche Provokation gelten. Die von Kurmainz beargwöhnten und vom Hohnsteiner Grafen gefürchteten Braunschweiger waren ins protestantische Duderstadt gekommen – jener umkämpften Stadt im Untereichsfeld, um das Testament eines widersätzlichen Vasallen aufzusetzen und zu bezeugen.

Bartholds dritte, wenn auch reichlich verspätete Reaktion auf den Vorfall war die abermalige, 1572 erfolgte Einschaltung des Reichskammergerichts und Klage auf Landfriedensbruch gegen den Grafen von Hohnstein, den Oberamtmann des Eichsfeldes sowie gegen die Herren von Bodenhausen, Tastungen, Bodungen, Westernhagen und Hagen.[49] Die Gründe für die Verzögerung sind nicht ganz klar. Vielleicht war sie durch seine Abwesenheit in französischen Solddiensten bedingt, vielleicht auch weil der Hohnsteiner Graf und Bartholds Vettern im Juli 1572 etliche seiner Dörfer abermals heimsuchten. Jedenfalls inszenierte Bartholds Prozessbevollmächtigter – Dr. Johann Augsburger – in seiner Anklageschrift die Erstürmung des Bodensteins, die Niederträchtigkeit des Grafen und der Vettern, die Tapferkeit des um Leib und Leben seiner Familie kämpfenden Klägers und seiner adeligen Helfer als Akt der Not- und Gegenwehr gegen einen meuchlerisch-barbarischen An-

zucht wäre ja aus der Erbmasse herausgenommen worden. Die Vettern waren damit allerdings 1565 nach Einschaltung Kaiser Maximilians II. gescheitert. Der Grund für die Verschreibung der Leibzucht bestand in der Herkunft der Summe: Nach dem Tod ihrer Eltern hatte Katharina eben 8000 Gulden Bargeld geerbt, die sie in die adelige Wirtschaft Bodenstein eingebracht hatte und für die Barthold schon damals festschrieb, dass sie ausgezahlt werden müssten; *Wintzingerode*, Barthold, S. 56 f.; StAMr 17d v. Wintzingerode Nr. 10: Abschrift der Beglaubigung Bartholds über die Kapitaleinlage Katharinas vom Donnerstag nach Trinitatis 1563.

[48] Vgl. LHASAMD Rep. H Bodenstein Nr. 168, fol. 14 f. Barthold setzte also Verwandte und ehemalige Kampfgenossen als Testamentsvollstrecker ein. Mit dem Wolfenbütteler Kanzler war er über die Familie seiner Mutter – den Oldershausen – verbunden; vgl. *Samse*, Zentralverwaltung, S. 146; *Sabine Schumann*, Joachim von Mynsinger von Frundeck (1514–1588). Herzoglicher Rat in Wolfenbüttel – Rechtsgelehrter – Humanist. Zur Biographie eines Juristen im 16. Jahrhundert (Wolfenbütteler Forschungen 23), Wiesbaden 1983; *Ingrid Scheurmann*, Die Wissenschaft vom Kameralprozeß, in: Frieden durch Recht. Das Reichskammergericht von 1495 bis 1806, hg. von ders., Mainz 1994, S. 159–169, hier S. 161 f.

[49] Vgl. LHASAMD Rep. H Bodenstein Nr. 217, fol. 87–102, 103–118 (Klageschrift vom 10. 12. 1572). Parallelüberlieferung in: LHASAMD Rep. A 53 W Nr. 104.

schlag.[50] Ganz im Geiste der traditionellen wie auch der neueren protestantischen Auffassungen vom gerechten, weil natürlichen Widerstand hatte sich der Herr des Bodensteins demnach seines tyrannischen Lehnsherrn erwehrt.[51] Augsburger zog daraus einen dramatischen und entscheidenden Schluss: Angesichts dieses Vorgangs und der Reichsrechtslage sei offensichtlich, „das der beclagte graffe undt die mittbeclagten vonn Wintzingeroda, samptlich unnd sonndlich mitt der thatt Inn die Poen des Landtfriedens und des hayligen reichs Acht gefallenn sein, auch der herr beclagte graffe das directum dominium, des gleichen die mittbeclagten Hans und Bertram vonn Wintzingeroda, in Pari delicto sindt Ihre Action und fordung sampt belehnunge und utile dominium, so ieder zu seiner gebür und antheill an dem Haußе Bodenstein, und dessen Zubehörunge gehatt, durch solche tödtliche handlunge verwirckt unnd sie sich dessen verlustig gemacht habenn“[52]. Deshalb forderte der Anwalt, die Beklagten einerseits mit einer entsprechenden Geldstrafe zu belegen, andererseits „dem Cleger solches alles heimgefallenn, auch Clegern alßo zuzueigenen, zu adiudicieren, und zuzusprechen sey, und derhalben die beclagten samptlich Inn die Poen des Hay[ligen] Reichs Achtt, unnd den Herrenn beclagten Graffe in Verlust des eigenthumbs oder directi Dominij, unnd die mittbeclagten Inn verlust Irer forderunge gesampter belehnung oder utilis dominij, an dem Hause Bodenstein, und dessen Zugehorunge, zu condemniren, zu [ver]uertheilenn unnd zu denunicijren“[53]. Barthold sollte also unabhängig werden, sich anschließend den Lehensherrn selbst aussuchen oder

[50] In den 52 Einzelpunkten des juristischen Vortrags wurde insbesondere die Rolle des Bertram von Wintzingerode als Anführer des stürmenden und mordenden Haufens hervorgehoben, ebenso die Rolle seines Bruders Hans als eigentlicher Drahtzieher im Hintergrund; LHASAMD Rep. A 53 W Nr. 104, fol. 15–28, hier fol. 19 ff.: Libellus Articulatus des Johann Augsburger, Speyer 10. 12. 1572, *in causa fractae pacis*.

[51] Augsburger konnte sich hierbei auf die wenigstens in höchsten protestantischen Kreisen seit den dreißiger Jahren bekannten Schriften der Theologen Johannes Bugenhagen (1485–1558) und Justus Menius (1499–1558) oder des Juristen Basilius Monner (1500–1566) beziehen, die theologische und juristische Auffassungen bündelten. Gerade der Jurist Monner akzentuierte die Gehorsamspflicht des Untertans gegenüber dem Landesherrn – des Vasallen gegenüber dem Lehnsherrn – parallel zu dessen Schutzpflicht gegenüber seinen Schutzbefohlenen, die ansonsten von ihrer Gehorsamspflicht entbunden seien. Dieser Gedankenfigur stellte er das Recht jedes Menschen auf Notwehr gegen Räuber und Mörder an die Seite – für Augsburger musste dies als eine willkommene, ja geradezu für seine Causa geschaffene Argumentation erscheinen, die sich zudem aus dem römischen Recht ableiten ließ; *Schorn-Schütte*, Kommunikation, S. 295–303, hier besonders S. 302 f.; *dies*., Politik, S. 14–17; *Merio Scattola*, Das Naturrecht vor dem Naturrecht. Zur Geschichte des „ius naturae“ im 16. Jahrhundert (Frühe Neuzeit 52), Tübingen 1999, S. 59 ff. Zum Begriff und Verständnis der Gegenwehr im Unterschied zur Notwehr vgl. *Gabriele Haug-Moritz*, Widerstand als „Gegenwehr“. Die schmalkaldische Konzeption der „Gegenwehr“ und der „gewehrliche“ Krieg des Jahres 1542, in: Robert von Friedeburg (Hg.), Widerstandsrecht in der Frühen Neuzeit. Erträge und Perspektiven der Forschung im deutsch-britischen Vergleich (ZHF, Beiheft 26), Berlin 2001, S. 141–161.

[52] LHASAMD Rep. A 53 W Nr. 104, fol. 24’ f.

[53] Ebd., fol. 25’ f.

gar reichsunmittelbar werden dürfen – eine Vorstellung, die dem Grafen von Hohnstein nicht und den Kurmainzern noch viel weniger gefallen konnte.

Solcher eindrucksvollen Gerichtsprosa wusste der gräflich-hohnsteinische Anwalt – Dr. Malachias Ramminger – allerdings ebenso gut entgegenzuhalten. Seine Replik verfolgte die Strategie, die ganze Angelegenheit als *causa feudalis* und damit als reine Lehenssache – also als Vorgang der Domestizierung eines Vasallen durch seinen Lehensherrn – erscheinen zu lassen. Der Anwalt des Grafen vertrat den Standpunkt, die Angelegenheit gehöre gar nicht vor das Reichskammergericht. Zudem hätte der Kläger seine Anliegen selbstverständlich dem Grafen vortragen, auch juristisch vertreten können, „woferne er von andern erliebendenn vom Adell, unndt mit beleneten seiner sachen keine scheu gehabt, dieselbige competenter suchen, undt reverenter Clagen sollen"[54]. Dagegen habe der Kläger mutwillig und gewaltsam in Wort und Schrift gegen seinen Lehensherrn agitiert. Offensiv, ja regelrecht empört drehte die Verteidigung den juristischen Spieß um und bezichtigte den Kläger des eigentlichen und ursprünglichen Landfriedensbruchs. Schließlich formulierte Ramminger ein für die Zukunft Bartholds nachhaltig ruf- und stilprägendes Diktum: Was solle der Graf davon halten, „das ein solcher Lehenmann, underthan, unnd diffamante, der durch solche Clagen, wie der von Wintzingeroda gethan, da er doch per multos motos, und teglich, durch sein Wueterische Tyranney, und zenckische mutwillige, vielfelttige, Partheische Hendel, die fast Inn ganz Teutschland erschallen, sein Hern und Oberkeit zu ernsten einsehen hette bewegen mögen, seinen hern noch vor der gantzen weldt ausschreiet, aller und iglicher habenden Lehen und gerechtickeitt sich unwirdigk und verlustigk gemacht"[55]? Und weiter: „Weil dan des von Wintzingeroda berurtte, mehr dan milde, unerfindtliche, vormeintte famos, criminal, undt Capital Klagen, ohne einige erhebliche erfordernde notturfft, besondern auß lautterm, mehr dan vorgeßenen barbarisch trotz, frefel und mutwillen, darmit ehr, der vermeintte Cleger, wie er es biß anhero getrieben, auch hinfuro mitt seiner gewaltsamen, grausamen, mörderischen unmenschlichen handelung, wider Gott, Recht und Obrickeitt under dem schein der rechthenigen sachen, alles sein blutdurstiges gefallen volbringen, toben, unnd wueten, muege ganz nichtig und vorgeßenlich erheben"[56]. So habe sich Barthold „auch mitt seiner person, welch den Mittwochen nach Faßnacht, des abgelaufenen 73. Jahres [...] sich durch einenn todtschlagk, dann er an einen armen Man selbst begangen, wider des funfte Gebott Gottes schwerlich gesundiget"[57]. Ein solcher Lehensmann – so schloss der hohnsteinische Anwalt – könne einfach nicht legitimiert sein, vor Gericht als Kläger aufzutreten.

[54] LHASAMD Rep. H Bodenstein Nr. 217, fol. 2–7, hier fol. 3': Replik der hohnsteinischen Verteidigung vom 22.06.1573 (bzw. 09.10.1573, fol. 77–82) auf die Anklageschrift (Parallelüberlieferung in: LHASAMD Rep. A 53 W Nr. 104, fol. 29–34 vom 09.10.1574).

[55] Ebd., fol. 4.

[56] Ebd., fol. 4' f.

[57] Ebd., fol. 5.

Selbstverständlich muss man solche Stellungnahmen als juristische Argumentationsprosa im Kontext der Prozessdramaturgie lesen. Es stritten nicht einfach nur zwei, drei, vier Parteien gegeneinander, sondern auch mindestens zwei gelehrte Juristen und prozesserfahrene Spezialisten.[58] Augsburger und Ramminger dürfen als zeitgenössische Kenner ihres Faches am Reichskammergericht gelten, die ‚ihre' Fälle vor Gericht zu präsentieren wussten. So ist denn auch die Replik des hohnsteinischen Anwalts weniger interessant wegen der juristischen Generallinie, die er verfolgte; sie war eindeutig: Es handelte sich um eine Befriedungsaktion zwecks Garantie des Landfriedens. Vielmehr jedoch müssen die hierfür herangezogenen Argumente und deren Effekte interessieren. Ramminger formte nämlich das Bild eines treulosen Vasallen, der sich durch fortgesetzten Ungehorsam, durch widerrechtliche, unverhältnismäßige und unnötige Gewalt und üble Nachrede zum Tyrannen aufgeschwungen hatte. Die ersten beiden Argumente mussten jedem Reichsfürsten die Ohren klingen lassen, hatte man doch gerade erst einen Adelsaufstand knapp bewältigt. Das dritte Argument – die *Wueterische Tyranney*, die allerdings nicht Rammingers Erfindung war[59] – gab der Argumentation eine ganz neue Dimension: Barthold beabsichtigte wohl zu unterdrücken, eigensüchtig zu handeln und damit gegen allgemeine, nicht bloß gegen Rechtsregeln zu verstoßen. Insofern war die hohnsteinische Regierung verpflichtet, ja geradezu gezwungen gewesen, derart drastisch zu handeln. Aus dieser Perspektive – eben weil er Tyrann war, also jenseits allen Rechts und ethisch-moralisch-religiös-sozialer Normen agierte – hatte sich der Ritter selbst außerhalb der Gemeinschaft gestellt und war zu bekämpfen. Zur Verstärkung und Exemplifizierung fügte Ramminger auch die letzten beiden Aspekte hinzu: Barthold missbrauche in eigennütziger Weise das allen gemeinsame Recht und töte grausam mit eigener Hand, wie er erst kürzlich wieder eindrucksvoll unter Beweis gestellt habe. Was konnte für ein rechtsgelehrtes, humanistisch gebil-

[58] Bartholds Vettern wurden von Bernhard Kuehorn vertreten. Dieser zog sich ganz auf den formalen Rechtsstandpunkt zurück: Barthold habe gar nicht das Reichskammergericht anrufen dürfen, die anhängigen Streitsachen könnten durch den gräflichen Lehnsherrn geschlichtet und entschieden werden; vgl. LHASAMD Rep. A 53 W Nr. 104, fol. 35–38: Stellungnahme des Bernhard Kuehorn als Anwalt der Vettern vom 14. 10. 1573. Pikant an diesen Prozessen war, dass die Anwälte in anderen Verfahren der Kontrahenten die jeweilige Gegenseite vertraten: Ramminger bspw. hatte von Barthold von Wintzingerode 1563 eine entsprechende Prozessvollmacht für die Speyerer Verfahren erhalten; vgl. StAMr 17d v. Wintzingerode Nr. 10: Vollmacht Bartholds für Dr. Malachias Ramminger als Advokat zu Speyer vom 16. 08. 1563.

[59] Sie wurde von ihm aus der Klage der aus Lippe stammenden Brüder des getöteten Arnold Geilhausen aufgegriffen, die an Graf Volkmar das Gesuch gerichtet hatten, „Euer Gnaden wollen Inhalt obangezogener Reichsordenunge undt zu Handthabung des rechten undt Landfriedten, den unchristlichen thirannischen Mörder, Bartoldt von Wintzingerode [...] als ein Übelteter behaften, einziehen undt dermassen verwaren lassen"; vgl. LHASAMD Rep. H Bodenstein Nr. 263, fol. 3: Schreiben der Brüder Johann und Hermann Geilhausen vom 10. 03. 1573 (Kopie) an den Grafen von Hohnstein.

detes und antikenbeflissenes Publikum eindringlicher und nachvollziehbarer erscheinen als ein solches – geradezu klassisch-aristotelisch anmutendes – Tyrannenbild?

Bemerkenswert an dieser Argumentation Rammingers war weniger die Wortwahl als vielmehr die hinter den Begriffen stehende Logik. Vordergründig handelte es sich um eine relativ plumpe Invektive, durch die der Adelige als Schrecken verbreitender Krimineller – im eigentlichen Wortsinn: als Terrorist – stigmatisiert werden sollte. Der Tyrannei-Begriff vermittelte ein widerrechtliches, unchristliches, asoziales Handeln, das die gottgewollte Ordnung und die existentiellen sozialen Normen – *pax*, *iustitia* und *amicitia* – negierte. Im herrschaftsphilosophischen Kontext jener Zeit waren Rammingers Ausführungen umso bemerkenswerter, weil er das Ausmaß des begangenen Rechtsbruchs in die Sphäre der Aufkündigung fundamentaler sozialer Verträge durch Barthold hob. Ramminger kehrte gewissermaßen die gängige Tyrannen-Interpretation um. Während der sich gerade in jener Zeit in Deutschland, Frankreich und den Niederlanden intensivierende herrschaftsphilosophische Diskurs über das Widerstandsrecht und die Widerstandspflicht von Individuen und Ständen gegen ungerechte Herrscher eine beinahe ausschließlich obrigkeitskritische Stoßrichtung besaß,[60] verkehrte der Hohnsteiner Anwalt vor dem Reichskammergericht diese Kritik und das daraus abgeleitete Handlungsrecht ins Gegenteil. Er führte sie gewissermaßen auf ihren argumentativen Ausgangspunkt zurück. Demnach besaß der Fürst als gottgesetzte Obrigkeit – in der zeitgenössischen Diktion also als *pater patriae, gubernator rei publicae, conservator libertatis communis, protector salutis publicae* – die Pflicht, in Ausübung seiner Schutzfunktion für die ihm Anvertrauten und gegen jenen Tyrannen, der die gottgewollte Ordnung störte sowie seinen Herrn, die Standesangehörigen und die Untertanen terrorisierte, vorzugehen.[61]

Unabhängig von der Wirkung dieser Argumentation auf die Speyerer Richter entfaltete die Argumentationslinie und Wortwahl des gräflich-hohnsteinischen Anwalts eine erstaunliche Fernwirkung: Sie führte nämlich zu jener Stilisierung Bartholds als Tyrann, wie sie nach seiner Gefangennahme 1574

[60] Für die frühneuzeitliche Politica insgesamt vgl. *Horst Dreitzel*, Monarchiebegriffe in der Fürstengesellschaft. Semantik und Theorie der Einherrschaft in Deutschland von der Reformation bis zum Vormärz, 2 Bde., Köln / Weimar / Wien 1991, S. 82 ff., 139–160, 510 ff., 529–546. Zum 16. Jahrhundert speziell vgl. *Bodo Nitschke*, Einführung in die politische Theorie der Prämoderne 1500–1800, Darmstadt 2000; *Luise Schorn-Schütte*, Geschichte Europas in der Frühen Neuzeit. Studienhandbuch 1500–1789, Paderborn / München / Wien / Zürich 2009, S. 164 ff., 175–179, 214 ff., 298–303; *dies.*, Kommunikation, passim; *dies.*, Politik, passim; *Alexander Schmidt*, Vaterlandsliebe und Religionskonflikt. Politische Diskurse im Alten Reich (1555–1648) (Studies in Medieval and Reformation Traditions 126), Leiden / Boston 2007, S. 52–65, 78–95.

[61] Vgl. *Wolfgang Weber*, Prudentia gubernatoria. Studien zur Herrschaftslehre in der deutschen politischen Wissenschaft des 17. Jahrhunderts (Studia Augustana 4), Tübingen 1992, S. 188–195, 303–306; *Reinhard*, Paul V., S. 56–64.

von den Jesuiten betrieben wurde, um den Sturm des Bodensteins durch Kurerzbischof Daniel Brendel zu rechtfertigen und zu lobpreisen. Wohl gemerkt: Die Jesuiten und die Mainzer Regierung übernahmen die Diktion und Argumentation der Hohnsteiner Regierung, sie prägten sie nicht; aber – auch dies gilt es zu vermerken – sie bemächtigten sich ihrer und verbreiteten sie aus den Gerichtsräumen in die politische Welt des Eichsfeldes, der Region und des übrigen Reiches.

Ein letzter Aspekt sei erwähnt: Der Hinweis Rammingers, Barthold habe erst letztens wieder mit eigener Hand getötet, bezog sich auf die Ermordung des Försters Arnold Geilhausen, den Barthold im Februar erschossen hatte. Der Vorfall hatte zunächst nur ein geringes Echo gefunden, vielleicht weil er ‚nur' eine weitere Episode der allgegenwärtigen Gewaltatmosphäre war. Zwar ging in der gräflich-hohnsteinschen Kanzlei eine Klage der Verwandten gegen Barthold ein.[62] Doch dieser ignorierte das Verfahren und die Gerichtshoheit des Grafen. Auch seine Vettern engagierten sich nicht, obwohl Geilhausen in ihren Diensten gestanden hatte und mehrfach an Aktionen gegen Barthold beteiligt gewesen war. Bedeutsam und folgenreich war die prozessuale Behandlung des Falls durch die Hohnsteiner und seine Erwähnung in Speyer allerdings schon, insofern sie nämlich die juristische Basis für den einige Monate später gegen ihn eingeleiteten Prozess in Mainz darstellte. Auch hier erfand die Mainzer Seite keinen weiteren Grund für die Strafverfolgung willkürlich, sondern griff auf das vorhandene Material zurück.

Noch aber trat Barthold in Speyer als Kläger auf und ließ sich nicht beirren. Er präsentierte ein umfassendes Verzeichnis von Punkten, zu denen der Graf Stellung nehmen solle. Denn dieser habe noch kurz vor dem Sturm auf den Bodenstein mit ihm und „seinen widerwertigen vettern"[63] einen Friedensstand ausgehandelt, um anschließend das Mordwerk, das in aller Ausführlichkeit geschildert wurde, in Szene zu setzen. Er habe an die Friedenswilligkeit der Beklagten geglaubt und sich „treulich verlassen und sich nicht weniger ungnade, viel weniger einer solchen heimlichen Meuchlingen, und kegen gott und den menschen, unverantwortlichen thatt"[64] schützen können. Auch

[62] Vor dem peinlichen Achtgericht des Grafen formulierte der Vormund von Geilhausens Sohn in seiner Anklage: Barthold habe im Dorf Wintzingerode Arnold Geilhausen von seinen Dienern Nuß und Blasius aus seiner Wohnung zerren lassen. „Alß nuhn der arme Mann von dem Beclagten übel angefahren, hat ehr mit gefalten Henden gestanden undt um Gottß willen gebeten, ihnen nicht zubeschedigen. In dem rückt der Angeklagte Bertoldt von Wintzingerode seyne Büchsen auß der Hülfter undt schiest dem armen Manne, Arnt Geilhause, durch seyne zusamme gefalten Finger undt durch seynen Leib, dass das Lott auf dem Rücken wieder heraus auf eyne Wandt gefahren, do das Warzeichen noch vorhanden ist, von welchen Schoß der arme Mann, Arnt Geilhause, also jemmerlich undt elendiglich hat sterben müssen"; vgl. LHASAMD Rep. H Bodenstein Nr. 263, fol. 4ff.

[63] LHASAMD Rep. H Bodenstein Nr. 217, fol. 51ff., hier fol. 51.

[64] Ebd.

ein lehnsabhängiger Kläger habe Anrecht auf Landfrieden, zumal Barthold selbst Recht spreche in seinen Dörfern.[65]

Der gräflich-hohnsteinsche Anwalt ging auf solche Anwürfe gar nicht erst ein, sondern blieb bei seiner Linie, dem Kläger selbst vielfachen Landfriedensbruch nachzuweisen. Er verstärkte sogar noch den Argumentationsdruck. Zwar räumte er im November 1574 – Barthold war zu diesem Zeitpunkt bereits von den Mainzern gefangengenommen und sein Prozess in Mainz eröffnet worden – ein, der Kläger sei wohl gräflicher Vasall und im Besitz hoheitlicher Rechte. Dies sage jedoch gar nichts, denn: „Item wahr das Bartholdt von Wintzingerodt ein geraume Zeyt hero sich vieler unrechtmessiger unbillicher aigengewaltiger auch Landfriedbruchiger handlungen zuwider den reichs unnd Kraysabschieden understanden unnd zu werckh gericht habe“[66]. Er habe sich als trotziger Vasall erwiesen, der Menschen einkerkere, andere – wie den Pfarrer von Tastungen – töte. Um diesen Eindruck zu verstärken, gab Ramminger an, Barthold habe sich gegenüber diesem Eberhard Müller mehrfach vernehmen lassen, er werde ihn gegebenenfalls „mit buchsen durch sich oder die sein zu erschiessen, mit spiessen unnd messern zu erstechen, vom Leben zu todt zu bringen unndt das kein disputation daruber sollte gehalten werden“[67]. Mord war also ebenso beabsichtigt und gewollt wie die Verachtung der gräflichen Obrigkeit prinzipieller Natur war. Denn nach Angaben Rammingers habe sich der Kläger gegenüber dem bedrohten Müller darüber hinaus vernehmen lassen: „Du Pfaff solst mir wol dandzen wie Ich dir Pfeiff, Ich frag nichts nach dem graffen von Honstein“[68]. Der Anwalt ergänzte, nun den in Mainz mittlerweile anhängigen Verhandlungsgegenstand aufgreifend: „Wahr das Barthold von Wintzingeroda einen armen mann Arnold Gelhaussen, der bey Ime Bartholdt von Wintzigeroda Im verdacht als solcher er sich von den anderen Wintzingerodern uf der verholffenen Lendereyen, mit einredten unnd anderer arbeyt haben gebrauchen lassen, vor seinem aignen haus [...] mit seiner aignen handt erschossen, unnd erbarmlich vom Leben zum todt gericht“[69] habe. Diese Ergänzung erfolgte zweifellos, um das Mainzer Verfahren mit dem Speyerer zu sychronisieren.

Während der Hohnsteiner Anwalt auf diese Weise die Anklage immer stärker in die Defensive drängte, legten sich die von Barthold belangten Standesgenossen nun auch keine Hemmungen mehr auf. Gleichermaßen erstaunt zeigten sie sich, dass gerade Barthold von Wintzingerode sie hatte beklagen

[65] Vgl. ebd., fol. 87–102, hier Punkte 2 und 3: Libellus Articularis der Anklage vom 10.12.1572.

[66] Ebd., fol. 119–128, hier fol. 122: Gräflich-hohnsteinsche Replik vom 10.11.1574 (Parallelüberlieferung in: LHASAMD Rep. A 53 W Nr. 104, fol. 40–48).

[67] Ebd., fol. 124.

[68] Ebd., fol. 125.

[69] Ebd., fol. 127'.

lassen. Von „nichtigkeitt der ganzen Examinis“[70] sprachen sie und von der Unglaubwürdigkeit der angeführten Zeugen, zumal Dietrich von Hardenberg dem Kläger „mitt nach Bluetsfreundschafft verwandt, unnd zugethann“[71] sei. Der Kläger habe sich in der „erzelung begangener Nulliteten“[72] ergangen. Keiner der Beklagten sei beim Sturm wider den Bodenstein dabei gewesen, lediglich ihre Pferde und Diener hätten wohl daran teilgenommen. Selbstverständlich richtete sich Bartholds Hass insbesondere auf Christoph vom Hagen, den er verdächtigte, Rädelsführer des Anschlags gewesen zu sein. Doch auch diesbezüglich – wie schon hinsichtlich anderer Beschuldigungen, die für die Beklagten problematisch hätten werden können – versagte das Gedächtnis der beklagten Adeligen – bis auf einen Zeugen, der „unbesonner weis herausplaudert, unnd dem vermeinten articul warsagt“[73], um kurze Zeit später allerdings „uff solcher seiner aussage mit nicht bestehet, sunder varijrt er, unnd endert solch sein assertion hernacher“[74]. Einig waren sich die mit auffälligen kollektiven Gedächtnislücken behafteten Herren allerdings darin, dass eine friedliche Einigung mit ihrem klagenden Standesgenossen überhaupt erst gar nicht möglich gewesen sei, wo man sich doch solche Mühe gegeben hätte. Kurzum: Vom Kläger seien die „dann mehr unnd offtgedachte beclagte ohne alle ursach, aus lautter vorgesetztem mutwillen, has und neydt bey E:f:g: und dieser hochsten Justitien uffs schmalychst diffamirt, und ann ehren und glimpf, auch den adelichen herkomen zum hochstenn jedoch alles unerfindlicher und erdichter weis, angetastet [worden.] Da magk er nunmehr auch gedencken was yme daraus erfolgen moge, und das er solche seine freud und unwharhaffte diffamation impune keines weges werde hintragen“[75].

Der Speyerer Prozess machte deutlich, wie unversöhnlich sich die streitenden Parteien gegenüberstanden, wie wenig Handlungsspielräume für einen – wie auch immer gearteten – gütlichen Ausgleich vorhanden waren und wie sehr die Entwicklung auf eine endgültige Entscheidung zusteuerte. Barthold durfte sich nicht allzu viel erhoffen: vom Grafen nicht, von seinen Vettern ohnehin nicht und von seinen verfeindeten Standesgenossen erst recht nicht. Gleichgültig wie dieser Reichskammergerichtsprozess ausging, danach oder parallel dazu musste nach neuen Handlungsalternativen gesucht werden. Das galt aber für alle Parteien, und zwar sowohl für diejenigen, die unmittelbar an dem Speyerer Geschehen beteiligt waren, als auch für jene Akteure, die im Hintergrund dieses juristischen Spektakels blieben, nämlich die Kurmainzer und die Braunschweiger. Sie allerdings beobachteten das Geschehen sehr

[70] Ebd., fol. 133–139, hier fol. 133 f.: Stellungnahme der Adeligen Wilko d. Ä. und Otto von Bodenhausen, Franz von Tastungen, Burkhard von Bodungen und Christoph vom Hagen o.d.

[71] Ebd., fol. 133 f.

[72] Ebd., fol. 134'.

[73] Ebd., fol. 135'.

[74] Ebd., fol. 136.

[75] Ebd., fol. 137'.

aufmerksam und wägten ihre Möglichkeiten ab, um im richtigen Augenblick intervenieren zu können.

4. Fürstliche Reaktionen

Die Vehemenz, mit der sich die Hohnsteiner in Speyer zur Wehr setzten, kam nicht von Ungefähr. Sie zielte nicht nur auf den Kläger, sondern war auch Ausdruck des politischen Drucks, der auf dem Grafenhaus seit der missglückten Aktion gegen den Bodenstein verstärkt lastete und der aus beinahe allen Richtungen kam. Er verschärfte die ohnehin prekäre Stellung des Grafenhauses in der Region. Insbesondere die Herzöge von Grubenhagen – wohl inspiriert von den Steinberg- und den Hardenberg-Brüdern – ließen sich empört in Lohra vernehmen, man könne sich die Aktion gegen den Bodenstein nicht erklären. Barthold von Wintzingerode habe sich gegenüber dem Grafen nie etwas zu Schulden kommen lassen. Dagegen habe sich der Graf mit „einiger Conspiration, faction unnd eynen solchen heimlichen meuchlingingen unnd gegen goth unnd denn menschen, unverantwortlichen thadt“[76] schuldig gemacht. Mit der auf dem Bodenstein angewandten Gewalt und den zahlreichen Plünderungen habe man Barthold und seine ganze Familie „auff das geruhlichste ahnn Ihren Adelichen stande, ehren und guthem gemuthe, schendlich felschlich unnd boeslich angegriffenn, unnd geschmeet“[77]. Die Herzöge verlangten nach einer triftigen Erklärung – und boten zugleich listig ihre Vermittlung in dem Streit an. Graf Volkmar willigte mehr oder minder notgedrungen in dieses Verhandlungs- und Vergleichsangebot ebenso ein wie in einen Waffenstillstand, allerdings mit der Einschränkung, auch Barthold müsse sich daran halten. Den Braunschweigern versicherte er, er wolle sich ihre Auffassung anhören, jedoch ohne irgendwelche politischen Prätensionen für die Zukunft.[78]

Nicht nur von dieser Seite wurde auf die gräfliche Regierung Druck ausgeübt. Auch die zuständigen kurfürstlich-mainzischen Stellen meldeten sich nach dem Sturm des Bodenstein in der gräflichen Residenz zu Klettenberg kritisch zu Wort. Zwei Wochen nach den Ereignissen hatte der kurfürstliche Oberamtmann Kaspar von Berlepsch besorgt nach Mainz berichtet, dass die kurmainzischen Interessen kurz- und langfristig tangiert sein könnten.[79] Er fürchtete insbesondere die unabsehbaren Folgen einer weiteren Eskalation des Konflikts und riet zu nachdrücklichen Beratungen mit der gräflichen Re-

[76] LHASAMD Rep. H Bodenstein Nr. 217, fol. 53–56, hier fol. 53' f.: Schreiben der Herzöge Wolfgang und Philipp II. von Braunschweig-Grubenhagen o.d., unterschrieben von Adrian und Melchior von Steinberg sowie Christoph und Jost von Hardenberg.

[77] Ebd., fol. 55 f.

[78] Vgl. ebd., fol. 61 f.: Antwort des Grafen an die Herzöge vom 06.06.1568.

[79] Vgl. LHASAMD Rep. A 37a Nr. 72, fol. 3 f.: Schreiben Berlepschs an Kurfürsten vom 24.04.1568.

gierung. In dieser Haltung später von der Mainzer Regierung, die ebenfalls den Landfrieden auf dem Eichsfeld in jedem Fall gewahrt sehen wollte,[80] bestärkt, wandte sich Berlepsch noch vor Eintreffen der kurfürstlichen Antwort an Graf Volkmar und wies darauf hin, dass durch das Hohnsteiner Vorgehen die mainzische Oberhoheit über den Bodenstein berührt worden sei. Er äußerte daher die „dienstlich bitt F.gn. wöllen sich in diessen dingen angefangenen Rechtens begnugen lassen, ferners gewaltts enthaltten unnd zu anderer weitterung nicht ursach geben“[81]. In den Ohren des Grafen musste dies unerhört klingen, weil dem Oberamtmann die Situation doch klar sein musste. Hätte er ihm nicht sogar dankbar sein müssen, weil er gegen den Unruhestifter vorgegangen war? Schließlich hatten die Mainzer mit dem Problem Wintzingerode ebenso zu kämpfen wie er. Entsprechend geharnischt fiel die Antwort aus Klettenberg aus: Der Graf wies selbstverständlich jegliche mainzischen Ansprüche auf Oberhoheit ab und verbat sich derartige Schreiben für die Zukunft.[82] Doch damit war er nicht aus der politischen Zwickmühle, in der er saß. Weder konnte er sich gegenüber seinem Vasallen durchsetzen noch glaubwürdig den Vorwurf entkräften, er sei nicht in der Lage für Ruhe und Ordnung zu sorgen, obwohl er doch dafür als diejenige Obrigkeit fungierte, die zu sein er für sich beanspruchte.

Dagegen befanden sich die Mainzer seit September 1568 in der angenehmen Lage, den Grafen nicht nur zur rechtmäßigen Ordnung auffordern, sondern auch auf ein Schutzgesuch Bartholds verweisen zu können. Obwohl er sich stets loyal gegenüber dem Haus Hohnstein verhalten habe, sei er „landfriedebruchlicher weise“[83] angegriffen worden. Deshalb bitte er, „E.Ch.f.G. wolle mich in denselben gnedigsten Schutz und Schirm nehmen und mir derowegen E.Ch.f.G. sonderliche Schutz und Geleite brieffe gnedigst mittheilen das ich in E.Ch.f.G. lande des Eichsfeldes Sicherung haben möge“[84]. Die Antwort des kurfürstlich-mainzischen Hofrates fiel – überraschender Weise – positiv aus: Man habe den Oberamtmann bereits in dieser Sache enstprechend angewiesen. Da jedoch Barthold als kurfürstlicher Landsasse zu gelten habe, sei das Ansinnen auf einen gesonderten Schirmbrief nicht vonnöten, sondern eine rechtliche Selbstverständlichkeit.[85] Dieser Schritt der Mainzer Regierung zeugte von Geschicklichkeit, setzte man auf diese Weise doch voraus, dass es sich bei dem Bodensteiner bereits um einen kurfürstlichen Untertan handelte. Es handelte sich um eine wirklich glückliche Fügung, denn die Bitte des Ritters versetzte die Mainzer in die Lage, zwischen ihm und dem Grafen als

80 Vgl. ebd., fol. 9: Schreiben des Kurfürsten an Oberamtmann vom 08. 05. 1568.

81 Vgl. ebd., fol. 8: Schreiben des Oberamtmanns an den Grafen von Hohnstein vom 04. 05. 1568.

82 Vgl. ebd., fol. 12: Schreiben des Grafen an Oberamtmann vom 05. 05. 1568.

83 Ebd., fol. 17 ff., hier fol. 17: Schreiben Bartholds von Wintzingerode an Kurfürsten vom 08. 09. 1568.

84 Ebd., fol, 17'.

85 Vgl. ebd., fol. 24: Antwort des Hofrates vom 16. 09. 1568.

Vermittler aufzutreten, ihn gleichzeitig in die Rolle des Untertans zu drängen und gegenüber Hohnstein die Frage nach der Landeshoheit neu zu thematisieren. Entsprechend wies der Hofrat den Oberamtmann an, er solle Barthold von Wintzingerode in der nächsten Zeit zuvorkommend behandeln, „damitt nicht durch vermutung einß sondern beifalß die bevorstehende guttlicheit mitt Honstein deren fuegung wir gern sehen mochten, zerschlagen oder gehindert werdt“[86]. Die Mainzer wussten, wie flüchtig die Gelegenheiten auf dem Eichsfeld waren und wie schnell Chancen dahinschwinden konnten.

Schon wenige Wochen später wurde denn auch deutlich, was man von Bartholds Ersuchen zu halten hatte. Nach Einschätzung des Oberamtmanns war es erfolgt, weil dem Ritter auch der letzte verbliebene Rückhalt bei den Braunschweigern verloren zu gehen drohte. Offenkundig zogen sie ihr Anerbieten, für ihn einen Waffenstillstand mit dem Hohnsteiner Grafen auszuhandeln, zurück, als ihnen weitere Gewaltakte durch Barthold bekannt wurden. So hätten „ihre f.g. denn vonn Wintzingeroda mit Rauhenn Worttn abgewiesenn. Deswegen ehr meines bedenckens zu dissen seinem suchen (weill ehrs in andere wege nicht richtenn oder verbessern kann) vielleicht geursacht wordenn“[87]. Nachdem nicht einmal mehr die Braunschweiger es wagten, sich für Barthold einzusetzen, verstärkte die durch die Eskalation und Pattsituation zwischen Graf und Ritter hervorgerufene Krisis die Mainzer Position in einem Maß, das die Kurfürstlichen vorher vielleicht gehofft, aber nicht erwartet hatten – zumal sie ihren langfristigen Interessen in die Hände spielte,

Denn bekanntermaßen stellte der Bodenstein ein Konkurrenzobjekt zwischen Kurmainz und dem Herzogtum Braunschweig dar, dessen Vereinnahmung aus kurfürstlicher Sicht eine Notwendigkeit war, um sich gegen die Herzoglichen zu arrondieren. Seit Jahren schon versuchte man daher mit den Hohnsteiner Grafen ins politische Geschäft zu kommen, teils über mehr oder minder bewiesene Rechtsbehauptungen zu angeblich existenten landeshoheitlichen Kompetenzen, teils über Drohungen, teils durch langwierige Verhandlungen. Die Hohnsteiner Grafen besaßen hierbei eine sehr solide Rechtsposition.[88] Entsprechend zäh gestalteten sich die Gespräche.[89] Angesichts der neuen Lage jedoch konnte der Oberamtmann seiner Regierung vermelden, trotz des anstehenden Prozesses seien „die Honsteinischenn noch zum vertrag geneigt“[90]. Deshalb halte er es für notwendig, darauf zu achten, „Daß auch bey ietziger des vonn Wintzingeroda widersetzung mit

[86] Ebd., fol. 25 f., hier fol. 25: Schreiben des Hofrats an Oberamtmann vom 12. 09. 1568.

[87] Vgl. ebd., fol. 26 f., hier fol. 26’: Schreiben des Oberamtmanns an Hofräte vom 29. 09. 1568.

[88] Was selbst die Mainzer Seite anerkennen musste; vgl. LHASAMD Rep. A 37a Nr. 69: gräflich-hohnsteinische Ansprüche auf den Bodenstein 1435–1562, dokumentiert mittels gebundener Sammlung von Urkunden und anderen Schreiben.

[89] Vgl. LHASAMD Rep. A 37a Nr. 71: Hohnstein contra Mainz wegen Bodenstein 1564–1573 (Aktenband mit über 730 Blatt).

[90] Ebd., fol. 446 f., hier fol. 446: Schreiben des Oberamtmanns an Kurfürsten vom 23. 08. 1568.

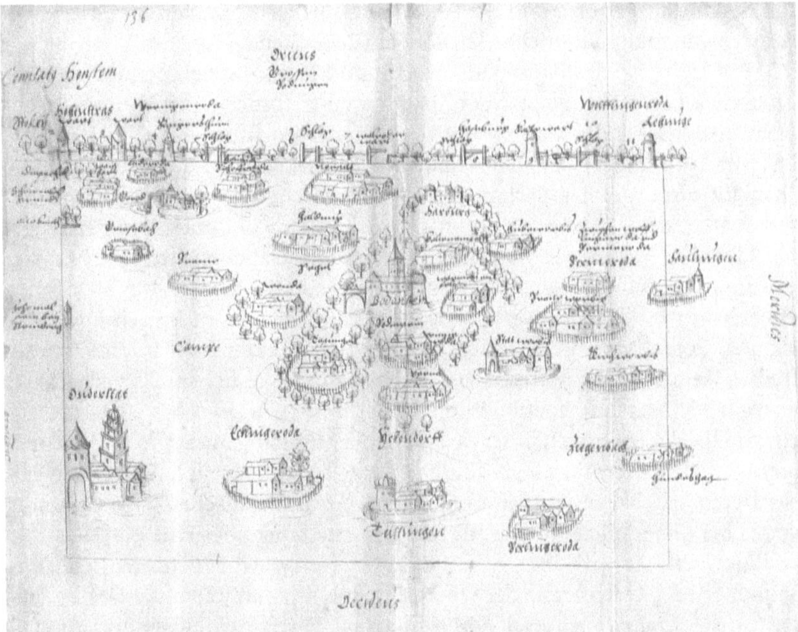

Karte 1: Handgemalte Karte des Gerichts Bodenstein aus dem Jahr 1567/68.

fernerm suchen eines Oberlehen herrenn, dieweill der Graue auch keinenn hat, ob derselb ann anderen ortten erlanget, erwendt werden möchte, dem dann durch disse underhandlung vorzukommenn"[91]. Aufmerksamkeit, Schnelligkeit und Geschicklichkeit seien angesichts der Konstellation vonnöten. Berlepsch erkannte die Gunst der Stunde und wusste offenbar ebenso um das Risiko des plötzlichen Totalverlustes jener Chance. In seinem Schreiben schwang weniger Zuversicht und Überzeugung als vielmehr Hoffnung und Angst mit – nicht zu Unrecht. Denn ihm war bekannt geworden, dass sich eine Woche zuvor Barthold von Wintzingerode an die Salzaer Amtleute des Kurfürsten von Sachsen gewandt hatte. Auch dort hatte er um den Schutz vor seinen missgünstigen Vettern und den Grafen von Hohnstein gebeten – sogar vor dem Mainzer Kurfürsten. Zugleich hatte er anklingen lassen, der Bodenstein könnte doch kursächsisches Oberlehen werden.[92] Immerhin erwirkte er eine Beschwerde des Dresdener Kurfürsten August, der sich über den Zug des Oberamtmanns gegen das Bodensteinsche Gericht und andere hohnstei-

[91] Ebd.

[92] Vgl. ebd., fol. 459–462: Schreiben Bartholds an den Amtmann zu Salza vom 15.08.1569(8?).

nische Dörfer empörte und die Abstellung solcher Praktiken forderte.[93] Ansonsten gab man sich in Dresden eher zurückhaltend.

Vorerst ging so das diplomatische Hin und Her zwischen den Höfen ohne greifbares Ergebnis weiter. Noch im November forderte der hohnsteinische Kanzler Bötticher die Mainzer auf, der Mainzer Kurfürst solle seine Räte „auf das furstenthumb des Eysfeld"[94] abordnen, „das zwischen dem furstenthumb Eyßfeldt unnd der Graffschaft Hohnstein die Grentze mit fleys bezogen"[95] werden könne. Diese Gespräche zogen sich gleichwohl unter den bereits geschilderten gewaltsamen Begleitumständen hin. Dabei mussten die Mainzer gewahr werden, dass der Graf weiterhin keinesfalls gewillt war, sich ihnen einfach in die Arme zu werfen. Geschickt lotete er an mehreren Orten die eigenen Potentiale und den eigenen Wert aus, um den Preis in die Höhe zu treiben, selbst wenn er alsbald die Grenzen zu spüren bekam. So verhandelte er nach Mainzer Informationen mit dem Dresdener Hof über eine kursächsische Oberlehnsherrschaft sowie auch über Wintzingerode. Die Kursachsen scheinen sich allerdings auch hierbei reserviert gezeigt zu haben und beabsichtigten, die Korrespondenz mit Kurmainz auszutauschen.[96] Offenkundig versuchte die gräfliche Regierung, die Entscheidung über eine partielle oder vollkommene Aufgabe ihrer Souveränität so weit wie möglich aufzuschieben. Immer wieder verhandelte der Oberamtmann mit den Räten des Grafen, immer wieder traf er auf dieselbe Mischung aus Vertragswilligkeit und Hinhalten. Im September 1572 berichtete er leicht gereizt über seine Verhandlung mit den Hohnsteinischen Räten zu Duderstadt. So ganz wollten die Hohnsteiner wohl doch nicht Mainzer werden. Die Oberhoheit wünschten sie zu behalten. Das jedoch könne man auf keinem Fall zugestehen, weil ansonsten die Wintzingerode in den Genuss kämen, beide Vertragsparteien angesichts weiterhin undeutlicher Rechtsverhältnisse gegeneinander ausspielen zu können.[97] Den Mainzer Interessen spielten einmal mehr die Umstände in die Hände. Graf Volkmar geriet in immer größere Pressionen, insofern Barthold am Ende des Jahres 1572 den bereits geschilderten Prozess vor dem Reichskammergericht zunächst mit einiger Aussicht auf Erfolg angestrengt hatte. Gleichzeitig war die Ohnmacht des Grafen gegenüber seinem Vasallen offenes Gesprächsthema.

Im Sommer 1573 – die Verhältnisse im Gericht Wintzingerode waren von enthemmter Gewalt geprägt – ließen sich die Vettern Hans und Bertram von Wintzingerode am Mainzer Hof vernehmen, der Kurfürst möge ihnen end-

[93] Vgl. ebd., fol. 562 ff.: Schreiben des Kurfürsten August an Mainzer Kurfürsten vom 30.01.1570.

[94] Ebd., 476–480, hier fol. 478: Schreiben des Peter Bötticher vom 18.11.1568 von Halberstadt aus (Kanzler).

[95] Ebd., fol. 479'.

[96] Vgl. ebd., fol. 601–605: Schreiben des kurmainzischen Oberamtmanns an Kurfürst vom 31.01.1572.

[97] Vgl. ebd., fol. 635–638: Bericht des Oberamtmanns vom 18.09.1572.

lich Schutz und Schirm vor Barthold gewähren. Der Hohnsteiner Graf sei dazu nicht in der Lage. Viel ärger noch: „So hatt [...] unser vetter solcher zwischen E: Churfl. G: und den von Honstein entstandenen uneinicheit zu seinem unzimblichen vortheil und zu unserm grossen schaden, auch zu E: Churfl. G. verachtung und verkleinerung, irer habenden Reputation und Hocheit, offentlich und fere missbraucht"[98]. Immerhin lag da bereits nach zähen Verhandlungen seit dem 1. April ein Vertragskonzept – der Bleicheröder Abschied – mit der Grafschaft Hohnstein vor, mit dem der Graf den Mainzer Kurerzbischof als Oberlehnsherrn anerkannte.[99] Im November wurde nach weiteren Beratungen der Vertrag endgültig abgeschlossen.[100]

Der Mainzer Kurfürst war nun Oberlehnsherr von Barthold von Wintzingerode und damit durchaus in der rechtlichen Lage, Gehorsam zu erzwingen. Doch ganz so klar, wie es auf den ersten Blick scheinen mochte, war die Sache nicht. Dessen waren sich die Kurfürstlichen auch bewusst. Des Kurfürsten eigener Rechtsgutachter – Dr. Moritz Winckelmann – trug bereits im Sommer 1573 ernste Bedenken wegen des Bodensteins vor.[101] In einem weiteren Gutachten im Herbst gelangte Winckelmann zur Auffassung, Barthold habe zwar bereits 1548 den Kurfürsten als seinen Landesherrn anerkannt, die lehensrechtliche Seite der Sache sei dennoch aber keineswegs eindeutig, weshalb er die Erfolgsaussichten wegen Bodenstein kritisch einschätzte.[102] Daraus zog die kurfürstliche Regierung ihrerseits die Konsequenz und drängte auf eine vollständige Abtretung durch den Hohnsteiner Grafen. Der Bodenstein wurde somit im Juni 1574 zum Lehengut des Erzstifts.[103]

Bei all diesen Vorgängen ging es nicht mehr um Barthold von Wintzingerode, sondern ausschließlich um die Höhe des Betrages, den Hohnstein bekommen sollte, und um die Frage, wie es mit der vollen Landeshoheit auf dem Bodenstein aussehen sollte. Der Herr vom Bodenstein war nur noch eine

[98] Ebd., fol. 716–717', hier fol. 716f.: Schreiben Hans und Bertrams von Wintzingerode an Kurfürsten vom 27.06.1573.

[99] Vgl. ebd., fol. 667a–667f: Vertragsprojekt (Vertragskonzept) mit Hohnstein vom 01.04.1573; LHASAMD Rep. H Bodenstein Nr. 749: Abschied vom 01.04.1573. Für die Abtretung des Bodenstein durch Hohnstein und die Anerkennung des Kurfürsten als Lehns- und Landesherrn sicherte Mainz dem Grafen Volkmar die Einsetzung des gräflichen Vetters – Graf Martin von Hohnstein zu Vierraden und dessen männliche Erben – zu, sollte der Graf ohne männliche oder weibliche Lehnserben sterben.

[100] Vgl. *Knieb*, Geschichte, S. 133ff.; LHASAMD Rep. H Bodenstein Nr. 750: Vertrag vom 24.11.1573.

[101] Vgl. LHASAMD Rep. A 37a Nr. 71, fol. 704–706: Schreiben Winckelmanns an Kurfürsten vom 23.07.1573.

[102] Vgl. LHASAMD Rep. A 37a Nr. 73, fol. 2–14: Gutachten Winckelmanns (Speyer) zum Bodenstein vom 24.10.1573.

[103] Vgl. LHASAMD Rep. A 37a Nr. 70, fol. 36–49, hier besonders fol. 42'f.: Protokoll vom 07.06.1574 zwischen Mainz und Hohnstein nach der vorausgegangenene gütlichen Einigung über den Bodenstein und die zugehörigen Ortschaft; LHASAMD Rep. H Bodenstein Nr. 751: Mainzer Lehensbrief über Bodenstein vom 07.06.1574; StAWü Mz.Domkap.Prot. 15, fol. 626' bzw. 612' (neu): Sitzung vom 06.04.1574.

Abb. 2: Erzbischof Daniel Brendel von Homburg (reg. 1555–1582).

Randfigur, dessen Treiben die Begleitmusik zu jenen Verhandlungen darstellte. Es bedurfte seiner nicht mehr. Insofern war das, was jetzt folgte – seine Gefangennahme und der Prozess gegen ihn – eine konsequente Folge der vorausgegangenen Ereignisse, die er nicht mehr hatte beeinflussen können.

Das Jahr 1574 brachte dem Eichsfeld eine weitere, echte Überraschung: Der Mainzer Kurfürst erschien in eigener Person. Das hatte es seit Jahrzehnten nicht mehr gegeben und signalisierte, dass die Kurmainzer Regierung nun grundsätzlich gewillt war, die Zügel fester in die Hand zu nehmen. Daher darf die Reise des Kurfürsten nicht ausschließlich, vielleicht nicht einmal in erster Linie an der Causa Wintzingerode aufgehängt werden. Sie stellte eher einen Begleitumstand dar, wenn auch vielleicht einen durchaus bedeutsamen. Sie ergab sich aus einer Vielzahl von Überlegungen, die nicht zuletzt den Verhältnisssen in Mainz geschuldet waren, nicht aus persönlicher Abneigung des Kurfürsten.

Das entsprach nicht dem Naturell des Kurfürsten und nicht den Bedingungen seiner Herrschaft, obwohl er durchaus Grund gehabt hätte, die Causa Wintzingerode auch persönlich zu nehmen. Daniel Brendel von Homburg stammte aus einer jener reichsritterschaftlichen Adelsfamilien, die die politische Elite des Mainzer Erzstifts stellten und die das dortige politische System uneingeschränkt hegemonisierten.[104] 1522 in Aschaffenburg geboren, avan-

[104] Vgl. *Jendorff*, Reformatio, S. 61 f. mit weiterführenden Literaturangaben; *ders.*, Der Mainzer Hofmeister Hartmut (XIII.) von Kronberg (1517–1591). Kurfürstlicher Favorit oder

cierte er zunächst im Speyerer Domkapitel zum Domscholaster. 1548 wurde er ins Mainzer Domkapitel aufgenommen, blieb aber zunächst der Speyerer Politik verpflichtet. Dort fungierte er unter anderem 1552/53 als Statthalter. Als solcher erlebte er das Wüten des Markgrafen Albrecht Alkibiades am Mittelrhein. In den folgenden Jahren wurde er mit diplomatischen Missionen betraut und galt als erfahrener Politiker, als er 1555 – für die Reichsöffentlichkeit durchaus überraschend – vom Mainzer Domkapitel zum Erzbischof und Kurfürsten gewählt wurde. Während seiner Regierungszeit fielen wegweisende Entscheidungen für die Mainzer Kirchen- und Konfessionspolitik, insofern er die reformkatholischen Ansätze seiner Vorgänger dynamisierte. Dabei scheute er einerseits den Konflikt selbst mit dem Domkapitel nicht, gegen dessen Willen er die Jesuiten ins Erzstift holte und die Korporation sogar zwang, sich den Glaubensdekreten des Trienter Konzils zu verpflichten, während in manchen Teilen der Erzstifts auf die Katholizität der kurfürstlichen Funktionsträger und die Amtstauglichkeit des Klerus verschärft geachtet wurde. Bei seinem Tode 1583 galt er nicht zu Unrecht als derjenige Kurfürst, der den Reformkatholizismus Mainzer Prägung entscheidend gefördert hatte. Andererseits galt er den entschiedenen Katholiken am eigenen Hofe, im Reich und in Rom als *princeps politicus*, der allzusehr diplomatisch lavierte. Tatsächlich erwies er sich bei allem reformerische Engagement keineswegs als konfessionspolitischer Hardliner. Er duldete weiterhin am eigenen Hofe Protestanten.[105] Mit Hartmut XIII. von Kronberg machte er sogar einen Protestanten zum Hofmeister und damit zum zweiten Mann in der erzstiftischen Hierarchie.

Zeitgenössische Kenner konnte das nicht verwundern. Brendel und Kronberg waren Kreaturen des Mainzer Systems und seiner Akteure, dazu erwählt, die vorhandenen Strukturen zu bewahren und allenfalls den unumgänglichen Notwendigkeiten anzupassen. Eine solche war die schleichende Katholisierung des Erzstifts seit der Reformation. Ansonsten galt für diese zwei höchsten Vertreter des Kurstaates als oberste Maxime allen politischen Handelns, die erzstiftischen Verhältnisse nach Innen und Außen stabil und funktional zu halten, den Einfluss ihrer Familien sowie das Erzstift als Pfründenreservoir und territorialstaatliche Ganerbenburg der mittelrheinischen Reichsritterschaft zu erhalten. Konfessionspolitische Abenteuer zu unternehmen, verbot sich ebenso wie religiöser Zelotismus oder gar Fanatismus. Angesichts der konfessionellen Spaltung innerhalb der mittelrheinischen Reichsritterschaft barg beides die Gefahr der innersystemischen Überbelastung, der Instabilität oder gar des Aufruhrs, wie er sich als Konsequenz der Stiftspolitik des jesu-

Kreatur des erzstiftischen Politiksystems?, in: Michael Kaiser / Andreas Pečar (Hg.), Der zweite Mann im Staat. Oberste Amtsträger und Favoriten im Umkreis der Reichsfürsten in der Frühen Neuzeit (ZHF, Beiheft 32), Berlin 2003, S. 39–57.

105 Das Urteil von *Wintzingerode*, Barthold, S. 146, bei Brendel habe es sich um den „bigottesten Katholiken" gehandelt, darf deshalb getrost zur Seite gelegt und als Produkt des Kulturkampfes gewertet werden.

itisch inspirierten Fuldaer Fürstabt Balthasar von Dernbach in den 1570er Jahren zeigen sollte.[106] Kirchenreformen, ja selbst gegenreformatorische Aktionen waren akzeptiert, wenn sie das Gesamtsystem stabilisierten. Gleiches galt für das reichspolitische Profil Brendels, der sich als katholischer Vermittler zwischen den vielfältigen Parteien präsentierte.

Kurfürst Daniel Brendel stand mit seiner religionspolitischen Haltung durchaus im Kreuzfeuer aus den eigenen katholischen Reihen, während er sich gegenüber anderen Fürsten behaupten musste. Aus seiner Perspektive präsentierte sich das Eichsfeld als willkommenes Aktionsfeld, um nach allen Seiten hin Stärke zu demonstrieren:[107] gegenüber den benachbarten Fürsten, insofern man deutlich machte, dass man dieses periphere Stiftsgebiet nicht brachliegen ließ und ihren Interessen aussetzte; gegenüber den reformkatholischen Kritikern in Rom und am eigenen Hof, die vom Kurerzbischof mehr kirchenpolitisches Engagement – insbesondere mehr Härte gegenüber dem Protestanismus – forderten, insofern man ihnen mit einer öffentlichkeitswirksamen, vielleicht sogar nachhaltigen Visitationsreise in die Herrschaftsperipherie zeigen konnte, wie wichtig der Regierung das Eichsfeld als „Tor zu ganz Sachsen“ war; und schließlich gegenüber den – überwiegend[108] protestantischen – Eliten auf dem Eichsfeld, insofern man aufzeigte, wer der Herr im katholischen Hause sei. Hierfür eignete sich die Causa Wintzingerode – der Fall eines protestantischen Adeligen, der offenkundig verlernt hatte, was der Unterschied zwischen Vasall und Lehnsherr, zwischen Adeligem und Fürsten, zwischen Untertan und Landesherr war.

So brach Kurfürst Daniel Brendel am 17. Mai von Mainz aus mit 300 Reitern und einigen Jesuiten auf. Über Fulda und nach einer Zusammenkunft mit den hessischen Landgrafen Wilhelm IV. von Kassel und Ludwig IV. von Marburg erreichte er am 27. Mai Heiligenstadt. Dort absolvierte er ein strammes Pensum: Anfang Juni löste er verschiedene Ämter ein, die er an eichsfeldische Adelige verpfändet hatte. Am 7. Juni belehnte er den Grafen Volkmar, der im November den Bodenstein abgetreten hatte, mit demselben. Am gleichen Tag erfolgte die Ernennung des Mecklenburger Konvertiten Lippold von Stralendorf zum neuen Oberamtmann des Eichsfeldes.[109] Am 12. Juni zwang

[106] Zu Fulda vgl. *Walther*, Abt.

[107] Vgl. *Knieb*, Geschichte, 127–135; *Wintzingeroda-Knorr*, Kämpfe I, S. 40–43; *Wintzingerode*, Barthold, S. 171–175; *Jendorff*, Reformatio, S. 101–107.

[108] Neben Jobst von Hardenberg und Otto von Kerstlingerode waren es die westernhagenschen Wallstammer Ernst und dessen Sohn Hans, die zu den altgläubigen Adeligen auf dem Eichsfeld zählten; und eben jener Hans von Westernhagen, der noch in der Mitte der 1560 für Barthold von Wintzingerode gebürgt hatte, beschwerte sich im Februar 1574 bei den kurfürstlichen Funktionsträgern in Heiligenstadt bitter über den protestantischen, von seinen westernhagenschen Vettern unterstützten Pfarrer Wolfgang Mumpel zu Berlingerode; vgl. *Westernhagen*, Geschichte, S. 230–233.

[109] Zu ihm vgl. *Holger Th. Gräf*, Art. Stra(h)lendorf(f), Leopold, in: Biographisches Lexikon für Mecklenburg, hg. von Sabine Pettke, Rostock 2004, Bd. 4, S. 269–276. Eine monographische Behandlung der Familie Stralendorf ist durch Gräf und mich in Bearbeitung.

er Burkhard von Hanstein – eine Stütze des noch jungen eichsfeldischen Luthertums und ehemals sogar Propst des Heiligenstädter Stifts St. Martin – zum Verzicht auf mehrere Pfründen. Am 13. Juni traf er in Mühlhausen mit Kurfürst August I. von Sachsen zusammen, um offiziell über die Fuldischen Händel und die Königswahl des Erzherzogs Rudolf zu konferieren. Weiteres ist nicht bekannt. Seit Ende Juni bis zu seiner Abreise sorgte der Kurerzbischof für die Absetzung protestantischer und die Einsetzung katholischer Priester in verschiedenen Pfarreien.

Vor diesem Hintergrund erfolgte in der Nacht vom 29. auf den 30. Juni 1574 der abermalige Angriff auf den Bodenstein – nur war er diesmal erfolgreich: Die Burg wurde gestürmt, der Burgherr und seine Mannschaft überwältigt. In Ketten führte man ihn nach Heiligenstadt, von dort aus in die kurmainzischen Kernterritorien, während die übrigen Gefangenen in Gleichensteiner Haft blieben.[110] Barthold betrat nun eine neue, ihm unbekannte Bühne in einer unbekannten Rolle: als Angeklagter vor dem kurfürstlich-mainzischen Hofgericht. Nachdem er in den vergangegen Jahrzehnten gegen den Hohnsteiner Grafen und seine Vettern wiederholt wegen Landfriedensbruch geklagt hatte, stand er nun selbst als Angeklagter vor Gericht – mit guten Aussichten auf eine Verurteilung, lagen doch die Argumente und Beweise seit langem auf dem Tisch.

5. Fazit: Irrsinn oder Auflehnung als fehlgeleitete Diagnosealternativen

Das Verhalten Bartholds von Wintzingerode und die Entwicklung seines Verhältnisses zur Umwelt könnten den Eindruck aufkommen lassen, er sei irrsinnig gewesen. Auch könnte man geneigt sein, das Urteil eines früheren Historikers zu übernehmen, der die Ansicht vertrat, der Adelige habe sich „in völliger Auflehnung gegen seinen Landes- und Lehnsherrn"[111] befunden. Solche Urteile versetzen Bartholds Fall entweder in die Sphäre des Medizinischen oder des Kriminellen. Bei genauerer Betrachtung erscheint aber weder das eine noch das andere angemessen. Barthold war alles andere als irrsinnig und er war auch nicht aufsässig – ganz im Gegenteil. Er handelte völlig rational, wenn auch in manchen Augenblicken emotional und unbeherrscht. Seine Handlungen waren keineswegs irrsinnig, allenfalls starrsinnig. Er konnte sich ausrechnen, welche Reaktionen sein Verhalten bei seinen Gegnern auslösen würde. Er wusste seine Position selbst in kritischen Augenblicken – wie beim

[110] Vgl. *Wintzingeroda-Knorr*, Wüstungen, S. 414 (mit Quellennachweis). Zusammen mit Barthold wurden seine beiden unehelichen Söhne Heinrich und Claus sowie Andreas Feller aus Nordhausen, Andreas Krieger von Winnigerode, Ludolf Schröter von Hermsburg (Lüneburg), Thile Koch (gen. von Zipleinburg bei Königs-Lutter) in Gleichenstein inhaftiert und am 12. Oktober gegen Urfehde entlassen.

[111] *Wintzingeroda-Knorr*, Kämpfe I, S. 40.

Angriff auf den Bodenstein 1568 – kühl abzuwägen und seine Möglichkeiten geschickt zu nutzen. Das beweisen sein Testament von 1568 ebenso wie das von ihm 1572 initiierte Reichskammergerichtsverfahren gegen den Grafen von Hohnstein, das keinesfalls von vorneherein aussichtslos war. All das waren nicht die Handlungen eines irren Greises, sondern eines Adeligen, der konsequent, mit der Zeit immer starrsinniger an seinem Anspruch festhielt, die Dinge ohne Rücksicht auf den Wandel seiner Umwelt zu bestimmen, und der an seiner Auffassung festhielt, im Recht zu sein und dieses Recht rücksichtslos, teilweise isoliert durchsetzen zu können. Es handelte sich um unangepasstes, teilweise entgrenztes Verhalten, nicht aber um Auflehnung. Denn Barthold von Wintzingerode wollte keinesfalls die Fundamentalumstände seines Lebens ändern, sondern lediglich so leben, wie er schon immer zu leben gemeint hatte: als adeliger Söldnerführer, selbstbestimmt, kaum jemandem langfristig verpflichtet, kurz-, allenfalls mittelfristig an seinen Soldgeber gebunden, letztlich nur seiner Frau, seinen Dienern und seinen Kameraden verbunden, entsprechend wenigen vertikalen und horizontalen Sozialkontakten und sozialen Bindungen – bspw. Gruppenzwang durch Integration bei Hofe oder in einer politisch formierten Standesgruppe – ausgesetzt, die ihn zu mäßigen in der Lage gewesen wären. Dieses von ihm gepflegte Image, das bewusst Adeligkeit und Condottieretum kleinen Stils miteinander kombinierte, lebte er aus. Doch damit lehnte nicht er sich gegen ‚das System' und seine Umwelt auf, sondern mit der Zeit – jedenfalls spätestens seit 1568 – lehnte sich seine Umwelt gegen ihn auf. Sie wollte, dass er sich ein- und anpasste, dass er sich ein- und unterordnete. Barthold von Wintzingerode lehnte sich nicht aktiv gegen seinen Landes- und Lehnsherrn oder gegen ‚Systemzwänge' auf. Er verweigerte sich ihnen und damit dem Wandel seiner Umwelt, die ihn nicht mehr tolerieren wollte oder konnte, weil sich die sozialen und politischen Anforderungen in einer Weise geändert hatten, die die Frage nach Anpassung oder Untergang virulent werden ließen. Dass sich dieser schließlich effektiv gewordene Durchsetzungswille seiner Umwelt nicht schon früher bemerkbar gemacht hatte, war das Resultat der Stärke Bartholds sowie der Schwäche und Uneinigkeit seiner Konkurrenten und Gegner, die seine relative Unangreifbarkeit begründeten. Nach der Grumbach-Affäre sowie nach der Eskalation und Kombination der verschiedenen Teilkonflikte jedoch begann seine Position zu erodieren und angesichts der wenigstens informellen Einigung seiner Konfliktgegner, seiner eigenen Unbeweglichkeit und seiner Unangepasstheit am Ende unhaltbar zu werden.

Mochte man in den Reihen der adeligen Verwandten, Freunde, Gönner oder auch der Gegner in Nordthüringen hoffen oder befürchten, der alte Kämpe Barthold, der einen Grumbach und einen Albrecht Alkibiades, zahlreiche Schlachten und Intrigen sowie nicht zuletzt manchen Standesgenossen und Fürsten überlebt hatte, werde auch diesmal seinen Kopf aus der Schlinge ziehen, so irrte man sich, weil man die Rechnung ohne die Mainzer gemacht hatte. Sie wollten eine endgültige Lösung des Problems. Mochte die Gefangennahme Bartholds standespolitisch unehrenhaft, atmosphärisch spannend, juristisch interessant und menschlich tragisch sein. Seine Beseitigung war politisch nach dem Bleicheröder Abschied des Jahres 1573/74 möglich, aber bereits seit den Forderungen von Bartholds Anwalt beim Reichskammergericht in Speyer nach Lösung des Lehensverhältnisses nötig geworden.

V. Neuer Akt desselben Schauspiels auf neuer Bühne: Der Mainzer Prozess 1574/75

Die Details der Gefangennahme sind erstaunlich schlecht überliefert. Wie Barthold nach Heiligenstadt gebracht und wo er dort zunächst untergebracht wurde, bevor man ihn nach Mainz überstellte, ist ebenso wenig dokumentiert wie die unmittelbaren Reaktionen der wintzingerodeschen Gerichtsuntertanen[1], der adeligen Verwandtschaft und Bekanntschaft, des Mainzer Domkapitels oder anderer.[2] Zwei Wochen nach seiner Gefangennahme scheint man Barthold gen Süden verbracht zu haben.[3] Bei der Rückkehr des Kurfürsten an den Rhein befand er sich jedenfalls in dessen Tross und wurde zunächst in Steinheim am Main untergebracht, bevor man ihn für den Prozess nach Mainz führte.

Während Barthold zunächst in Heiligenstadt, dann in Steinheim auf den Prozessauftakt wartete, sah sich die kurfürstliche Regierung der Herausforderung gegenüber, eine urteilsbeständige Anklage zu organisieren. Denn dem

1 Davon, dass die betroffenen Untertanen die Gefangennahme Bartholds und die Vettern freudig begrüßt hätten, kann keine Rede sein. Vielmehr nutzten sie die Konflikte innerhalb dieser Adelsfamilie, um ihrem allgemeinen Unmut Luft zu machen: Die Gerichtsuntertanen der wintzingerodeschen Dörfer opponierten vehement gegen sämtliche Wintzingeroder Herren inklusive Katharinas von Wintzingerode. Dabei beschwerten sich die fünf Dörfer im August und September 1574 insbesondere über Hans und Bertram, aber auch über Barthold; vgl. LHASAMD Rep. A 37a Nr. 75.

2 Die von Jesuitenprovinzial Thyraeus kolportierte Augenblicksbeschreibung (vgl. *Schwarz* (Hg.), Nuntiatur-Korrespondenz, Nr. 145: Schreiben des P. Thyraeus an einen Ordensbruder in Rom vom 16. August 1574), der Gefangene habe von seinen Wärtern geschützt werden müssen, weil er sonst von der wütenden Menge zerrissen worden wäre, lässt sich nicht nachprüfen und erscheint auch nicht wirklich glaubhaft: Warum hätten sich die adeligen Standesgenossen derart gehen lassen sollen? Sie hatten doch alles erreicht, was zu erreichen war – sofern sie es erreichen wollten. Gleiches darf für die Duderstädter gelten, die sich ebenfalls an der Erstürmung des Bodenstein beteiligt hatten, sogar offenkundig mit Geschütz; und die übrige Bevölkerung wird erst gar keine Gelegenheit zur Rache bekommen haben, wenn sie sie denn wollte. Die kurfürstlichen Funktionsträger jedenfalls werden sehr genau darauf geachtet haben, dass Barthold kein juristisches und standesrechtliches Ungemach widerfuhr. So muss denn der jesuitische Überlieferung eher dramaturgischer Wert beigemessen werden, der auf den Rezipientenkreis zielte und eigene (ordens- und / oder säkular-)politische Interessen verfolgte.

3 Noch Mitte Juli 1574 beantwortete Kurfürst Daniel Brendel Bittschreiben von Heiligenstadt aus, bevor er dann über Kassel und Darmstadt mit entsprechenden Aufenthalten in den landgräflichen Residenzen wieder gen Süden zog; vgl. LHASAMD Rep. A 37a Nr. 77, fol. 8 ff.: Schreiben des Kurfürsten vom 17.07.1574. Im August ließ sich der Oberamtmann Stralendorf vernehmen, er habe teilweise die Gefangenen der Bodensteinschen Erstürmung von Heiligenstadt auf die Burgen Gleichenstein und Bischofstein verbracht zwecks Einsparung von Unkosten; vgl. LHASAMD Rep. A 37a Nr. 260, fol. 2–8; hier insbesondere fol. 5: Schreiben Stralendorfs an den Kurfürsten vom 11.08.1574.

Gefangenen konnte ja weder Felonie noch Verrat am Kurfürsten vorgeworfen werden. Also musste eine passende Verfehlung gefunden werden, die die Gefangennahme und einen anschließenden Prozess rechtfertigte, zumal es sich um einen adeligen Gefangenen handelte. Dieser Umstand machte die Angelegenheit ständisch-sozial und juristisch wesentlich delikater. Mordprozesse und Hinrichtungen von Mördern waren in Mainz nichts Ungewöhnliches.[4] Derartige Kriminaldelikte von Adeligen versuchte man allerdings hier wie andernorts zumeist einvernehmlich zu verhandeln und diskret zu bereinigen.[5] Sofern keine unmittelbare Notwendigkeit der harschen Strafverfolgung und richterlichen Behandlung bestand, setzte man auf den gütlichen Vergleich unter den Streitparteien.[6]

Die Causa Wintzingerode war jedoch anders gelagert. Was auf den ersten Blick kaum vorstellbar erscheint, ergibt sich aus den Akten der Heiligenstädter Regierung: Der Oberamtmann Stralendorf ließ ein 98 Punkte umfassendes Sündenregister des Ritters anfertigen, das als Grundlage einer Anklage gegen ihn dienen konnte.[7] 13 Punkte wurden als besonders ‚wertvoll' im Sinne einer Anklageerhebung gekennzeichnet. Neben zahlreichen Fällen widerrechtlicher Güteraneignung auf Kosten adeliger und nicht-adeliger Personen, der Missachtung von Entscheidungen des Oberlandesgerichts, des Zwangs zur Falschaussage und anderer materieller Schädigungen – u.a. Zechprellerei – griff Stralendorf insbesondere Fälle direkter physischer Gewaltanwendung heraus: die Gefangennahme und schwere, beinahe tödliche Körperverletzung an Andreas Fricke, die tödliche, weil vierfache Verwundung des Lorenz Bernshausen, der Mordbefehl gegen den Pfarrer zu Tastungen – Eberhard Müller, dessen Flehen Bartholds tötender Diener Nuß mit den Worten beantwortet haben soll, „Er soltte und mußte es thun und thett ers nit, wurdt in sein Juncker erschiessen"[8] – und schließlich die Ermordung des Arnold Geilhausen, den er „ohn alle schultt oder einige *ursach mit eigner handt erschossen* und

[4] So ließ der Mainzer Vizedom Heinrich von Selbold – der spätere Hofrichter im Prozess gegen Barthold von Wintzingerode – am 30. Juli 1572 nach vorausgegangenem Gerichtsverfahren einen Diener hinrichten, der in Halle seinen Herrn – Viktor von Schenitz – erschlagen und beraubt hatte. Allerdings stellt sich dieser Fall als einer von lediglich zwei weiteren (außer der Causa Wintzingerode) für den Zeitraum zwischen 1560 und 1599 nachweisbaren Fällen der Anwendung der Todesstrafe dar; vgl. *Heinrich Schrohe*, Die Stadt Mainz unter kurfürstlicher Verwaltung (1462–1792) (Beiträge zur Geschichte der Stadt Mainz 5), Mainz 1920, S. 35; *Härter*, Policey, S. 722–734, hier besonders S. 725 f.

[5] So wurde der Fall des Marquard von Hattstein-Weilbach, der im März 1593 den gräflich-isenburgischen Untertanen Hans Helbig aus Okriftel im Streit erstochen hatte und vom Mainzer Gewaltboten bei seiner Ankunft in der Stadt Mainz verhaftet worden war, diskret gelöst, indem sich der Verhaftete mit der Witwe des Getöteten verglich; vgl. *Schrohe*, Stadt, S. 49 Anm. 2.

[6] Vgl. *Schrohe*, Stadt, S. 59, zur Praxis des Weltlichen Gerichts in der Stadt Mainz, insbesondere des Wirkens des dortigen Schultheißen.

[7] Vgl. LHASAMD Rep. A 37a Nr. 425: Summarischer Extract.

[8] Ebd., fol. 13.

ermordt, darmit er nit ersettiget seiner dhiener einem bevollen den erschossenen noch mit einem degen zu durchstechen“[9]. Die Heiligenstädter Funktionsträger zogen folglich jene Fälle heran, die dazu geeignet waren, das Bild vom habgierigen, heimtückischen, grausamen Unterdrücker zu zeichnen, der aus niederen Beweggründen eigenhändig oder durch seine verängstigten Schergen mordete. Sie halfen, jenes Bild vom Tyrannen weiter zu profilieren, das vom Reichskammergerichtsprokurator des Hohnsteiner Grafen in die Welt gesetzt und vom Jesuitenprovinzial Thyraeus medialisiert worden war und das den Täter als gemeinen Mörder, Friedensbrecher und Ordnungsstörer, keinesfalls als tugendhaften Edelmann präsentierte. Auch deshalb musste am Ende der Fall Geilhausen für die Anklageerhebung herhalten. Denn alle übrigen wären nicht belastbar oder nicht aussichtsreich gewesen, Barthold selbst und allein für die Vorkommnisse verantwortlich zu machen, hätten jahrelange Verfahren nach sich gezogen oder hätten erst gar nicht als Begründung dienen können, den Ritter derart spektakulär auf seiner Stammburg gefangen zu nehmen und in Mainz abzuurteilen. Wegen der Missachtung von Gerichtsentscheidungen musste man niemanden – erst recht keinen Adeligen – gefangen setzen; gleiches galt für alle übrigen Delikte, ja selbst für die widerrechtliche Aneignung von Gütern, zumal es sich größtenteils um strittige Fälle handelte; und was konnte der Ritter schon dafür, wenn einer seiner Diener im Übereifer einen flüchtenden Pfaffen erschoss? Einen Mordbefehl musste man ihm erst einmal nachweisen. Der Fall Geilhausen jedoch bot sich umso mehr an, weil er jüngeren Datums – 3. Februar 1573 – war und weil er versprach, in hohem Maße prozesseffektiv zu sein: ein angesichts der Faktenlage und der Zeugendichte klarer, unleugbarer Fall, der ein schnelles Urteil erwarten ließ und bei dem es sich darüber hinaus um ein Kapitalverbechen handelte, das nicht Gegenstand eines Reichskammergerichtsverfahrens war. Zudem hatte die Heiligenstädter Regierung schon frühzeitig nach Bekanntwerden des Falles Klage beim Hohnsteiner Grafen eingereicht, war aber erfolglos geblieben. Der Fall Geilhausen war jedoch vom zuständigen gräflich-hohnsteinischen Gericht nicht hinreichend verfolgt worden, weil sich der Beklagte der Verhandlung nicht gestellt hatte.[10] Dies rechtfertigte zusätzlich und erst recht nach dem Erwerb der Oberhoheitsrechte im Sommer 1574 den Zugriff auf den offensichtlichen Mörder und stellte die Handlungsfähigkeit der neuen Regierung unter Stralendorf unter Beweis. Der Kurfürst und sein Oberamtmann konnten sich als Landesherr und Exekutor kurfürstlicher Ordnung – verstanden als Sicherheit und Frieden – im Land durch den Prozess gegen einen Mann profilieren, dessen Vergehen zahlreich und offenkundig, aber bis dahin durch einen schwachen gräflichen Lehnsherrn nicht geahndet worden waren, der ein notorischer Störfaktor und Unruhestifter war und mit dem niemand sympathisierte.

[9] Ebd., fol. 13'; Unterstreichung im Textoriginal.

[10] Vgl. LHASAMD Rep. H Bodenstein Nr. 263, fol. 6–10, hier besonders fol. 7 ff.

Abb. 3: Lippold von Stralendorf (1540/45–1626).

Doch so einfach, wie sich die Kurfürstlichen den weiteren Gang des Geschehens vorgestellt hatten, sollte es nicht werden. Dafür – und das hätte man nach den Erfahrungen der letzten Jahre ahnen können, vielleicht sogar wissen müssen – bürgte der Angeklagte schon selbst, ganz abegsehen davon, dass sich einige Prämissen der Mainzer Regierung als haltlos erwiesen.

1. Die Vorbereitung und der Auftakt des Prozesses

Am 1. November 1574 wiesen die Weltlichen Räte des Mainzer Kurfürsten den Mainzer Vizedom Heinrich von Selbold in seiner Funktion als Hofrichter an, Barthold von Wintzingerode zur Hinrichtung von seinem Steinheimer Gefängnis nach Mainz zu überführen. Zuvor solle ihm der Prozess gemacht werden. Zudem wolle ihn Herzog Julius von Braunschweig-Wolfenbüttel zu seiner Teilnahme an den Grumbachschen Händeln bzw. dreier darin verwickelter Personen befragen lassen.[11] Die Hofräte gingen demnach gar nicht von

[11] Vgl. LHASAMD Rep. A 37a Nr. 76, fol. 1 ff.: Schreiben der Hofräte an den Vizedom vom 01. 11. 1574, wobei dieser anstatt des Hofmeisters angeschrieben und in die Pflicht genommen wurde.

einer Urteilsalternative aus und nahmen das Prozessergebnis ganz selbstverständlich vorweg. In ihrer Instruktion vom 5. November wiesen sie den seit zwei Jahren amtierenden Vizedom an, den Prozess wie im Erzstift üblich zu führen.

Gegen Barthold von Wintzingerode wurde nun also offiziell ein Hofgerichtsverfahren in Gang gesetzt, was seiner sozialen Stellung und dem Ablauf der vorangegangenen Ereignisse entsprach. Denn andernfalls hätte der Prozess in Heiligenstadt unter Beteiligung des dortigen Adels geführt werden müssen, was angesichts der doch eher unkalkulierbaren Risiken und der langfristigen politischen Vorhaben der Regierung nicht den Mainzer Interessen entsprechen konnte. Alternativ konnte gegen Personen adeligen Standes nur vor dem elfköpfigen kurfürstlichen Hofgericht – besetzt aus fünf Adeligen und fünf gelehrten Assessoren unter dem Vorsitz des Hofrichters – prozessiert werden. Das schien für den adeligen Angeklagten von Vorteil zu sein, weil das Hofrichteramt traditionell mit einem Angehörigen des Mainzer Stiftsadels besetzt war. Strukturell ergab sich also eine adelige Mehrheit in diesem Gremium, die gegebenenfalls noch größer sein konnte, wenn einer der – eigentlich nichtadeligen – rechtsgelehrten Assessoren auch noch adelig war. So gesehen hatte Barthold die reale Aussicht auf einen fairen Prozess, galt doch das 1515 von Kurerzbischof Albrecht von Brandenburg eingerichtete, vom Hof separierte Hofgericht, dessen Ordnung vorbildhaft für andere fürstliche Gerichte im Reich wirkte, als eines der modernsten und effektivsten seiner Zeit.[12] Freilich müssen die Adjektive ‚fair', ‚modern', ‚effektiv' und – vor allem – ‚unabhängig' vor dem zeitgenössischen Hintergrund gesehen werden, auch in der Causa Wintzingerode. Schließlich handelte es beim Kurmainzer Hofgericht um ein kurfürstliches Gericht. Die Gerichtsangehörigen – der Hofrichter wie auch die Assessoren, die zwei Schreiber oder der Fiskal – waren allesamt mit Eiden und Pflichten dem Landesherrn verpflichtet und von ihm ernannt. Der Hofrat hatte seit der Gründung des Hofgerichts immer wieder dessen Unparteilichkeit und Zuständigkeit zu schmälern gesucht, indem er Verfahren – gerade in der Kriminalgerichtsbarkeit – in damals durchaus typischer Weise

[12] Zur Entstehung und dem Wirken des Mainzer Hofgerichts vgl. *Hans Goldschmidt*, Zentralbehörden und Beamtentum im Kurfürstentum Mainz vom 16. bis zum 18. Jahrhundert (Abhandlungen zur Mittleren und Neueren Geschichte 7), Berlin / Leipzig 1908, S. 141–150; *Albert Otte*, Die Mainzer Hofgerichtsordnung von 1516 / 1521 und die Gesetzgebung auf dem Gebiet der Zivilgerichtsbarkeit im 16. Jahrhundert. Geschichte, Quellen und Wirkung des Gesetzes für die Zentraljustizbehörde eines geistlichen Fürstentums, (Diss. Mainz) 1964, besonders S. 28 ff., 59–66, 101–111, 121–139; *Jendorff*, Verwandte, S. 115 f.; *Härter*, Policey, S. 53–68. Allgemein zur Ordnung und dem Ablauf des frühneuzeitlichen Strafgerichtsverfahrens vgl. *Filippo Ranieri*, Rezeption und Prozeßrecht am Reichskammergericht, in: Frieden durch Recht. Das Reichskammergericht von 1495 bis 1806, hg. von Ingrid Scheurmann, Mainz 1994, S. 170–173, hier S. 171 f.; *Alexander Ignor*, Geschichte des Strafprozesses in Deutschland 1532–1846. Von der Carolina Karls V. bis zu den Reformen des Vormärz (Rechts- und Staatswissenschaftliche Veröffentlichungen der Görres-Gesellschaft N.F. 97), Paderborn / München / Wien / Zürich 2002, S. 41–82.

an sich gezogen hatte. So war das Mainzer Hofgericht mit der Zeit zu einer wenig ausgelasteten, eher unattraktiven Institution geworden.

Gleichwohl stellte es aus zeitgenössischer Sicht einen Hort relativer Rechtssicherheit im Sinne von Verfahrenssicherheit dar:[13] Das Hofgericht tagte gemäß seiner Gerichtsordnung im Mainzer Rathaus. Es handelte sich zudem um ein sogenanntes Quatembergericht, d.h. die Gerichtstermine und Ferien folgten den christlichen Hochfesten und Fronfasten. Die ordentlichen Prozesstage mussten vier Wochen zuvor am Rathaus und im Dom angekündigt werden. Dies betraf insbesondere den Prozessbeginn und die Urteilsverkündung. Weitere Gerichtstermine konnten in wichtigen Fällen in jeder Woche dienstags und samstags abgehalten werden. Bei solchen außerordentlichen Prozesstagen bestand die Richterbank nur aus dem Hofrichter oder dem von ihm aus den Beisitzern gewählten Stellvertreter sowie zwei gelehrten Assessoren. Für die Prozessparteien bestand generell Anwaltszwang, wobei jeder Partei nur zwei Advokaten und zwei Prokuratoren zur Vertretung ihrer Interessen zugebilligt wurden. Wie insgesamt war auch die Verfahrensordnung dem Reichskammericht nachgebildet. Dem Erkenntnisverfahren mit der Ladung des Angeklagten, der Benennung des Prozessgegenstandes und der Terminbenennung folgte die Streitbefestigung – die *litis contestatio* –, die mit der Verlesung des Klaglibell eröffnet wurde. Der zweite Termin diente der Antwort der beklagten Partei, so dass am Ende der Streitgegenstand und seine Aspekte offen lagen und verhandelt werden konnten. Für das sich anschließende Beweisverfahren ist auf ein in der Causa Wintzingerode wichtigen, weil in der späteren Historiographie immer wieder gerne als skandalös empfundenen Aspekt hinzuweisen: Die Mainzer Hofgerichtsordnung sah die Vernehmung von Zeugen, die im Erzstift, aber nicht in der Stadt Mainz wohnten, durch bestellte Commissarii vor.[14] Zeugen mussten demnach nicht vor Gericht erscheinen, wenn ihre Aussage durch Befragung der vom Hofgericht oder dem Hofrat bestellten Kommissare protokolliert und notifiziert worden war. Diese Praxis entsprach der Reichskammergerichtsordnung und war zweifellos unter anderem den schwierigen Reise- und Kommunikationsbedingungen der zersplitterten kurfürstlichen Terriorialherrschaft geschuldet. Der Prozess fand seinen Abschluss in der Richterberatung, die in ein Urteil mündete, das durch Mehrheitsbeschluss zustande gekommen war, wobei die Stimme des Hofrichters den Ausschlag geben konnte.

Im vorliegenden Fall musste das Hofgericht für den Kurfürsten als ein herausragendes Instrument unparteiischer Justiz erscheinen, das nichtsdestotrotz ein Urteil im Sinne der Anklage fällen würde.

So instruierten die kurfürstlichen Hofräte den Hofrichter vorab eingehend, wie er diesen Mordprozess – auch das wurde a priori festgestellt – zu füh-

[13] Zum Folgenden vgl. *Otte*, Hofgerichtsordnung, S. 101–114, 121–139; *Jendorff*, Verwandte, S. 115 f.

[14] Vgl. *Otte*, Hofgerichtsordnung, S. 126 f.

ren habe:[15] Er sollte dem Verfahren in eigener Person vorstehen, assistiert von Hermann von Mauchenheim gen. von Bechtoldsheim – dem im März 1574 bestallten Mainzer Gewaltboten, seinem Vertreter in allen Belangen der Mainzer Sicherheitspolizey[16] –, zwei weltlichen Richtern, zwei Räten und dem Gerichtsschreiber. Wintzingerode sollte zunächst zu den Anklagepunkten befragt werden, also zur Tat des 3. Februars 1573, den Tatumständen und seinem anschließenden Verhalten. Ihm sollte eingeschärft werden, dass aufgrund der Beweislast die Leugnung der Tat zwecklos sei. Eindringlich mahnten die Hofräte eine exakte Protokollierung an. Falls der Angeklagte ausweiche und den Rat Dritter beanspruche, sollte er auf das Mainzer Recht verwiesen und ermahnt werden, zu seinen Taten selbst aussagen zu müssen. Erst nach der Befragung könne er einen Gegenbericht abgeben. Man wird in alldem nichts Unübliches erkennen können. Zweifellos handelte es sich bei den Instruktionen der Hofräte um obrigkeitliche Einflussnahme auf den zuständigen Hofrichter Heinrich von Selbold. Doch lassen sich diese Vorgaben als Zeichen der Nervosität und als Bemühen um einen formal einwandfreien, nicht zu beanstandenden Prozess deuten, der gleichwohl im Sinne der Anklage zielführend und zügig durchgeführt werden sollte. Zu allen drei Aspekten – zur Rechtsförmigkeit, zur Rechtlichkeit und zur Ergebnissicherheit – waren die Hofräte verpflichtet und gewillt, diese miteinander zu harmonisieren. Daher verweigerten sie dem Angeklagten auch keineswegs die ihm gemäß der Rechtsordung zustehenden Rechte, pochten allerdings – oder angesichts ihres juristischen Ziels gerade deshalb – auf die Einhaltung der Hofgerichtsordnung.

Entsprechend wurde dem Angeklagten nach dem gütlichen Verhör vom 5. November, das im Steinheimer Gefängnis die Faktenlage zur Zufriedenheit der Hofräte bestätigte, eingeräumt, mit seiner Außenwelt in Verbindung zu treten, d.h. Briefe zu schreiben und sich mit seinem Advokaten abzusprechen. Allerdings – und hier erwies sich wieder jene typische Vorsicht, die der Nervosität der Mainzer Verantwortlichen entsprang – sollten Bartholds Briefe nur nach Zensur des Gewaltboten und „das sie ohne argwohn befunden“[17] versandt werden. Ebenso wies man darauf hin, der Ritter müsse sich nur für die ihm angezeigten Taten verantworten und könne sich deshalb mit seinem Advokaten besprechen. Im Gegenzug gebot man Barthold jedoch, „mitt ime [dem Advokaten] fernes nitt zu conversiren, wie auch ime solches nit gestatten sollen“[18]. Gezielt wandte man – rechtlich zweifellos einwandfrei –

[15] Zum Folgenden – sofern nicht anders angegeben – vgl. LHASAMD Rep. A 37a Nr. 76, fol. 3–6: Instruktion vom 05. 11. 1574.

[16] Vgl. *Jendorff*, Verwandte, S. 146, 314f. Nr. 83; *Schrohe*, Stadt, S. 42–58, hier besonders S. 56.

[17] LHASAMD Rep. A 37a Nr. 76, fol. 19’: Schreiben der Hofräte an den Vizedom vom 09. 11. 1574.

[18] Ebd., fol. 20. Ebenso ebd., fol. 31f.: Schreiben der Hofräte an den Vizedom vom 25. 11. 1574.

die Rechtsordnung aus prozesstaktischen Gründen und wohl auch, weil man politische Weiterungen fürchtete, gegen den Angeklagten, dessen Kommunikationsräume und -reichweite man auf diese Weise kontrollieren konnte.

Parallel dazu versuchten die Hofräte, die personelle Besetzung des Hofgerichts zu beeinflussen. Dem Hofrichter wurde angezeigt, dem Gericht würden zwei Hofräte als Assessoren „nach gestalt dieser beclagten personen"[19] zugeordnet. Doch an diesem Punkt stießen sie erstmals auf den Widerstand des erstaunten Hofrichters Selbold, einem – im Gegensatz zu seinem Gewaltboten von Mauchenheim – erfahrenen Funktionsträger, der als Mainzer Vizedom seine richterlichen Fähigkeiten unter Beweis gestellt hatte.[20] Er bezeichnete es als ungewöhnlich, ohne Absprache und gleichsam per Verordnung zwei weitere Hofräte hinnehmen zu müssen.[21] Tatsächlich hätte der Prozess gegen einen Adeligen eher weitere adelige Assessoren sinnvoll erscheinen lassen, zumal mit dieser Komposition der Richterbank verschiedene Gerichtsinstanzen der Mainzer Jurisdiktion – das Mainzer Stadtgericht, das Weltliche Gericht, das Hofgericht und der Hofrat – wenigstens personell miteinander verquickt wurden.[22] Vertraute der kurfürstliche Hofrat den Fähigkeiten des adeligen Hofrichters und seiner – wenigstens zur Hälfte – adeligen Assessoren etwa nicht bzw. misstraute er deren adeligen Standesbewusstsein? Er wendete es gegenüber dem Hofrichter ins Positive: Die beiden zusätzlichen Hofräte würden zugeordnet, „damitt aber der gericht nach gestalt dieser beclagten personen desto stättlicher besetzt"[23] sei. Gleichermaßen wurde der seit 19 Jahren amtierende Mainzer Stadtschultheiß Dr. Kilian Eler aufgefordert, sich als Prokurator des Gewaltboten und der Richter zur Beschleunigung und Sicherstellung des Prozesses bereit zu halten.[24] Die personelle Aufstockung

[19] Ebd., fol. 21: Schreiben der Hofräte an den Vizedom vom 15.11.1574.

[20] Selbold, der 1578 starb, war seit März 1572 im Amt und hatte bis dahin in mindestens einem Mordfall einem Gericht – wohl dem Mainzer Stadtgericht – präsidiert, die Todesstrafe verhängt und vollstrecken lassen; vgl. *Jendorff*, Verwandte, S. 238 Nr. 195; *Schrohe*, Stadt, S. 35, 38.

[21] Vgl. LHASAMD Rep. A 37a Nr. 76, fol. 22 ff.: Schreiben Selbolds an die Hofräte vom 18.11.1574. Im Gegensatz zu den Hofräten, die die Besetzung des Gerichts neben dem Hofrichter und dem Gewaltboten durch den Marktmeister sowie vier Personen aus dem Rat und dem Rentmeister vornehmen lassen wollten, vertrat Selbold die Ansicht, das Gericht setze sich außer ihm und dem Gewaltboten traditionell nur aus vier Ratspersonen zusammen.

[22] Hier erweist sich die Fehleinschätzung von *Goldschmidt*, Zentralbehörden, S. 142, der die Ansicht vertritt, man habe es stets vermieden, die Beamten des Hofgerichts „irgendwie mit dem Hof in Berührung zu bringen". Selbst wenn es stimmen sollte, dass weder der Hofrichter noch die Assessoren ein höfisches Amt innegehabt hätten, so ist dennoch nicht von moderner Unabhängigkeit auszugehen. Dafür waren die vielfältigen Beziehungen sowie die Verwandtschafts- und Klientelverhältnisse im Kurerzstift doch zu eng, und so war das Hofgericht rechtlich-politisch auch gar nicht konzipiert.

[23] Ebd., fol. 31 f., hier fol. 31: Schreiben der Hofräte an den Vizedom vom 25.11.1574.

[24] Vgl. LHASAMD Rep. A 37a Nr. 76, fol. 48 f.: Schreiben der Hofräte an Eler vom 28.11.1574. Zu Elers Person vgl. *Jendorff*, Verwandte, S. 100, 188 Nr. 24, 270 Nr. 290; *Schrohe*, Stadt, S. 67.

sollte die Bedeutung des Angeklagten widerspiegeln. Das tat sie und verriet gleichfalls viel über die Bedeutung des Verfahrens an sich, die ihm von Seiten des Kurfürsten zugemessen wurde.

So wie den Gerichtshof organisierte der Hofrat auch die Anklagevertretung präzise. Zum Fiskal – also zum Ankläger – bestimmte man den Prokurator Peter Löher, dem man eine entsprechende Belohnung in Aussicht stellte.[25] Ihm wurden die Prokuratoren Kauff und Schweppenhan an die Seite gestellt, später erhielt er zusätzlich den nachmaligen Richter am Mainzer Stadtgericht Philipp Zimmermann und Peter Offenthal als Prokuratoren zugeordnet.[26] Dem Fiskal wurde darüber hinaus eingeschärft, er solle die Anklage ohne alle Umschweife vortragen und jegliche Verzögerung schon im Ansatz unterbinden, weil der Prozess ohnehin zwei Monate in Anspruch nehmen werde. Und: „Der Fiscal soll auch mit keinen unbescheidenen worten vom gegentheil sich bewegen, noch irren laßen, aber dem titul (Edel und ernvest) ime [d. h. Barthold von Wintzingerode] an keinen orth mit reden auch schreiben geben“[27]. Löher sollte den adeligen Angeklagten gezielt an einer sensiblen Stelle angreifen: an seiner Standesehre, die man ihm auf diese Weise absprach. Dieser Teil der Prozessstrategie weist auf die Absicht der kurfürstlichen Seite hin, jeden Versuch der Verteidigung im Keim zu ersticken, den Angeklagten als tugendhaften Edelmann positionieren zu können, was erhebliche Konsequenzen für den Prozessverlauf besessen hätte. Zehn Tage vor der ersten öffentlichen Sitzung wies man Löher abermals an, alle Anträge Wintzingerodes abzulehnen. Sollte dieser auf Unkostenerstattung, Haftverschonung wegen seines Standes oder Fristverlängerung zur Verteidigung plädieren, habe der Fiskal Einspruch zu erheben, weil die Tat bekannt und zudem ein schweres Offizialdelikt sei.[28]

Auf Seiten der Kurfürstlichen war das Prozessfeld personell bestellt. Wo immer möglich, hatte sich der Hofrat um ein sicheres und schnelles Verfahren in den Bahnen der geltenden Rechtsordnung bemüht – und schien dennoch nicht beruhigt, wie schon die sich wiederholenden Anweisungen, Stillschweigen und Geheimhaltung zu wahren,[29] beweisen.

Und Barthold von Wintzingerode? Der renitente eichsfeldische Ritter scheint die Inhaftierung in Steinheim gut überstanden zu haben. Klagen über die Haftbedingungen sind jedenfalls nicht aktenkundig geworden; ebenso

[25] Vgl. ebd., fol. 19 ff.: Schreiben der Hofräte an den Vizedom vom 09. 11. 1574; ebd., fol. 42 f.: Bestallung Löhers zum Fiskal vom 12. 11. 1574.

[26] Vgl. ebd., fol. 44 f.: Schreiben der Hofräte an den Fiskal vom 22. 11. 1574. Zu Philipp Zimmermann vgl. *Jendorff*, Verwandte, S. 320 Nr. 175.

[27] LHASAMD Rep. A 37a Nr. 76, fol. 36–37’: Schreiben der Hofräte an den Fiskal vom 25. 11. 1574.

[28] Vgl. ebd., fol. 64 f.: Memorial an den Fiskal vom 04. 12. 1574. Allerdings machte man in dem Schreiben auch klar, dass Löher so verfahren solle, um keine Gefahren durch die adelige Freundschaft Bartholds heraufzubeschwören.

[29] So etwa in: ebd., fol. 48 f.: Schreiben der Hofräte an Eler vom 28. 11. 1574.

wenig auch seine Aktivitäten, eine effektive Verteidigung zu organisieren. So muss unentschieden bleiben, ob er keine Gelegenheit zur Kommunikation bekam oder die Organisation seiner juristischen Verteidigung nicht für nötig oder gar schon für sinnlos erachtete. Jedenfalls stellte sich Barthold von Wintzingerode bei Prozessauftakt – am Nachmittag des 5. November in Steinheim bei der gütlichen Befragung zur Tat und den Anklagepunkten durch den Hofrichter, den Gewaltboten, zwei Richter des Weltlichen Gerichts sowie einen Schreiber – allein den Inquisitoren. Freimütig äußerte er sich über die Vorkommnisse: Er sei von befreundeten Adeligen darüber informiert worden, dass seine Vettern Hans und Bertram in der Mühle zu Wintzingerode Frucht geraubt hätten. Dies sei jedoch angesichts des anhängigen Reichskammergerichtsprozesses und des ergangenen Pönalmandats unrechtmäßig gewesen. Deshalb sei er zur Mühle geritten und habe den Holzförster Arnold, der seinen Vettern schon zuvor bei ähnlichen Raubaktionen geholfen hätte, mit einem leeren Schlitten angetroffen. Als dieser ihn gesehen habe, sei er ins Haus gelaufen, aus dem Barthold ihn habe gewaltsam holen lassen, um dessen schwangere Frau zu schonen. Vor dem Haus sei es dann zur harten Auseinandersetzung gekommen. Er habe Geilhausen mit dem Pferd gegen die Wand gedrückt und beschuldigt, „er were derjenig der Ime daß sein mit gewalt ettliche mal hab helffen nemmen, auch sich durch seine vettern uff sein Leib und leben bestellen lassen, unnd habe Berthold Ime die Buchß uff die Hautt unnd rechte seitten der Brust gestossen unnd durch denn Leib gebrent, und dz sey wahr, sey vormittag umb sechs od[er] sieben Uhren ungevehrlich geschehen"[30]. Auf die Frage der Inquisitoren, ob er die Tat eigenhändig begangen habe, antwortete Barthold, er „habß mit seiner aignen buchßen gethan Inn massen er zum ersten articul außgesagt"[31]. Die große Kugel habe ein entsprechend großes Loch gerissen, und als die Bauern geklagt hätten, „der Arnold sey umgefallen unnd werde sterben, [habe er] darauff geantwortt, er möge in Gottes Namen hinsterben"[32]. Nach zwei Stunden habe er dann die Todesnachricht erhalten. Auf die Frage, wie er sich nach dem Schuss verhalten habe, gab Barthold zu Protokoll, er habe die Büchse in das Halfter gesteckt und sei auf den Bodenstein geritten. Nach diesen Vorkommnissen habe er sich mit seinen Advokaten am Reichskammergericht beraten, sonst aber mit niemandem bis auf einen – ungenannten – Freund, der ihm die Anzeige des Vorfalls beim Reichskammergericht empfohlen hätte. An anderes konnte sich Barthold nicht erinnern, auch nicht an die vom Braunschweiger Herzog Julius benannten Personen, die er nur sehr flüchtig zu kennen vorgab.

Man muss diese Protokollnotizen vor dem Hintergrund geschulter zeitgenössischer Schreiber- und Juristenfähigkeiten lesen und kann nicht erwarten, auf differenzierte Hinweise zu der Art und Weise, wie der Angeklagte ant-

[30] Ebd., fol. 9–18, hier fol. 13: Protokoll der Befragung vom 05. 11. 1574.
[31] Ebd., fol. 13 f.
[32] Ebd., fol. 13'.

wortete, zu stoßen. Die Befragung verlief offenkundig ruhig. Barthold konzedierte der Anklage die erhobenen Vorwürfe im Wesentlichen und ohne Umschweife. Noch immer scheint er nicht sonderlich beunruhigt gewesen zu sein. Erst als der Hofrichter ihm Mitte November den Termin für den eigentlichen Prozessbeginn mitteilte, wurde ihm wohl klar, dass die kurfürstliche Seite es mit dem zügigen Verfahren ernst meinte. Die Nachricht, dass ihm noch vier Wochen bis zur Eröffnung des Verfahrens verbleiben würden, habe er – so der Hofrichter Selbold – „mit beschwertem gemut vernommen also daß Ime auch die augen ubergangen“[33]. Anschließend habe er vehement geklagt, er habe keinen Rechtsbeistand und sei so fern von Frau und Heimat. Erst jetzt wurde Barthold aktiv. An seine Frau schrieb er, wegen des fehlenden Beistandes solle sie neben allen verfügbaren finanziellen Ressourcen und Freunden insbesondere auch seinen Speyerer Advokaten Dr. Franz mobilisieren.[34] Von Katharina von Wintzingerode, die zu diesem Zeitpunkt mit der Freundschaft Bartholds haderte, aktiviert, ließen sich die Advokaten am Speyerer Reichskammergericht Johann Kolb und Johann Augsburger vernehmen, sie seien wegen Dienstgeschäften derzeit unabkömmlich. Kolb entsandte stattdessen seinen Schwager, der sich mit Augsburger absprechen sollte.[35] Schließlich akkreditierte sich kurz vor Prozessbeginn Magister Wendelin Oberndorfer als Bartholds Advokat. Gleichzeitig stellten sich in zunehmender Zahl Bartholds Freunde ein – ein Umstand, der – wie später noch zu zeigen sein wird – den Kurfürstlichen große Sorge bereitete. Selbst das Domkapitel, das am 27. November von der Gefangennahme Bartholds, seiner Überführung nach Mainz und den kommenden Prozess informiert wurde, reagierte zur Vorsicht mahnend. Die kurfürstlichen Abgesandten versicherten den Domkapitularen, der peinliche Gerichtstag sei sorgfältig und korrekt vorbereitet worden, „Damitt zur verhinderung ahngeregter iusticien nichts einfelt“[36]. Die Domkapitulare bezweifelten darauf hin auch nicht die Richtigkeit des kurfürstlichen Vorgehens, „Abber dieweil die Zeitt und Leufft itzo gantz greulich, seindt meine gn[edige] underthenige hoffnung [dass] Ihre Churf. g. disse ding und was

[33] Ebd., fol. 22 ff., hier fol. 22: Schreiben des Vizedoms an die Hofräte vom 18. 11. 1574.

[34] Vgl. ebd., fol. 28–28: Schreiben Bartholds an Katharina von Wintzingerode vom 15. 11. 1574, in dem er berichtet, er sei von Steinheim nach Mainz ins Gefängnis gebracht worden, um dort von den weltlichen Richtern auf dem Rathaus im nächsten Monat den Prozess gemacht zu bekommen. Sein Problem sei der fehlende Beistand von Juristen und Freunden, weshalb sich Katharina um die Mobilisierung aller Ressourcen bemühen solle. Er sei aber angesichts der Fähigkeiten seines bisherigen Rechtsbeistandes noch guter Hoffnung; vgl. ebd. fol. 29 ff.: Schreiben Bartholds an Katharina o.d., in dem er um Mobilisierung aller Ressourcen, insbesondere der Freunde bittet. Und weiter: „auf dein negst schreiben khan ich dir nit antwort geben, ich will mein sach uf keinen andernn setzen, dann auf Gott unnd meinenn gnedigsten Churfursten und Herrn“; ebd., fol. 29'.

[35] Vgl. ebd., fol. 59 f. und fol. 60 f.: Schreiben Kolbs vom 29. 11. 1574 und Schreiben Augsburgers vom 29. 11. 1574.

[36] StAWü Mz.Domkap.Prot. 15, fol. 828' bzw. 785' f. (neu), hier fol. 829: Sitzung vom 27. 11. 1574.

etwan dabey zu bedencken notwendig also bey sich werden zu erwägen wissen, damit gegen sich nichts beschwerlichen hinterweiß zubefaren"[37]. Spannung lag wegen der Angelegenheit in der Luft. Niemand aus den Reihen der Mainzer Entscheidungsträger wünschte Komplikationen in dieser delikaten Angelegenheit. Jeder wartete den ersten Prozesstag gespannt ab.

Der kurfürstliche Fiskal Löher konnte mit diesem ersten Termin am 14. Dezember auf dem Mainzer Rathaus durchaus zufrieden sein. Nachdem er die Anklageschrift verlesen hatte, die Barthold des Mordes am Förster Arnold Geilhausen bezichtigte und die auf Bekanntheit, Bezeugung und Eingeständnis der Tat durch Dritte und den Angeklagten selbst rekurrierte,[38] hatte Löher ein mündliches Verfahren gegen Bartholds Ansinnen bzw. dasjenige seines Verteidigers, dieses ausschließlich schriftlich zu führen, durchgesetzt. Einzig die Übersendung einer schriftlichen Kopie der Anklageschrift konzedierte Löher. Sämtliche Klagen des Ritters bezüglich der Kürze der Vorbereitungszeit, des fehlenden Prokurators und der Entfernung zum Eichsfeld waren vom Gericht abgewiesen worden, weil Barthold anwesend sei. Dagegen hatte der Richter nichts gegen die Anwesenheit der niederadeligen Freundschaft des Angeklagten einzuwenden, sofern sie sich – und dies wurde ausdrücklich betont – zu verhalten wisse. Das Verfahren schien seinen programmierten Weg gehen zu können.

2. Der Verlauf des Prozesses und seine Krise: Anklage in Nöten

So gut der Prozessauftakt für die Anklage verlaufen war, so wenig zufriedenstellend entwickelte sich das Verfahren in den folgenden Monaten. Der vorsitzende Richter hatte den zweiten Termin auf den 21. Februar 1575 festgesetzt. Bereits einen Monat zuvor instruierte der Hofrat den Fiskal abermals, auf keinen Fall eine Verzögerung des Prozesses durch ein verschriftlichtes Verfahren zuzulassen.[39] Deshalb müsse gleichermaßen auch gegenüber dem abzusehenden Ersuchen Bartholds verfahren werden, seine Tathelfer als Zeugen zu benennen. Diese seien weit entfernt, hätten sich ggf. selbst strafbar gemacht und dienten dazu, den Mord als Selbstverteidigungsakt zu rechtfertigen. Enstprechend seien fünf anwesende Zeugen – Lips Reckhusen aus Wintzingerode, der Kutscher Blasius Schreiber aus Kirchohmfeld, Blasius Lang aus Warmohmfeld, Hans Wenckmann aus dem Amt Bischofstein und Hans Kistener aus Warmohmfeld – aufzurufen. Die Räte wiesen den Fiskal zudem an, auf die kurfürstliche Landeshoheit zu verweisen, sollte der Angeklagte die Zuständigkeit des Gerichts bezweifeln.

[37] Ebd.
[38] Vgl. LHASAMD Rep. A 37a Nr. 76, fol. 98–106: Protokoll des Termins vom 14. 12. 1574.
[39] Vgl. ebd., fol. 121–133: Instruktion für Löher vom 18. 01. 1575.

Tatsächlich zog der Angeklagte, der wiederum mit juristischem Beistand erschienen war, mit dem Beginn des zweiten Prozesstages die Zuständigkeit des Gerichtshofs in Zweifel. Überhaupt zeigte er sich über das Verfahren erstaunt, insofern er den Eindruck gewonnen hätte, „alß sollte recht verbotten und Unrecht zugelaßen sein“[40]. Der in Stellvertretung des Hofrichters vorsitzende Gewaltbote von Mauchenheim maßregelte ihn dafür und „Corrigirt denßelbig dermaßen daz Recht erlaubt und unrecht verbotten sein sollte“[41]. Daraufhin forderte Barthold die Schriftlichkeit des Verfahrens, wie es in der Carolina – also in der Peinlichen Halsgerichtsordnung Kaiser Karls V. – und in der kurmainzischen Hofgerichtsordnung für Zivil- und Kriminalsachen vorgegeben sei, zumal er nicht in Bezug auf alle Anklagepunkte geständig sei. Geschickt vertrat Barthold die Auffassung, „dieweil Clarlich zu befinden, daß die Principal und Hauptsach, darauß dieser unfal verursacht und gefloßen an dem Keyserlichen Cammergericht Recht hengig unnd eins mit dem andern darumb billich erorttert und außgefurt werden solle“[42], könne dieser Prozess gar nicht rechtens geführt werden. Die ihm zur Last gelegte Tat müsse folglich im Kontext des vor dem Reichskammergericht schwebenden Verfahrens gegen seine Vettern gesehen werden. Daraus ergebe sich auch, dass er Geilhausen gar nicht vorsätzlich erschossen habe. Dennoch wolle er auf die einzelnen Anklagepunkte eingehen, „Jedoch alles mit dem bescheidt daß solches auß hoch gedrangten ursachen und in continendi ac flagrante rapina unnd uff vorgehende feindtliche betrauung geschehen“[43] sei. Dem widersprach der Fiskal Löher entschieden, insofern er darauf verwies, die Carolina nehme Rücksicht auf die jeweilige Territorialgesetzgebung, wirke gleichsam subsidiär und die Mainzer Hofgerichtsordnung sehe das verschriftliche Verfahren nicht zwangsläufig vor. Zudem sei das Verfahren vor dem Reichskammergericht für die in Mainz verhandelte Tat unerheblich.[44] Entsprechend gab das Gericht dem Antrag des Fiskals statt und fuhr im Verfahren fort.

Die Tragweite dieser Entscheidung war nicht zu unterschätzen. Denn damit wurde der Mainzer Prozess von allen anderen wegen oder mit Barthold anhängigen Rechtshändeln abgekoppelt und den langsamen, unvorhersehbaren Rechtsprechungsmühlen des Reichskammergerichts entrissen. Die Tötung Geilhausens würde singulär untersucht und beurteilt werden, gelöst von allen ständisch-sozialen Logiken, die derart brachiale physische Gewalt irgendwie hätten rechtfertigen können. So hatte das Gericht indirekt auch klar gestellt, dass in Mainz ein Mord- und kein Fehdeprozess verhandelt werden würde.

Im Anschluss an diese formaljuristische, inhaltlich bedeutsame Auseinandersetzung war Barthold aufgefordert, zu den Anklagepunkten detailliert

[40] Ebd., fol. 136–153, hier fol. 137: Protokoll des Termins vom 21.02.1575.
[41] Ebd., fol. 136'.
[42] Ebd., fol. 141'f.
[43] Ebd., fol. 145'.
[44] Vgl. ebd.

Stellung zu nehmen. Abermals räumte er ein, auf den Förster geschossen und ihn getötet zu haben, wenn auch nicht so schnell, wie vorgeworfen. Als Grund gab er an, Geilhausen bei Räuberei in flagranti ertappt zu haben.[45] – Der Fiskal konnte mit dem bisherigen Verlauf des Verfahrens mehr als zufrieden sein: Seine Prozesstaktik funktionierte, es bestätigten sich sämtliche Anklagepunkte und – als Krönung des Ganzen – präsentierte sich der Angeklagte selbst als Hauptbelastungszeuge. Doch an dieser Stelle kippte der bisher für die Anklage so erfolgreiche Tag.

Als nämlich Barthold darum bat, seine *Defensional- und Peremptorialartikel* vortragen zu dürfen, gestattete ihm das Gericht dieses Ansinnen den Verfahrensregeln entsprechend. Der Angeklagte nutzte die Gelegenheit, um die Tat doch noch – gleichsam auf dem Umweg – als unglückliche Episode eines Fehdegeschehens zu profilieren, nachdem ihm das Gericht die formaljuristische Anerkennung dieses Aspekts verweigert hatte. In seinen über 41 Punkte enthaltenden Defensionalartikeln[46] stellt Barthold ausführlich die Hintergründe seiner Tat dar, also den Streit mit den Vettern. Unter anderem führte er aus, es sei „8. Item wahr, das Ihn Rechte menniglich ehrlaubt, seinem abgesagten feindt, und muthwillig befehder, wenn er die gelegenheit haben kann, sonderlich in flagranti crimine ahnzugreiffen, und sich dero gebrauten gefahr, zu entledigen“[47]. Er – nicht Geilhausen – sei das Opfer permanenter Ein- und Angriffe gewesen. Ausführlich widmete er sich Geilhausens Vergangenheit, dessen Relegierung als Förster in Lippe wegen Sittlichkeitsdelikten, seinem aggressiven, treulosen Verhalten ihm gegenüber und dessen Verstöße gegen das kaiserliche Pönalmandat. Gleichwohl räumte Barthold ein, unangemessen gehandelt zu haben. Er versprach, sich bei der Witwe Geilhausen zu entschuldigen, obwohl sich ihr Mann kurz vor seinem Tod zu seinen Sünden bekannt und geäußert habe, dass er Barthold vergeben wolle, weil er ihn permanent gereizt habe.[48] Schließlich – gleichsam als Höhepunkt seiner Verteidigung – beharrte Barthold darauf, sich als Adeliger endlich von Schuld lösen zu dürfen: „31. Ist auch wahr, das Bartholdt von Wintzingerode bey etzlichen potentaten, auch Chur unnd Fursten, Ihn und ausserhalb des Heiligen Reichs Teutscher nation (Jedoch ohne ungepurlichen rhumb Zu melden) sich dermassen wol verdient gemacht, das ihm menniglich seiner Ehren, und redlicheit, gudt gezeugnus geben thudt“[49]; denn: „32. Item Ist wahr, das ehr auch ein dermassen tapffer und Erfarner Kriegsman, das ehr Zukunfftig nicht allein dem Heiligen Romischen Reich, sond[er]n auch der gantzenn Christenheit, Ihm nothfahl, kegen den Erbfeindt, den Turcken, viel nutzlicher dienste beweisen könnte“[50]. Schließlich sei es „33. Item wahr, das auch dem

[45] Vgl. ebd., fol. 146.
[46] Vgl. ebd., fol. 154–167.
[47] Ebd., fol. 157 f.
[48] Vgl. fol. 163'.
[49] Ebd., fol. 162' f.
[50] Ebd., fol. 163.

von Wintzingeroda, demnach zu hochster verkleinerung seines adelichenn guthen nahmens, bei menniglich gereicht, who ehr des Arnolds Geelhausen, als eines, d[er] ihme ahn standt, unnd herkhomen ungleich gewest, freventlichen Zumüttigung mit gepurlichem Ernst nicht bergent"[51].

Genüsslich und geschickt spielte Barthold von Wintzingerode auf der Klaviatur von Adeligkeit und Ehre, Fehde und adeligem Recht. Geschickt war dies, weil er die Sphäre des Rechts – jenen Raum, den der Fiskal zu beherrschen schien – mit derjenigen der Adeligkeit zu verknüpfen verstand. Er leitete das – eigentlich prinzipiell aufgehobene – Fehderecht als Notwehrmittel aus der eigenen Adeligkeit ab, definierte es neu, legitimierte es und wertete es wiederum auf, wenn er darauf hinwies, er habe sich gegen einen standesniederen Attentäter notgedrungen zur Wehr setzen müssen. Zweifelsohne bereitete es dem adeligen Angeklagten großen Genuss diese Tasten der juristischen Klaviatur zu spielen, weil er mit dieser Art der Verteidigung den Fiskal gewissermaßen prozesstaktisch fesselte. Der nicht-adelige Fiskal Löher musste nämlich verfahrenstechnisch ohnmächtig mitansehen, wie aus dem Mordprozess doch noch ein Fehdeprozess zu werden drohte und wie der adelige Angeklagte die rein kriminaljuristische Argumentationslogik mit sozialständischen Argumenten anreicherte und umwertete und ihn selbst am Ende dazu zwang, sich mit der derart rekonstruierten Argumentation auseinander zu setzen, ja sie sich zeitweise sogar zu eigen zu machen. Doch soweit war man noch nicht. Vorerst folgerte die Verteidigung aus den Defensionalartikeln, wenn der Angeklagte schon seine Sichtweise habe vortragen dürfen, müsse er sie auch beweisen können, also Zeugen benennen, vorladen und befragen lassen dürfen. So bat Barthold von Wintzingerode um einen Prozessaufschub von drei Monaten und erhielt trotz vehementer Proteste des Fiskals, der die Ausführungen des Angeklagten als unerheblich und unglaubwürdig abtat, zwei Monate Aufschub gewährt. Als Barthold auf die Entfernungen hinwies und der Fiskal regelrecht verzweifelt darauf aufmerksam machte, die Zeugen müssten doch noch approbiert werden, verschob das Gericht den Termin vom 10. April auf den 2. Mai.

Damit war am Ende des zweiten Verhandlungstermins, der für den Fiskal vortrefflich begonnen hatte, für die Anklage insgesamt prozesstechnisch-strategisch der größtmögliche anzunehmende Unfall eingetreten. Denn einerseits war Barthold gelungen, was die kurfürstliche Regierung unbedingt hatte verhindern wollen: ein unabsehbar langwieriges Verfahren, die Behandlung von Details des Tathergangs und der Tatumstände, die eingehende Befragung der Zeugen, deren Angaben sich nun als widerprüchlich oder gar unglaubwürdig erweisen konnten und gewichtet werden mussten. Andererseits – und noch viel schwerwiegender – war der Anklage die Anerkennung ihrer Gegenposition und deren Gleichgewichtigkeit vor Gericht gelungen. Denn die von ihr benannten Zeugen würden nicht zur Tat bzw. zum Tathergang, sondern

[51] Ebd., fol. 163 f.

nur zur eigentlichen Säule der Verteidigung – zur Adeligkeit des Angeklagten – aussagen können. Verfahrensrechtlich war diese erfolgreiche Intervention aufgrund der im Gemeinen Recht der ständischen Gesellschaften Alteuropas – dem *ius commune* – verankerten Rechtsfigur der *praesumptio pro viro nobili* möglich geworden, wonach für einen Adeligen die Vorannahme seines tugendhaften Lebenswandels, seiner Unbescholtenheit und damit seiner Unschuld galt. In den Händen der Verteidigung schien sie ein geeignetes Instrument zu sein, um der Mordanklage von vorneherein ihre Schärfe zu nehmen. Ungewöhnlich war eine solche Vorannahme keineswegs. Präsumtionen waren unwidersprochener Bestandteil des *ius commune* und wurden in der zweiten Hälfte des 16. Jahrhunderts systematisiert.[52] Das Werk des Italieners Giacomo Menochio (1532–1607) gewann hierfür in Europa wie auch bei den deutschen Rechtsgelehrten herausragende Bedeutung.[53] In diesem Kontext galt für jedermann vorab eine generelle Unschulds- bzw. Bonitätsvermutung, die aus der – positiv beurteilten – Natur des Menschen abgeleitet wurde.[54]

[52] Vgl. *Helmut Coing*, Europäisches Privatrecht. Bd. 1: Älteres Gemeines Recht (1500 bis 1800), München 1985, S. 134 ff., mit Hinweisen auf entsprechende Rechtsliteratur. Weitere einschlägige Titel des 15. und 16. Jahrhunderts: [*Anonymos*], Tractatus de praesumtionibus, in: Tractatus plurimi iuris, Basel 1487; *Andrea Alciati* [1492–1555], Tractatus de praesumptionibus, Lugdunum 1551 (auch: Frankfurt am Main 1580, Köln 1580 etc.); *Hippolyto Bonacossa* [1514–1591], Aureum Repertorium Alphabeticum De Praesumptionibus, Venedig 1580; *Christoph Wendin/Albert Schad*, Disputatio de probationibus et praesumptionibus, cum materiis concordantibus in utroque iure, Rostock 1588. Neben Coing als weitere neuere Arbeiten vgl. *Carl-Friedrich Stuckenberg*, Untersuchungen zur Unschuldsvermutung, Berlin 1998, S. 11–45; *Jan Schröder* (Hg.), Entwicklung der Methodenlehre in Rechtswissenschaft und Philosophie vom 16. bis zum 18. Jahrhundert (Contubernium 46), Stuttgart 1998, insbesondere mit den Beiträgen von Aldo Mazzacane, Peter König, und Oliver Robert Scholz; *ders.*, Entwicklungstendenzen der juristischen Interpretationstheorie von 1500 bis 1850, in: Jörg Schönert/Friedrich Vollhardt, Geschichte der Hermeneutik und die Methodik der textinterpretierenden Disziplinen (Historia Hermeneutica. Series Studia 1), Berlin 2005, S. 203–220; *Oliver Robert Scholz*, Die Vorstruktur des Verstehens. Ein Beitrag zur Klärung des Verhältnisses zwischen traditioneller Hermeneutik und ‚philosophischer Hermeneutik', in: Jörg Schönert/Friedrich Vollhardt (Hg.), Geschichte der Hermeneutik und die Methodik der textinterpretierenden Disziplinen (Historia Hermeneutica. Series Studia 1), Berlin 2005, S. 443–461, hier S. 454–460, mit Verweis auf Leibniz' Beschreibung der Funktion, Annahme und Widerlegung von Präsumtion und Fiktion (in: Definitionum Juris Specimen, 1676). Zum Kontext von Adel und Rechtsdenken vor Gericht vgl. *Wieland*, Selbstzivilisierung, S. 337. Weiterhin bin ich Herrn Armand Maruhn M.A. für den Hinweis auf die Bedeutung der Präsumtionen zu Dank verpflichtet.

[53] Vgl. *Jacobus Menochius*, De praesumptionibus, coniecturis, signis & indiciis, Venedig 1587 (weitere Ausgaben u. a.: Köln 1597 und 1606), hier zitiert nach der Ausgabe Genf 1670; *Stuckenberg*, Untersuchungen, S. 13–17.

[54] Vgl. *Menochius*, De praesumptionibus, Liber V, Praes. I (Hominem sui natura bonum presumi ex multorum sententia, & quando minime bonus praesumatur, varie declaratum) Nr. 7: Homo quod sit sui natura bonus, D. Thomae auctoritate comprobatur: & quod naturae principia sint quoque bona; Nr. 15: Homo sui natura bonus probatur iure Pontificio & Caesareo; Nr. 16: Innocens quilibet praesumitur, & sine vitio.

Die hierbei getroffenen Feststellungen und daraus vorgenommenen Deduktionen[55] gewannen für den Adel darüber hinaus zusätzliches Gewicht, insofern für ihn die Bonitätsvermutung aufgrund von Abstammung galt.[56] Ein Adeliger verhielt sich demnach *qua natura* und *ex nobili genere* adelig und tugendhaft. Aufgrund dieser wesenhaften Eigenschaften wurde die Vorannahme abgeleitet, eine adelige Person sei glaubwürdiger[57] als eine nicht-adelige, was entsprechende juristische Vergünstigungen einschloss.[58]

Die Rechtsfigur der *praesumptio pro viro* nobili stellte also einen ganzen Argumentationskomplex zugunsten eines Adeligen dar, der die gegnerische Partei dazu zwang, geeignete Argumente zur Widerlegung der Vorannahme vorzulegen, bevor sie die eigene Rechtsposition überhaupt zur Geltung bringen konnte. Mit seinen Einlassungen spielte der Angeklagte bzw. sein Verteidiger auf sämtliche Inhalte des Präsumtionenkomplexes von Adeligkeit inklusive der Inkommensurabilität des Getöteten an und machte sie damit für sich geltend. Seine so juristisch profilierte Adeligkeit sollte ihn auf diese Weise unangreifbar und die Anklagevertretung wehrlos machen. Die Adeligkeitspräsumtion war demnach verfahrenstechnisch eine gefährliche Waffe in den Händen der Verteidigung.

[55] Etwa dass eine rechtschaffene Person als solche unbeschadet welchen Vorwurfs als rechtschaffen betrachtet wird und umgekehrt; vgl. *Menochius*, De praesumptionibus, Liber V, Praes. I (Hominem sui natura bonum presumi ex multorum sententia, & quando minime bonus praesumatur, varie declaratum) Nr. 17: Bonus qui fuit olim, etiam nunc bonus praesumitur; Nr. 19: Bonus qui non praesumitur, quando agitur de alterius praeiudicio: nec debet quis statim credere viro bono in praeiudicium alterius.

[56] Vgl. *Menochius*, De praesumptionibus, Liber VI, Praes. LVIII (Filium patri similem virtute & moribus praesumi) Nr. 1: Filius eodem modo prouenit a patre quo ex radice arbor. Unde praesumitur patri similes virtute & moribus („Cum ex patre filius eo pene modo quo ex radice arbor proueniat, factum est, vt patri similis praesumatur filius"); Nr. 2: Natus ex nobili genere, nobilis & virtutis amator praesumitur („natum ex nobili genere, & nobilem & virtutis studiosum praesumi. Vt enim & hominibus hominem, ex belluis belluam, sic ex bonis bonum generari consentaneum est"); Nr. 3: Et contra ex pessimo genere ortus, pessimus est censendus.

[57] Vgl. *Menochius*, De praesumptionibus, Liber V, Praes. IV (vitio hominem carere praesumi, dilucide etsi paucis, declaratur) Nr. 2: Bonus dici non potest, qui vitiosus est; Nr. 6: Nobiles & divites praesumuntur innocenter vivere, & de eis semper bene est praesumendum („Rursus procedit quoque multo magis haec praesumptio in nobili & diuite: quia de his quibus sunt integrae facultates bene praesumendum est"); Nr. 7: Et magis praesumitur pro nobili quam pro ignobili („Hinc dicimus magis praesumi pro nobili quam pro ignobili […] Et pro diuite magis praesumi quam pro inope").

[58] Vgl. *Menochius*, De praesumptionibus, Liber VI, Praes. LIX (Nobilitatem summam pro se praesumptionem habere multis comprobatum) Nr. 1: Nobilitati quantum sit deferendum („Est certe magna pro viro nobili praesumptio"); Nr. 2: Nobilis praesumitur datae fidei obseruantissimus; Nr. 3: Praetor si virum nobilem carceratum relaxauit, locoque carceris ei praetorium constituit, si is aufugit, excusatur, cum sit secus fidem nobilis, quem fidei obseruatorem credebat; Nr. 6: Nobilis praesumitur munificus & liberalis; Nr. 7: Et pro nobilibus praesumitur in his, quae ad nobilitatem spectant; Nr. 8: Purgatoria canonica facilius admittitur pro nobili accusato, quam pro ignobili; Nr. 9: Testibus nobilibus plus creditur quam ignobilibus.

Wehrlos war die kurfürstliche Seite jedoch ebenso wenig wie jeder andere Prozessgegner eines Adeligen. Die Präsumtion galt nämlich solange, bis sie widerlegt wurde. Das bedeutete, dass sie widerlegt werden konnte bzw. dass die Prozesspartei, die für sich eine Präsumtion in Anspruch nahm, diese Inanspruchnahme begründen musste. Dies verschaffte dem Prozessgegner einen gewissen Spielraum. Es ließe sich sogar fragen, ob der Verweis auf die *praesumptio pro viro nobili* nicht ein Ausweis für die Schwäche der Verteidigung war. Denn das Streben nach standesgemäßem adeligen Lebenswandel mochte angeboren sein, das Verhalten eines Adeligen war jedoch zugleich entsprechenden Tugenden verpflichtet; und auch dies war eine Präsumtion.[59] Als erworbene Eigenschaft – gleichgültig ob durch Geburt und/oder durch eigenes Verdienst – musste sich Adeligkeit notfalls nicht nur abstammungsrechtlich, sondern auch habituell beweisen, selbst wenn die erforderliche Beweisführung nicht allzu schwer war.[60] Bei der *praesumptio pro viro nobili* handelte es sich um eine komplexe Rechtsfigur, deren Ambivalenz sich für den Prozessgegner eines Adeligen als schwerwiegende Hürde, gleichermaßen aber auch für einen Adeligen durchaus als Stolperstein erweisen konnte.

Gleichwohl war die Regierungsstrategie vorerst aufgrund der Geneigtheit des Gerichts zugunsten des Angeklagten durchkreuzt worden. Gleichzeitig erwies sich nun auch, dass selbst in den Reihen der Anklagevertreter alles andere als Einigkeit herrschte. Denn während die Prokuratoren Offenthal und Zimmermann der in der Januar-Instruktion festgeschriebenen Strategie

[59] Vgl. *Menochius*, De praesumptionibus, Liber IV, Praes. LXXVIII (Filii naturales, quando ex praesumpta mento [sic!] testatoris deficere faciant conditionem atque substitutum excludant, vel non, diligenti studio enucleantur) Nr. 27: Nobili conuenit vitae honestas, & castitas („nobili maxime conuenire vitae honestatem & castitatem"); allgemein galt: Liber V, Praes. IV (vitio hominem carere praesumi, dilucide etsi paucis, declaratur) Nr. 2: Bonus dici non potest, qui vitiosus est.

[60] Vgl. *Menochius*, De praesumptionibus, Liber VI, Praes. LX (Nobilitatem non praesumi) Nr. 1: Nobilitas quare non praesumitur; Nr. 2: Ignobilis siue popularis quilibet praesumitur, nisi constet aliquem esse natum ex parentibus nobilibus, [Nr. 6: Declaratur secundo non procedere, quando constat aliquem natum esse ex parentibus nobilibus] Vel quando personae inhaeret aliqui qualitas ex qua insurgit nobilitas [Nr. 7: Declaratur tertio non procedere in eo, qui habet qualitatem inhaerentem, ex qua insurgit nobilitas, vt si habet Ducatum, Marchionatum, Comitatum, vel aliam similem dignitatem. Hic sane nobilis praesumitur]; Nr. 3: Nobilem seu magnatem se dicens, id probare debet („qui dicit se magnatem siue nobilem, debet probare, quia ista qualitas paucis inest, & ideo non praesumitur"); Nr. 4: Nobilitas non est prima qualitas, quae venit a natura, sed habet ortum ex accidentibus sibi, vel progenitoribus; Nr. 5: Ignobilitatem aduersarij asserens & in ea fundamentum faciens, debet eam probare („Declaratur haec praesumptio, vt locum non habeat quando quis se fundat ignobilitate aduersarij, vt si quis frater secundogenitus diuisionem fecit cum primogenito tamquam nobili, & postea vult rescindere diuisionem, quia dicit patrem & maiores eorum non fuisse nobiles. Hic secundo genitus probare debet hanc ignobilitatem, cum inea fundamentum constituat [...] Eo simili adductus, quod ille qui se fundat in paupertate, eam probare debet [...] Est simile, quod proximus, eum, qui se fundat in aetate, eam probare debet"); Nr. 8: Nobilitas quando in iudicium deducitur incidenter, & si principaliter de ea non disputatur, sufficiunt leuiores probationes.

zugestimmt hatten, waren von Seiten Elers angesichts des Tempos ernsthafte Bedenken erhoben worden.[61] Dennoch ließ der Hofrat von seiner Strategie auch jetzt noch nicht ab und drängte – wenn auch vorsichtiger – auf Eile.[62] Die ganze Enttäuschung der Regierung entlud sich über dem Gericht. Dem Hofrichter versicherte man ätzend, selbstverständlich solle der Angeklagte in seinen Rechten nicht beschnitten werden, „Doch haben Richter und Beisitzer in dem zuviel gethan, das sie ime Bartholden Zeit bis zum 2 Maij zugelassen"[63]. Ab sofort werde der Fiskal seine Instruktion an die Richter weitergeben, damit man sich danach richten könne. Denn – so die Hofräte – es „gibt unß nit wenig wunder, das demselben nit in Persona nachgesetzt, sonder diese sach zum solchen auffzuglichen proceß, der zu Maintz niemal gehoret, noch herkommen geraten soll. Darauß dem Ertzstifft, sonderlich euch zu Meintz, allerlei gefahr, anhangs, und weitterung (wie man vermerckt) leichtsam erfolgen mochten"[64]. Weder auf den Beistand noch auf die Freundschaft sei zukünftig Rücksicht zu nehmen. Zeugen seien nicht im Detail zu befragen, damit zügig gehandelt werden könne. Barthold solle am 2. Mai seine Zeugen vorführen, „das alles ime zu verstellen, damit die langwierigkeit des rechtes abgekürtzt werde"[65]. Wie tief man damit in die Unabhängigkeit des Gerichts einzugreifen gewillt war und es zugleich nicht öffentlich werden zu lassen wünschte, wurde an dem Hinweis der Hofräte deutlich, der Hofrichter solle diese Monita den Richtern weitergeben, „doch das sie es bei sich pleiben lassen"[66].

Wenn man sich davon ein gefügigeres Gericht erhofft hatte, muss man den Hofräten ein schlechtes Gespür und abermaliges Scheitern attestieren. Der vom Fiskal kurzfristig anberaumte Gerichtstag zur Vernehmung seiner Zeugen fand zwar trotz Bartholds Protest statt, beschleunigte die Angelegenheit jedoch nicht, weil der Mai-Termin aufrecht erhalten wurde.[67] Zudem wandten sich der Gewaltbote und die Richter an den Hofrichter Selbold und äußerten massive Bedenken gegen das Verfahren: Man wolle zwar den Prozess nicht in die Länge ziehen und führe ihn so schnell wie möglich, doch angesichts eines Fiskals, dessen Instruktionen unbekannt seien, und eines Angeklagten, den die Anklagevertreter gezielt behinderten, müsse man vorsichtig sein. Denn bisher habe man auf diese Weise „die sachen erger gemacht unnd der bestergten gefar ein schein geben werden mochte daß man den beclagten sonder hulff Rath und beystand übereilen"[68] wolle. Denn solche Dinge „geben

[61] Vgl. LHASAMD Rep. A 37a Nr. 76, fol. 183 ff.: Schreiben Löhers an die Hofräte vom 05. 03. 1575.
[62] Vgl. ebd., fol. 176 ff.: Instruktion für den Fiskal vom 01. 03. 1575.
[63] Ebd., fol. 179–182, hier fol. 179: Schreiben der Hofräte an den Vizedom vom 01. 03. 1575.
[64] Ebd., fol. 180.
[65] Ebd., fol. 182.
[66] Ebd.
[67] Vgl. ebd., fol. 186–199: Protokoll des Termins vom 04. 03. 1575.
[68] Ebd., fol. 189–194, hier fol. 192': Schreiben an den Vizedom (ohne Datum, wahrscheinlich vom 05. 03. 1575).

menniglichen zu erkhennen, mit waß gefahr ein solcheß geschehen, daher beneben Partheilichkeit unnd verdacht, auch nullitates unnd allerhandt beschwerliche weitleuffigkeit zu gewarten weren“[69]. Verärgert nahmen die Hofräte diesen Verweis, der gewissermaßen eine Bankrotterklärung ihres strategischen Anspruchs darstellte, zur Kenntnis, auch wenn sie vordergründig auf ihrer Position, das Vorgehen sei durch die Carolina gedeckt, beharrten.[70]

Wichtiger war allerdings, dass sie aus ihrem Scheitern lernten, indem sie den Prozess reorganisierten. Das setzte in erster Linie beim Fiskal und seinen Prokuratoren an, die eine herbe Rüge wegen ihres Privatgezänks erhielten.[71] Löher erhielt mit Dr. Gottfried Keller nicht nur einen weiteren Prokurator an die Seite gestellt,[72] sondern auch einen geharnischten Verweis, jeden Widerspruch zu unterlassen und gemäß den Instruktionen zu handeln, also „keineswegs in solchen hohen sachen unß oder vielmehr mit unserm gnedigsten Churfürst und Herrn auß Priuataffection in spott oder schaden zu füren“[73]. Wenn die Richter ein längeres Verfahren wünschten, müsse man darauf eingehen. Eine solche Einsichtsfähigkeit und Wendigkeit der Hofräte mochte nicht nur die – teilweise vollkommen zu Unrecht – Gerügten erstaunen, sondern markierte auch einen radikalen Strategiewechsel und das Eingeständnis des Scheiterns vor sich selbst. Nachdem man in dem Glauben, Herr des Verfahrens und der Beteiligten zu sein, mit dem Versuch gescheitert war, durch Verfahrenstricks einen schnellen Prozess rechtmäßig zu bewerkstelligen, ließ man sich nun auf die Logik und die Wünsche eines Gerichts ein. Es wollte von den sonst so einflussreichen kurfürstlichen Räten ernst genommen werden und hatte dabei sogar jene politischen Aspekte in seine Überlegungen einbezogen, die das eigentliche Anliegen der Räte waren. Die taktische Neuausrichtung bedeutete Benennung von Zeugen zur Untermauerung der Vorwürfe, wobei man diese Personen gleichsam auf Vorrat und insgeheim auftreiben wollte. Man erwog sogar, seinerseits den Prozess in die Länge zu ziehen, sollte der Angeklagte auf Notwehr plädieren.[74] An einer strategischen Säule hielt man allerdings fest: In Mainz wurde ein Mord- und kein Fehdeprozess verhandelt! Das Tötungsdelikt wurde deshalb von der Anklage weiterhin als singuläres Ereignis behandelt und nicht in den Kontext der übergreifenden Auseinandersetzungen gestellt.

Der Mann, der dies alles organisieren und im Hintergrund dem sichtlich überforderten Fiskal zuarbeiten sollte, war Dr. Philipp Wolfgang von Rosen-

[69] Ebd.

[70] Vgl. ebd., fol. 198ff.: Schreiben der Hofräte an den Vizedom vom 10.03.1575.

[71] Dieser Verweis betraf insbesondere den Prokurator Offenthal; vgl. ebd., fol. 205ff.: Schreiben der Hofräte an Offenthal vom 10.03.1575.

[72] Vgl. ebd., fol. 203: Schreiben des Vizedoms an den Hofrat vom 19.03.1575. Zu Keller vgl. *Jendorff*, Verwandte, S. 204 Nr. 181.

[73] LHASAMD Rep. A 37a Nr. 76, fol. 199ff., hier fol. 199': Schreiben der Hofräte an den Fiskal vom 10.03.1575.

[74] Vgl. ebd., fol. 219–221: Bericht der Hofräte (ohne Datum).

bach, späterer kurfürstlicher Kanzler und Intimus des kurfürstlichen Hofmeisters Hartmut (XIII.) von Kronberg.[75] Mit ihm erhielt die Anklage neue und effektive Schubkraft. Gleichzeitig wies man den eichsfeldischen Oberamtmann Stralendorf an, neben den benannten fünf Zeugen weitere beizubringen.[76] Stralendorf war höchst erfolgreich, denn mit Henning Heise – dem Schreiber des Hans von Wintzingerode – vermochte er einen Zeugen aus dem familiären Umfeld aufzuweisen, der bei der anschließenden Replik auf dessen Defensionalartikel das Bild eines bedrängten adeligen Ehrenmannes zurechtrücken sollte.[77] Stralendorf riet deshalb zu äußerster Vorsicht gegenüber dem Hofrat. In Absprache mit dem Rusteberger Vogt Bohner[78] ließ er sich gegenüber dem Hofrat vernehmen, er wolle Henning Heise als Zeugen zunächst geheim halten und habe ihn in besondere Verpflichtung genommen, ja sogar „wie ime dann furnemblich eingebunden, dis auch seinem Junckernn mitt nichttenn zu eröffnen“[79]. Hinsichtlich der benannten Zeugen hielt er es für „nichtt unratsam, nachdem man sich Irenthalbenn der Subornation unnd parteiligkeitt nichtt wenig zu besorgenn, das sie derwegen unnd sunstenn, das die zuverhörende in gantzer geschwind kurtze abgehortt, unnd eng zu solcher examination erfurdertt werdenn möchten. Ob eß ratsam sine tortura stehett in euern besseren bedencken. Ich hab dem Vogtt mit allem gepurendem ernst Ampts wegenn gebottenn, niemandts ohne sein beisein mit ihnen reden, viel weniger brieff zukommen zu lassen, sonder alles einen eingelangtt zuvor vleissig zu besehen. Dieweill aber die verreterey unnd list der weltt groß, bin ich in meiner meinung zuvor gehörtt“[80]. Bezüglich der Aussagen der bislang vernommenen Zeugen konnte Stralendorf Positives vermelden: Die Vernehmung der Zeugen Lips Rockenhausen zu Wintzingerode, des Kutschers Blasius Lange und des Hans Kustener, die alle in Warmohmfeld wohnten, sagten zu Bartholds Defensionalartikeln aus, Geilhausen habe in Wintzingerode gewohnt und sich keinesfalls von den Vettern gegen Barthold vereinnahmen lassen. Gleichermaßen sei es unrichtig, ihn eines unsittlichen Lebenswandels zu bezichtigen, denn Geilhausens erste Frau (aus Lippe) sei verstorben, danach sei er ins Wintzingerodesche gezogen und habe erneut geheiratet. Auch die übrigen Vorwürfe – u. a. Geilhausen habe sich gegenüber Barthold aggressiv verhalten – verneinten die Zeugen. Von Diebstahl an besagtem Morgen

[75] Vgl. *Jendorff*, Verwandte, S. 216 f. Nr. 89; *ders.*, Hofmeister, S. 51.

[76] Vgl. LHASAMD Rep. A 37a Nr. 76, fol. 174 ff.: Schreiben der Hofräte an Stralendorf vom 28. 02. 1575.

[77] Vgl. ebd., fol. 209–216: Schreiben Stralendorfs an den Hofrat vom 29. 03. 1575. Heise war bereits seit langer Zeit Schreiber des Hans von Wintzingerode gewesen. Bereits zu Beginn der 1560er Jahre erscheint er in dieser Funktion; vgl. *Wintzingerode-Knorr*, Criminal-Proceß, S. 103 f.

[78] Ob es sich dabei um jenen Stephan Boner handelte, der 1571 zum Rat und Assessor am Heiligenstädter Oberlandesgericht bestallt worden war, muss unentschieden bleiben; vgl. *Jendorff*, Verwandte, S. 332 f. Nr. 21.

[79] LHASAMD Rep. A 37a Nr. 76, fol. 207'.

[80] Ebd.

der Tat könne keine Rede sein, weil er von den Vorräten gar nichts gewusst habe. Geilhausen habe seinem Mörder tatsächlich auf dem Sterbebett vergeben. Die Vettern hätten die kaiserlichen Kammergerichtsbescheide niemals missachtet. Schließlich: „Wie Bartholds von Wintzingeroda Ruhmen, davon ehr bey dem 31. 32. und 33. articuln meldet, geschaffen, das weisen seyne thatten auß". Anbei legten die Heiligenstädter Beamten eine Kopie des Leumundszeugnisses, das Barthold für Arnold Geilhausen 1566 ausgestellt hatte. Ferner wurden die Umstände der Mordtat detailliert geschildert.[81]

All das aber genügte den Mainzern nun nicht mehr. Stralendorf sollte für weitere Zeugen sorgen, am besten die Tatbeteiligten beibringen, die man notfalls mit Straferlass ködern wollte.[82] Alles konzentrierte sich nun auf den Mai-Termin, der gewissermaßen eine Vorentscheidung bringen konnte und sollte.

3. Das prognostizierbare und gewünschte Ende: Verurteilung und Hinrichtung

Bevor es aber zu jenem Tag kam, schien die Position der Anklage weiter zu erodieren. Während Barthold zwölf Zeugen aufbieten konnte, erhob Stralendorf erhebliche Bedenken gegen die Vertrauenswürdigkeit der gefangenen Diener als Zeugen der Anklage. Auch wurden weitere Zeugen, die der Oberamtmann vernommen hatte, von seiten der wintzingerodeschen Gegenpartei unter Druck gesetzt und mussten geschützt werden.[83] Zudem wurde der Kurfürst selbst nun nervös und ordnete die Unterbringung der verbliebenen Zeugen im kurfürstlichen Schloss sowie auf den Mainz benachbarten Burgen an, damit sie nicht der Einflussnahme der immer zahlreicher anwesenden Freundschaft Bartholds ausgesetzt seien.[84]

Der für Montag nach Cantate – also den 2. Mai 1575 – angesetzte dritte Prozesstag verlief entgegen aller Erwartung – und nach dem Januar-Termin vielleicht auch gegen die Hoffnungen manches Beteiligten – wenig spektakulär, eher zäh und von taktischem Geplänkel geprägt. Trotz wochenlanger Vorbereitungen lief für die Anklage auch an diesem Termin keineswegs alles nach Wunsch. Löher ließ sich wiederum zunächst das Heft des Handelns von der Verteidigung aus der Hand nehmen. Barthold klagte gegen die Einsetzung des Spezialkommissars Rosenbach und dessen Abordnung auf das Eichsfeld.[85] Sein Verteidiger gab zu Bedenken, „weil die angebene Commissarij Churfl gnaden zu Maintz zum theil mit diensten verwandt unnd derselben seiner Churfl gn[aden] underthanen seind unnd auch bei allen Chur unnd

[81] Vgl. ebd., fol. 209–216, Zitat fol. 211.

[82] Vgl. ebd., fol. 233–235: Schreiben der Hofräte an Stralendorf vom 14.04.1575.

[83] Vgl. ebd., fol. 249–252: Schreiben Stralendorfs an die Hofräte vom 24.04.1575.

[84] Vgl. ebd., fol. 246f.: Schreiben des Kurfürsten an den Mainzer Stadtkeller vom 21.04.1575.

[85] Vgl. ebd., fol. 256–289: Protokoll des Termins vom 02.05.1575.

Fursten deß Heiligen Reichs unnd zuvorab den Geistlichen gebreuchlich, daß blutsachen und dergleichen andern weltlichen personen delegirt unnd commitirt werden"[86]. Dieses Ansinnen wurde vom Gericht mit der Bemerkung abgelehnt, sofern Bartholds Zeugen zu ihm und seiner Person keine validen Angaben machen könnten, sollten sie auch nicht gehört werden, was eine Voruntersuchung durch die Kommissare sinnvoll mache. Fremde Personen – wie den braunschweigischen Hofgerichtsprotonotar Hermann Biermann[87] – als Kommissare einzuschalten sei unüblich, werde aber für die Zeugen Bartholds genehmigt. Dafür räumte man der Verteidigung auf deren Antrag immerhin einen weiteren Monat – also bis zum 9. August – zur Benennung und Vorladung der eigenen Zeugen ein. Nach diesem Unentschieden vermochte die Verteidigung, die Anklage für ihre eigene Argumentation einzuspannen, indem sie den Fiskal zwang, sich eingehender zu Bartholds Defensionalartikeln zu äußern, weil er beim letzten Termin ja nur pauschal und ausweichend geantwortet habe. Auch diesmal hatte der Fiskal offenkundig nicht die Absicht, sich mit Bartholds Verteidigung ernsthaft auseinander zu setzen. Erneut beurteilte er dessen Defensionsartikel eher pauschal entweder als nicht glaubhaft oder verfahrensrechtlich irrelevant. Insbesondere die Punkte 31, 32 und 33 bezeichnete er als „Processis impertinentes"[88]. Nach diesem Schlagabtausch widmete man sich endlich der Vereidigung und Vernehmung von sieben Zeugen – Kustor Otto Kissler, Hans Barthel und Hans Bornemann aus Wintzingerode, Hans Menkmann aus Ernsthausen, Heinrich Both, Hans Deich und Hans Funck –, deren Aussagen jedoch nicht protokolliert sind.[89]

Damit endete der Vormittag dieses Prozesstermins. Noch war die Agenda dieses Tages keineswegs abgearbeitet. Am Nachmittag rekurrierte die Verteidigung erneut auf eine Stellungnahme der Anklage zu den Defensionalartikeln Bartholds und die formalen Streitpunkte wie das bereits genehmigte Zeugenverhör durch kurfürstliche Kommissare. Barthold polemisierte wie schon am Vormittag: Diese Kommissare seien letztlich nur kurfürstliche Kreaturen, es handele sich deshalb um einen unfairen Prozess, zumal ausländische Zeugen nicht verhört würden.[90] Spitz bemerkte sein Anwalt: „so gibt dasselbig [Verfahren] dem Beclagten nit unbillich zu allerhandt Nachdenckens ursach"[91]. Diese und ähnliche Gefechte zogen sich über den gesamten Nachmittag hin. Der vorsitzende Richter – wiederum der Mainzer Gewaltbote – verkündete deshalb das Ende dieser Verhandlung und die Verschiebung auf den folgen-

[86] Ebd., fol. 263'.

[87] Zu Biermann, der 1582 als Calenberger Hofgerichtssekretär zu Pattensen erscheint, vgl. *Samse*, Zentralbehörden, S. 287, 321.

[88] Vgl. LHASAMD Rep. A 37a Nr. 76, fol. 267 ff., hier fol. 268.

[89] Vgl. ebd., fol. 268'. Dabei handelte es sich um jene Zeugen, die durch die Vernehmung der ersten drei Zeugen benannt worden und die Nachbarn Geilhausens waren; vgl. ebd., fol. 214 f.

[90] Vgl. ebd., fol. 274 ff.

[91] Ebd., fol. 275.

den Tag, an dem der Fiskal endlich eingehend zu den Defensionsartikeln Stellung nehmen sollte. Sichtlich enerviert kam Löher der Forderung von Gericht und Verteidigung am nächsten Morgen nach. Immerhin war dieses Eingehen ja Teil der neuen Anklagestrategie, den Gegner sich totlaufen zu lassen. So ging Löher auf die verschiedenen Punkte ein und widerlegte sie aus seiner Sicht. Bezüglich der Kernpunkte der Verteidigung – die Adeligkeit des Angeklagten, sein Fehderecht, seine Verdienste um Kaiser und Reich – gab er auf eingehende Nachfrage Bartholds und ausdrückliche Anmahnung des Gerichts zu Protokoll: „Bey dem 31. glaubt [der Fiskal,] das beclagter sich in Kriegslauffen bedhient gemacht, ubrigen Inhaldt nit wahr [...] Den 32. glaubt [er] auch nach gestaldt dießer sachen nit wahr"[92]. Löhers Replik war schwach: Bartholds Kriegsdienste zu ironisieren, mochte vor dem Hintergrund des Mordprozesses geistreich erscheinen, konnte aber die durchaus vorhandene Wertschätzung bei seinen ehemaligen fürstlichen Soldherren nicht erschüttern. Bartholds Verdienste um Kaiser und Reich und seinen zukünftigen Wert für beide zu bezweifeln, mochten zwar einleuchten, entfalteten jedoch gewiss nicht die erwartete Wirkung. Entsprechend kassierte Löher vom Angeklagten die höhnische Bemerkung, er habe seine Verteidigung nur „billich parirt"[93], er sei jedoch erfreut darüber, weil gerade diese Artikel von vielen Adeligen und anderen Personen gegen den Fiskal bezeugt werden könnten.

Löher konnte diese Abfuhr jedoch gleichgültig sein. Schließlich war er nicht darauf erpicht gewesen, diese Punkte zu entkräften, sondern sie gar nicht zu thematisieren, weil sie für die Rechtsstrategie der Anklage unerheblich erscheinen mussten. Gegenüber dem Angeklagten diesbezüglich den Kürzeren zu ziehen, schadete nicht, wenn man auf den übrigen Feldern die Oberhand behielt; und das war der Fall. Denn der Fiskal hatte es im Verlauf dieses dritten Prozesstermins geschafft, das Verfahren endlich richtig in Gang zu bringen. Seine Zeugen wurden nun verhört, er musste nur noch abwarten. Barthold von Wintzingerode dagegen musste jetzt langsam aber sicher mit seinen Zeugen aufwarten, wollte er nicht unglaubwürdig werden und den von Beginn an von der Anklage erhobenen Vorwurf, er wolle den Prozess nur verzögern, bestätigen. Zwar hatte das Gericht bisher eher zu Gunsten des Angeklagten entschieden, doch war dies ein vergängliches Pfund, mit dem er wucherte, wie sich am folgenden Prozesstermin erwies. Denn beim vierten Verhandlungstag vom 30. Juni und 1. Juli forderte der Angeklagte abermals mehr Zeit, um Zeugen aufbieten zu können.[94] Auch dieses Mal kam das Gericht ihm entgegen. Es räumte ihm für den nächsten Prozesstermin – den 9. August – vier Wochen für die Benennung weiterer Zeugen ein, was dieser zwar wegen der Distanz nach Sachsen und Braunschweig kritisierte, letztlich

[92] Ebd., fol. 278'.

[93] Ebd., fol. 278'.

[94] Vgl. ebd., fol. 291 ff.: Bericht des Vizedoms vom 02.07.1575 über den vierten Termin vom 30.06.1575.

aber hinnehmen musste. Gleichwohl konnte die Anklage die Befragung ihrer Zeugen fortsetzen.[95] An diesem – schon wie schon an dem vorausgegangenen Prozesstag – bestätigten die Zeugen der Anklage die Tat und den Tathergang, soweit sie es vermochten, während die für Barthold aussagenden Adeligen[96] seinen guten Leumund bestätigten.

Jetzt war es an der Reihe des Fiskals, die Situation zu genießen. Während Barthold mit seinen Zeugen bestrebt war, seine Interpretation des Tatkontextes zu untermauern, ließen der Fiskal und seine Prokuratoren dies alles mehr oder weniger unkommentiert und unbeeindruckt geschehen. Geduldig ließ man Barthold bei der Zeugenbenennung gewähren, die eigenen Zeugen umfänglich aussagen, drängte das Gericht nicht zur Eile und forderte keine Kürzung des Prozesses. Man achtete jedoch peinlich genau auf die Einhaltung der Prozessordnung. Deshalb kam es am 25. August – am sechsten Prozesstag – zu einem erneuten massiven Zusammenstoß zwischen Fiskal und Angeklagten: Auf Bartholds Seite waren weder die Freundschaft noch sein Advokat erschienen. Er war damit ohne Beistand, konnte jedoch darauf verweisen, dass der herzoglich-braunschweigisch-calenbergische Hofrichter Andreas Kraus(e) und der landgräflich-hessische Fiskal Hieronimus Meurer ein Appellationsschreiben an das Gericht verfasst hatten, um als Advokaten akkreditiert zu werden und um einen Beschluss zur Aussetzung des Prozesses zu erreichen.[97] Obwohl Barthold die vom Gericht vorgeschlagenen Prokuratoren ablehnte und weil der Fiskal seinerseits – wie nicht anders zu erwarten – den Aussetzungsantrag ablehnte, ging der Prozess weiter und der Angeklagte blieb ohne Unterstützung. Barthold kommentierte dies mit den Worten, er wisse nicht, „waß [ein] armer betrangter man one beistant fürbringen köntte, er laße es bey seiner freunde unnd Advokaten schreiben bleiben, wußt sich doruber nit inzulaßen“[98].

Daraus sprach offensichtlich tiefe Enttäuschung. Denn nach der Reorganisation der Anklage durch Rosenbach, nach dem Strategiewechsel und der damit verbundenen Nutzung der Gerichtslogik zur Zermürbung des Angeklagten liefen Bartholds Bemühungen ins Leere. Außer Zeugen, die seine Adeligkeit, Ehrenhaftigkeit, Tapferkeit, Mut und seine Verdienste für Kaiser und

95 Da von diesem Termin – wie auch von dem darauf folgenden – keine Protokolle überliefert sind, bleibt man auf die Berichte des Mainzer Vizedoms angewiesen, die allerdings lediglich summarische Eindrücke vermitteln.

96 Dabei handelte es sich im Christoph von Falckenberg und Hans d. Ä. von Stockhausen zu Immenhausen, der insbesondere Bartholds Kriegsruhm und seine künftige Tauglichkeit für den Türkenkampf hervorhob; vgl. LHASAMD Rep. A 37a Nr. 76, fol. 291 ff.: Bericht des Vizedoms vom 02. 07. 1575 über den vierten Termin vom 30. 06. 1575; *Wintzingerode*, Barthold, S. 197 ff.

97 Vgl. LHASAMD Rep. A 37a Nr. 76, fol. 302 f.: Bericht des Vizedoms an den Kurfürsten vom 25. 08. 1575 über den Prozesstermin am selben Tage. Zu Kraus(e) und Meurer vgl. *Gundlach*, Zentralbehörden, Bd. 3, S. 174; *Samse*, Zentralverwaltung, S. 81–84, 122, 264 f.

98 LHASAMD Rep. A 37a Nr. 76, fol. 302 ff., hier fol. 302': Bericht des Vizedoms vom 25. 08. 1575.

Reich hätten bezeugen können, die aber kaum erschienen waren,[99] hatte er nichts aufzubieten, das den zentralen Anklagepunkt auch nur ansatzweise relativierte. Indem sich die Anklage seit März seine Verzögerungstaktik aneignete, gleichzeitig aber verfahrensrechtlich unbarmherzige Härte bewies und Bartholds Notwehrargument als Scheinargument entlarven und das Adeligkeitsplädoyer ins Leere laufen ließ, wurde die juristische Ausweglosigkeit der Verteidigung immer offensichtlicher. Verstärkt wurde dieser Eindruck durch einen weiteren Fehlschlag, den er im Juli verkraften musste, als der Wiener Hofrat seine bei Kaiser Maximilian II. eingereichte Beschwerde, er werde in seinen Rechten beschnitten und brauche für die Zeugenvernahme mehr Zeit als bis zum August, abwies.[100] Substantiell gab es nichts mehr, an das sich der Angeklagte hätte klammern können außer der Gnade des Kurfürsten – und die war nach Lage der Dinge nicht zu erwarten, sonst hätte es keinen Prozess gegeben. Angesichts dessen und der abgeschlossenen Zeugenvernehmung kam das Hofgericht am 25. August zur Auffassung, „Dieweill man ohne daß obgleich itzo in sachen beschloßen worden, ein andern Tag ad audiendum sententiam ernennen mußen, daß itzo alßbaldt sie die Acta underhandt nehmen und sich enturthailß entschließen unnd inmittelß dem beclagten ein andern gerichts Tag [...] aussetzen wollten“[101].

So schnell die Richter jedoch zu urteilen versprachen, es ging dem Kurfürsten nicht schnell genug. Er trieb den Hofrichter Selbold zur Eile an.[102] Doch der ließ sich auch dieses Mal nicht beirren. Er gestattete vielmehr einen erneuten Appellationsantrag Bartholds, der gleichwohl abgelehnt wurde, und die – nach Auffassung des Fiskals widerrechtliche – Verlesung von Schreiben der Freundschaft des Angeklagten. Am Ende setzt er den letzten Prozesstermin für den 19. September an.[103] Hatte sich die Freundschaft in den letzten Wochen eher vornehm zurückgehalten, machte sie sich nun umso zahlreicher und wortgewaltiger bemerkbar. Über fünf Stunden hinweg – zwischen 8 Uhr morgens und 14 nachmittags – wurde über ihre Anwesenheit diskutiert. Damit einhergehend diktierte Bartholds Anwalt eine erneute Protestation gegen das Verfahren, weil der Oberamtmann Stralendorf seiner Ansicht nach unrechtmäßig gehandelt habe, weil sein Advokat denunziert worden sei und plötzlich neue Zeugen verhört worden seien, die zudem nicht als glaubwürdig angesehen werden könnten, weil es sich um seine Todfeinde und kurfürstli-

[99] Dies obwohl die Hofräte im Juli des Jahres den sächsischen Kurfürsten, den Herzog von Braunschweig-Lüneburg, den Herzog von Jülich und den Bischof von Minden angeschrieben hatten, um beglaubigte Zeugenaussagen zu erhalten; vgl. ebd., fol. 293–299.

[100] Vgl. LHASAMD Rep. H Bodenstein Nr. 263, fol. 23–24: Suplik Bartholds an den Kaiser, vom Hofrat am 07.07.1575 abgewiesen.

[101] Ebd., fol. 302'.

[102] Vgl. ebd., fol. 304: Schreiben des Kurfürsten an Selbold vom 27.08.1575.

[103] Vgl. ebd., fol. 305 ff.: Schreiben des Vizedoms an den Kurfürsten vom 28.08.1575.

che Untertanen handele.[104] Ein unparteiliches Urteil sei so gar nicht möglich. Das Gericht nahm dies zur Kenntnis und setzte die Verkündung des Urteilsspruchs auf den 22. September 1575 fest.

An jenem Tag – wohl auch wieder um 8 Uhr morgens – erkannte das Peinliche Halsgericht zu Mainz „zu Recht daß der beclagte Bertthold von Wintzingerode so kegenwerttigk vor diesem gerichte stehet seine angemaste defension in recht nicht bewiesen, sondern das ehr an solchen geclagter begangener bekantter und bewiesener missethat undt endtleybung ubell undt unrecht gethan undt deswegen den fromen zu Schutz undt den unfromen zu einem abschrecklich exempell heutiges tages mitt dem Schwertt vom leben zum todt gestrafft und gericht werden solle"[105]. Nachdem so „sententia ergangen, unnd Barthold dahin condemnirt, das er mit dem schwerdt vom leben zum todt gericht werden solle und die auffgegangene Uncosten der hohen obrigkeit inzubringen heimgewiesen"[106] wurde, erhoben sich wütende Proteste der abermals anwesenden Freundschaft. Lautstark wurde die Annahme der Appellation gefordert, um erwartungsgemäß ungehört zu bleiben. Bartholds einzige Reaktion bestand in der Bitte, in seinen Kleidern bestattet zu werden. Das anschließende Prozedere vollzog sich rasch, wie man dem lakonischen Bericht des Hofrichters Selbold entnehmen kann: „Nach diesem [Urteil] ist Bartholdt aus der Rath in die neben Stuben abgefurt und daselbst dem nachrichter zur Exekution beuolhen worden, further als baldt auff den Dittmarckh zur richtstadt gefurth, daselbst gegen Ime vermoge Urtheilß Exekution geschehen"[107]. Begraben wurde Bartold von Wintzingerode im Kloster St. Agnes in der Nähe der Hinrichtungstätte.[108]

Der zügige Ablauf der Urteilsverkündung und anschließenden Hinrichtung mag für sich genommen verdächtig sein. Alles scheint darauf hinzudeuten, dass die Mainzer Verantwortlichen dem Spektakel ein schnelles Ende machen

[104] Vgl. ebd., fol. 309–313, hier fol. 309 ff.: Bericht des Vizedoms an den Kurfürsten vom 22. 09. 1575 über den Termin vom 19. 09. 1575.

[105] LHASAMD Rep. H Bodenstein Nr. 263, fol. 30–32, hier fol. 31 f.: Übersendung des Endurteils am 01. 11. 1575.

[106] LHASAMD Rep. A 37a Nr. 76, fol. 309–313, hier hier fol. 311: Bericht des Vizedoms an den Kurfürsten vom 22. 09. 1575 über den Termin vom 19. 09. 1575.

[107] Ebd.

[108] Der im 1259 gegründeten Kloster beheimatete Zisterzienserinnen-Konvent steckte im 16. Jahrhundert in einer tiefen, vor allem ökonomischen Krise, die sich wohl auch auf die Größe des Konvents auswirkte. Kurerzbischof Daniel gestattete noch 1572, freiwerdende Altareinkünfte temporär für den Lebensunterhalt zu verwenden. Die 1574 vorgenommene Visitation des Abts von Citeaux erlebten noch sieben Nonnen und die Äbtissin. 1582 stand das Koster jedoch schon leer und wurde von Daniel Brendel den Augustiner-Kanonissen des ehemaligen Kreuznacher Petersklosters zugewiesen. Architektonische Nachweise für die Bestattung Bartholds von Wintzingerode finden sich in St. Agnes jedoch nicht. Zum Kloster, dem Konvent und seiner Geschichte vgl. *Fritz Arens* (Bearb.), Die Kunstdenkmäler der Stadt Mainz, Teil 1 (Die Kunstdenkmäler von Rheinland-Pfalz 4/1), Mainz 1961, S. 3–10, hier besonders S. 4 f.; *ders.*, Die Inschriften der Stadt Mainz von frühmittelalterlicher Zeit bis 1650 (Deutsche Inschriften 2), Stuttgart 1958.

Abb. 4: Die Stadt Mainz um 1630.

sowie dem Angeklagten und seinen Anhängern keine weitere Möglichkeit zur Verzögerung, vielleicht gar zur Befreiung geben wollten. Auszuschließen ist dies keineswegs, zumal es dem politischen Anliegen der Kurfürstlichen entsprach. Dagegen spricht allerdings die Praxis Mainzer Strafgerichtsbarkeit: Der für den Urteilsvollzug verantwortliche Mainzer Gewaltbote war gemäß seiner Bestallungsurkunde traditionell dazu verpflichtet, für eine schnelle Hinrichtung zu sorgen. Dies betraf die zeitnahe Umsetzung des Urteils ebenso wie die Sorge um einen schnellen und möglichst schmerzfreien Tod des Verurteilten. Gleichermaßen hatte er eine minutiös über die Vorgänge zu berichten.[109] Insofern stellte die Hinrichtung Bartholds und die amtliche Berichterstattung über sie keine Besonderheit dar, sondern entsprach der üblichen Mainzer Strafpraxis. Einmal mehr konnten die Kurfürstlichen also beweisen,

[109] Dies betraf insbesondere jene zum Tod durch den Strang oder Feuer Verurteilten; vgl. *Schrohe*, Stadt, S. 49 ff., besonders S. 51.

dass sie es mit Recht und Ordnung genau nahmen. Anders ausgedrückt: Auch an dieser Stelle waren die Kurfürstlichen gar nicht erst zu Verfahrenstricks gezwungen, weil die Verfahrensregeln ihnen in die Hände spielten.

Diese Verfahrenspräzision erwies sich auch hinsichtlich der religiösen Sorgfaltspflicht gegenüber dem Verurteilten. Immer wieder ist auf Bartholds lutherische Glaubenstreue hingewiesen worden. In der Tat starb er als aufrechter Protestant: Die angebotene letzte Kommunion aus der Hand eines katholischen Priesters verweigerte er ebenso, wie er das Angebot und den Rat seiner Freunde – als Beistand fungierten der fürstlich-grubenhagensche Hofrichter Andreas Kraus(e) und der Hofgerichtsprotonotar Hermann Biermann sowie Hans Fries und Hans Beutel –, doch unter beiderlei Gestalt zu kommunizieren, ausschlug. Vielmehr kommentierte er das Angebot, „er hette sich alberaitt mit gott dem almechtigen versonet unnd wuste sich auß gottlichen schrifft sovil zu trosten, das er als ein Christ im Rechten glauben sterben wolle, halt auch gewißlich dorfür das Er ein kindt deß Ewigen lebens sein werde“[110]. So starb Barthold von Wintzingerode ausweislich der amtlichen Berichterstattung ruhig und gefasst, zweifellos als aufrechter Protestant, aber auch als uneinsichtiger Adeliger, der es seiner Umwelt – Freunden wie auch Feinden – bis zu seinem Tode keineswegs leicht machte.

4. Die Töne der Begleitmusik: Ehre und Adeligkeit, Recht und Gerechtigkeit, Milde und Patriotismus als Argumente eines Kommunikationsprozesses

Wie die Nachricht von seiner Verurteilung und Hinrichtung in der Familie, bei seinen Freunden und der Nachbarschaft aufgenommen wurde, ist nicht bekannt. Kurz nach dem letzten Gerichtstermin waren am 20. September 1575 noch Werner von Plesse, der hessische Rat Eustachius von Keudell, Hans Fries und Andreas Kraus(e) beim Domkapitel vorstellig geworden, um im Namen der Freundschaft Bartholds darum zu bitten, „daß der peinlich proceß und die ußstehende publication deß urtheilß moge eingestelt odder yr zum wenigsten dermassen in sachen verfaren, daß beclagter sich viel mehr der gnaden, alß der scherpff“[111] des Kurfürsten unterwerfen könne. Das Domkapitel verlieh seinem Mitgefühl Ausdruck, wies aber zugleich darauf hin, es „wehr nunmehr deß ahngestellten Tags ad publicandam sententiam, die Zeitt zuvil kurtz“[112]. Der Kurfürst sei nicht anwesend, habe aber „Beuelch hinder sich gelassen weß man sich mit gefelttem urtheil zuverhaltten. Also kann man in dem nitt vorgreiffen“[113]. Diese Intervention beim Domkapitel

[110] LHASAMD Rep. A 37a Nr. 76, fol. 312'.
[111] StAWü Mz.Domkap.Prot. 16, fol. 231: Sitzung vom 20. 09. 1575.
[112] Ebd.
[113] Ebd., fol. 231'.

war ebenso wenig ein verspäteter Einzelfall, wie die Abwesenheit des Kurfürsten ein Zufall war. Beides entsprach den kommunikativen Bedingungen dieses juristischen Verfahrens, das auch einen kommunikativen Prozess mit entsprechenden Strategien darstellte, den die Akteure nach ihren Interessen zu gestalten gedachten und daher gestalten mussten.

Noch am 24. August – am sechsten Prozesstag – erreichten den Mainzer Kurfürsten Briefe der Freundschaft Bartholds sowie des Bischofs von Lübeck und Administrators von Verden – Eberhard von Holle –, in denen der Mainzer gebeten wurde, „nicht nach der scherffe der rechte inn diesem unwiderbrengklichen fahll [zu] verfahren [weil] daraus vielmehr nutzen unnd wohlfartt Irenn Churfl. L: unnd derselben Ertzstifft unnd Euch allenn wirdt begegnen“[114]. Der Kurfürst möge die Länge des Verfahrens und die adelige Standesehre des doch ehrenhaften Angeklagten bedenken und einen Gnadenerweis nicht als Kapitulation oder Aufhebung des Prozesses ansehen. Gewissermaßen spielten beide Briefe eine Melodie, wie sie in den kurfürstlichen Ohren seit der Gefangennahme Bartholds erklungen war; nur die Tonlage hatte sich seitdem ein wenig verändert. Doch waren sie typisch für das Vorgehen der adeligen Freundschaft, die diesen Prozess stets begleitete und der kurfürstlichen Regierung gehöriges Kopfzerbrechen bereitete.

Denn im Gegensatz zur Auffassung Katharinas von Wintzingerode, die im November schimpfte, was Barthold „gethan hebt dorzu seit Ir mher dan genugsam verursachet, von eurn ungetreuen freunden. Ich will got trauen, es wurde Inen noch uber Iren eigen halß ußgehen, was von euch geschehen seit Ir Im rechten genugsam befugt gewesen“[115], nahmen die Freunde des Angeklagten frühzeitig an dessen Schicksal Anteil. Bereits am 1. Juli 1574 verwendeten sich Georg von Holle und Adrian von Steinberg – beide Räte des Wolfenbütteler Herzogs Julius – sowie Melchior von Bodenstein beim Kurfürsten für Barthold und baten um Gnade gegenüber seiner Frau und Tochter.[116] Offenkundig war man sich nicht im Klaren darüber, wie weit die Kurfürstlichen gehen wollten, und versuchte wenigstens zu retten, was zu retten war: Kind und Gattin. Diese trat jedoch von Beginn an resolut auf und forderte sofort und ohne Umschweife aus Altersgründen eine Hafterleichterung für ihren Mann.[117] Am 10. Juli ließen sich die Herren von Alvensleben, Schulenburg, Bartensleben, Bülow, Mariendorf, Veltheim, Knigebedte, Schenk, Morienhelte, Bodendorf und Bugenhagen – allesamt näher oder weitläufig mit Wintzingerodes verwandt, wenigstens aber aus den Zeiten gemeinsa-

[114] LHASAMD Rep. A 37a Nr. 77, fol. 214–216 und fol. 225 f., hier fol. 225': Schreiben der Freundschaft vom 24.08.1575 sowie des Bischofs von Lübeck vom 24.08.1575.

[115] LHASAMD Rep. A 37a Nr. 76, fol. 53–55, hier fol. 53: Schreiben Katharinas von Wintzingerode an ihren Gatten vom 23.11.1574.

[116] Vgl. LHASAMD Rep. A 37a Nr. 77, fol. 10 ff.: Schreiben an den Kurfürsten vom 01.07.1574; *Angermann*, Oberst, S. 214.

[117] Vgl. LHASAMD Rep. A 37a Nr. 77, fol. 16 f.: Schreiben Katharinas an den Kurfürsten vom 09.07.1574.

mer Solddienste befreundet – vernehmen, sie hätten von der Erstürmung des Bodenstein gehört und bäten um Freilassung Bartholds, wenigstens aber um Hafterleichterung. Als „ein liebhaber des Adelß“[118] müsse der Kurfürst sein Herz öffnen, zumal Barthold „durch seine Mißgönner“[119] belastet worden sei. Kurze Zeit später baten andere Freunde – unter ihnen mehrere, die in die Grumbachschen Händel verwickelt gewesen waren –, der Kurfürst möge Barthold doch Hafterleichterung vergönnen und „Inen in sein Hauß, oder offennliche ehrliche Herberge zu einem Rittermessigen Inlager betagen, wie under dem Adel gepreuchlich ist, und tag zur gute gnedigst ansetzen, So wollen wir daran sein, do ehr sich Jegen euer Churf. G. unnd Imants anders versehen unnd vergriffen hette, das ehr zu widererlangung euer Churf. g. gnade, auch der andern die ehr mochte beleidigt haben guten willen, sich also soll ertzeigen, das es euer Churf. g. ein gnedigst gefallen und die andern ein gut und pillich begnugen haben sollen, und sein nuhn der underthenigsten hoffnung, Euer Churf. g. werden hierauff, als ein milter loblicher Churfurst und Adelsfreunde gnedigst erzeigen“[120]. Selbst als das Verfahren bereits angelaufen war, bat man darum, „das kegen Ihnen uf einiche leibs straffe, unsers gentzlichen verhoffens, mit beistande nicht verfahren werden solle noch muge, darzu ehr an adelichen und Rittermessigen ehren stand, herkommen und verdiensten also qualificirt“[121], so dass man ihm vertrauen könne und Hafterleichterung verschaffen müsse.

Diese vier Motive – die Adeligkeit Bartholds, die Adelsfreundlichkeit des Kurfürsten, die folgerichtige Sinnhaftigkeit seiner Gnade und die Missgunst bösartiger Dritter gegenüber dem Gefangenen – wurden in der Folgezeit von allen Akteuren auf der Seite Bartholds angeführt. Den Prozess vorbereitend und begleitend, bestellten sie so das kommunikative Feld, auf dem das weitere Schicksal Bartholds ausgehandelt werden sollte. Wie bei solchen Verfahren üblich, handelte es sich bei der Gnadenbitte um ein strategisches Instrument

[118] Ebd., fol. 5 ff., hier fol. 5’: Schreiben an den Kurfürsten vom 10. 07. 1574.

[119] Ebd.

[120] Ebd., fol. 23 ff., hier fol. 23’: Schreiben der Freundschaft (Christoph von der Schulenburg (Propst zu Dittdorf), sein Bruder Fritz von der Schulenburg, Joachim von der Schulenburg, Melchior von Steinberg, Ernst von Rheden (Statthalter zu Zell), Jürgen von Heinebruch (Großvogt zu Zell), Kurt von Schwichelde, Obrist Johann von Holle, Balthasar Klammer, Ottasch von Mandelsloh (Drost zu Alden), Aschen von Holle, Aschatz von Veltheim, Heinrich von Saldern, Heinrich von Halle, Christoph von Hudenberg (Hauptmann zu Winsen), Valentin von Warenholt, Hans und Moritz Friese, Oswaldt von Bodendiek (Hauptmann zu Gifhorn), Statius von Münchhausen (Drost zu Lauenburg), Werner von der Schulenburg und Matthias von Dageforde, alle mit Siegeln) an den Kurfürsten vom 13. 07. 1574. Wenigstens im Falle der beiden Friese, der beiden Holle und des Statius von Münchhausen lässt sich die Verwicklung in die Grumbachschen Händel nachweisen. Offenbar hatten es aber alle diese Personen vermocht, einer weiteren Verfolgung – gerade von Seiten des Kurfürsten von Sachsen – zu entgehen.

[121] LHASAMD Rep. A 37a Nr. 76, fol. 107–109, hier fol. 108: Schreiben der Freunde an den Kurfürsten vom 14. 12. 1574.

mit dem Ziel, Kommunikation über die Urteilskriterien zu erzwingen sowie Ankläger und Richter unter Druck zu setzen. Der mit der Gnadenbitte aufgebaute soziale Druck strebte nach der Integration des Umfeldes des Angeklagten in das Verfahren und in die Urteilsfindung, mithin auf die vom Umfeld zu begleitende Reintegration des Angeklagten bzw. Verurteilten.[122] Die Gnadenbitte drohte somit das verschriftliche juristische Verfahren im strengen Sinne aufzubrechen und die Regeln dieses Verfahrens zugunsten der Regeln sozialer Kommunikation zu verändern, indem neben den eigentlichen Prozessparteien weitere Akteure an der Urteilsfindung partizipierten. Dieses Ansinnen stellte eine unmittelbare Bedrohung für die kurfürstliche Regierung dar, deren Interesse ja gerade darin bestand, ihre Rechts- und Verfahrenshoheit ohne Einschränkung und ohne fremde Einflussnahme zur Geltung zu bringen. Dagegen kam die Berücksichtigung der Gnadenbitte einer Akzeptanz der Mitwirkung der Gegenpartei am Ausgang des Verfahrens unter dem Deckmantel von deren Akzeptanz der kurfürstlichen Gerichtshoheit gleich. Was möglicherweise in anderen Fällen opportun, weil diplomatisch elegant erscheinen mochte, musste sich aus Sicht der Kurfürstlichen als ein kaum gangbarer Weg präsentieren. Vielmehr musste ihnen die Gnadenbitte als ein Zwangsinstrument und eine Kommunikationsfalle erscheinen, auf die man sich jedoch bis zu einem gewissen Grade einlassen musste.

Umso nachdrücklicher engagierte sich die Freundschaft Bartholds auf diesem Feld, wohlwissend um die Achillesferse der Anklage. Während vor Gericht die Adeligkeitsthematik als Diskussion über die Tatbestandsalternative – Fehde oder Mord – problematisiert wurde, thematisierte die Freundschaft diesen Aspekt außergerichtlich im Kontext des Spannungsverhältnisses zwischen adeligem Verhalten und kurfürstlicher Gnade. Auch der Angeklagte selbst rekurrierte immer wieder darauf, nicht nur in seinen Defensionalartikeln vom zweiten Prozesstermin. Bereits bei der Inquisition durch den Hofrichter und den Gewaltboten im Steinheimer Gefängnis gab der Gefangene bei der Beantwortung des sechsten Fragepunktes zu Protokoll, „solche gelertte haben Im bey seiner schreiber wider mundlich enttbottenn sie vergonnen Ime solchen unfall sie wollten aber nitt underlassen daz ienig daz zu seiner ehren nottdurfft unnd entschuldigung zum Pesten dhienen macht fur zubringen“[123]. Gleichermaßen begründete der Angeklagte am ersten Prozesstag die Schriftlichkeit des Verfahrens nicht zuletzt auch damit, dass es „nicht allein sein Bartholds von Wintzingerod leib unnd leben haut

[122] Vgl. *Rudolf Schlögl*, Vergesellschaftung unter Anwesenden. Zur kommunikativen Form des Politischen in der vormodernen Stadt, in: ders. (Hg.), Interaktion und Herrschaft. Die Politik der frühneuzeitlichen Stadt (Historische Kulturwissenschaft 5), Konstanz 2004, S. 9–60, hier S. 38 f.; *Andreas Bauer*, Das Gnadenbitten in der Strafrechtspflege des 15. und 16. Jahrhunderts. Dargestellt unter besonderer Berücksichtigung von Quellen der Vorarlberger Gerichtsbezirke Feldkirch und des Hinteren Bregenzerwaldes (Rechtshistorische Reihe 143), Frankfurt am Main/Berlin/Bern 1996.

[123] LHASAMD Rep. A 37a Nr. 76, fol. 14'.

unnd har sonder auch seine ehre Leumuth unnd adenlichenn guten Namen anruret"[124]. Auch Katharina von Wintzingerode hielt sich strikt daran, die Adeligkeit ihres Ehemanns deutlich werden zu lassen. In ihren Briefen bezeichnete sie ihn als „Edlen und Ehrenvesten Bertholdt von Wintzingerode Meinem freundtlichen Hertz aller liebsten Junckhern"[125]. Weitaus intensiver noch entfalteten die zahlreichen adeligen Freunde die Motive Adeligkeit und Missgunst. Dabei wurden die Missgünstigen deutlich benannt und charakterisiert: familieninterne Verräter[126], die Vettern Hans und Bertram also! Liest man diese Briefe, scheint das eigentliche Skandalon des Vorgangs nicht etwa die Mordtat des Angeklagten, sondern die Beteiligung von Familienangehörigen an seiner Gefangennahme gewesen zu sein. Neben dem offenkundigen inneren Zwang, die Wut hierüber artikulieren zu müssen, bestand insofern wohl auch ein Anliegen der niederadeligen Bittsteller darin, dem Kurfürsten vor Augen zu halten, dass er zwar sehr wohl rechtmäßiger Gerichtsherr und Barthold tatsächlich ein Rechtsbrecher sei, dass der Prozess aber nur auf der Basis von Verrat und Missgunst – also aufgrund unadeliger Verhaltensweisen – zustande käme und gleichsam entwertet werde. Auf diese Weise stellten die Bittsteller die Rechtmäßigkeit des kurfürstlichen Prozesses in Frage. Sie profilierten eine Sphäre – nämlich die der Adeligkeit –, für die die Logik des juristischen Strafrechtsdenkens nur eingeschränkt gelten sollte, und hielten diese Linie bis in den August 1575 durch.[127] Es handelte sich tatsächlich um eine geschickte Argumentation, den Mainzer Kurfürsten, der sich traditionell durchaus als Anwalt des Adels im Reich begriff – schließlich entsprang er in der Regel einer niederadeligen, reichsritterschaftlichen Familie –, an dieser Stelle zu fassen. Nur hatte das Ganze einen entscheidenden Haken: Die Mainzer Kurfürsten setzten sich für den Adel ihresgleichen ein – für die Reichsritterschaft –, während sie adelige Untertanen mit standesmäßiger Gebühr, aber eben nur als solche behandelten. Dessen ungeachtet behielten die adeligen Bittsteller diesen Tenor bei. Erst als der Prozess schon begonnen hatte und deutlich wurde, dass die Kurfürstlichen zu keinen Konzessionen und keinem standesgemäßen Geschäft bereit waren, ließ man sich zögerlich auf das Feld der juristischen Argumentationslogik ein, warb dennoch um einen Aufschub des Gerichtsverfahrens, um eine Aussöhnung bewirken zu können.[128] Seit der Jahreswende 1574/75 plädierte die Freundschaft gewissermaßen auf verminderte Schuldfähigkeit Bartholds, weil er von dem Getöteten gereizt worden sei und – zudem in der Annahme in rechtmäßiger Fehde bzw. Gegenwehr zu handeln – überreagiert habe.

[124] Ebd., fol. 100.

[125] Ebd., fol. 53–55, hier fol. 54': Schreiben an Barthold vom 23. 11. 1574.

[126] Vgl. LHASAMD Rep. A 37a Nr. 77, fol. 36–39: Schreiben der Freunde vom 29. 07. 1574.

[127] Vgl. ebd., fol. 214–216: Schreiben der Freundschaft an den Mainzer Kurfürsten vom 24. 08. 1575.

[128] Vgl. LHASAMD Rep. A 37a Nr. 76, fol. 86f.: Schreiben kurfürstlichen Hofräte an den Mainzer Vizedom Selbold vom 11. 12. 1574 nach Anschreiben der Freunde.

Von Beginn an beließ die Freundschaft es nicht bei eigenen Interventionen bei Hofe, sondern wandte sich an zahlreiche Fürsten des Reiches mit der Bitte um Beistand beim Kurmainzer. So schrieb man an den Pfalzgrafen Friedrich III. mit der Information und der Bitte um Verwendung für den Freund, Oheim und Schwager der Petenten beim Mainzer Kurerzbischof unter Verweis auf Bartholds Adeligkeit. Der Mainzer halte Barthold „in schwerer gefengnus, gleich ein ubell unnd mißtheter enthaltenn werden solle“[129], obwohl „ehr als ein ehrlicher vom Adell“[130] eine entsprechende Hafterleichterung gegen Kaution bekommen müsse, wie es seinem Stande entspreche. Ebenso bat man den Kurfürsten wegen der Bedrängnis der Katharina von Wintzingerode zu intervenieren, die sich Aufsässigkeiten ihrer Bauern gegenübersah, die von den Vettern aufgewiegelt worden seien.[131] Schließlich und am wichtigstens sei „auch gemelts von Wintzigerode adelicher standt, und das ehr sich ihe und allewege wie ein Rittermeßig vom Adell, unnd Ihn vielen Ehrliche zeugen dermaßen verhalten, das es Ime rumblich nach zusagen, auch die Erfarnheitt hatt, das ehr jegen denn Erbfeindt der Christenheitt, und Jegen andere des Heiligen Reichs widerwertige Ihn vorfallenden nothen nutzlich und voll zu gebrauchen“[132].

Solche und ähnliche Supplikationen an andere Fürstenhöfe dürfen auf den ersten Blick nicht erstaunen. Erstaunlich war jedoch das Tempo, mit der sich nach Bartholds Gefangennahme fürstliche Schreiben im Mainzer Lager einfanden, und die Durchschlagskraft dieser Supplikationen in den späteren fürstlichen Anschreiben an den Mainzer Kurfürsten. Herzog Wilhelm der Jüngere von Braunschweig-Lüneburg machte den Anfang und gab sich verwundert, kenne er doch den Inhaftierten und habe ihn „bißherr nit anders als einen ehrliebenden von Adell erkandt, und darvor von menniglich ruemen und achten hören“[133]. In den nächsten Tagen und Wochen des Augusts und Septembers ging es derart weiter: Kurfürst Johann Georg von Brandenburg, Herzogin Sophia von Braunschweig-Lüneburg, Rhein-Pfalzgraf Friedrich III., Herzog Otto II. von Braunschweig-Lüneburg, Bischof Eberhard von Lübeck, Heinrich Erzbischof zu Bremen, Herzog Adolf von Schleswig-Holstein, Herzog Ulrich von Mecklenburg – sie alle zeigten sich erstaunt oder bestürzt, sorgten sich um Frau und Tochter Bartholds und baten den Erzbischof um Milde.[134] Als sich nach dem Prozessauftakt erwies, dass die kurfürstliche Regierung von ihrer Linie nicht abließ, intervenierte der Braunschweig-Lüneburger Herzog Wilhelm der Jüngere energisch und forderte den Abbruch des Prozesses, um sich miteinander auszusöhnen, wenigstens aber damit sich

[129] LHASAMD Rep. A 37a Nr. 77, fol. 36–39, hier fol. 36: Schreiben der Freundschaft an den Rhein-Pfalzgrafen Friedrich vom 29.07.1574.

[130] Ebd.

[131] Vgl. ebd., fol. 38 f.

[132] Ebd., fol. 93–96, hier fol. 94: Schreiben der Freundschaft an Herzog Wilhelm d. J. von Braunschweig-Lüneburg vom 22.01.1575.

[133] Ebd., fol. 19 f., hier fol. 19: Schreiben des Herzogs an den Kurfürsten vom 10.07.1574.

[134] Vgl. ebd., fol. 25–68: Schreiben der Genannten im August und September 1574.

Barthold mit der Freundschaft beraten könne.[135] In ähnlicher Weise bat Landgraf Wilhelm IV. von Hessen-Kassel um Gnade und riet, „dieselbe der Scherffe des rechtens vor[zu]setzen“[136]. Für Wintzingerode „werde dis ein warnung sein und sich hinfurter gegen E. L. dermassen mit gehorsamer danckbarkeitt erzeigen das E. L. ein guttes [ver]gnugen daran haben werden“[137]. Gemäß dem Strategiewechsel der niederadeligen Freundschaft seit der Jahreswende intervenierte Herzog Wilhelm d. J. von Braunschweig-Lüneburg im Februar 1575 abermals und fand Verständnis für den Mainzer Rechtsstandpunkt. Doch – und hier verwob der Herzog wiederum in Übernahme der Argumentation der Freundschaft geschickt Recht und Gerechtigkeit gegenüber dem Adel – habe sich der adelige Angeklagte für seine vielleicht nicht ganz adeligen Taten, zu denen er vom Getöteten gereizt worden sei, entschuldigt.[138] Sein Cousin – Herzog Erich II. von Calenberg-Göttingen, jener zum Katholizismus konvertierte Fürst, der 1566 wegen Landfriedensbruchs vom Kaiser verurteilt worden und der Reichsacht nur knapp entgangen war[139] – bezeichnete das Vorkommnis gar eher als einen „unfall“[140], dessen Verfolgung in keinem

[135] Vgl. ebd., fol. 73 f.: Schreiben des Herzogs an den Kurfürsten vom 29. 11. 1574.

[136] Ebd., fol. 80 f., hier fol. 80: Schreiben des Landgrafen an den Kurfürsten vom 08. 12. 1574.

[137] Ebd.

[138] Ebd., fol. 90 ff.: Schreiben des Herzogs Wilhelm an den Kurfürsten vom 06. 02. 1575.

[139] Erich II. – auch der Jüngere genannt – war 1546 zum Katholizismus konvertiert und hatte zunächst in der Gunst Kaiser Ferdinands I. gestanden. Diese Gunst verspielte er jedoch, nachdem er sich zunächst mit Albrecht Alkibiades zusammentat und mit diesem gegen Heinrich d. J. von Braunschweig-Wolfenbüttel unterlag. Im Rahmen der damit verbundenen Rüstungen hatte er sich auch territorialpolitisch gegenüber seinen Ständen geschwächt, die für die Bewilligung entsprechender Rüstungsgelder entsprechende Zugeständnisse durchsetzten. Die kaiserliche Gunst verspielte Erich II. 1563 völlig, als er sich auf die Seite des dänischen Königs Frederik II. gegen Schweden schlug. Seine Hoffnung auf eine entsprechende dänische Bestallung zerschlug sich jedoch, was umso schwerere Folgen hatte, weil Erich bereits gerüstet hatte. Schließlich durchzogen er und seine umfangreiche Truppe auf der Suche nach Soldgebern das Hochstift Münster, verheerten und plünderten weite Teile Pommerns, Mecklenburgs und Brandenburgs, bevor sie aufgehalten wurden. Daraufhin initiierte Maximilian II. gegen Erich einen Prozess wegen Landfriedensbruchs. Der kaiserliche Schuldspruch wurde nur aufgrund der Intervention Philipps II. von Spanien wohl auch mit Blick auf den Söldnerbedarf in den französischen Religionskriegen und den Niederlanden nicht umgesetzt. Erich II. zog sich jedoch schließlich auf seine italienischen Besitzungen zurück; vgl. *Streetz*, Fürstentum, S. 201–214; *Maximilian Lanzinner*, Friedenssicherung und politische Einheit des Reiches unter Maximilian II. (1564–1576) (Schriftenreihe der Historischen Kommission bei der Bayerischen Akademie der Wissenschaften 45), Göttingen 1993, S. 24–27, 32 ff., 48, 74, 105, 184, 192, 204 324 ff., 346, 430; *Albrecht P. Luttenberger*, Kurfürsten, Kaiser und Reich. Politische Führung und Friedenssicherung unter Ferdinand I. und Maximilian II. (Veröffentlichungen des Instituts für Europäische Geschichte Mainz. Abt. Universalgeschichte 149; Beiträge zur Sozial- und Verfassungsgeschichte des Alten Reiches 12) Mainz 1994, S. 319, 326 f., 331 ff.

[140] LHASAMD Rep. A 37a Nr. 77, fol. 115–117, hier fol. 116: Schreiben des Herzogs Erich an den Kurfürsten vom 13. 02. 1575, in dem er auch von einem Unglück „casu et iniusto calore iracundiae et animi dolore“ (fol. 115) sprach.

Verhältnis zu Bartholds vergangenen und möglichen zukünftigen Verdiensten in den Türkenkriegen stünde. Vordergründig ganz der juristischen Logik verpflichtet, hielt Graf Otto IV. von Holstein-Schaumburg-Sternberg dem Kurfürsten vor Augen, welche Unperson der Getötete gewesen sei. Geilhausen sei aus dem westfälischen Lippe seines Amtes entsetzt und verbannt worden, habe das Eheweib eines anderen Mannes entführt und Barthold bis zum Schluss gereizt. Daraus folgerte Graf Otto: „die thadt ist unleugbar, aber die qualitatis und umbstende wen E. Churf: g: sich deren durch beweißnuss berichten lassen, alteriren und miltern unsers geringen erachtens den hendel nicht wenig“[141]. Ähnlich ließ sich der bayerische Herzog Albrecht vernehmen, der Barthold regelrechte Notwehr bzw. Präventivhandeln attestierte. Denn Geilhausen habe Wintzingerode permanent gereizt und sei „für sich ein trutziger mensch gewesen, bey dem sich der von Wintzingerode stundtlich aines gleichen niederschiessens [habe] befaren müssen[142], auch das Er Wintzingerode sonnst ein verdienter unnd erfarnen Rittersmann, der E.L. unnd zue gemainer not, auch wider den Erbfheindt gehorsam: unnd gedeylich dienen khan unnd will“[143].

Derartige Schreiben ergossen sich bis ins Frühjahr 1575, dann verstummten die Stimmen der Fürsten. Zwischen April und Juni 1575 meldeten sich noch einmal Kurfürst Johann Georg von Brandenburg, König Frederik II. von Dänemark-Norwegen – zugleich Herzog von Schleswig-Holstein –, sein Thronfolger Adolph und Herzog Karl III. von Lothringen. Seitdem jedoch unterblieben derartige Interventionen; und nicht alle von Bartholds Freundschaft angeschriebenen Fürsten reagierten wie gewünscht: Der Trierer Kurerzbischof Jacob III. von Eltz – die Sickingen-Fehde im Gedächtnis und daher wohlwissend um die Problematik niederadeliger Aufsässigkeit – sandte sei-

[141] Ebd., fol. 84–87, hier fol. 86: Schreiben des Grafen an den Kurfürsten vom 23.01.1575. Seine Involvierung stellte sich als geschickter Schachzug dar: Graf Otto IV. (reg. 1544–1576) stand in engen Beziehungen mit den Söldnerführern Georg von Holle und Hilmar von Münchhausen. Zugleich war er selbst als Kriegsunternehmer im Dienste der Spanier beim Kampf gegen die niederländischen Rebellen tätig. Seit seinem dynastisch-ehebedingten Konfessionswechsel zwar Protestant lehnte er die niederländischen Unternehmungen der Nassauer ab und stand wie Kursachsen auf der Seite des Kaisers bzw. des Brüsseler Hofes. Entsprechend schuldeten ihm Brüssel und Madrid hohe Summen an Soldzahlungen, die er angesichts des sich anbahnenden Staatsbankrotts in Gefahr sah. Seine Bemerkungen zu Geilhausens Vergangenheit in Lippe mochten aus Konflikten und Informationen um Teile der Herrschaft Lippe herrühren. So gesehen handelte es sich im Falle des Grafen Otto um einen glaubwürdigen Gewährsmann und verdienten Parteigänger der kaiserlichen – und damit auch der Kurmainzer – Seite, dem man kaum protestantisch-aufrührerische Machenschaften und Scheinheiligkeiten unterstellen konnte; *Gudrun Husmeier*, Graf Otto IV. von Holstein-Schaumburg (1517–1576). Landesherrschaft, Reichspolitik und Niederländischer Aufstand (Schaumburger Studien 60), Bielefeld 2002, S. 142 ff., 278–315; *Tebbe*, Weserraum, S. 23–37; *dies.*, Grafschaft, S. 79–93.

[142] LHASAMD Rep. A 37a Nr. 77, fol. 126 f., hier fol. 126: Schreiben des Herzogs an den Kurfürsten vom 07.03.1575.

[143] Ebd., fol. 126'.

nem rheinischen Nachbarn die Supplikation der wintzingerodeschen Freundschaft mit dem lapidaren Kommentar zu, er würde „es doch darfur halten, daß Euer Liebden der gepür sich wol zu verhalten wissen werden“[144].

In der Regel waren die Suppliken der niederadeligen und fürstlichen Freundschaft - wie oben aufgezeigt - inhaltlich weitgehend gleichlautend. Dabei verdient ein Gedanke - die Beteiligung an den Türkenkriegen - eine eingehendere Betrachtung. Zum einen erweist diese Idee symptomatisch, wie durchschlagskräftig die Bittgänge der Freundschaft bei den Fürsten waren, in welchem Ausmaß die verschiedenen, an der Verteidigung beteiligten Akteure miteinander vernetzt waren und wie gleichartig sie vor Gericht und im Umfeld sie agierten. Ihre Argumente waren nicht einfach austauschbar, sondern ergänzten einander. Die Vorträge Bartholds vor Gericht und die Suppliken seiner Freundschaft bzw. Reflexion durch die Fürsten intonierten dieselbe Musik auf verschiedenen Bühnen desselben Schauspiels mit denselben Tönen, die von der kurfürstlichen Seite jedoch nicht verstanden werden wollten. Zum anderen ist die Idee der Teilnahme am Türkenkrieg auch deshalb wichtig, weil sie der weiteren Profilierung der Adeligkeit des Angeklagten diente und insofern eine Konsequenz und zugleich eine Schlüsselfigur im Selbstverständnis Bartholds darstellte. Natürlich konnte niemand ernsthaft erwarten, dass ein beinahe Siebzigjähriger wirklich an den Türkenkriegen würde teilnehmen können, selbst wenn es auch dafür prominente Vorbilder gab.[145] Dies erwies sich bereits an dem Angebot der Freundschaft, notfalls diese Aufgabe als Ersatz für Barthold zu übernehmen. Dennoch handelte es sich dabei keineswegs um eine Finte. Es war ernsthaft gemeint. Es speiste sich aus jenem - in Gesamteuropa verbreiteten[146] - adeligen Selbstverständnis und einer Weltsicht, die für Barthold und wenigstens Teile seiner Freundschaft typisch war bzw. von ihnen typologisch definiert wurde. Denn der Hinweis, Barthold könne sich in den kommenden Türkenkriegen um das „algemeine Vatterlandt“[147] und um die Christenheit verdient machen, rekurrierte gleichermaßen auf die Gedanken des aus Vaterlandsliebe erwachsenden Tyrannenkampfes, der Sühne eines Vergehens und der Wiederherstellung der adeligen Ehre. Offenkundig versuchte man Barthold dem zeitgenössischen Verständnis entspre-

[144] Ebd., fol. 124–127, hier fol. 123: Schreiben des Trierer Kurfürsten Jacob III. an den Mainzer Kurfürsten vom 22.01.1575.

[145] Bestes Beispiel ist Götz von Berlichingen, der 1542 und 1544 als über Sechzigjähriger an den Feldzügen des Kaisers gegen die Türken und Frankreich teilnahm; vgl. Volker *Press*, Götz von Berlichingen (ca. 1480 bis 1562): vom „Raubritter“ zum Reichsritter, in: ders., Adel im Alten Reich (Frühneuzeit-Forschungen 4), Tübingen 1998, S. 334–356, hier S. 352. Generell, wenn auch unbefriedigend zur Rolle des Adels in den Türkenkriegen: *Antonio Liepold*, Wider den Erbfeind christlichen Glaubens. Die Rolle des niederen Adels in den Türkenkriegen des 16. Jahrhunderts (Europäische Hochschulschriften III/767), Frankfurt am Main/Berlin/Bern/New York/Paris/Wien 1998.

[146] Vgl. *Wrede/Carl*, Einleitung, S. 15; *Asch*, Adel, S. 166 f., 179 ff.

[147] LHASAMD Rep. A 37a Nr. 77, fol. 84–87, hier fol. 85: Schreiben des Grafen Otto von Holstein-Schaumburg an den Mainzer Kurfürsten vom 23.01.1575.

chend als Patrioten darzustellen. Seine damit angenommene innere Verbundenheit mit Land und Leuten ließ den Kampf gegen den türkischen Sultan, in dem die Zeitgenossen den Prototyp des auswärtigen, aggressiven Tyrannen und in dessen Bekämpfung sie eine legitimierte Pflicht sahen,[148] konsequent erscheinen. Zugleich empfand offenbar Barthold selbst, eine Sünde begangen und seine eigene adelige Ehre durch den ‚Unfalltod' Geilhausens verletzt zu haben. Aus seiner Sicht musste seine Ehre wiederhergestellt werden, indem als Sühneleistung der Ehrgekränkte – es muss angesichts der Stellungnahme Bartholds vor Gericht offen bleiben, ob er sich als ehrgekränkt durch sich selbst oder durch Geilhausen als standesniederem Attentäter verstand – einen Dienst an der allgemeinen Christenheit übernahm. Konsequent stellte sich Barthold damit in die Tradition der seit dem 12. Jahrhundert als wesentliches Element von Adeligkeit und ritterlichem Verhalten geltenden Kreuzzugsteilnahme, die auch zur Sühne von Schuld und Sünde genutzt worden war.[149] Gleichzeitig bot dieses Angebot aus seiner Sicht die Möglichkeit, die von Anklage und Verteidigung unterschiedlich profilierten Sphären von Adeligkeit, Gemeinwohl, Recht und Gerechtigkeit miteinander zu verbinden. Denn das Angebot, seine adelige Ehre durch den Einsatz im Türkenkrieg wiederherstellen zu wollen, war gleichzusetzen mit dem Eingeständnis, eine Norm verletzt zu haben. Offen blieb dabei zwar, um welche Norm es sich handelte – die der Adeligkeit oder die des juristischen Rechts –, doch mochte dies unwichtig sein, wenn der Kurfürst sich bereit zeigte, durch einen Gnadenerweis auf das Angebot, das ihm als Richter die Rechtsdefinition und dem Angeklagten die Adeligkeit beließ, einzugehen. Anders ausgedrückt: Die Fraktion des Angeklagten machte im übertragenen Sinne das Angebot, die unterschiedlichen

[148] Vgl. *Schmidt*, Vaterlandsliebe, S. 69–78, insbesondere S. 76.

[149] Vgl. *Eberhard Mayer*, Geschichte der Kreuzzüge, Stuttgart/Berlin/Köln [7]1989, S. 13–40. Man nehme exemplarisch hierfür nur die Predigt Urbans II. auf dem Konzil von Clermont, in der nach zahlreichen Mahnungen an Bischöfe und Gläubige, den Frieden und die Rechte der Kirche zu wahren, der Aufruf zum Kreuzzug ergeht (Version des Fulcher von Chartres): „Necesse est enim, quatinus confratribus vestris in Orientali plaga conversantibus, auxilio vestro iam saepe acclamato indigis, accelerato itinere succurratis. [3] invaserunt enim eos, sicuti plerisque vestrum iam dictum est, usque mare Mediterraneum, ad illud scilicet quod dicunt Brachium S. Georgii, Turci, gens Persica, qui apud Romaniae fines terras Christianorum magis magisque occupando, lite bellica iam septuplicata victos superaverunt, multos occidendo vel captivando, ecclesias subvertendo, regnum Dei vastando. quos quidem si sic aliquamdiu in quiete siveritis, multo latius fideles Dei supergredientur. [4] qua de re supplici prece hortor, non ego, sed Dominus, ut cunctis cuiuslibet ordinis tam equitibus quam peditibus, tam divitibus quam pauperibus, edicto frequenti vos, Christi praecones, suadetis, ut ad id genus nequam de regionibus nostrorum exterminandum tempestive Christicolis opitulari satagant. [5] praesentibus dico, absentibus mando, Christus autem imperat. cunctis autem illuc euntibus, si aut gradiendo aut transfretando, sive contra paganos dimicando, vitam morte praepeditam finierint, remissio peccatorum praesens aderit. quod ituris adnuo, dono isto investitus a Deo"; *Fulcher von Chartres*, Historia Hierosolymitana 1,3,2–8, hg. von Heinrich Hagenmeyer, Heidelberg 1913, S. 130–137.

Sorten adeligen und fürstlichen Kapitals miteinander in Beziehung zu setzen, sie zu tauschen und gegeneinander zum gemeinsamen Vorteil abzuwägen und aufzurechnen. Das Problem der Verteidigung war nur, dass der Kurfürst zu solcher Mathematik weder gewillt noch in der Lage war. Für ihn stellte ein solcher Tausch verschiedener Kapitalsorten keinen Vorteil dar.

Die Mainzer Regierung gab sich in ihren offiziellen Antworten stets entsprechend verbindlich, ohne jedoch auch nur ein Jota von ihrer Legalitäts- und Souveränitätsstrategie abzugehen. Das Adeligkeitsargument, wie es von der Freundschaft profiliert wurde, kehrte sie gegen die Absender und machte aus dem Pro- ein Contra-Argument. Im Gerichtsprozess setzte man ausschließlich auf die Beweisbarkeit und Aussagekraft der Mordanklage und des Mordgeschehens, was die Annahme tugendhafter Adeligkeit absurd erscheinen lassen sollte. In imponierender Weise hielt man sich strikt an die eigene, gegenüber dem Fiskal zu Beginn des Verfahrens geäußerte Linie, vor Gericht Barthold jegliche Anerkennung seiner Adeligkeit – d. h. gerade auch die entsprechende Anrede – vorzuenthalten,[150] selbst wenn dies – wie am dritten Prozesstag – bedeutete, dass man sich dem Hohn des Angeklagten aussetzen musste. Er wurde während des Prozesses formal wie jeder andere kriminelle Untertan des Kurfürsten behandelt. Während die Freundschaft außergerichtlich gerade auf die adelige Ehre Bartholds rekurrierte, nahmen die Kurfürstlichen ihm angesichts der Straftat bereits sprachlich vorab eben jene Ehre. Wenn die Freundschaft in der Sphäre der sozialständischen Mentalität argumentierte, ein adeliger Ehrenmann – wie Barthold von Wintzingerode – könne kein Mörder sein und dürfe nicht verurteilt werden, setzte die Regierung das juristische Umkehrargument entgegen: Ein Mörder – wie Barthold – könne tatsächlich kein Ehrenmann sein und müsse gerade deshalb verurteilt werden. In der Prioritätenkonkurrenz von Adeligkeit und Rechtsordnung stellte sie konsequent, strikt und logisch die Priorität des Rechts heraus. Dies mochte ihr umso leichter fallen, insofern Bartholds Verhalten überdies keinesfalls jenem Bild vom vorbildhaften Tugendadel zu entsprechen schien, das lutherische Theologen dem Geburtsadel betont gegenüber stellten. Die nachreformatorische Tugendlehre stellte *iustitia*, *temperantia* und *patientia* ins Zentrum[151] – da passte Mord nur schwer hinein. Aber auch für den Mainzer Kurfürsten konnte sich darin ein argumentativer Fallstrick verbergen.

[150] Nur am Beginn des Protokolls des ersten Prozesstages vom 14. 12. 1574 und in der *Exceptio litis pendentiae et in eventum Litis Contestatio* wurde Barthold als „Edler unnd Ernvester Barthold von Wintzingerodta“ angesprochen; vgl. LHASAMD Rep. A 36a Nr. 76, fol. 168–173, hier fol. 168.

[151] Unerwähnt kann an dieser Stelle die Selbstverständlichkeit bleiben, dass die christliche Ethik neben den *virtutes theologicae* Glaube, Liebe, Hoffnung als antikes Erbe die *virtutes generales* Gerechtigkeit, Weisheit, Tapferkeit und Maßhalten kannte. Gerade mit der *modestia* bzw. *continentia* hatte der Angeklagte offenkundig seine Schwierigkeit; vgl. *Brunner*, Landleben, S. 75; *Schorn-Schütte*, Kommunikation, S. 292 f.; *dies.*, Politik, S. 21 f.;

Vorerst jedoch versicherte die Mainzer Regierung den jeweiligen Adressaten ihrer Antwortschreiben, es werde zu einem korrekt durchgeführten Prozess kommen. Damit machte sie deutlich, dass sie ihre juristische Linie ohne Einschränkung verfolgen werde. Auf ein anderes Prozedere ließ man sich nie ein, gerade nachdem das Verfahren angelaufen war.[152] Dies galt überdies auch gegenüber dem Hohnsteiner Grafen, der zwischenzeitlich den Anschein einer Absicht erkennen ließ, im Verfahren mitwirken zu wollen.[153] Inhaltlich rechtfertigte dies Kurfürst Daniel Brendel gegenüber Katharina von Wintzingerode ebenso wie gegenüber den Freunden und Fürsten mit der Schwere der Tat und der kurfürstlichen Oberhoheit über den Bodenstein. Barthold werde zwar „uber recht nit beschwerdt noch ausserhalb desselbigen seinetwegen nichts vorgenommen“[154]. Schonung jedoch werde man „Ime woll gönnen ehr sich inn seinem thun und wesen also erzeiget und verhalte, daß man nach trachtung seiner person kein ursach hete“[155], also wenn er sich wirklich adelig erweise, wie es ihm unterstellt werde. Angesichts seiner Taten und seines fortgesetzten Ungehorsams könne man nicht anders verfahren und werde jedenfalls prozessiert werden. Gegenüber dem Braunschweiger Herzog Wilhelm dem Jüngeren versicherte der Mainzer, der adelige Gefangene werde keineswegs in schwerer Kerkerhaft gehalten, „sondern an einem lendlichen Ort, da Ritter messige Leutt mhermalß nach gestalt dero ubertrettung enhalten worden“[156]. Gleichermaßen reagierte man auf die Adeligkeits-Argumentation und Patriotismusrhetorik des Grafen Otto IV. von Holstein-Schaumburg-Sternberg, der Barthold überschwenglich als „furnehmen adelichen herkommens und Rittermessigen Man“[157] pries, der „in kunfftigen zeitten seine manheitt gegen den Erbfeindt der Christenheit beweisen, und diesen betrubten fall mitt andern Rittermessigen thaten wider eluiren, unnd dem algemeinen Vatterlandt erstatten, und einbringen“[158] werde. Schließlich stellte er fest: „Sündigen und fallen ist menschlich, drumb seindt die Rechte stets gneigter zum entbinden

Margit Kern, Tugend versus Gnade. Protestantische Bildprogramme in Nürnberg, Pirna, Regensburg und Ulm (Berliner Schriften zur Kunst 16), Berlin 2002, S. 261 ff., 348 ff.

[152] Vgl. LHASAMD Rep. A 37a Nr. 77, fol. 79, 81 und 88: Kurfürstliche Antwortschreiben vom 11. 12. 1574, vom 14. 12. 1574 und vom 15. 12. 1574.

[153] Vgl. LHASAMD Rep. A 37a Nr. 76, fol. 68-73, 74 ff., 76–78: Schreiben des Grafen an den Kurfürsten (präsentiert 01. 12. 1574), dessen Replik vom 03. 12. 1574 sowie das Memorial vom 04. 12. 1574. Dem Hohnsteiner Grafen wollte man auf diesem Wege seine neue Untertänigkeit verdeutlichen und dafür sorgen, dass er sämtliche anderen anhängigen Prozesse gegen den Angeklagten ruhen lasse solle, damit dieser keine Gelegenheit habe, den Prozess unter Hinweis auf eben jene anhängige Verfahren zu verzögern.

[154] Vgl. LHASAMD Rep. A 37a Nr. 77, fol. 17: Schreiben des Kurfürsten an Katharina von Wintzingerode vom 11. 07. 1574.

[155] Ebd., fol. 8 ff., hier fol. 8 f.: Schreiben des Kurfürsten an die Freundschaft vom 13. 07. 1574.

[156] Ebd., fol. 20 f., hier fol. 20: Schreiben des Kurfürsten vom 12. 07. 1574.

[157] Ebd., fol. 84–87, hier fol. 84: Schreiben des Grafen an den Kurfürsten vom 23. 01. 1575.

[158] Ebd., fol. 84' f.

weder zum verdammen"[159], wie es auch die besondere Aufgabe der geistlichen Kurfürsten des Reiches sei „als einem sonderl[iche]n Patron und Schutzer deren vom Adell"[160]. Dieser Rhetorik langsam überdrüssig, kehrte Daniel Brendel die Argumentation um, wenn er recht knapp bemerkte, der Rechtsprozess gegen Barthold von Wintzingerode sei in der Tat völlig unnötig, wenn sich der Angeklagte adelig verhalten hätte: „Dieweil sich aber die geschicht viel and[er]st erhaltten, dann dein schreiben mit sich bringt, auch sonsten sein vielfeltiger lange Zeitt hero erzeigter ongehorsam sich dermassen geheuffet, daß also auß sein selbst gegebenen tringenden ursachen solche sachen dem Rechten und desselben austrag anbevolhen"[161]. Auch gegenüber den Mitfürsten profilierte der Kurfürst demnach unbeugsam die Linie, dass Adeligkeit nicht über Gebühr vor Recht gehen könne.

Dennoch befand er sich argumentativ in einer problematischen Situation. Die Supplikanten versuchten, ihn mit ihrem Rekurs auf die *clementia* gewissermaßen in die Enge zu treiben. Neben anderen Tugenden galten nämlich die *mansuetudo* – Milde und Sanftmut – sowie die *clementia* als unverzichtbare Qualitäten eines guten Herrschers.[162] Entsprechende zeitgenössische Regentenlehren, die sich auf die römischen Klassiker Cicero und Seneca stützten, wiesen immer wieder darauf hin. Gleichwertig hätte Daniel Brendel seinerseits darauf verweisen können, dass dieselben Regentenlehren Sanftmut und Gnade den Begriffen *severitas* und *auctoritas* gegenüber stellten. Darüber hinaus galt *iustitia* als eine zentrale Generaltugend. Basierend auf der gegenseitigen Verpflichtung und Treue zwischen Fürsten und Untertanen – *fides* – hatte die Gerechtigkeit die *auctoritas* des Fürsten zu stärken und war zugleich auf das allgemeine Wohl – das *bonum commune* – gerichtet. Gerechtigkeit besaß eine soziale, politische und rechtliche Dimension. Gerechtigkeit zu üben, hieß demnach in der Causa Wintzingerode aus kurfürstlicher Perspektive, dem Rechtsverfahren seinen Lauf sowie dem Opfer und den vom Beklagten terrorisierten Untertanen Gerechtigkeit widerfahren zu lassen. Es hieß aber auch, dem Angeklagten ein angemessenes Rechtsverfahren zu gewähren. Gerade die Justiz war demnach ein Instrument der *iustitia*.

Nachdem er die argumentativ problematische Zeit überstanden hatte, verschanzte sich der Mainzer Kurfürst deshalb regelrecht hinter dem Argument, ein einmal angelaufener Prozess könne nicht ohne Schaden für die Justiz abgebrochen werden. Symptomatisch hierfür argumentierte Daniel Brendel in seiner Sammelantwort an die Fürsten von Braunschweig-Lüneburg, Lübeck, Bremen, Holstein, Mecklenburg, Schleswig-Holstein, Bayern und den Rhein-

[159] Ebd., fol. 85.

[160] Ebd.

[161] Ebd., fol. 88: Schreiben des Kurfürsten an den Grafen Otto vom 15.02.1575.

[162] Vgl. *Weber*, Prudentia, S. 184, 188–195; *Gerhard Oestreich*, Antiker Geist und moderner Staat bei Justus Lipsius (1547–1606). Der Neostoizismus als politische Bewegung (Schriftenreihe der Historischen Kommission bei der Bayerischen Akademie der Wissenschaften 38), hg. von Nicolette Mout, Göttingen 1989, S. 119–122.

Pfalzgrafen im April 1575, er habe bei seiner Ankunft auf dem Eichsfeld „ein solches uberheufft iemmerlichs clagen unser underthanen und Landsassen dort, so wol vom Adel, stett alß dem andern ins gemein anhören müssen“[163]. Der Prozess sei in Gang gekommen und unabdingbar wegen der Niederträchtigkeit, Brutalität und Unverfrorenheit des Verbrechens. Wie den Mitfürsten wohl nicht bekannt sei, handele es sich zudem keineswegs um einen untypischen und bedauerlichen Einzelfall, sondern um beharrlichen und fortdauernden Ungehorsam gegenüber der rechtmäßigen Obrigkeit. Barthold selbst habe Menschen „ubler alß daß ohnvernünfftige thier“[164] eingesperrt, was einen zusätzlichen Hieb gegen die stete Forderung nach Haftverschonung darstellte. Der Angeklagte habe Furcht und Schrecken im ganzen Land verbreitet. Demnach müsse „Zu trost, hilff unnd errettung der armen underthanen, auch [zur] administrirung der heilsamen Justitien“[165] dem Verfahren freier Lauf gelassen werden. Man möge ihn daher von weiteren Supplikationen verschonen und die Supplikanten „nach richtigkeit eingezogener ursachen der gebur abweisen, wie E:L. in solchem fall selbst and[er]st nitt gedulden möchten“[166]. Dieser Hieb gegen die Interventionen seiner Mitfürsten offenbarte einerseits die Nervosität bei den Mainzern. Andererseits war sie Teil jener Rechtfertigungsstrategie, die sich letztlich als unangreifbar erwies und mit der sich der Kurfürst als Hüter der Reichsrechtsordnung und der „heilsamen Justiz“, um deren Gültigkeit im Kampf gegen fehdeführende Rechtsbrecher – gerade in den Reihen des Niederadels – von Kaiser und Fürsten so lange gerungen worden war, präsentierte. Entsprechend argumentierte der Kurfürst, „daß wir auß dem weg Rechtens nit schreitten lassen können“[167]. Sollte der vornehmste Kurfürst und Fürst des Reiches, sollte jener Reichserzkanzler, der auf den Reichstagen und im hessisch-mitteldeutschen Raum um die Etablierung politischer Ruhe, rechtlicher Ordnung und allgemeinen Einvernehmens so sehr bemüht war, allen Ernstes diese Rechtsordnung in seinem Territorium infrage stellen, indem er einen Terroristen – im eigentlichen Wortsinn – gewähren ließ, die Justiz behinderte und unterband? Sollte er jene landeshoheitliche Obrigkeit schmälern oder gar aufgeben, für die die Fürsten des Reiches gerade im Kampf gegen den Niederadel so zäh und erfolgreich gekämpft hatten? Geschickt stellte Daniel Brendel dies klar und warf damit die fürstlichen Supplikanten freundschaftlich – von Fürst zu Fürst, von Landesherr zu Landesherr und übrigens konfessionsunabhängig – auf ihre Eigeninteressen zurück.

Indem er so argumentierte, griff Daniel Brendel indirekt auch die Argumentation und Sprache des gräflich-hohnsteinischen Anwalts Ramminger

[163] LHASAMD Rep. A 37a Nr. 77, fol. 163–165', hier fol. 164: Schreiben des Kurfürsten vom 18.04.1575.

[164] Ebd., fol. 164'.

[165] Ebd.

[166] Ebd., fol. 165.

[167] Ebd.

anlässlich des Prozesses vor dem Reichskammergericht 1573/74 auf: Auch Brendels Argumentation kehrte gewissermaßen die Stoßrichtung des zeitgenössischen Tyrannendiskurses unausgesprochen um und führte ihn auf ihren argumentativen Ausgangspunkt zurück, wenn er gerade auf der Justiz als Ausformung der *iustitia* abhob. Wenn nämlich die Staatsrechtsphilosophie des 16. Jahrhunderts – wie bspw. der wenigstens in der katholischen Welt weithin bekannte spanische Spätscholastiker Francisco de Vitoria (1492–1546) – in der *amicitia* und der *iustitia* unverzichtbare Grundnormen monarchisch-landesfürstlicher Herrschaft und die Tyrannis als Herrschaftsform ohne jene Grundorientierung definierte, dann musste der Kurfürst gegen Personen vom Schlage eines Barthold von Wintzingerode vorgehen, die das Allgemeinwohl gefährdeten. Als Landesherr und *pater patriae* oblag ihm der Schutz des Landes und der Untertanen. Andernfalls hätte sein Handeln als Pflichtvergessenheit gewertet werden können, die den sozialen Zusammenhalt der *patria* gefährdete. Brendel konnte also auf der Basis der zeitgenössischen Regentenlehren und in Umkehrung der neueren Tyrannenlehre argumentieren, mit seinem patriotischen Handeln einen Tyrannen zu bekämpfen, um sich nicht selbst dem Vorwurf der pflichtvergessenen Tyrannei auszusetzen. Selbst jene obrigkeitskritischen Regentenlehren – wie das viel gelesene und weit verbreitete *Regentenbuch* des Mansfelder Kanzlers Georg Lauterbeck (1510–1578) aus dem Jahr 1556/72 –, die sogar eine Widerstandspflicht der fürstlichen Amtsträger gegen Tyrannen-Fürsten postulierten,[168] sahen es als fürstliche Pflicht an, die *patria* gegen Tyrannen zu verteidigen, gleichgültig ob es sich um einen äußeren Gegner oder inneren Feind der sozialen Gemeinschaft handelte.[169] Wenn Bartholds Supplikanten den Mainzer Kurfürsten als löblichen Landesherrn, Adelsfreund oder gar Patron des Adels bezeichneten, um ihn zur Wahrnehmung der mit diesen Rollen verbundenen Pflichten zu ermahnen und ihn auf diese Weise zur Milde zu bewegen, dann konnte Brendel abermals darauf verweisen, dass er genau so handelte. Sorgte er nicht für Frieden, Gerechtigkeit und Schutz, indem er jenen Tyrannen, der das allen gemeinsame Band zerschnitt und Schrecken verbreitete, vor Gericht stellte und Gerechtigkeit widerfahren ließ? Agierte er nicht als Protektor des Adels, indem er den eichsfeldischen Herrenstand von einem derart entgleisten Standesgenossen befreite? Kurz: Gerade mit diesem Handeln agierte er als patriotischer Landesherr, der der *fides* und dem *amor patriae* genügte, indem er einen niederadeligen Tyrannen bekämpfte. Zudem wurde es bei dieser Argumentationslinie nebenbei fast unerheblich, ob man Barthold als äußeren

[168] Vgl. *Schmidt*, Vaterlandsliebe, S. 52–65, 78–95. Zu weiteren bereits 1574/75 vorhandenen Vorstellungen vgl. *Schorn-Schütte*, Kommunikation, S. 295–304; *dies.*, Politik, S. 11–17. Zur Verschränkung der Begriffe *pietas* und *pater patriae* im zeitgenössischen Gerechtigkeitsdiskurs vgl. *Reinhard*, Paul V., S. 56–64.

[169] Lauterbeck exemplifizierte dies am Beispiel des Odysseus, der seine Heimat gegen die Freier der Penelope und die Zyklopen verteidigte; vgl. *Schmidt*, Vaterlandsliebe, S. 36, 64, 69–78.

oder inneren Feind betrachtete, also als Teil des kurfürstlich-eichsfeldischen Politiksystems oder nur als hohnsteinischen Vasallen.

Zweifellos handelte es sich dabei um Aussagen im Subtext der kurfürstlichen Korrespondenz. Doch müssen solche Bemerkungen zwischen den Zeilen mitgedacht werden, will man verstehen, warum die zeitgenössischen Korrespondenten mit bestimmten Begriffen hantierten. In diesem Zusammenhang ist interessant, wem der Mainzer Kurfürst derart antwortete: nämlich jenen, meist protestantischen Fürsten, die – sieht man von Braunschweig ab – weit entfernt von ihm regierten. In keinem ihrer Schreiben war wohlweislich der Konfessionsstand beider Konfliktparteien offen thematisiert worden. Daran wagte sich kein Mitfürst, wohlwissend dass gemäß des Augsburger Religionsfriedens, dessen *cuius-regio*-Prinzip auch für sie die Herrschaftsgrundlage bildete, dem Mainzer weder Rat noch Vorgabe zu machen war. So wagte man es nicht einmal, den Kurfürsten auf seine reichspolitische Funktion als Erzkanzler – und damit in besonderer Weise für die Reichsordnung verpflichteter Fürst – hinzuweisen. Ebenso wenig wurde die Frage nach der justiziellen Zuständigkeit des Mainzer Gerichts gestellt. Stattdessen problematisierte und profilierte man die Begriffsfelder Adeligkeit, Recht und Gerechtigkeit, Milde und Vaterlandsliebe als überkonfessionelle Themen und – modern gesprochen – Diskursebenen eigener, von formaljuristischem Denken abgelöster Logik. Die Mainzer Regierung nahm entsprechend die in den Argumentationen enthaltenen, als Bitten oder Ratschläge verdeckten Anwürfe der Supplikanten auf, verknüpfte ihre Ansichten mit dem allgemein gültigen und sogar spezifisch protestantischen Vokabular des Politischen und machte sich die damit verbundenen Vorstellungen zu eigen. Entziehen konnte man sich solcher Kommunikation letztlich nicht, wollte man sich nicht dem Vorwurf aussetzen, konfessionell parteiisch oder herrschaftlich unrechtrechtmäßig zu handeln. Aber die Mainzer Regierung musste sich dieser Kommunikation auch nicht entziehen, weil die Argumentationsmuster ihrer Kommunikationspartner sie zwar bedrängten, ihr aber am Ende sogar legitimatorische Vorteile verschaffte. Denn allein ihre kommunikative Offenheit zeigte, dass sie sich nicht verschloss, sondern bereit war sich zu legitimieren. Zudem lenkte die Diskussion um die genannten Begriffe von einer keineswegs unerheblichen Frage effektiv ab, die Bartholds Handeln vielleicht doch in ein ganz anderes Licht hätte stellen können: Was hatte eigentlich Arnold Geilhausen an der Mühle gemacht? Hatte Barthold nicht vielleicht doch in einem Akt der Gegenwehr gehandelt? Dies blieb in der ganzen Kommunikation irgendwann auf der Strecke.

Während Kurfürst Daniel auf dieser Metaebene mit seinen Mitfürsten kommunizierte und von diesen massiv bedrängt wurde, gestalteten sich die Beziehungen zu zwei anderen, für die Mainzer Belange wesentlich wichtigeren, obwohl ebenfalls protestantischen Fürsten – Kursachsen und Hessen-Kassel – differenzierter. Kurfürst August ließ sich nur ein einziges Mal – Anfang November 1574 – vernehmen, er wolle „nuhn Inen disfalß nicht sonderlich clagen noch mit Ime [Barthold] einig mitleiden tragen. So bitten wir doch freundtlich, do E. L. daß nicht sondere bedencken hetten, Sie wollten unß wie es umb seine hendel stehet und was er außgeseget, unbeschweret in vertrauen zukommen lassen"[170]. Das kursächsische Interesse erklärte sich dreifach: Zum Ersten wollte der Kurfürst weitere Hintergrundinformationen zu den Teilnehmern der Grumbachschen Händel; zum Zweiten war auch Kursachsen in Nordthüringen engagiert und deshalb grundsätzlich an jeder Information, die den als notorisch unruhig eingeschätzten Niederadel betraf, interessiert; und zum Dritten brachte man auf diese Weise seine Führungs- und Schutzfunktion für protestantische Reichs- und Minderheitslandstände zur Geltung. Es erwies sich als entscheidend, dass Kurmainz und Kursachsen zu jener Zeit auf Reichsebene Garanten des Reichsfriedens waren, deren pragmatischer, ausschließlich an der Augsburger Friedensordnung orientierter Zugang zu Problemen der Reichs- und Regionalpolitik ein Vertrauensverhältnis gewährleistete. Dass sich Kursachsen in der Causa Wintzingerode nicht stärker für den Angeklagten und seine Familie engagierte, entsprach diesem von gleichartigen Interessen und Auffassungen geprägten Verhältnis zu Kurmainz, aber auch der territorialpolitischen Situation Kursachsens in den Jahren 1574/75. Im Sommer 1574 war es in Dresden zum Sturz der Philippisten gekommen, jener Gruppe von Theologen, die im Bemühen um eine möglichst große Einheit der protestantischen Lehrmeinungen zu weitreichenden Zugeständnissen selbst gegenüber calvinischen Theologen bereit gewesen waren. Am Ende hatte Kurfürst August, der sich selbst als Hüter des Luthertums im Reich und Kursachsen als Führungsmacht der protestantischen Reichsstände sah, eingegriffen. Fortan stilisierte er sich öffentlich und publikumswirksam als Opfer einer calvinistischen Verschwörung, obwohl er über Jahre hinweg den Philippismus protegiert, ja geradezu zur „Staatstheologie seines Territoriums"[171] erhoben hatte. Damit distanzierte er sich einerseits von offen von calvinistischen oder mit diesem Bekenntnis sympathisierenden Fürsten – wie dem

[170] LHASAMD Rep. A 37a Nr. 77, fol. 169: Schreiben des Kurfürsten August vom 08.11.1574.

[171] *Christian Peters*, Der kursächsische Anteil an der Entstehung und Durchsetzung des Konkordienbuches, in: Helmar Junghans (Hg.), Die sächsischen Kurfürsten während des Religionsfriedens von 1555 bis 1618. Symposion anlässlich des Abschlusses der Edition „Politische Korrespondenz des Herzogs von Sachsen" vom 15. bis 18. September 2005 in Leipzig. Veranstaltet von der Sächsischen Akademie der Wissenschaften zu Leipzig und dem Theologischen Arbeitskreis für Reformationsgeschichtliche Forschung Berlin (Quellen und Forschungen zur sächsischen Geschichte 31), Stuttgart 2007, S. 191–208, hier S. 199ff. (Zitat S. 199). Für die Rolle des augusteischen Kursachsen im Reich nach dem Religionsfrieden sowie die folgenden Bemerkungen zu den Beziehungen zu den Ernestinern, Dänemark, Mecklenburg etc. vgl. *Jens Bruning*, Die kursächsische Reichspolitik zwischen Augsburger Religionsfrieden und Dreißigjährigem Krieg – nur reichspatriotisch und kaisertreu?, in: Junghans, Kurfürsten (wie oben), S. 81–94, besonders S. 87ff.; *Jens E. Olesen*, Die dänischen Beziehungen zu Kursachsen 1555 bis 1618, in: Junghans, Kurfürsten, S. 33–50; *Volker Leppin*, Die ernestinischen Beziehungen zu Kursachsen – um das Erbe der Reformation, in: Junghans, Kurfürsten, S. 67–80.

Kurpfalzgrafen oder dem Landgrafen von Hessen-Kassel – und stabilisierte seine Beziehungen zu Kurmainz und zum Kaiserhof in Wien. Andererseits markierte er gegenüber den – spätestens nach den Grumbachschen Händeln – reichspolitisch angeschlagenen ernestinischen Verwandten, die sich selbst als Repräsentanten und Hüter des wahren Luthertums stilisierten, die dynastieinterne Hierarchie und den ungebrochenen Dresdener Führungsanspruch. Angesichts dieser Situation war ein größeres Engagement Kursachsens in der Causa Wintzingerode nicht geboten und auch nicht zu erwarten; es war jedoch auch gar nicht nötig, weil mit dem dänischen König Frederik II. und Herzog Ulrich von Mecklenburg zwei verwandte Fürsten in Mainz intervenierten, mit denen man in intensiver Kommunikation stand. Kurfürst August wusste demnach, dass er sich zurückhalten konnte und sollte.

In ähnlicher Weise mussten die Mainzer von der Kasseler Regierung nur wenig Ungemach befürchten. Denn auch das Verhältnis zwischen Kurerzbischof Daniel Brendel zu Landgraf Wilhelm IV. von Hessen-Kassel war von Pragmatismus und Sorge um den Religionsfrieden im Reich bestimmt. Sehr schnell – bereits am 1. Juli 1574 – versicherte der Landgraf, er habe volles Verständnis für die Gefangennahme Bartholds und erteile im Einvernehmen mit seinem Bruder Ludwig IV. von Hessen-Marburg gerne das Durchzugsrecht für den Gefangenentransport, „Wiewoll wir nun Ihme dem von Wintzingerode als unserm Lehnman, unnd der weylandt unserm geliebten Hern Vatter gottseligen, dabevor Inn Kriegsleufften mitt treuen gedienett, dießen beschwerlichen zustandt vergonnen, und wunschen wollten, er sich gegen E:L: unnd sonsten also verhalten, das derselben von unnoten gewesen, solche ernstliche mittel unnd wege seinethalb vorzunehmen“[172]. Eigenhändig bemerkte Wilhelm IV., bei der Durchzugserlaubnis handele es sich um eine Selbstverständlichkeit, „in dem und dergleichen nachpaurlichen zu dienen“[173]. Wenn er sich fünf Monate später – kurz nach dem ersten Prozesstag – für Gnade und Nachsicht gegenüber dem Angeklagten aussprach,[174] stellte dies keinen Widerspruch zur vorherigen Stellungnahme dar und markierte auch keine Verschlechterung des Verhältnisses zu Kurmainz, im Gegenteil. Landgraf Wilhelm konnte sich gegenüber beiden Konfliktparteien profilieren: gegenüber den Wintzingerode und ihrem protestantischen Anhang als Protektor des protestantischen Niederadels in Nordhessen, Nordthüringen und Südniedersachsen. Dabei war ein solches Engagement ungefährlich, weil er gegenüber dem katholischen Mainzer Nachbarn zwar diese Rolle wahrnahm, ihn aber nicht bedrängte, sondern prinzipiell in seinem Rechtsargument bestärkte und zugleich darauf hinwies, dass es sich bei Justiz nur um *ein* Mittel der Regierung handele, dessen gnädige Anwendung aber ein ebenso wichtiges und wirkungsvolles

[172] LHASAMD Rep. A 37a Nr. 77, fol. 12 f., hier fol. 12: Schreiben des Landgrafen an den Kurfürsten vom 01.07.1574.

[173] Ebd., fol. 12'.

[174] Vgl. ebd., fol. 80: Schreiben des Landgrafen an den Kurfürsten vom 08.12.1574.

sei. Wilhelm IV. beließ es denn auch bei diesen Äußerungen. Die mainzisch-hessischen Beziehungen waren zu wichtig, um von solchen Angelegenheiten gestört oder gar belastet zu werden[175] – ein gewichtiger Grund für das Schweigen seiner Brüder in Marburg, Darmstadt und Rheinfels.

Wie doppelbödig die Kasseler Verantwortlichen agierten, erweist sich an den Reaktionen des Landgrafen auf die Supplikationen Katharinas von Wintzingerode: Auf ihre erste Supplik reagierte er sofort und in ihrem Sinne, wie bereits beschrieben. Eine zweite Supplik, in der sie darauf gedrängt hatte, der Landgraf möge auf eine Verlangsamung des Prozessgeschehens drängen, beantwortete er, man habe aus Mainz bereits Antwort erhalten, weshalb „wir eß auch dahin bestellen müssen"[176]. Jedoch versprach er, seinen Fiskal zur Unterstützung der Verteidigung zum nächsten Prozesstag zu senden. Die Einlösung des Versprechens lässt sich nicht verifizieren. Deutlich ist aber, dass die Verteidigung seit dem Jahresbeginn 1575 wesentlich geschickter agierte, was auf eine Einflussnahme landgräflicher Rechtsgelehrter hindeuten könnte. Als Katharina von Wintzingerode im April 1575 erneut landgräfliche Unterstützung erbat, um den Prozess einzustellen und eine außergerichtliche Verhandlungslösung zu erzielen,[177] antwortete Wilhelm IV. ihr schon gar nicht mehr. Stattdessen schickte er den Rat und Amtmann Johann von Ratzenberg als Vertreter nach Mainz zum nächsten Prozesstag. Ratzenberg erhielt neben seiner Credenz eine geheime Instruktion: Er solle unter Umständen offiziell beim bevorstehenden Prozesstag einschreiten und zugunsten des Angeklagten auftreten. Aber nur – und hier erwies sich die Doppelbödigkeit der landgräflichen Strategie deutlich – wenn sich die Vertreter des Kurpfalzgrafen und des Herzogs von Braunschweig ebenfalls und zuvor offiziell angekündigt und das Wort ergriffen hätten.[178] Sollte nur der braunschweigische Vertreter anwesend sein, habe sich Ratzenberg bedeckt zu halten und sich lediglich

[175] Wie wichtig gerade zu diesem Zeitpunkt gute Beziehungen zu Kurmainz waren, zeigte sich auch daran, dass Wilhelm IV. von Kassel bei der Durchreise des Kurfürsten am 24. Juli das höchst sensible Problem der hessischen Pfandschaften Kurmainzer Rechte ansprach, das auch sein Bruder Ludwig IV. am 1. August bei der Marburger Durchreise des Mainzers berührte; vgl. *Kahlenberg*, Konsolidierung, S. 131–135; *Karl G. Bruchmann*, Der Kreis Eschwege. Territorialgeschichte der Landschaft an der mittleren Werra (Schriften des Instituts für geschichtliche Landeskunde von Hessen und Nassau 9), Marburg 1931, S. 98–108.

[176] StAMr 17d v. Wintzingerode Nr. 12, fol. 13 f.: Schreiben des Landgrafen an Katharina von Wintzingerode vom Januar 1575.

[177] Vgl. ebd., fol. 14–15': Schreiben Katharinas an den Landgrafen vom 05. 04. 1575.

[178] Wörtlich hieß es: „unnd do dieselben [d. h. die Braunschweigischen] unnd sondlich der Pfalzische [Gesandte] vorhanden weren, uff den fall unnd sonst nichtt soll unser Gesantter sein mit sich habendes Credentzschreiben […] anzeigen"; ebd., fol. 18 ff., hier fol 18'; das landgräfliche Credenzschreiben fol. 17. Bei Johann von Ratzenberg handelte es sich um einen altgedienten und verdienten Adeligen: 1535 war er Kammerdiener des Landgrafen Philipp geworden, 1547 Amtmann zu Sontra. 1567 bestallte ihn Landgraf Wilhelm IV. zum Rat und Diener von Haus aus und zum Amtmann zu Sontra und Rotenburg. Ratzenberg starb 1576; *Gundlach*, Zentralbehörden, Bd. 3, S. 197 f.

der Anklage als Privatmann anzuvertrauen. Schließlich sei Wintzingerode ein verdienter plessischer, d.h. hessischer Lehensmann. Die Landgräflichen scheuten demnach vor Alleingängen zurück und wollten sich nur engagieren, wenn auch andere protestantische Mächte in Mainz offensiv auftraten, die Kasseler also diplomatisch und ohne besonderes Aufsehen in deren Fahrwasser segeln konnten. Das Auftreten des landgräflich-hessischen Fiskals Meurer am Tag der Urteilsverkündung war insofern symptomatisch.

Man mag dies als diplomatische Doppelzüngigkeit oder gar Feigheit bezeichnen, es entsprach jedoch der nüchternen Situationsanalyse eines juristisch hoffnungslosen, konfessions- und regionalpolitisch letztlich nebensächlichen und adelspolitisch eher nützlichen Falls. Das Verhalten Bartholds war bekannt, ebenso der Verlauf des Prozesses. Die landgräfliche Regierung war zu jeder Zeit detailliert über den Prozess informiert, nicht nur weil sie von ihren eigenen Informanten und Gewährsmännern auf dem Laufenden gehalten wurde, sondern auch weil die Mainzer selbst sie mit Informationen und Abschriften umfangreich versorgten.[179] Sogar um Amtshilfe baten die Mainzer: Im Mai 1575 bat Hermann von Mauchenheim gen. Bechtoldsheim als vorsitzender Richter beim Landgrafen, Hans von Stockhausen zu Immenhausen als Zeugen der Verteidigung durch den landgräflichen Fiskal Hieronimus Meurer und den braunschweigischen Rat und Hofrichter Andreas Krause vernehmen zu lassen.[180] Von Misstrauen zeugte ein solches Verhalten gerade nicht.

Der konfessionspolitische Aspekt dieses Prozesses war demnach zwar nicht zu unterschätzen, aber nicht hinreichend, um ihn nutzbringend eskalieren zu lassen, zumal Hessen-Kassel nach der Regierung Philipps des Großmütigen und der Vierteilung der Landgrafschaft nicht zu den protestantischen Vormächten im Reich zählte. Weil der junge Landgraf sich und seine Herrschaft stabilisieren wollte, war ein zu intensives Engagement oder gar eine Konfrontation mit jenem katholischen Nachbarn, mit dem man gerade jetzt – nach langen Jahren der Konfrontation – Vertrauen aufzubauen begann, unsinnig. Auch die noch ungeklärte Situation in der südniedersächsisch-eichsfeldischen Nachbarschaft rechtfertigte kein Risiko. Dort waren Vorteile nur im Zusammengehen mit dem Adel zu erzielen – und ihm war nicht vollends zu trauen.

[179] Aus der kurfürstlichen Kanzlei erhielten die Landgräflichen die Abschriften der Befragung Bartholds vom 5. November 1574, seiner Defensionalartikeln und von den Antworten des kurfürstlichen Fiskals; vgl. StAMr 17d v. Wintzingerode Nr. 12, fol. 7–10, 28–35, 36 ff.

[180] Vgl. ebd., fol 22 ff.: Schreiben Mauchenheims an den Landgrafen vom 04.05.1575. Die Zeugenvernehmung – juristisch gesprochen das Produzieren von Zeugenaussagen – stellte einen wesentlichen Akt im Prozessgang dar und war daher von entsprechender Bedeutung. Die Zeugenproduktion außerhalb des eigentlichen Gerichts war zwar kein außergewöhnlicher Vorgang, dennoch aber ein Instrument, das vom Gerichtsherrn bzw. den Richtern ungern genutzt wurde, weil man fremden Vernehmern und den nur wenig kontrollierbaren Umständen der Vernehmung letztlich nicht traute, selbst wenn die Zeugen anhand eines vorgefertigten Fragenkatalogs vernommen wurden.

So gesehen befanden sich die Mainzer Verantwortlichen in einer angenehmen Lage: ein juristisch eindeutiger Fall, verhandelt fern des Tatorts, auf solidem hoheitsrechtlichen Grund mit Unterstützung der unmittelbaren fürstlichen Nachbarschaft. Da konnte man schon ganz den souverän agierenden Landesherrn und Reichserzkanzler geben. So wie gegenüber den Mitfürsten gab sich Daniel Brendel auch gegenüber Katharina von Wintzingerode. Ihre – vom Vizedom an den Hofrat gemeldeten – Klagen über den Ungehorsam der wintzingerodeschen Bauern[181] und die Inkompetenz des Oberamtmanns Stralendorf beantwortete der Kurfürst mit einem geharnischten Schreiben an seinen obersten Funktionsträger auf dem Eichsfeld, er solle der Wintzingerode gefälligst effektiven Schutz zukommen lassen.[182] So ließ man auch die im eichsfeldischen Gleichenstein inhaftierten Söhne und Diener Bartholds bald nach der Hinrichtung gegen Urfehde frei.[183] Denn für den Kurfürsten stand hierbei viel auf dem Spiel. Der Prozess an sich war schon eine heikle Angelegenheit, die nicht zum Regional- oder gar zum Reichspolitikum ausufern durfte. Noch konnte er sich als verantwortungsvoller Landesherr präsentieren, der Recht, nicht Rache wollte, der Maß kannte und hielt. All das wäre in Frage gestellt worden, wenn die Gattin des Angeklagten wegen des Prozesses in Mitleidenschaft gezogen worden wäre. Zudem hätte eine Wintzingerode als Kollateral-Märtyrerin den kurfürstlichen Anspruch, rechtmäßiger Landesherr und Friedenswahrer zu sein ad absurdum geführt. In diesem Fall wäre dem Kurfürsten die Tyrannenrolle zugefallen, wäre das ganze schöne Argumentationsgebäude zusammengefallen.

Die Kurmainzer mussten in allem, was sie taten, vorsichtig sein – und so agierten sie während des gesamten Vorgangs auch. So entpuppte sich die äußerliche Souveränität und Zuversichtlichkeit in der internen Korrespondenz als Unsicherheit, ja geradezu Ängstlichkeit. Von Beginn an zeigte man sich argwöhnisch und furchtsam wegen der Freundschaft des Angeklagten, der man Machenschaften unterstellte. Grundsätzlich war die kurfürstliche Regierung gewillt, Barthold seinem Stand entsprechend zu behandeln, nicht zuletzt war das ja der Grund für die Prozessführung in Mainz.[184] Doch ge-

[181] Vgl. LHASAMD Rep. A 37a Nr. 76, fol. 116–177': Schreiben Katharinas von Wintzingerode an ihren Gatten (ohne Datum): „Dan des Bauren ist Ziel eins andern Bevelen von Meinem gnedigsten herren, wie die thun, daß bin ich gewiß, sollte diß die Lenge weren, so haben wier gewiß gäntz einen Bauren Kriegk".

[182] Vgl. ebd., fol. 119 f.: Schreiben des Kurfürsten an Stralendorf vom 11.01.1575, sowie dessen demütige Antwort vom 11.08.1574 in: LHASAMD Rep. A 37a Nr. 260, fol. 2–8, hier fol. 2' f.

[183] Vgl. *Wintzingeroda-Knorr*, Wüstungen, S. 414 (mit Quellennachweis). Die Freilassung erfolgte am 12. Oktober 1575.

[184] Denn: „Nachdem Barttoldt von Winztingeroda einer vom Adel will sich gebüren das gegen Ime ordentlich, wie zu Mayntz unnd sonsten Im Ertzstifft bey den Ämptern herkommen rechtlich procedirt werde"; LHASAMD Rep. A 37a Nr. 76, fol. 3–6, hier fol. 3: Kurfürstliche Instruktion an den Fiskal vom 05.11.1574. Die Vergünstigung bestand demnach in der Gewährung eines solchen Rechtsverfahrens.

nau deswegen fürchtete man die Folgen, die ein solches Verfahren haben konnte, weil man um seine Kontakte in verschiedene Adelsformationen, seine Dienste bei anderen Fürsten und Kurfürsten wusste und nicht recht abschätzen konnte, welche Effekte der Prozess angesichts der bekannten Unruhe im Adel besitzen konnte.[185] Den Kurfürstlichen musste allein die Anwesenheit adeliger Freunde ungeachtet ihrer Absichten, Zahl und ständischen Ranges problematisch erscheinen, stellte sie doch dem Angeklagten ein exzellentes Leumundszeugnis aus, bewies seine adelige Qualität und zeigte, dass er in der Welt des Adel keineswegs allein dastand – ein für die Prozessstrategie beider Seiten entscheidender Umstand.[186] Wenn sich die kurfürstliche Regierung am Ende für eine klare juristische Linie, die auf die Ahndung eines eindeutigen Falls von Landfriedensbruch zielte, entschied,[187] war dies nicht nur die Konsequenz aus ihrer Politik auf dem Eichsfeld und entsprang nicht nur dem Wunsch, einen unliebsamen adeligen Störenfried zu beseitigen. Es resultierte auch aus einer politischen Verantwortung für die Belange des Reiches. Die Grumbachsche Krise hatte abermals das schwelende Konfliktpotential – die Unzufriedenheit in Teilen des Niederadels ebenso wie dessen Gewaltbereitschaft und Gefahr für die fürstliche Herrschaft – erwiesen. Auf keinen Fall durfte es eine Wiederholung oder auch nur Ansätze dafür geben, gleichgültig in welcher Dimensionierung und gleichgültig ob ein Niederadeliger wie Barthold von Wintzingerode dazu je das Potential besaß. Es galt demnach aus kurfürstlicher Sicht, niederadelige Aufsässigkeit im Keim zu ersticken oder wenigstens irgendwie zu kontrollieren, selbst wenn man wusste, wie wenig kontrollierbar diese Art von Niederadel war.

Deshalb handhabte man Bartholds Kommunikation mit seiner Frau, seinen Freunden und auch seinen Advokaten äußerst restriktiv.[188] Immer wieder wurde der Hofrichter Selbold, der als Mainzer Vizedom auch für die Sicherheit zuständig war, angewiesen, er solle „auch sonsten achtung haben daß ettwan der zukommenden freundt unnd anderer, die sich seiner annemen möchten, mehr nitt zu Maintz inkommen, alß man dorin mechtig sein könth, wie auch mehr nitt zum beystand alß deren man wol mechtig, viel wenig derselben diener ieme Berthold zuzulaßen“[189]. Offensichtlich befürchtete man auf Regierungsseite eine Befreiungsaktion, nicht zuletzt weil man wusste, dass es sich bei den Freunden des Angeklagten nicht nur um feine Juristen, sondern insbesondere auch um kampf- und schlachtenerprobte Söldner handelte, deren Krieger- und Adelsethos eine solche Befreiungsak-

[185] Vgl. ebd., fol. 83–85: Beratung der Hofräte s.d. (Mitte Dezember 1574?), von denen nur der Kanzler (Christoph Faber), Sebastian Echter von Mespelbrunn und eventuell noch Eberhard Brendel von Homburg sicher namhaft gemacht werden können; vgl. *Jendorff*, Verwandte, S. 188 Nr. 20, 216 Nr. 88, 238 Nr. 176.

[186] Zur essentiellen Bedeutung adeliger Freundschaft vgl. *Walther*, Freiheit, S. 311 f.

[187] Vgl. LHASAMD Rep. A 37a Nr. 76, fol. 83 f.

[188] Vgl. ebd., fol. 31 f.: Schreiben der Hofräte an den Vizedom vom 25. 11. 1574.

[189] Ebd., fol. 46 f., hier fol. 46: Schreiben der Hofräte an den Vizedom vom 27. 11. 1574.

tion durchaus in den Bereich des Möglichen rücken ließ. Entsprechend reagierte der Hofrat besorgt, ja geradezu panisch, als sich kurz vor dem ersten Prozesstag im Dezember 1574 herausstellte, dass die Freundschaft Bartholds weit zahlreicher erschienen war als angenommen. Angesichts kursierender Gerüchte über eine bevorstehende Befreiung des Angeklagten wurden schärfste Sicherheitsmaßnahmen für dessen Gefängnis und die Observation seiner Freunde angeordnet. Denn „wan dem nitt zeittlich vorgebauet, [seien] allerhandt nachthailige practiken, ettwan inn ledigmachung sein Bartholds Person oder sonst leichtlich zu vernohmen"[190]. Anstatt ihren Freund zu befreien, setzten sich einige seiner Freunde dagegen mit schriftlichen Petitionen für Hafterleichertungen ein, damit der Angeklagte den Prozess besser führen könne.[191] Aber auch solches Verhalten und die nach dem Februar-Eklat günstige Entwicklung des Prozessgeschehens trugen nicht zur Entspannung im kurfürstlichen Lager bei. Die Furcht vor der Einmischung der Freundschaft blieb, zumal diese Ende April 1575 darauf drängte, Barthold im Gefängnis zu besuchen.[192] Wie sonst wäre zu erklären, dass Kurfürst Daniel Brendel selbst befahl, die eichsfeldischen Zeugen im kurfürstlichen Schloss unterzubringen und abzuschirmen?[193] Weiterhin observierte man Bartholds Freunde sehr genau und notierte jeden einzelnen von ihnen.[194] Beinahe überrascht zeigte man sich, als die Freundschaft am sechsten Prozesstag – im August 1575 – ausblieb, nur um sich beim letzten Verhandlungstermin und bei der Urteilsverkündung umso lautstarker bemerkbar zu machen.

5. Fazit: der Mainzer Prozess als Ereignis politischer Kommunikation über Normen im Adel und obrigkeitliches Selbstverständnis

Der Mainzer Prozess gegen Barthold von Wintzingerode war durch und durch ein politisches Ereignis, in territorial- und regionalpolitischer Hinsicht ebenso wie in reichs- und standespolitischer Hinsicht. Er gab den Anlass zur intensiven Kommunikation über Normen sozialen und politischen Verhaltens ab und war deshalb sowohl ein Adeligkeits- als auch ein Regentendiskurs der unteren, praktischen Ebene des sprachlichen Austauschs politischer Akteure. Aus der damit verbundenen Kommunikation ergab sich nicht zwangsläufig

[190] Ebd., fol. 87f., hier fol. 87: Schreiben der Hofräte an den Vizedom vom 07.12.1574, ebenso das Schreiben vom 10.12.1574 (vgl. ebd., fol. 88–89').

[191] Vgl. ebd., fol. 107–109: Schreiben an den Kurfürsten vom 14.12.1574.

[192] Vgl. ebd., fol. 247: Schreiben des Vizedoms an den kurfürstlichen Hofmeister vom 30.04.1575.

[193] Vgl. ebd., fol. 246f.: Schreiben des Kurfürsten an den Mainzer Stadtkeller vom 21.04.1575.

[194] Vgl. ebd., fol. 253: Schreiben des Vizedoms an die Hofräte vom 04.05.1575.

sprachliche Kohärenz der Beteiligten.[195] Abzulesen ist dies an der Verwendung des Adeligkeits- und des Tyrannenbegriffs. Gerade letzterer erwies, wie wandelbar ein Begriff in Abhängigkeit situativer Interessen- und Motivlagen war, während das Adeligkeitsargument von einem Pro-reo-Argument gegen den Angeklagten gewendet werden konnte. So problematisierte der Prozess nicht einfach nur die Machtfrage auf dem Eichsfeld und in der Region, sondern auch die weiterführende Frage nach der Definition und Gültigkeit von Normen, nach ihrer Durchsetzung und Anwendung sowie ihren Adressaten. Denn natürlich ging es in der Causa Wintzingerode um die Beseitigung eines lästigen Störenfrieds, doch war dies in der Diskussion über die Gnadenbitten der Freundschaft und der Fürsten völlig in der Hintergrund gedrängt worden.

Die Kurfürstlichen beharrten und verließen sich in diesem Kommunikationsgeschehen, das sie selbst initiiert hatten, ganz auf die Priorität des juristischen Normengefüges, der Rechtsanwendung und damit auf die Juridifizierung des Politischen. Mit dieser Haltung stand die kurfürstliche Regierung im Gegensatz zu einem Verständnis von Adeligkeit, wie es von Teilen des Adelsstandes immer noch vertreten wurde und das alle Aspekte der Adelswelt und adeligen Verhaltens für aushandelbar erachtete. Insofern könnte man hier einen Kulturkonflikt zwischen der Welt des Fürstenstaates und der Welt des Adels erkennen. Nur hat dies einen entscheidenden analytischen Schönheitsfehler: Die führenden Verantwortlichen der Kurmainzer Regierung entstammten ebenfalls der Welt des Adels. Barthold von Wintzingerode wurde keineswegs von nicht-adeligen ‚Fürstenknechten', sondern – wie vor ihm schon Wilhelm von Grumbach – von Standesgenossen abgeurteilt und gerichtet, die das Recht einsetzten, um unübersehbare standespolitische Zeichen zu setzen. Bei ihnen handelte es sich um jene wachsende, mittlerweile die Mehrheit bildende Gruppe von Adeligen, die ihren Weg ‚ins System' – also in die von Fürsten dominierte Herrschaftsorganisation – erfolgreich abgeschlossen hatten. Sie waren an Ruhe und Stabilität auf dem Eichsfeld interessiert, weil dies mit der Stabilität der von ihnen unterstützten kurfürstlichen Regierung, des erzstiftischen Politik- und Herrschaftssystems und letztlich mit dem Schutz ihrer Eigeninteressen gleichzusetzen war. Es handelte sich nicht einfach um einen Konflikt zwischen Fürst und Adeligem, sondern auch um eine Auseinandersetzung um Vorstellungen über Adeligkeit. Die Verteidigung suchte hierbei mit dem Instrument der Gnadenbitte, die Mainzer Regierung unter Druck zu setzen und zur Diskussion über die Urteilskriterien zu zwingen. Diese wandt sich aus der kommunikativen Falle, indem sie sich einerseits den Argumenten der Supplikanten stellte, andererseits an der Rechtsförmigkeit des Verfahrens und ihrer Verfahrenshoheit unbeirrt festhielt. Dies ermöglichte ihr, den ‚kommunikativen Spieß' umzudrehen sowie

[195] Zur Problematik sprachlicher Kohärenz und des Wandels der Begriffe vgl. *Schorn-Schütte*, Kommunikation, S. 278 f.

die Normen des Adels und die damit verbundenen adeligen Tugendbegriffe[196] gegen die ständisch-sozialen Argumente des Angeklagten und seiner Freundschaft zu instrumentalisieren. Auf diese Weise hielten die Mainzer Verantwortlichen all jenen Kritikern, die sich bei ihnen über die einseitig juristische Behandlung des Falls beschwerten, gnadenlos den Spiegel vor. So mussten sich die supplizierenden Fürsten ebenso wie jene adeligen Freunde Bartholds, von denen nicht wenige nach den Grumbachschen Händeln einer Strafverfolgung entgangen waren und im Fürstendienst standen,[197] ernsthaft fragen lassen, ob sie wirklich die Reichsrechtsordnung in Frage stellen wollten oder ob sie bezweifelten, dass gerade deren Einhaltung ihre eigene Sicherheit und ihre Eigeninteressen gewährleistete. Wer wegen der Causa Wintzingerode den Selbstanspruch des Mainzer Kurfürsten Daniel Brendel hinterfragte, als Protektor des Adels im Reich zu fungieren, musste sich die Gegenfrage gefallen lassen, was effektiver war: den Adel durch Integration in weiterentwickelte Ordnungs- und Normensysteme zu schützen, indem gleichsam eingehegte Freiheit gewährt wurde, oder einem Adelsideal zu huldigen, das adelige Freiheit – im Sinne völliger Selbstbestimmung – als Wert verabsolutierte und über das die Zeit hinweggegangen war. So wurde – einmal mehr – innerhalb des Adels eine Diskussion über politische Kultur und Adeligkeit geführt.

Insofern hatte sich der Prozess schon vor seinem Beginn von seinem eigentlichen Gegenstand gelöst. Während vordergründig im Gerichtssaal ein Mordfall verhandelt wurde, thematisierten die Beteiligten hintergründig in ihrer mehrkanaligen, vielschichtigen schriftlichen Kommunikation die Frage, welche Normen und in welchem Ausmaß bestimmte Normen für Adelige zu gelten hatten. Die Kurfürstlichen hätten Bartholds Fall auch auf andere als nur die juristische Weise behandeln können, aber das wollten sie nicht, weil ihnen die einseitig juristische Verfolgung des Falles am meisten Vorteile bot. Die Signale, die mit seinem Prozess für alle interessierten Beobachter im Erzstift und im übrigen Reich ausgesendet wurden, waren eindeutig: Adeligkeit

[196] Zu nennen wären neben den christlichen Tugenden (*fides*, *spes*, *caritas*) insbesondere die Kardinaltugenden (*prudentia*, *temperantia*, *fortitudo*, *iustitia*), die vom Niederadel wie auch vom Hochadel im Reich – nicht zuletzt von den Freunden Bartholds – nicht nur als Standesattribute verstanden, sondern auch als Standessymbole und Ausweis standesgemäßen Verhaltens bei der Gestaltung entsprechender Epitaphien verwendet wurden; vgl. *Heiner Borggrefe*, Humanistischer Tugendbegriff und aristokratisches Standesdenken. Positionen zum Adel in der Literatur des 16. Jahrhunderts, in: Der Adel in der Stadt des Mittelalters und der Frühen Neuzeit. Beiträge zum VII. Symposion des Weserrenaissance-Museums Schloß Brake vom 9. bis zum 11. Oktober 1995, veranstaltet vom Institut für vergleichende Städtegeschichte an der Westfälischen Wilhelms-Universität Münster (Materialien zur Kunst- und Kulturgeschichte in Nord- und Westdeutschland 25), Marburg 1996, S. 75–84; *Stollberg-Rilinger*, Handelsgeist, S. 273–309; *Tebbe*, Auftraggeber, S. 322–327.

[197] Zusammen mit Adrian und Melchior von Steinberg, Fritz von der Schulenburg, Dietrich von Quitzow und Hilmar von Münchhausen stand Georg von Holle seit 1568 als Rat im Dienst des Wolfenbütteler Herzogs Julius; vgl. *Angermann*, Oberst, S. 213 f.

schützte vor der Anwendung und Durchsetzung von Reichsrecht und Landrecht nicht; Adeligkeit musste sich in juristische Normgefüge einpassen; Adeligkeit war der fürstlichen Landeshoheit untergordnet. Kurzum: Adelige Freiheit ergab sich aus dem juristischen Normgefüge, deren Teil sie war; sie stand nicht mehr neben juristischen Normen, die willkürlich instrumentalisiert werden konnten. Das Vorgehen der Mainzer Regierung mochte selbst von bestimmten Fürsten öffentlich kritisiert werden, letztlich handelte sie aber im Sinne ihrer fürstlichen Kritiker. Insofern darf solche Kritik nicht überbewertet werden, zumal sie von regionalen Konkurrenten stammte, die in der politischen Hierarchie des Reiches eine eher untergeordnete Rolle spielten.

Wie ungewöhnlich die Geradlinigkeit und Härte der Kurmainzer Regierung in diesem Fall war, erwies sich an ihrer eigenen Nervosität. Mit der Causa Wintzingerode statuierte die kurfürstliche Regierung auf der sicheren Basis des Rechts und seiner Anwendung ein Exempel für die langfristige Durchsetzung bestimmter politischer Verhaltensnormen: Schutz und Sicherheit von Adeligkeit wurden im Rahmen des juristisch definierten und von den fürstlichen Landesherren kontrollierten Normengefüges gegeben, das Ein- und Anpassung forderte. Barthold von Wintzingerode hatte es den Mainzern insofern leicht gemacht, weil er diesbezüglich völlig kooperationsunwillig gewesen war und sich dem Anpassungszwang nicht gebeugt hatte. Seine Stigmatisierung zum bekämpfenswert erscheinenden Tyrannen war eine beinahe logische Konsequenz, wenn auch ein argumentativer Kunstgriff von großer Effektivität. Zugleich wurde mit ihm unausgesprochen, aber symbolisch einer der verbliebenen Verdächtigen der Grumbachschen Händel und die alte Welt des Adels hingerichtet.

VI. Der Tod des Tyrannen und die Camouflage des Eigensinns

Die Bedeutung des Prozesses und das Aufsehen, das er zu seiner Zeit und später im 19. und 20. Jahrhundert erregte, resultierte aus seiner Einmaligkeit. Nie zuvor und nie wieder später wurde ein eichsfeldischer Adeliger derart belangt und am Ende sogar hingerichtet. So sehr man geneigt sein könnte, aus der Einmaligkeit des Falles seinen untypischen Charakter abzuleiten, so wenig sollte man ihn als singuläres Spektakel abtun. Die Causa Wintzingerode wirft vielmehr ein grelles Schlaglicht auf verschiedene Fragenkomplexe, die für das Verständnis von Politik in dieser Phase alteuropäischer Geschichte und für das Verständnis adeliger Existenz in dieser Zeit grundlegend sind. Sie sind miteinander verbunden und voneinander abhängig. Im Einzelnen stellt sich

1. die Frage nach dem Verhältnis von Justiz und Recht sowie Friede und Fehde,
2. die Frage nach adeliger Selbst- und Fremdwahrnehmung sowie nach der Dimensionierung eigenständigen Verhaltens und schließlich
3. die Frage nach der Bedeutung der Causa Wintzingerode für die weitere politische Entwicklung des Eichsfeldes als Herrschaftsraum und Adelslandschaft.

1. Justiz und Recht, Friede und Fehde

Im Kontext der historiographischen Beschäftigung mit der Causa Wintzingerode fällte Wilhelm Clothar von Wintzingerode – ein Nachfahre der Vettern Bartholds – 1907 das harsche Urteil: „Ein Justizmord war begangen, nach den damaligen Gesetzen und wahrscheinlich auch nach den heutigen!“[1] Sieht man von der erstaunlichen Einschätzung der Justiz seiner eigenen Gegenwart einmal ab, stellt sich tatsächlich die Frage, ob Wintzingerodes Empörung übertrieben war oder ob hier nicht doch ein klassisch anmutender Justizmord vorlag. Das hieße allerdings, das Geschehen zu Bartholds Zeit mit den Maßstäben moderner Rechtsstaatlichkeit messen zu wollen. Wie wenig eine solche Herangehensweise trägt, muss an dieser Stelle nicht eigens behandelt werden. Vielmehr muss interessieren, ob das Geschehen den zeitgenössischen Maßstäben von Recht und Politik standhielt. Anders ausgedrückt: Es gilt auszuloten, in welchem Verhältnis Justiz und Recht sowie Friede und Fehde zueinander standen. Dabei könnte bereits die Begriffskonstellation verwundern: Müssten nicht Friede und Recht einerseits, andererseits Fehde und Justiz enger aufeinander bezogen werden? Die jüngere Fehdeforschung

[1] Vgl. *Wintzingerode*, Barthold, S. 202.

geht diesen Beziehungskonstellationen nach, insbesondere dem Aspekt des Auseinandertretens von Frieden und Recht,[2] das von den niederadeligen Zeitgenossen wahrgenommen wurde. Gleichwohl stehen alle vier Begriffe in einer viel engeren, vielleicht unauflöslichen Verbindung miteinander, als es zunächst scheinen mag.

Das Verfahren gegen Barthold von Wintzingerode genügte modernen rechtsstaatlichen Prinzipien nicht. Die Einflussnahme, die die kurfürstliche Regierung auf das Gericht während des Prozessverlaufs ausübte, verdeutlicht dies unübersehbar. Tatsächlich handelte es sich um einen politischen Prozess, dessen Ausgang absehbar war. Das bedeutet im Umkehrschluss jedoch nicht, dass das Verfahren unzeitgemäß, widerrechtlich oder unfair gewesen wäre. Für die zeitgenössischen Maßstäbe handelte es sich um einen erstaunlich offenen Prozess, dessen Ausgang allen Schwierigkeiten und Unwägbarkeiten zum Trotz nicht zuletzt deshalb absehbar war, weil das zugrunde gelegte Delikt wenig Diskussions- und Interpretationsspielraum bot. Bartholds Handeln – die eigenhändige Tötung eines des Diebstahls verdächtigen, jedenfalls in sein Haus geflüchteten und von dort wieder heraus geschleppten, unbewaffneten und wehrunwilligen Menschen durch eine Schusswaffe, die vorsätzlich, nicht versehentlich betätigt worden war – stellte selbst im Kontext der vorausgegangenen Ereignisse zweifelsohne Mord dar. Mit gutem Willen hätten Ankläger und Richter vor dem Hintergrund der vorausgegangenen Eskalationsspirale zugunsten des ersichtlich und nachvollziehbar aufgebrachten Angeklagten gleichsam auf Tötung im Affekt plädieren können. Doch auch dabei handelte es sich um einen Aspekt von Landfriedensbruch, dessen Ahndung den fürstlichen Obrigkeiten des Reiches oblag. Aus diesem Blickwinkel lässt sich der Mainzer Prozess nicht beanstanden, zumal die Prozessbedingungen keineswegs gegen die zeitgenössischen Konventionen verstieß. Die Zuständigkeit der Mainzer Gerichte ergab sich aus dem (neuen) Lehnsverhältnis, das den Niederadel der Hofgerichtsbarkeit unterwarf. Verwundern kann auch nicht, dass keine Appellation zugelassen wurde. Als Kurfürst des Reiches war dem Mainzer Erzbischof vom Kaiser selbst seit 1356 das *Privilegium de non appellando* zugestanden worden. Für die Mainzer Untertanen stellte das kurerzbischöfliche Hofgericht bzw. der Hofrat entsprechend die letzte Instanz dar. Die von Wilhelm Clothar von Wintzingerode ausgelöste Justizmord-Debatte führt demnach nicht weiter. Einmal begonnen, musste das Verfahren so enden, wie es endete.

Wichtiger erscheint die Frage, warum die kurfürstliche Regierung überhaupt einen Prozess gegen Barthold eingeleitet hatte und warum sie auf einen bestimmten Ausgang – die Verurteilung und Hinrichtung des Angeklagten – drängte. Aus welchen Motiven setzte die Regierung kompromisslos auf die Durchsetzung ihrer Rechtsposition und schloss die demonstrative Begnadigung eines siebzigjährigen Niederadeligen aus, den man notfalls all seiner ma-

[2] Vgl. *Reinle*, Fehden, S. 382–387.

teriellen Möglichkeiten hätte berauben können? Diese Frage stellt sich umso drängender, als auch noch nach dem allgemeinen Fehdeverbot von 1495 und trotz des Reichslandfriedens von 1521 das Fehdewesen im Sinne der Missachtung des Fehdeverbots – gerade in Nordwestdeutschland[3] – weit verbreitet gewesen war, Fürsten durchaus – wie im Münsterland[4] – auf eine gerichtliche Konfliktlösung verzichteten oder noch im 17. Jahrhundert Gerichtsverfahren, die wegen Tötungsdelikten im Zuge gewaltsamen Konfliktaustrags unter Adeligen eingeleitet worden waren, niederschlugen. Der Totschlag hatte zudem wie andere Gewaltdelikte auch seinen „Platz im Herzen der Gesellschaft des Ancien Régime"[5]. Gewalt war genuiner, integraler Teil der alteuropäischen Konfliktkultur. Sie war folgerichtig sozial ubiquitär und wurde deshalb von den Gerichten relativ milde und eher reintegrativ bzw. restitutiv geahndet.[6] Die Carolina erlaubte in begrenzten Fällen sogar die Fehde als Notwehrrecht, weshalb die Fehdetätigkeit des Niederadels auch und gerade gegen Reichsstände zunächst keineswegs abnahm.[7] Erst die Reichsexekutionsordnung von 1555 hatte die Fehde ohne Einschränkung verboten. Hierin muss für beide Seiten ein Erklärungsschlüssel gesehen werden.

Für den Niederadel handelte es sich bei Fehde im traditionellen Sinne um gewaltsame Selbsthilfe, die der Adel als Vorrecht verstand und mit dem er sein Selbstverständnis als Wehrstand verknüpfte. Der gewaltsame und der juristische Konfliktaustrag stellten aus adeliger Perspektive zwei Seiten derselben Medaille dar, die nicht selten parallel zueinander genutzt wurden.[8] So wie Barthold von Wintzingerode für seine Auffassungen gegen seine Kontrahenten vor Gericht – in Lohra, Heiligenstadt, Mainz oder Speyer – stritt, verfocht er sie gewalttätig vor Ort. Dieses Verhalten war ebenso Ausdruck seiner – von den Hohnsteinern so heftig beklagten – adeligen ‚Eigenmacht' als Angehöriger des lokalen, vielleicht regionalen Herrenstandes wie auch seines Bemühens, sich unter den verschiedenen Größen der Region als eigenständige Kraft zu behaupten. Selbst wenn er sich im Klaren darüber gewesen sein dürfte, dass früher oder später eine engere Anlehnung an Mainz, Sachsen oder Braunschweig erfolgen musste, erwies sein Verhalten, wie sehr er um den Erhalt von Gestaltungsfreiheit und Autonomie bemüht war. Dabei waren seine an den Tag gelegte Härte, seine Unbeherrschtheit, ja Brutalität ebenso wenig untypisch. Vielmehr war solches Verhalten durchaus kennzeichnend für die Form des autonomen Konfliktaustrags unter Adeligen im 16. und 17. Jahrhundert und insbesondere für die Fehdetätigkeit des Nieder-

3 Vgl. *Schubert*, Steuer, S. 31 f.
4 Vgl. *Dierkes*, Streitbar, S. 64 f., 156 f.
5 *Schwerhoff*, Aktenkundig, S. 125.
6 Vgl. *Schwerhoff*, Aktenkundig, S. 124–130.
7 Vgl. *Brunner*, Land, S. 37–40.
8 Vgl. *Dierkes*, Streitbar, S. 192–195.

adels seit dem ausgehenden 15. Jahrhundert.[9] Diese zunehmende Brutalität darf als Reaktion auf die Bemühungen der Reichsstände – d. h. Fürsten und Reichsstädte – gewertet werden, die gewaltsame Selbsthilfe des Niederadels zu unterdrücken; und sie wurde gerade auch von jenen ausgeübt, nicht bloß vom Niederadel.[10]

Doch war Barthold von Wintzingerode ein typischer Befehder und Friedbrecher? Hinsichtlich der Intensität und Brutalität seiner gewalttätigen Selbsthilfe kann er durchaus als typischer Vertreter angesehen werden. Allerdings ist einzuschränken, dass er gar keine regelrechten Fehden führte. Er ließ vielmehr solche Begriffe als Argumente seiner Verteidigung einfließen, um sein Handeln juristisch und sozial besser rechtfertigen zu können. Von Fehde im klassischen Sinne lässt sich kaum sprechen, wohl aber von gewaltsamen, autonomen Konflitkaustrag. Seine Gewalttätigkeit ergab sich aus Augenblicksereignissen, glich eher plötzlichen Ausbrüchen als gezielter, taktisch motivierter Maßnahmen. Insofern liegt hier auch ein Unterschied zur traditionellen Funktion gewaltsamer Selbsthilfe durch Adelige vor. Bis zum Beginn des 16. Jahrhunderts war die Fehde in erster Linie in Form des sogenannten Schadentrachtens – der gezielten materiellen Schädigung des Gegners – geführt worden, um den Kontrahenten zur sogenannten Einlassung – zur Rückkehr an den Verhandlungstisch – zu nötigen.[11] Barthold dagegen scheint eine solche Taktik nie verfolgt zu haben, selbst wenn er die ökonomischen und personellen Ressourcen dafür besessen hätte. In seinem Fall ergab sich Gewalt aus der Situation heraus, war dann allerdings im Kontext von Bartholds adeliger Mentalität eben jenes selbstverständliche Mittel, die eigenen Interessen durchzusetzen, wie die gewaltlose Verhandlung, der vertragliche Ausgleich oder der gerichtliche Austrag.

Der institutionell-gerichtliche Konfliktaustrag war für Barthold trotz all seiner Prozessfreudigkeit ein durchaus ambivalentes, sogar eher ein negatives Instrument der Interessenwahrnehmung. Justiz musste ihm ambivalent erscheinen, weil sie ihm nicht vermitteln konnte, was er wünschte: Sicherheit, Friede und Recht. So erfolgreich er bei der juristischen Verfolgung seiner Interessen war, so ineffektiv und unberechenbar musste ihm ein juristisch-justizielles Verfahren erscheinen, das er – einmal in Gang gekommen, dann aber im Gegensatz zur gewaltsamen Selbsthilfe – nicht selbst steuern konnte und bei dem er sich auf nicht-adelige Spezialisten verlassen musste. Prozesse dauerten für gewöhnlich lange, wurden indirekt und an fremden Orten geführt, ihre Ergebnisse entsprachen nicht immer den Hoffnungen und Erwartungen des Klägers und bargen ein erhebliches – meist negatives – Überraschungspotential, das sich dem Kläger nicht erschloss. Die Entwicklung seines Prozesses

[9] Vgl. *Reinle*, Fehden, S. 358, 366–372; *Dierkes*, Streitbar, S. 10–16, mit münsterländischen Beispielen sowie der weiterführenden Forschungsliteratur.

[10] Vgl. *Reinle*, Fehden, S. 366–369, 375–382.

[11] Vgl. *Reinle*, Fehden, S. 362 f.

zeigte dies 1574/75 augenscheinlich: Die *praesumptio pro viro nobili*, die ihm eigentlich helfen sollte, verkehrte sich in ihrer Wirkung ins Gegenteil. Die kurfürstliche Seite bewies, dass sie solche Vorannahmen zugunsten des adeligen Standes zu akzeptieren bereit war, wenn dieser die daraus resultierenden Verpflichtungen akzeptierte. Selbst Standesprivilegien besaßen große Ambivalenz, wenn sie zum Rechtsinstrument wurden.

Umso gefährlicher war eine Justiz, die sich als Instrument in der Hand der Fürsten befand, weil ihnen als Reichsständen die Gerichtsbarkeit neben dem Kaiser oblag. Mit dem justiziellen Konfliktaustrag war der Gang zum Fürsten und damit die demonstrative Unterordnung unter einen standeshöheren, wenigstens an diesem Punkt mächtigeren Schiedsrichter gebunden. Er sollte unparteiisch an allgemeines, reichsweit gültiges Recht gebunden sein und war doch selbst im allgemeinen Konkurrenzkampf eine eigenständige politische Partei mit entsprechenden Eigeninteressen. Die politisch-herrschaftliche Entwicklung des Spätmittelalters hatte diese Konstellation hervorgebracht, die vom Wormser Reichstag 1495 in entsprechende Beschlüsse gegossen worden waren. Dennoch bedurfte es weiterer sieben Jahrzehnte, bis diese Beschlüsse zur inneren Befriedung des Reiches und – damit verbunden – zur Etablierung fürstlicher Landeshoheit auch und gerade gegen das adelige Selbstverständnis, eigenmächtig zu sein und so zu handeln, endgültig durchgesetzt waren. Durchgesetzt aber wurden sie von jenen Profiteuren der Reichsreform, die diese 1495 auf den Weg gebracht hatten – Fürsten und Reichsstädte –, um dem Reich durch Fehdeverbot und justiziellen Konfliktaustrag zu Frieden und Recht zu verhelfen. Aus Sicht des nichtfürstlichen Adels nahm sich dies ganz anders aus. Ihm musste die Delegitimierung und Kriminalisierung der Fehde als Ehrabschneidung, Privilegienraub und Mittelentzug, die Etablierung des justiziellen Konfliktaustrags als einzig legitimen Instrument der strittigen Interessenvertretung als fürstliche Strategie im politischen Verdrängungswettbewerb, beides zusammengenommen als Angriff auf die adelige Autonomie erscheinen. Umso unglaubwürdiger schien dieser reichsständische, meist fürstliche Anspruch zu sein, als bis weit ins 16. Jahrhundert hinein Fürsten jene Fehden des Niederadels toleriert und inspiriert hatten, solange es ihren Interessen diente.[12] In gesteigertem Maße erwies sich diese Unglaubwürdigkeit an solchen Fürsten, die mutwillig selbst den Landfrieden brachen: Herzog Erich II. von Calenberg-Göttingen bspw. – jener Fürsprecher Bartholds – wurde trotz kaiserlichen Schuldspruchs nur deshalb vor der

[12] Als eichsfeldisches Fallbeispiel können die Fehden der Hansteiner im 14. und 15. Jahrhundert dienen. Noch im 16. Jahrhundert galt Herzog Heinrich von Braunschweig-Wolfenbüttel als Meister der heimlichen Rüstung, jener Form der Heeresaufstellung, -vermehrung und -organisation, die mittels Bestallung von (adeligen) Dienern von Haus aus eine jederzeit verfügbare, relativ unsichtbare und sogar kostengünstige Aufrüstungsform darstellte, bei der nicht zuletzt systematisch auf die ansonsten als Friedbrecher gegeißelten adeligen Söldner und deren Hilfstruppen zurückgegriffen wurde; vgl. *Strotkötter*, Burg, S. 107–117; allgemein vgl. *Reinle*, Fehden, S. 366–369; *Schubert*, Steuer, S. 31.

Reichsacht bewahrt, weil er aus Sicht der habsburgisch-katholischen Fraktion im Reich benötigt wurde.[13] Das Treiben des Wilhelm von Grumbach und des Markgrafen Albrecht Alkibiades war jahrelang von Kaiser und Fürsten gedeckt worden. Aus dieser Sicht war Justiz ein scheinheiliges Gewaltinstrument der Fürsten. Die Reichsstände machten auch gar keinen Hehl daraus, dass es ihnen um Subordination und Instrumentalisierung der Friedensidee ging. Sie selbst sprachen in politischen Diskursen von der ‚heilsamen' Justiz als Ausdruck ‚aller fürstlichen Gewalt' und ‚Oberhoheit', die sie nutzten, um ihre Interessen durchzusetzen. Denn so offensichtlich sie sich darum bemühten, den Konfliktaustrag durch justizielle Verfahrensweise unter ihrer Ägide zu domestizieren, so sehr bedienten sie sich zugleich einer ungewöhnlichen Härte gegenüber all jenen politische Akteuren, die sich ihrem politischen Anliegen widersetzten. Dies betraf nicht nur die Intensität von Gewaltanwendung durch die fürstlichen Funktionsträger, sondern auch den ausdrücklichen Verzicht auf traditionelle Handlungsformen und Handlungslogiken wie das Schadentrachten zwecks Einlassung. So trug die Rigorosität der Reichsstände bei der Verfolgung adeliger Befehder ebenso zur Eskalation bei wie die zweifellos rechtsförmige, aber unnachgiebige Spruchtätigkeit der Richter und die Verweigerung der Begnadigung verurteilter Adeliger durch fürstliche Obrigkeiten.[14] Beides – das „Morden" der Beamten und die „Blutjustiz" der Fürsten – machte in der Anschauung des Niederadels eines nur umso deutlicher: Friede und Recht im Sinne von Justiz waren zwei verschiedene Dinge und traten immer stärker auseinander, wie die Causa Wintzingerode in ihren unterschiedlichen Phasen eindrucksvoll zu beweisen schien. Aus dieser Perspektive brachte Justiz eben nicht mehr Recht und schon gar nicht mehr Frieden, sondern lediglich das formalisierte und institutionalisierte Recht des Stärkeren, der über die Mittel verfügte, Justiz als Zwingmittel und Subordinationsinstrument rechtsförmig zu etablieren und in legitimer Weise zu verwenden, und nun darüber – scheinbar willkürlich – verfügte, es für seine Interessen einzusetzen.

Die Mainzer Obrigkeit hätte dieser Auffassung zweifelsohne – wenn auch argumentativ-sprachlich anders formuliert – zugestimmt. Justiz war ihr ein obrigkeitliches Zwingmittel und Gewaltinstrument, um die politische Gemeinschaft durch Beherrschung von (niederadeligen) Eigenmächten zu erhalten. Für sie ergab sich eine ganz andere Schwierigkeit. Die Beschlüsse des Wormser Reichstages von 1495 mussten in einer politischen Welt umgesetzt werden, deren Akteure sich vielfach weigerten, Regeln – erst recht neue – und Subordinationsentwicklungen zu akzeptieren. Die Härte, mit der die reichsstädtischen Magistrate und fürstlichen Obrigkeiten vorgingen, entsprach diesem Kardinalproblem und resultierte aus der relativen Schwäche der Worm-

13 Vgl. S. 76f. und S. 153 mit Anm. 139.

14 Vgl. *Reinle*, Fehden, S. 375–382; *Schwerhoff*, Köln, S. 167 ff.; *Bauer*, Gnadenbitten; *Schuster*, Stadt, S. 273–311.

ser Profiteure.[15] Zugleich war nur zu offensichtlich, dass die Durchsetzungsfähigkeit ihres Anspruchs, Frieden und Recht im Reich zu realisieren, mit politischen Eigeninteressen und Durchsetzung ihrer Obrigkeit kollidierte. Die kurfürstlich-mainzische Regierung steckte insofern in einem zeittypischen Dilemma vieler Reichsstände, das dadurch vergrößert wurde, dass der Kurerzbischof als Erzkanzler des Reiches, erster Kurfürst und vornehmster Reichsstand in besonderer Weise der Umsetzung der Reichsreformbeschlüsse verpflichtet war und damit seine Handlungsspielräume im Sinne von Tolerierungspotentialen begrenzt waren. Um ihre Ziele – Akzeptanz ihres Gewaltmonopols und ihrer Landeshoheit – durchzusetzen, nutzte die kurfürstliche Regierung die ihr unterstehende Justiz auf dem Eichsfeld, um widerspenstige Akteure zur Akzeptanz ihres Gewaltmonopols und der damit verbundenen Subordination zu zwingen. Sie nutzte also jenes Instrument, das dem von ihr vorab auf Reichstagen mitdefinierten Frieden dienen sollte, zur Durchsetzung einseitiger Ziele und negierte all jene Elemente des traditionellen Friedens- und Rechtsbegriffs, die die konkurrierenden Politikakteure als Selbstverständlichkeit begriffen. Sie verbot gewaltsame Selbsthilfe und wendete zugleich Zwang und Gewalt an, um ihre Herrschaftslogik durchzusetzen, allein indem sie den eichsfeldischen Adel nicht nur durch das Fehdeverbot, sondern auch durch die Subordination und Integration der adeligen Gerichtsbezirke in das Justizwesen drängte, die 1522/40 neu geordnete kurfürstliche Justiz zu akzeptieren. Zugleich musste ihr Kompensationsangebot eher dürftig erscheinen: Partizipation am Oberlandgericht und auf dem Landtag durch ständische Vertreter bei gleichzeitiger Exklusion aus dem politischen Zentrum in Mainz. Das konnte nicht attraktiv sein und führte zu einem jahrzehntelangen Ringen um die Ausgestaltung dieses Subordinationsprozesses. Die Causa Wintzingerode erwies symptomatisch, wie schwach die Mainzer Regierung in der Mitte des 16. Jahrhunderts in Wirklichkeit war. Sie musste sich um Moderation von Konflikten bemühen, um die Akzeptanz ihrer Justizhoheit werben und dabei unter Umständen in Kompromisse – bspw. in das Ausblenden von Rechtsverletzungen bestimmter Adeliger – einwilligen, die ihren Primärinteressen widersprachen. Hier erwies sich ein weiteres zeittypisches Dilemma der Regierung: Die Bemühungen um Durchsetzung von Frieden und Recht als politisches Ziel und Ausweis von Landeshoheit konnten einander widersprechen, und dieser Widerspruch musste hingenommen werden, wenn die eigenen Interessen es erforderten. Der Bodenstein musste in der Konkurrenz mit den braunschweigischen Herzögen vereinnahmt und behauptet werden – mit oder gegen Barthold, jedenfalls notgedrungen mit seinen Vettern, auch mit Gewalt und notfalls unter Legitimierung obrigkeitlicher Gewalt bzw. Delegitimierung adeliger Gewalt mittels Justiz. Was die Mainzer Regierung leitete, galt ebenso für die herzoglich-braunschweigische und erst recht für die gräflich-hohnsteinische. Sie alle befanden sich in diesem Dilemma, das sich

[15] Vgl. *Reinle*, Fehden, S. 366–369, mit entsprechenden Literaturhinweisen.

aus Sicht eines Adeligen wie Barthold von Wintzingerode als blanker Rechtszynismus und politisch-pragmatischer Machiavellismus ausnehmen musste – nur dass man ihn für ähnliche Handlungsformen belangte. Die Toleranzgrenzen von Eigenmächtigkeit waren offenkundig statusabhängig und der Schritt zur fürstlichen Intoleranz bereits gemacht.

Das bedeutete umgekehrt nicht, dass sich die Aktionen und Aktionsformen der kurfürstlichen Regierung grundsätzlich und vorsätzlich in machiavellistische Grauzonen begab. Vielmehr resultierte derartige Politik aus den regionalpolitischen Zwängen und aus den Handlungspotentialen, die sich nicht zuletzt aus dem Verhalten des eichsfeldischen Adels ergaben. Aus der Perspektive der Mainzer Regierung und ihrer Funktionsträger stellte sich – ähnlich dem Niederadel – stets die Frage der Tolerierbarkeit von und Toleranz gegenüber dem Handeln der übrigen Akteure, zumal untertäniger. Konkret stellte sich für sie die Frage, in welchem Ausmaß der Adel des Eichsfeldes subordiniert werden musste, sich subordinieren ließ und wie groß seine Territorialisierungsfähigkeit war. Wie sehr konnte er eingehegt, integriert und kontrolliert werden? War er überhaupt territorialisierungsfähig oder widersprach dies seinem Naturell und Selbstverständnis, das ihn zu einer Art herrschaftlichen Grenzgängers machte? An Barthold von Wintzingerode jedenfalls erwies sich, dass genau dieses herrschaftliche Grenzgängertum für die kurfürstliche Regierung offenkundig angesichts der prekären regionalpolitischen Situation – insbesondere angesichts des Taumelns der Hohnsteiner – ein immenses Problem darstellte, zumal sie in seinem Fall und im Gegensatz zu anderen Fällen nicht in der Lage war, sein Grenzgängertum für die eigenen Ziele positiv zu nutzen, bspw. indem man ihn als Scharnier oder Verbindungsbrücke zu anderen Herrschaften – wie der herzoglich-braunschweigischen – nutzte. Stattdessen setzte man angesichts der regionalpolitischen Konstellation mit ihren permanenten und harten Konkurrenzen auf möglichst große Abgrenzung nach außen und Subordinaton nach innen. Der langfristige Erfolg gab der Mainzer Regierung recht: Nach 1575 gab es auf dem Eichsfeld keine Fehde im Sinne des autonomen Konfliktaustrags mehr und machte sich langsam, aber sicher ein Disziplinierungseffekt bemerkbar.[16]

[16] Bekannt ist lediglich die Urfehde des Hans von Westernhagen, deren Ursache jedoch nicht mehr exakt eruiert werden kann, womit landfriedensbrüchige Handlungen nicht ausgeschlossen, aber eben auch nicht verifiziert werden können. Offenkundig hatte der katholische Westernhagen seine protestantisch geehelichte Frau Anna Pape verstoßen, musste daraufhin bereits 1571 Urfehde schwören, gegen die er verstieß, um sie – nach Haft in Duderstadt – 1582 erneut zu schwören. Im Hintergrund standen offenkundig auch Kreditschulden. Jedenfalls aber handelte es sich um einen singulären Vorgang; vgl. StAWü Mz.Urk. WS 22 Nr. 14 (fehlend): Urfehde des Hans von Westernhagen wegen gefänglicher Haftung zu Duderstadt 1582; *Westernhagen*, Geschichte, S. 240 f.

2. Eigenmacht und Eigensinn oder: das Problemfeld der Distinktion, Kapitalsortierung und Kapitalkomposition

Die Vorgänge um Barthold von Wintzingerode hatten jenseits ihrer politisch-rechtlichen Dimension gezeigt, dass das Zeitalter adeliger Eigenmacht vorüber war, zumindest aber sich im Umbruch befand, insofern ein zentraler Bereich – Gewalt und Gewalteinsatz – entweder genommen oder domestiziert wurde. Die Umstände erzwangen für den Adel eine Neuorientierung im Sinne einer Anpassung an veränderte Rahmenbedingungen und ein Ausloten von Handlungspotentialen. Doch wo andere Adelige ihre Freiheiten durch Anpassung zu wahren suchten, hielt Barthold starr an seinen Vorstellungen und Gewohnheiten fest. Das machte ihn höchst angreifbar und schränkte gewissermaßen seine Koalitionsfähigkeit zumal in einer Zeit beschleunigten Wandels ein, in der öffentlich-literarisch über die Qualitätsmerkmale und das Wesen wahrer Adeligkeit sinniert wurde.[17]

Adelige Eigenmacht besaß jedoch nicht nur eine auf die fürstlichen Konkurrenten ausgerichtete Dimension. Sie muss auch im Verhältnis zu den eigenen Standesgenossen gesehen werden, also mit Blick auf die Frage, wie weit sich ein Adeliger von seiner Standesgruppe und seinen Standesgenossen unterscheiden und auf diese Weise entfernen konnte. Die Causa Wintzingerode hatte eindrücklich veranschaulicht, was Isolierung innerhalb der eigenen Standesgruppe bedeuten konnte: permanenter Konflikt, Allianzen von Gegnern, Einengung von Gestaltungsspielräumen, Auslieferung an wenig oder kaum noch gestaltbare, geschweige denn kontrollierbare Handlungs- und Entscheidungsabläufe. Wie frei war er in der eigenständigen Gestaltung seiner Lebenswelt und welche Rücksichten musste er nehmen, um zu überleben und nicht den sozialen oder gar physischen Tod zu erleben?

Ein solcher Distanzierungs- und Isolierungsprozess führte im Falle Bartholds am Ende dazu, dass von einem bestimmten Zeitpunkt an die Entwicklung unumkehrbar war. Seit den 1560er Jahren hatten sich Bartholds Handlungsspielräume derart verengt, dass er ohne gravierenden Ansehensverlust nicht mehr einlenken konnte, selbst wenn er hätte einlenken wollen. Seit dem Ende der sechziger Jahre, spätestens aber seit den mainzisch-hohnsteinischen Verhandlungen und ihrem Abschluss Ende 1573 musste er realisieren, dass er nichts mehr zu gewinnen hatte. Seitdem wollte niemand mehr auf dem Eichsfeld mit ihm friedliche Konfliktlösungen erreichen, während sich seine außereichsfeldischen Beziehungen als nicht mehr ausreichend erwiesen. An dieser Stelle spielte sein Prestige schon keine Rolle mehr, weil dieses Prestige abhängig war von seinen Bindungen in den eichsfeldischen Adel hinein. Solche Bindungen waren jedoch nicht mehr gegeben, sieht man

[17] Vgl. *Walther*, Freiheit, S. 312–318. Zur zeitgenössischen Diskussion über das Wesen wahrer Adeligkeit vgl. *Oestreich*, Geist.

von den Hardenberg-Brüdern ab. Sie mussten jedoch bereits dem herzoglich-braunschweigischen Klientelsystem zugerechnet werden, das eine ‚Freundschaft' konstituierte, deren Wirkmächtigkeit in Bartholds problematischen Verhältnissen – gerade nach seiner Gefangennahme – nur wenig nutzte. Die Braunschweiger Herzöge engagierten sich zwar für ihn, aber nicht über Gebühr. Barthold war eben nur einer von vielen Klienten, nicht Patron oder Subpatron, mochte er auf dem Eichsfeld auch eine eigenständige Rolle spielen, die manchem seiner Standesgenossen das Fürchten lehrte. Seine Freunde, die durchaus verschiedene Fürstenhöfe zu involvieren verstanden und vielleicht sogar in Stellvertretung der Grubenhagener und Wolfenbütteler Herzöge handelten, besaßen letztlich doch nur geringe Wirkungskraft.

Gewissermaßen war Bartholds Eigenmacht – bestehend aus Kapitalsorten wie stabilen ökonomischen Ressourcen, militärischer Stärke, überregionaler Freundschaft, Lebenserfahrung und taktischem Geschick bei der Nutzung rechtlich-politischer Verfahren, Bindungen und Optionen – entweder nicht stark genug oder zu stark, um sich in den übrigen eichsfeldischen Adel einzubinden oder ihn an sich zu binden. So fähig und glücklich Barthold war, seine Beziehungen zu außereichsfeldischen Akteuren zu gestalten, so wenig gelang ihm dies in seiner Patria. Dies mag durch die in diesen Jahrzehnten ausgeprägte Neigung des eichsfeldischen Adels gewesen sein, sich untereinander zu streiten und sein Heil eher in anderen herrschaftlichen Bezugssystemen zu suchen. In Bartholds Fall jedoch führte seine Stärke zur Verbündung seiner Gegner, die, selbst wenn sie untereinander zerstritten waren, zusammenfanden, weil sie allein gegen ihn keine Chance hatten. Die Reichskammergerichtsprozesse der fünfziger und sechziger Jahre verdeutlichten dies augenscheinlich. Bartholds mangelhaft ausgeprägter Sinn für die Notwendigkeit seiner Integration auf dem Eichsfeld korrelierte mit seinen außereichsfeldischen Aktivitäten. Seine Söldneraktivitäten stellten in Art, Umfang und Geographie keine Ausnahme dar. Gleiches galt für seine Vernetzung in andere (fürstliche) Klientelsysteme oder auch für seine Gewaltbereitschaft. In alldem war er typisch für den altreichischen Niederadel seiner Zeit. Was ihn zu einem ‚Sonderling' werden ließ, war seine mangelhafte Integration und Integrationswilligkeit. Man mag dies als weiteren Beleg für die damalige mangelhafte Kohärenz unter dem Adel des Eichsfeldes insgesamt begreifen, doch war sie nie soweit ausgeprägt, wie Barthold dies vorexerzierte. Das beste Beispiel hierfür waren die konnubialen Beziehungen, die Hans und Bertram von Wintzingerode eingingen, während ihr Vetter sie mied; und während das Handeln der beiden Brüder in beinahe jeder Hinsicht symptomatisch für die Entwicklung der eichsfeldischen Ritterschaft insgesamt war – zunehmende Kohärenz der Standesgruppe in Konkurrenz zur erstarkenden Landesherrschaft[18] – erwies sich ihr Vetter zunehmend als der eigensinnige Mann, der er nun einmal war.

[18] Wie die übrige Ritterschaft gerieten auch die beiden Wintzingerode-Brüder nach 1575 mit dem Oberamtmann Stralendorf und der kurfürstlichen Regierung in Konflikt; vgl.

In diesem Zusammenhang ist auch auf den konfessionellen Aspekt einzugehen. Bis in die jüngste Vergangenheit wurde immer wieder darauf hingewiesen, dass Barthold von Wintzingerode ein überzeugter, aufrechter Protestant gewesen sei. Diese Auffassung ist ebenso kritisch zu differenzieren, wie das Gegenteil abwegig ist. Barthold war zweifellos evangelisch gesinnt. Seine Religiosität basierte auf der von Luther vermittelten Theologie der unmittelbaren Beziehung zwischen Gott und Mensch sowie auf der Bibelgläubigkeit. Sein Verhalten kurz vor der Hinrichtung untermauerte dies eindrucksvoll. Daraus resultierte allerdings kein protestantisches Bekennertum, keine konfessionelle Selbststilisierung – beispielsweise in Epitaphien –, noch nicht einmal ein vertieftes Engagement für die Verankerung des Protestantismus in den wintzingerodeschen Dörfern und in der Grafschaft Hohnstein oder im Kontext der protestantischen Reichsfraktion. Hierfür ist sein Testament aufschlussreich: Er bedachte seine engsten Vertrauten,[19] traf aber keine Verfügungen über das Kirchenwesen oder über Stiftungen, die der Allgemeinheit zugute gekommen wären. Sein Glaube resultierte aus seiner individuellen religiösen Überzeugung, mit der er sich vom Katholizismus und von den katholischen Mainzern abgrenzte. Dies führte jedoch nicht zum Engagement für *den* Protestantismus im Reich.

Die lutherische Lehre verschaffte ihm eine theologische Fundierung seiner Selbstauffassung. Religion, Glaube und Bekenntnis sowie das daraus abgeleitete Handeln scheinen wichtige Elemente seines adeligen Selbstverständnisses gewesen zu sein. Barthold setzte als evangelisch gesinnter Adeliger entsprechende Prediger für seine Untertanen ein. Schon die Auseinandersetzungen mit seinen Vettern über bestimmte Pfarrer aber waren nicht religiös-konfessionell begründet, sondern entzündeten sich über säkularen Differenzen. Barthold empfand als adeliger Herr Verantwortung für das Seelenheil seiner Untertanen und nahm sein Herrschaftsrecht wahr. Dabei beließ er es. Die Menschen seiner engsten Umgebung scheinen allesamt evangelischen Glaubens gewesen zu sein. Er trat allerdings mit anderen adeligen Söldnern und Söldnerführern in Beziehungen, nicht weil diese evangelisch gesinnt waren – wenn sie es denn waren –, sondern weil sie dieselben Grundüberzeugungen zur adeligen Lebensweise teilten, ähnliche militärisch-organisatorische Fähigkeiten besaßen und dieselben materiellen Bedürfnisse hatten. Sein Beharren, nicht gegen augsburgische Konfessionsverwandte kämpfen zu müssen, war weniger Ausdruck seines Bekenntnisses zum evangelischen Glauben – gegen die Hugenotten wollte er sich wohl anwerben lassen – als vielmehr Ausdruck des Willens, nicht gegen ihm bekannte protestantische Söldner aus

LHASAMD Rep. A 37a Nr. 1263, fol. 165 ff.: Schreiben Stralendorfs an Erzbischof vom 29. 11. 1595, indem er als Rädelsführer der Adelsklagen des Jahres 1595 neben Bodenhausen, Hagen, Westernhagen, Hanstein und Tastungen auch die Wintzingerode – also all jene Familien, die eine Generation zuvor gegeneinander standen – benennt.

19 Dabei auch den Ohmfelder Pfarrer, jedoch nur *ad personam*.

dem Reich kämpfen zu müssen, zumal sich seit den 1560er Jahren die konfessionelle Spaltung der adeligen Söldnerschaft abzeichnete. Kurzum: Barthold war zweifellos überzeugt evangelisch, aber er war Zeit seines Lebens kein Protestant und kein konfessioneller Bekenner.

Soweit es sich erfassen lässt, widerspiegelte sein religiöses Profil sein generelles Verhältnis zu seiner Umwelt symptomatisch wider. Er war loyal gegenüber bestimmten Mitmenschen, nicht gegenüber religiösen Programmen. Hierfür mangelte es ihm an der grundlegenden Willigkeit oder Fähigkeit, sich an Gruppen zu binden, die ihrerseits langfristige Verpflichtungen einforderten und über bindende Strukturen verfügten. Auch hierfür steht sein Testament typisch: Er bedachte sein persönliches Umfeld – seine engsten Verwandten, seine Freunde, Söldner und Knechte. Sieht man von seinen Kindern und seiner Frau ab, handelte es sich um Beziehungen zu Personen, die er zeitweise sah, mit denen kämpfte, die er auf dem Schlachtfeld verlor, die er unterstützte, an die er vertraglich gebunden war. Es handelte sich um unmittelbare, persönliche Beziehungen und Loyalitäten auf Zeit und/oder auf Distanz, deren daraus resultierenden Verpflichtungen nicht abstrakten Überzeugungen – einem Glaubensbekenntnis zum Beispiel – folgten, sondern konkreten Erfahrungen. Solche Beziehungen waren typisch für Söldner und ihre Gemeinschaften. Barthold von Wintzingerode perpetuierte über sein gesamtes Leben hinweg diese Söldnermentalität und dehnte sie auf andere Lebensbereiche seiner adeligen Existenz aus. Doch seine Umwelt folgte nicht jenen Regeln dieser Gewaltgemeinschaften, selbst wenn diese manche Facetten übernahmen und außerhalb des Gewaltkontraktes in der Vertiefung sozialer oder rechtlicher Bindungen mündeten. Die Welt außerhalb des Söldnerlebens forderte in immer stärkerem Maße und auf immer mehr Feldern eine dauerhafte Bindung und Integration, mithin die partielle Aufgabe von Uneindeutigkeit und Autonomie.

Mit solchem Denken und Umweltzwängen stand Barthold von Wintzingerode nicht allein. Viele Adelige seiner Zeit definierten sich noch ganz oder wenigstens zeitweise primär als Krieger. Eine zunehmende Zahl von ihnen begriff allerdings, dass darin zwar einerseits zweifellos eine große materielle Chance bestand, dass aber andererseits der nicht-militärische Fürstendienst ebenso große, vielleicht sogar bessere Chancen auf Erhalt der adeligen Existenz bot. Bartholds Söldnerfreunde Georg von Holle, Fritz von der Schulenburg, Adrian und Melchior von Steinberg – um nur einige zu nennen – hatten dies verstanden und waren seit dem Ende der sechziger Jahre in den Hof- und Regierungsdienst der Braunschweiger Herzöge gegangen,[20] während Barthold sich davon fernhielt. Beides – Bartholds Desinteresse wie das Interesse seiner Freunde am höfisch-adminstrativen Fürstendienst – war typisch für den Wandlungs- und Lernprozess, den der Adel – gleichsam in einem langfristigen Zivilisierungsprozess im Sinne einer mentalen Entmilitarisie-

[20] Vgl. *Angermann*, Oberst, S. 213 f.

rungsentwicklung – durchlief und den manche Adelige bzw. Adelsgruppen bereits bewältigt hatten, manche noch bewältigen mussten, einige nicht bewältigen konnten.

Im Falle Bartholds resultierte der Widerstand gegen solche Integration nicht zuletzt aus seinem ausgeprägten Eigensinn, d.h. aus seinem Beharren auf Selbständigkeit der von ihm als adelig definierten Lebensweise. Dieser Eigensinn Bartholds entsprang einerseits seiner Eigenmacht, die er demonstrierte und effektiv auszuspielen wusste. Andererseits versetzte ihn diese Eigenmacht in die Lage eigensinnig zu ein. Das äußerte sich darin, nur allzu oft und allzu offensichtlich aus dem Rahmen des üblichen und gewöhnlichen Verhaltens des eichsfeldischen Niederadels heraus zu fallen, etwa indem er sich stetig im Recht fühlte, keine Kompromisse einging und keine Grenzen der Gewalt kannte; oder auch indem er sich in einer Weise rüstete, die die anderen Standesgenossen beunruhigte. Barthold besaß einen ausgeprägten Sinn für das Eigene. Dies unterschied ihn nicht von anderen Adeligen.[21] Distinktion war nicht nur wichtig gegenüber Standesniederen, sondern auch gegenüber Standesgleichen. Sie war wesensimmanent für die adelige Lebenswelt. Im Unterschied zur sozialen Disktinktion in der vertikalen Sozialhierarchie scheint jedoch die habituelle Distinktion in der Horizontalen noch sensibler gewesen zu sein. Sie ließ nämlich die Frage aufkommen, ob die standesgleiche, sich distinguierende Person überhaupt noch Teil der (Standes-) Gruppe war oder nicht. In Bartholds Fall wurde dies offenkundig negativ beantwortet, weil Barthold seinen Eigensinn über die essentiellen Kohärenzforderungen des eichsfeldischen Adelskollektivs gestellt hatte. Aus Distinktion wurde in seinem Fall eine Differenz, die sich zu einer unüberbrückbaren Distanz entwickelte. Eigenmacht und Eigensinn waren demnach zwei Komponenten adeliger Existenz, die einerseits als Selbstverständlichkeit akzeptiert wurden, die sich andererseits jedoch in Kollektivanforderungen einfügen mussten, sollte das eigensinnige adelige Individuum nicht Gefahr laufen, mit unabwägbaren Folgen nachhaltig isoliert zu werden.[22] Bartholds Eigensinn kam einem Starrsinn gleich, der Grenzen sozialer Akzeptanz seiner Zeitgenossen innerhalb seiner eigenen Standesgruppe und darüber hinaus überschritt. Daraus resultierte auch die nachhaltige Effektivität des propagandistisch genutzten Arguments, Barthold sei ein Tyrann gewesen. Nicht nur weil es in den historischen Assoziationshorizont des eichsfeldischen Adels passte, fand es geeigneten Nährboden, sondern weil es den einmal gefassten Eindruck verstärkte, dass der so stigmatisierte Standesgenosse nicht den üblichen Verhaltensnormen entsprach.

[21] Uwe *Walter*, Existenz, S. 371, nannte solche Mentalität kürzlich das „Sich-selbst-das-Maß-Setzen" und bezeichnete es als „Neigung zur Transgression", Gerrit *Walther*, Freiheit, S. 320 ff., spricht von „Opposition als Kunst".

[22] Auf derartige Isolierungsgefahren durch zu eigensinniges Verhalten hat bereits *Walther*, Glaube, S. 193 ff., in anderen Kontexten mit Blick auf die Wahlmöglichkeiten der Ritterschaft hinsichtlich ihrer Konfessionsentscheidungen im 16. Jahrhundert hingewiesen.

An diesem Punkt stellt sich die Frage, ob Barthold von Wintzingerode nicht über die notwendigen Fähigkeiten und das notwendige Sensorium verfügte, um auf dem Eichsfeld sozial zu überleben. Zweifellos verfügte er über alle relevanten Kapitalsorten, die ihn zu einem adeligen Leben befähigten. Sein Problem war nicht die Existenz vorhandenen und der Aufbau neuen Kapitals, sondern die Ungleichverteilung solchen Kapitals, die die Kapitalakkumulation und -nutzung von einem bestimmten Moment an schwer behinderte. In seinem Fall erwies sich die Struktur des gesamten Kapitalfeldes als dysfunktional. Sie behinderte ihn in der Einhaltung der gegebenen ungeschriebenen Spielregeln, verhinderte aber auch die Durchsetzung seiner eigenen Spielregeln, die ihn zur Reproduktion und Realisierung von sozial-herrschaftlichen Profiten befähigt hätten, um eine größere Rolle auf dem Eichsfeld zu spielen.

Bartholds kulturelles Kapital wies dabei auf den ersten Blick die für seinen Stand üblichen Komponenten auf. Er wusste seine gegebene Eigenmacht zu organisieren, zu handhaben und sich notfalls in geeigneter Weise Unterstützung zu besorgen. Letzteres zeigen seine erfolgreichen Bemühungen um Advokaten, die für ihn Rechtsprozesse führen sollten. Er wusste auch um die Bedeutung von Beziehungsnetzen und deren Handhabung. Gleiches galt für sein Standesbewusstsein. Problematisch, wenn auch keineswegs zeituntypisch oder gar außergwöhnlich stellte es sich allerdings dar, dass Barthold nicht über einen erbberechtigten Stammhalter verfügte und nur auf eine kleine Familie blicken konnte. Er war nicht gezwungen, intensive längerfristige Rücksichten zu nehmen, die man auch als Lernprozess betrachten kann. Er war stets auf sich selbst gestellt, was seine Eigenheit und Einzigartigkeit, aber eben auch das spezifische Defizit seines kulturellen Kapitals im Sinne mangelnder Verpflichtungen gegenüber der familiären Zukunft ausmachte.[23]

Unterstützt wurde das positive Potential seines kulturellen Kapitals durch die Ressourcen seines ökonomischen Kapitals, die stabil waren, selbst wenn er offenkundig seit dem Beginn der 1570er Jahre nicht mehr über jene Truppe verfügte, mit der in den Jahren zuvor hatte aufwarten können. Dennoch ermöglichte diese materiell-ökonomische Stabilität die Entfaltung seines kulturellen Kapitals ohne Einschränkungen durch die Rücksichtnahme auf Familieninteressen.

Die eigentlich problematische Kapitalsorte war das soziale Kapital Bartholds, das sich aus den beiden zuvor genannten Kapitalsorten ergab und in einem Missverhältnis zu ihnen stand. Vordergründig verfügte er auch hierbei über alle notwendigen Komponenten: Freundschafts- und Heiratsbezie-

[23] Dass dies nach seinem Tod für seine Hinterbliebenen problematisch wurde, erweisen die Konflikte zwischen seinen Vettern und Anna von Wintzingerode. Immerhin wurden für die hinterlassenen Töchter mit Heinrich von Saldern, Hans Friese und Andreas Krause – also mit jenen Freunden, die ihn während des Prozessgeschehens unterstützten – 1576 geeignete Vormünder gefunden. 1577 wurde unter Vermittlung des Hohnsteiner Grafen zwischen den Töchtern und den Vettern Bartholds ein Vergleich über 7500 Gulden ausgehandelt; vgl. LHASAMD Rep. H Bodenstein Nr. 78, 187, 231.

hungen, Prestige, Kommunikationskanäle etc. Auf deren Dysfunktionalität wurde jedoch bereits hingewiesen. Denn die Komponenten seines sozialen Kapitals resultierten nicht aus dem eichsfeldischen Bezugssystem oder aus Bezugssystemen, die positiv auf seine Position innerhalb des eichsfeldischen Bezugssystems hätten einwirken können. Er entzog sich diesem Bezugssystem und leistete dort keine „Institutionalisierungsarbeit“[24], weil er das Eichsfeld nicht als seine Patria empfand und ganz auf den Bodenstein konzentriert war. Er weigerte sich anzuerkennen, dass das Land des Eichsfelds zunehmend unter kurfürstliche Definitionshoheit geriet, was Anpassung und Zuordnung erzwang. Solche Verweigerung war an sich nicht ungewöhlich oder schädlich, solange sie noch Handlungsoptionen – eben auch auf dem Eichsfeld – offen ließ. Barthold aber investierte sein vorhandenes bzw. zusätzlich aufgebautes soziales Kapital dort nicht. Ihm fehlten – wohl resultierend aus dem Defizit seines kulturellen Kapitals – das Gespür für die Notwendigkeit solcher intensiver Vernetzungsarbeit, aber wohl auch die familiären Verpflichtungen hierfür. Seine Sozialvernetzungen waren das Resultat seiner Söldnerdienste, mihin Ergebnisse seiner spezifischen ‚handwerklichen‘ Fähigkeiten, die von der Familie unabhängig waren. Zugleich verweigerte er das gegenseitige Kennen und Anerkennen, das die soziale Institutionalisierungsarbeit auch auf dem Eichsfeld ausmachte. Er delegierte sie auch nicht – bspw. auf seine wenigen Verwandte –, sondern wandte sie in ihr Gegenteil, indem er immer wieder ostentativ verdeutlichte, wie wenig ihm am eichsfeldischen Bezugssystem gelegen war.

Als noch problematischer erwies sich, dass dieses dysfunktionale Sozialkapital zwar mit seinem ökonomischen Kapital korrespondierte, beide jedoch einander negativ verstärkten. Weil seine ökonomischen Ressourcen ausschließlich aus dem nicht-eichsfeldischen Bezugssystemen zu resultieren schienen, wurden sie als besonders fremd und unnatürlich wahrgenommen, obwohl sie alles andere als außerordentlich, ausschließlich fremd und untypisch waren. Seine aus außereichsfeldischen Bezugssystemen resultierenden Möglichkeiten – erinnert sei abermals an seine zahlreiche bewaffnete Begleitung, mit der er sich auf dem Eichsfeld blicken ließ – verstärkten diese Fremdheits- und Desintegritätswahrnehmung. Indem Barthold die Stärke seines ökonomischen Kapitals nicht verschleierte, sondern sie sogar demonstrierte, verstärkte er die ohnehin vorhandene argwöhnische Wahrnehmung seines Verstoßes gegen unausgesprochene Regeln der eichsfeldischen Adelsgesellschaft.

In der Summe zeigt dies, dass für adeliges Leben nicht ausschließlich die Verfügbarkeit der verschiedenen Kapitalsorten relevant war, sondern eben die gesamte Struktur des Feldes, d.h. insbesondere auch die jeweilige Kom-

[24] *Bourdieu*, Mechanismen, S. 65.

position der Kapitalsorten und ihr funktionales Verhältnis zueinander.[25] Für die Ritterschaft des Eichsfeldes stellte sich im Falle Bartholds daher die Frage, ob er überhaupt einer der ihren war. Am Ende beantwortete sie diese Frage negativ, indem sie den Mainzern freie Hand ließ.

Adeliger Eigensinn, das Bestreben, seine Eigenmacht zu stabilisieren und durch angemessene Kapitalkomposition auszubauen, war allerdings nicht nur Barthold, sondern auch seinen Scharfensteiner Vettern zu eigen. Hans und Bertram von Wintzingerode waren insofern keineswegs habgierige Verräter ihres Bodensteiner Vetters oder der Interessen der Dynastie Wintzingerode, selbst wenn man ihnen unterstellen darf, dass sie es auf den materiellen Besitz ihres erbenlosen Verwandten abgesehen hatten. Gleichwohl handelten auch sie adelig, d.h. orientiert an adeligem Eigensinn und Eigenmacht, die sie jedoch andere Handlungsrichtungen einschlagen und andere Handlungsoptionen wahrnehmen ließen. Zweifellos zielte ihr Handeln primär darauf, möglichst großen Einfluss auf die Belange des Bodensteins, in dessen Teilbesitz sie sich wähnten, und die daraus resultierenden Einkünfte, die zu ihrer materiellen Basis beitrugen, zu bekommen. Spätestens als Barthold eine Teilung des Bodensteins endgültig verweigerte und die Originalurkunden endgültig vereinnahmte, musste für sie eine entscheidende Linie, die bis dahin unangetastet geblieben war, überschritten sein. Seitdem wurden familiäre Solidarität und Loyalität hintangestellt, kämpften die Scharfensteiner Vettern ausschließlich für sich und waren sogar bereit, ihren Verwandten den Fürsten auszuliefern. Hinzu kam, dass sie für sich entschieden hatten, ihre herrschaftlich-politische Zukunft eher auf kurfürstlich-mainzischer Seite zu finden.

So musste aus ihrer Sicht Bartholds Verhalten und seine adelige Existenz überhaupt in krassem Gegensatz zu ihrer Definition der Familieninteressen stehen. Denn so sehr Bartholds Kriegsruhm familiär unübertroffen war und zum *splendor familiae* beitrug, so wenig schien er mit seinem sonstigen genealogischen wie politischen Verhalten einen zukunftsträchtigen Beitrag zu leisten. Alles, was er materiell aufgebaut und angehäuft hatte, schien aus Sicht seiner Vettern angesichts der absehbaren Erbenlosigkeit Bartholds an seine rechtmäßige Tochter und seine Bastarde ohne langfristigen Nutzen vergeudet zu werden. Der Bodenstein selbst drohte angesichts der politischen Gemengelage und des Verhaltens des Vetters in die Mühlen fürstlicher Interessen zu geraten und verloren zu gehen. So wie die Dinge lagen, stand denjenigen Familienmitgliedern, die absehbarer Weise die familiäre Genealogie und die

[25] Die soziale Bedeutung des Wissens um die richtige Mischung der verschiedenen Kapitalsorten – verstanden auch als Wissen um den angemessenen Einsatz symbolischen Kapitals – erweist sich auch im Falle der Ehrüberkompensation durch Arnold von Selenhofen als Mainzer Bischof unstandesgemäßer Herkunft; vgl. *Knut Görich*, Die Ehre des Erzbischofs. Arnold von Selenhofen (1153–1160) im Konflikt mit Mainz, in: AMrhKG 53 (2001), S. 93–123. Zur generellen Bedeutung symbolischer Kommunikation vgl. *Barbara Stollberg-Rilinger*, Zeremoniell, Ritual, Symbol. Neue Forschungen zur symbolischen Kommunikation in Spätmittelalter und Früher Neuzeit, in: ZHF 27 (2000), S. 389–405.

familiäre Geschichte fortführten – nämlich Hans und Bertram von Wintzingerode nebst ihren Kindern –, der Bodenstein nicht in gewünschtem Umfang als Verstärkung ihres materiellen Kapitals und ihrer Absicherung zur Verfügung. Sie verfügten mit der vom Mainzer Kurfürsten verpfändeten Burg Scharfenstein nur über eine letztlich unsichere Basis, die jederzeit zurückgepfändet werden konnte und schließlich auch wurde. Der Bodenstein war deshalb schlicht ein verlockendes Objekt, das es als familiäres Erbe gegen einen greisen Vetter zu sichern galt, der sich immer stärker sozial isolierte und politisch die falschen Wege einzuschlagen schien. Hans und Bertram von Wintzingerode dagegen versuchten, sich in die sich wandelnden, nur bedingt beeinflussbaren Strukturen einzupassen und sie durch soziale Integration und politische Kooperation auf dem Eichsfeld zu nutzen. Die von ihnen vorgenommene Kapitalsortierung machte es ihnen später möglich, sich in Kooperation mit der eichsfeldischen Ritterschaft und dem Herzogtum Braunschweig-Wolfenbüttel bzw. -Lüneburg gegen den Mainzer Kurfürsten zu behaupten und die wintzingerodesche Eigenmacht zu wahren.

Adeliges Handeln zielte demnach auch und insbesondere auf die materielle Dimension, weil sie die Realisierung von Handlungsinteressen ermöglichte. Die Konfrontation zwischen Barthold und seinen Vettern zeigt, wie brüchig, ja temporär bzw. partiell inexistent familiäre Solidarität im Adel war, wenn der jeweilige Eigensinn von Adeligen unterschiedlich definiert wurde und aufeinander prallte, weil aus den unterschiedlichen Interessen unterschiedliche Handlungswege und Handlungsoptionen resultierten. Allerdings gilt es auch darauf hinzuweisen, dass nicht alles adeliges Handeln auf Rationalität beruhte, sondern Emotionen und Augenblicksentscheidungen geschuldet war, selbst wenn diese von tiefer liegenden mentalen und habituellen Strukturen bedingt wurden. So wenig die Ermordung des Försters Geilhausen durch Barthold – bei aller Bedingtheit durch adeliges Selbstverständnis – als rational kalkulierte Tat gewertet werden kann, so sehr waren die Handlungen seiner Vettern auch ihrem steigenden Hass und ihrem Willen geschuldet, sich ihres Verwandten zu entledigen. Dennoch war beides Ausweis adeligen Handelns und Selbstverständnisses. Daher aber waren solche Auseinandersetzungen und ihre Effekte die Konsequenz aus Zwängen der adelsinternen Sozialkonkurrenz, des Zwangs zur Positionierung, des Willens zum Obenbleiben. Vor diesem Hintergrund wird es im Kontext der wintzingerodeschen Familiengeschichte schwierig, jenseits moralischer oder juristischer Kategorien von richtigem oder falschem Verhalten zu sprechen. Das Urteil über richtiges oder falsches Verhalten von Adeligen wurde einerseits von den familiären Siegern – den Erfolgreichen, die die familien- und adelsinterne Konkurrenz bewältigten oder gar überlebten –, andererseits von der Zukunft – den Nachfahren, die eigene Interessen und einen spezifischen Eigensinn besaßen – gefällt.

So muss denn auch mit einer Mär aufgeräumt werden, die sich seit langer Zeit im Kontext der Rezeption dieser Geschichte hält: Barthold sei von den protestantischen Zeitgenossen auf dem Eichsfeld wie ein Märtyrer betrauert oder gar verehrt worden. Dieses erstmals in der 1848 veröffentlichten Familiengeschichte der Wintzingerodes geprägte Bild ist seitdem mit unterschiedlichen Konjunkturen und Relativierungen - sogar seitens der Familie selbst - nie wieder verschwunden und wird bis heute kolportiert,[26] obwohl es nicht belegt werden kann. Dies gilt allerdings für das Gegenteil. Für eine Märtyrerverehrung fehlte es an Anhängerschaft, Rezeptionspotential und Verbreitungsinteresse. Kein Eichsfelder rührte sich in der Causa Wintzingerode zugunsten des Angeklagten, sieht man von einem einmaligen, zaghaften Versuch der Vettern ab. Die Reihen der protestantischen Adeligen und der Duderstädter blieben stumm, obwohl ihnen doch der Ausgang dieses Verfahrens hätte wichtig sein müssen, sollte er wirklich über die Zukunft des lutherischen Bekenntnisses auf dem Eichsfeld entschieden haben. Symptomatisch hierfür war das Verhalten der eichsfeldischen Adelsgesandtschaft, die im Juni/Juli 1575 in Mainz vorstellig wurde: Sie bemühte sich um Vermittlung ihrer konfessionspolitischen Position und um Verständnis bei den Mainzer Regierungsverantwortlichen, offenkundig aber nicht um den gefangenen Standesgenossen, dessen Prozess einen schlechten Ausgang zu nehmen schien.[27] Gleichermaßen bemühte sich niemand um Bartholds Leiche. Sie blieb in Mainz beerdigt. Jedenfalls ist kein Grab auf dem Eichsfeld bekannt, das als Trauer- und Verehrungsstätte für den vermeintlichen Märtyrer diente. Andere Erinnerungsorte und Erinnerungstermine fehlen ebenso, wie ihm im Gegensatz zu vielen seiner Mitstreiter die Aufnahme in den Olymp der protestantischen Heroen von Adel - also in den *Adelsspiegel* des Cyriacus Spangenberg - verwehrt blieb.[28] Beinahe gewinnt man den Eindruck, sowohl

[26] Dazu jüngstens: *Wintzingerode*, Recht, S. 29, der bekennt, die Familie und die Evangelischen des Eichsfeldes würden ihn „als Blutzeugen ihres Kampfes um die Freiheit des Bekenntnisses" betrachten. Dabei wäre es interessant zu wissen, ob dies die evangelischen Gemeinden ähnlich sehen, inwiefern es sich bei Barthold von Wintzingerode also realiter um eine Figur des konfessionskollektiven Gedächtnisses handelt oder ob es sich eher um eine spezifische Form moderner bzw. postmoderner Konfessionskollektivierung handelt.

[27] Vgl. *Knieb*, Geschichte, S. 165–170; *Wintzingeroda-Knorr*, Kämpfe I, S. 60–65; *Westernhagen*, Geschichte, S. 236 f.

[28] Spangenbergs Adelsspiegel nennt im sechsten Buch des zweiten Bandes - jenem Abschnitt, in dem die für die Verbreitung des Gotteswortes wichtigen Adeligen aufgezählt und biographisch präsentiert werden (wie bspw. Sickingen oder Kronberg) - ausdrücklich als Eichsfelder Christoff von Hagen auf Hardmannsleben (Cap. 40) sowie als Repräsentanten des brauschweigisch-sächsischen Adels Joachim und Ludolph von Alvensleben, Christoff und Melchior von Steinberg, Heinrich und Burkhard von Saldern, Hardwig von Werder, „der alte Curt von Schwicheld" sowie Achatius von Veltheim - just also jene Kampfgenossen Bartholds, die ihn auch während des Mainzer Prozesses unterstützten -, aber eben nicht Barthold von Wintzingerode; vgl. *Cyriacus Spangenberg*, Adels-Spiegel. Historischer Ausfuehrlicher Bericht: Was Adel sey vnd heisse / Woher er komme / Wie mancherley er sey / Vnd Was denselben ziere vnd erhalte / auch hingegen verstelle vnd schwaeche [...], 2 Bde., Schmalkalden: Michel Schmueck 1591 / 1594, hier Bd. 2, Buch 6, Cap. 40 und 52.

die mittelbar und unmittelbar Beteiligten als auch ihre Nachfahren seien bis ins 19. Jahrhundert bemüht gewesen, diesen Adeligen nicht zu thematisieren und ihn der Vergessenheit anheim fallen zu lassen. Immerhin fand seine Geschichte ihren Niederschlag in der jesuitisch-katholischen Geschichtsschreibung des Erzstifts Mainz: Der an der Universität Mainz lehrende Jesuitenpater Nicolaus Serarius (1555–1609) – ein Ordensbruder des Paters Thyraeus – vergaß nicht, unter den herausragenden Taten des Kurerzbischofs Daniel Brendel auch die Gefangennahme und öffentliche Hinrichtung Bartholds zu erwähnen. Er verzichtete aber sowohl auf eine Dämonisierung Bartholds als auch auf die Dramatisierung seiner Gefangennahme.[29]

Wie wenig das Schicksal Bartholds einen von seiner Märtyrerinszenierung ausgehenden Solidarisierungseffekt innerhalb der Ritterschaft nach sich zog, erwies sich auf den Landtagen: Die Causa Wintzingerode war kein Thema! Weder in den Jahrzehnten der Stralendorfschen Oberamtmannschaft noch in späteren Jahrhunderten wurde Bartholds Schicksal in irgendeiner Weise argumentativ instrumentalisiert, um die ständische Freiheit, die politische Partizipation der Stände, die Unabhängigkeit des Adels und die Religionsfreiheit argumentativ zu untermauern. Statt Barthold von Wintzingerode war – wenn überhaupt – eher Wilhelm von Westernhagen als medial inszenierter

[29] Stattdessen stellte er in Caput XIV seines Geschichtswerks die säkularen und kirchlichen Leistungen des Kurerzbischofs auf dem Eichsfeld heraus, ohne die Beteiligung der Jesuiten in allzu hellem Licht erscheinen zu lassen. So erscheint die Causa Wintzingerode vielmehr als eine Begleiterscheinung und Nebengeschichte des von Daniel Brendel eingeleiteten Ordnungs- und Rekatholisierungsprozesses, der das Vorgehen gegen einen verbrecherischen Lutheraner und das starke Aufgebot des Kurmainzers rechtfertigte, nicht aber gegen den eichsfeldischen Protestantismus an sich gerichtet war. Dies kann aus werkimmanenter Sicht nicht überraschen: Aus der Gesamtdarstellung Daniel Brendels durch P. Serarius geht nämlich eine Rechtfertigung seiner Politik gegen die zeitgenössischen Kritiker aus den katholischen Reihen hervor, die den Erzbischof wegen seiner konfessionellen Zurückhaltung und Milde gegenüber den Protestanten im eigenen Land und am eigenen Hofe attackierten. Die Bemerkungen zu Barthold von Wintzingerode haben eher einen ironischen Unterton, wenn sie begriffsgewandt die *nobilitas* des Adeligen mit seiner *crudelitas* in eins setzten und auf diese Weise die kurfürstliche Argumentationsstrategie während des Gerichtsverfahrens aufgriffen und dieses überhaupt erwähnten: „Non deerat è nobilitate Bartholomaeus Wencierodus Lutheranus, cuius in quàmplurimos nobilitata erat caedibus, latrociniis, variisque sceleribus crudelitas. Multae illinc & graues assiduè afferebantur querelae. Tolli malum vix posse videbatur, nisi magno cum comitatu, bonisque viribus ipse adesset Archiepiscopus. Vt ouium igitur suarum, quà Ecclesiasticus, quà Politicus Princeps incolumitatem & salutem procuraret, illinc se maximo sumptu, in viam dedit. Sed ne ferreo magis gladio & bombardâ, quam spiritu & lenitate armaretur, [….] Illum verò vt genere, sic & facinoribus multis nobilem Wencierodum cepit, Moguntiamque abduci curauit. Vbi tandem, post ferias & vehementes multas accusationes, & infirmas defensiones, capite in foro publicè plexus“; vgl. *Nicolaus Serarius*, Moguntiacarum rerum ab initio usque ad reverendissimum et illustrissimum hodiernum Archiepiscopum, ac Electorem, Dominum D. Ioannem Schwichardum, Mainz: Balthasar Lipp 1604, S. 938. Zu Biographie und Œvre des Serarius vgl. Ludwig Koch, Jesuiten-Lexikon. Die Gesellschaft Jesu einst und jetzt, Paderborn 1934, Sp. 1642 f.

Glaubensvorkämpfer im Bewusstsein der Zeitgenossen.[30] Die ständisch geprägte Adelschronistik des Theodor von Steinmetz aus dem 18. Jahrhundert, die ansonsten der Familie von Wintzingerode hohes Lob zollte, vermerkte zu Barthold nicht mehr, als dass er – ebenso wie sein Bruder Hans – als Sohn Heinrichs von Wintzingerode erbenlos verstorben sei.[31] Selbst die protestantische Kirchengeschichtsschreibung des beginnenden 19. Jahrhunderts erinnerte sich seiner mit keinem Wort, nicht einmal nach dem Ende der Mainzer Herrschaft, dem Einzug der „geliebten Befreier"[32] aus Preußen 1805 und dem Übergang des Untereichsfeldes an Kurhannover 1815. Die Duderstädter jedenfalls – neben dem Adel der Kern des eichsfeldischen Protestantismus – wussten sich nicht zu erinnern. Auch später blieben protestantische Historiker auf Distanz und vertraten – wie der Archivar Gustav von Buchwald[33] – die Ansicht, der Fall stehe weniger mit Konfessions- als vielmehr Herrschaftsfragen in Zusammenhang. Warum auch sollte man einen Ritter als Vorkämpfer des Glaubens verehren, den man selbst als Plage erlebt hatte, über dessen Beseitigung man wenigstens nicht unglücklich war und dessen Prozess keinesfalls einen abschreckenden Effekt auf die protestantischen Stände des Eichsfeldes hatte?[34] Sie schalteten in der Verteidigung ihrer Interessen geschickt die Nachbarfürsten und den Reichstag ein und setzten sich gegen die Funktionsträger des Kurfürsten energisch und nicht erfolglos zur Wehr. Sollte die kurfürstliche Regierung den Prozess gegen Barthold von Wintzingerode geführt haben, um die verbliebenen Protestanten und insbesondere den Adel einzuschüchtern, dann handelte es sich um eine Fehlkalkulation.

[30] Sein Andenken als Vorkämpfer des eichsfeldischen Protestantismus wurde bereits durch den Prediger Caspar Schmidt 1562 geschaffen, der den ca. 1588 verstorbenen Westernhagen in einem Gedicht eben so verherrlichte, das durch das Frankfurter Verlagshaus Feyerabend gedruckt und vertrieben wurde; vgl. *Westernhagen*, Geschichte, S. 243.

[31] Aus Sicht des Adels war dies verständlich, schließlich hatte Barthold die Familie nicht fortgeführt. Dennoch wird man das Lob Steinmetzens auch unter dem Aspekt lesen müssen, dass die kurfürstliche Seite – und zu dieser war er zu rechnen, weil die Familie von Steinmetz ein kurfürstlicher Protegé war – kein Interesse daran haben konnte, negative Informationen über ‚ihren' Adel oder einzelne Familien zu verbreiten und damit Unruhe in die eichsfeldische oder gar regionale Szenerie zu bringen. Das Schweigen über die Angelegenheit nutzte so gesehen beiden Seiten; vgl. *Steinmetz*, Ursprung, S. 110.

[32] *Franz Ignaz Gebhardt*, Blicke in die evangelische Religions= und Kirchengeschichte zu Duderstadt von Einfuehrung dieser Confession bis zum dritten Reformations=Jubilaeum, Göttingen 1817, S. 85. Gebhardts Schilderung der Ereignisse von 1574/75 kennt keine Causa Wintzingerode, noch nicht einmal annäherungsweise.

[33] Vgl. *Gustav von Buchwald*, Deutsches Gesellschaftsleben im endenden Mittelalter, Kiel 1887, zitiert nach *Wintzingerode*, Barthold, S. 202. Ähnlich findet sich diese Sichtweise bei *Westernhagen*, Geschichte, S. 234, 237.

[34] Auch deshalb ist von *Wintzingerode*, Recht, S. 29, kürzlich geäußerte Annahme, Barthold sei gefangen genommen worden, um ein mögliches Haupt einer möglichen Adelserhebung zu beseitigen, abwegig. Sein Kardinalproblem war gerade seine mangelhafte Integrationskraft, die es ausschloss, dass er eine Adelsfronde auf dem Eichsfeld anführen würde. Dennoch mögen solche Befürchtungen bei den Fürsten bestanden haben.

3. Die Causa Wintzingerode: Ende oder Anfang von Adelsmacht auf dem Eichsfeld?

Geschadet hat das harte Vorgehen gegen Barthold von Wintzingerode den kurfürstlichen Interessen nicht, weil die Kalkulation aufging, ihn als singuläres Ereignis zu behandeln. Der Bodenstein blieb unter kurfürstlicher Oberhoheit, während Teile der Grafschaft Hohnstein – Scharzfeld und Lauterberg – 1593 an Braunschweig-Wolfenbüttel fielen.[35] Die Familie von Wintzingerode firmierte seitdem als kurmainzischer Vasall. So stabilisierte der Ausgang des Prozesses die kurfürstliche Herrschaft ingesamt, nicht zuletzt weil die Mainzer Regierung und ihre eichsfeldischen Funktionsträger darauf verzichteten, sie im Politikalltag zu instrumentalisieren. Stattdessen setzten sie wohl auf die unausgesprochene Wirkung des Vorgangs. Eindrucksvoll hatten die Kurfürstlichen unter Beweis gestellt, dass sie willens und fähig waren, sich gegenüber untertänigen Widersachern durchzusetzen, ordnungspolitisch zu wirken und ihren Anspruch auf Landeshoheit durchzusetzen. Dies war ein mächtiges Signal an sämtliche Konkurrenten, dass mit den Mainzern als Faktor in der Region wieder verstärkt zu rechnen war. Die Braunschweiger jedenfalls mussten sich dessen bewusst sein. Die Konflikte der nächsten Jahrzehnte an der Nordgrenze des Eichsfeldes sprachen denn auch für sich.[36]

Hinsichtlich der innereichsfeldischen Verhältnisse stellte sich die Angelegenheit als ein Baustein eines neu entstehenden Mosaiks dar. Dem Adel musste klar sein, dass mit der Verhaftung eines Standesgenossen und der Einsetzung Stralendorfs als Oberamtmann eine herrschaftliche Zäsur einherging. Dafür war zu viel vorgefallen und hatte die kurfürstliche Seite nicht nur lehens-, sondern auch religionspolitisch zu heftig reagiert. Ein Rückzug nach dem Augenblickserfolg war nicht zu erwarten. Dies garantierte bereits der neue Oberamtmann Lippold von Stralendorf, ein Konvertit, der mit seinem Lehensherrn – dem Herzog von Mecklenburg – in Konflikt lag, in Mainz um Hilfe gesucht und die Jesuiten gefunden hatte und schließlich in den Schoß der altgläubigen Kirche zurückgekehrt war.[37] Zusammen mit dem neuen Geistlichen Kommissar Heinrich Bunthe stellte er die entschlossene Speerspitze der katholischen Reform und Rekatholisierung des Eichsfeldes dar.

[35] Klettenberg und Lohra waren lange Zeit umstritten und fielen erst 1648 zusammen mit Halberstadt an Kurbrandenburg. Nach dem Tod des letzten Grafen hatte sich Herzog Heinrich Julius von Braunschweig-Wolfenbüttel als – seit 1578 regierender – Halberstädter Bischof selbst mit den hohnsteinischen Stiftslehen belehnt, nachdem er bereits zehn Jahre zuvor seinem Vater eine entsprechende Anwartschaft übertragen hatte; vgl. *von Boetticher*, Niedersachsen, S. 65.

[36] Vgl. StAWü Mz.Urk. WS 22 Nr. 12 ½: Protest Stralendorfs gegen braunschweigische Pfändungen und Gegenpfändungen 1575; LHASAMD Rep. H Bodenstein Nr. 399, 750–770; LHASAMD Rep. A 37a Nr. 80, 82–88; LHASAMD Rep. A 40 I Nr. 21; HStAHa Cal. Br. 34 Nr. 122; HStAHa Cal. Br. 14 Nr. 1024.

[37] Zu Stralendorf und Bunthe sowie ihrer Rekatholisierungsstrategie im Folgenden vgl. *Jendorff*, Reformatio, S. 101–107; *Knieb*, Geschichte, S. 137–301; *Gräf*, Stralendorf, S. 269 f.

Der Angelpunkt der Bemühungen Stralendorfs und Bunthes war dabei die Besetzung der Pfarreien mit geprüften, tauglichen katholischen Priestern bei gleichzeitiger Beseitigung protestantischer Prediger. Dies stellte einen unverhohlenen, wenn auch rechtlich korrekten Zu- und Angriff auf die Patronatsrechte des eichsfeldischen Adels dar, insofern er nur noch Priester präsentieren und einsetzen sollte, die von der kirchlichen Oberbehörde – also vom Geistlichen Kommissar – auf ihre Katholizität hin geprüft worden waren und von dieser regelmäßig kontrolliert wurden. Das adelige Patronatsrecht, das der Adel als Element seiner Eigenmacht verstand, wurde auf diese Weise der landesherrlich-erzbischöflichen Obrigkeit untergeordnet. Damit befand sich der eichsfeldische Adel konfessions- und territorialpolitisch in der Situation Bartholds von Wintzingerode: Der Landesherr gestand dem Adel zwar die persönliche Konfessionsfreiheit zu und erlaubte die Feier von sogenannten Hausgottesdiensten, forderte aber unmissverständlich und kompromisslos die Akzeptanz der kurfürstlichen Landeshoheit und damit auch die kirchenpolitische Ein- und Unterordnung des Adels. Daraus resultierte langfristig die Katholisierung der eichsfeldischen Gemeinden und bedeutete die kirchenpolitische Untertänigmachung des Adels, gleichgültig zu welcher Konfession er sich bekannte.

Diese Konstellation musste zwangsläufig zu schweren Konflikten mit den überwiegend protestantischen Adelsfamilien führen, weil für sie mit dem Patronatsrecht ihre adelige Selbstdefinition und Herrschaftsstellung verbunden war. Selbst wenn er kein Märtyrer seiner Konfession war und als solcher von seinen Glaubensgenossen auch nicht angesehen wurde, signalisierte bereits das Schicksal Bartholds unausgesprochen, dass Mainz ordnungspolitisch in Zukunft Gehorsam, wenigstens aber Kooperationsbereitschaft verlangte und beides unter Umständen zu erzwingen willens und in der Lage war. Für die Ritterschaft war damit unabhängig von der konfessionellen Entscheidung einer jeden Familie die Notwendigkeit gegeben zusammenzustehen, wollte man nicht gespalten und zerrieben werden und am Ende seine Eigenmacht verlieren. Angesichts der divergierenden familienspezifischen Interessen und der durchaus vorhandenen religionspolitischen Divergenzen innerhalb der Adelsfamilien – wie sie sich symptomatisch bei den Westernhagen zeigten[38] – bot sich der neue, nur wenig kompromissbereite Oberamtmann als geeigneter Integrationsfaktor an. Sein Handeln, bei dem die Konfessionsproblematik in grundsätzlicher Weise mit adeliger Eigenmacht und adeligem Herrschaftsverständnis verknüpft wurde, besaß kohärenzstiftende Funktion, tangierte es doch die vitalen Interessen der Ritterschaft, ihr Selbstverständnis und ihren Anspruch auf Teilhabe an der Herrschaft. Darüber hinaus machte der grundsätzliche Charakter der Auseinandersetzung mit ihm vergessen, dass man als Gruppe bei der Ausschaltung eines Standesgenossen zu einer vordergründig gleichartigen Angelegenheit geschwiegen hatte. Im Gegensatz zur

[38] Vgl. *Westernhagen*, Geschichte, S. 230 f., 240–243.

Causa Wintzingerode jedoch stand nun nicht mehr bloß der Einfluss und das Schicksal einzelner Adeliger zur Disposition, sondern die Stellung der ganzen Standesgruppe. Dabei waren dem ritterlichen Widerstand die argumentativen Flügel gestutzt: Die Ritterschaft konnte in der Auseinandersetzung mit Stralendorf gar nicht auf die Causa Wintzingerode rekurrieren, weil sie oder wenigstens Teile von ihr diesen ja selbst bekämpft und damit – gleichgültig ob gewollt oder ungewollt – das durch Stralendorf durchgesetzte ordnungspolitische Anliegen der kurfürstlichen Regierung unterstützt hatte. Barthold von Wintzingerode konnte posthum gar nicht als argumentativer *pater patriae* und Märtyrer figurieren. Stattdessen verkehrte die Ritterschaft den gegen ihren Standesgenossen gerichteten Tyrannei-Vorwurf in sein Gegenteil und richtete ihn mehr oder weniger unverhohlen gegen Stralendorf.[39] Das hatte den Vorteil, dass sie erst gar nicht auf den hingerichteten Standesgenossen rekurrieren musste, sondern vielmehr ihre eigene Rolle als Herrschaftsstand und Regulativ der kurfürstlichen Regierung und ihrer obersten Funktionsträger historisieren konnte. Schon 1479 hatte der Widerstand der eichsfeldischen Ritterschaft maßgeblichen Anteil am Sturz des damaligen Amtmanns Heinrich von Schwarzburg gehabt, dem man Tyrannei vorgeworfen hatte.[40] Ähnliches geschah jetzt und mit dem gleichen Ergebnis: Stralendorf wurde 1599/1600 nach zähen Auseinandersetzungen von der kurfürstlichen Regierung abgelöst.

Diese Vorgänge erwiesen zweierlei: Zum Ersten zeigte sich, dass auf dem Eichsfeld alles andere als eine adelspolitische Säuberung stattgefunden hatte. Das war weder machbar noch intendiert gewesen, weil der Adel zu stark und die kurfürstliche Regierung zu schwach war und es zudem gar nicht im Interesse der Kurfürstlichen liegen konnte.[41] Ähnlich anderen fürstlichen Regierungen im Alten Reich und im übrigen Europa musste den Mainzern klar sein, dass die politische Kontrolle der eichsfeldischen Peripherie nicht allein über Institutionen und – mehr oder minder eifrige – Funktionsträger gewährleistet werden konnte.[42] Viel eher musste sie sich um eine Integration der Eliten in die Herrschaftssystemik bemühen, nicht zuletzt weil das Eichsfeld – auch

[39] Vgl. LHASAMD Rep. A 37a Nr. 1263, fol. 253–262, hier fol. 253: Schreiben der Ritterschaft vom 18.02.1598.

[40] Vgl. S. 44 mit Anm. 57.

[41] Insofern lässt sich auch nicht von einer Schwächung des Adels infolge der Affäre sprechen; vgl. *Wand*, Reformation, 101 f. Nichts erweist dies besser als die Konflikte, die Stralendorf selbst kurze Zeit nach dem Sturm des Bodenstein und der Inhaftierung Bartholds mit verschiedenen Adeligen führen, schlichten, moderieren musste; vgl. LHSAMD Rep. A 37a Nr. 261–439, 1988–1998; LHASAMD Rep. A 37a Nr. 260, fol. 2–8: Schreiben Stralendorfs an den Mainzer Kurfürsten vom 11.08.1574: Angelegenheiten des Adels, insbesondere Irrungen der Bültzingsleben, Kerstlingerode, Hanstein und Westernhagen mit ihren Bauern, Einflussnahme der Fürsten von Braunschweig und Hessen, Angelegenheiten des Amtes Harburg (gerade mit einem von Saltza – „so dan ein Zänckischer wunderlicher Kopff sein solle" (fol. 7)).

[42] Vgl. *Reinhard*, Geschichte, S. 202–205.

hierin typisch für die alteuropäischen Verhältnisse – herrrschaftlich noch kein völlig geschlossener Raum, viel eher eine in Arrondierung befindliche Agglomeration kurfürstlicher Besitzungen und Rechte darstellte. Die eichsfeldische Ritterschaft hatte darin ihre Rolle noch so wenig abschließend gefunden, wie die Mainzer Regierung um Konsolidierung und Expansion ihrer zentralherrschaftlichen Position bemüht war. Zudem mussten die Mainzer bemüht sein, aufzuzeigen, dass im Kontrast zu dem berühmten, dem Niederadel zweifellos eingängigen Augustinus-Zitat ihre ‚Staats'-Herrschaft nicht durch Abwesenheit von Frieden und Recht gekennzeichnet, sie selbst also keine bessere Form des Räubers waren. Insofern ließen sich die Hinrichtung Bartholds und die Einsetzung Stralendorfs gewissermaßen als ein Gesprächs-, Kooperations- und Verhandlungsangebot, mithin als Symbol des Ausgleichswillens begreifen. Die Ritterschaft wusste sich in den nächsten Jahren sehr wohl und effektiv gegen die Regierung und ihren obersten Funktionsträger zur Wehr zu setzen. Der eventuell kalkulierte Abschreckungseffekt der Causa Wintzingerode war nicht eingetreten. Allerdings machte sich ein Disziplinierungseffekt bemerkbar, insofern der Adel weitgehend auf friedliche Weise seine Interessen zu realisieren versuchte. Dabei legte er allerdings eine harte Gangart ein. Dies galt für alle Familien, auch für die Wintzingerode.

Es erwies sich nämlich – zum Zweiten –, dass diese Familie nach der Hinrichtung Bartholds keineswegs ruhig gestellt worden war. Zweifellos war die Linie des Vetters zum biologischen Aussterben verurteilt und taugte zu diesem Zeitpunkt erst recht nicht zur familien- und standespolitischen Vereinnahmung und Instrumentalisierung. Es galt wenigstens materiell zu retten, was zu retten war. Konsequenterweise stritten Bartholds Vettern mit dessen Hinterbliebenen um das Erbe; schließlich hatte sein für die Scharfensteiner verheerendes Testament aus dem Jahr 1568 weiterhin Bestand. Fast auf den Tag genau zwei Jahre nach der Mainzer Hinrichtung einigte sich Hans von Wintzingerode als neuer Senior mit den hinterbliebenen drei Töchtern Bartholds auf eine Abfindungsregelung, die den Versorgungsinteressen der Töchter und den Sicherungsinteressen der Scharfensteiner entsprach.[43] Letztere setzten sich also ganz in den Besitz der Bodensteiner Linie und traten mit Unterstützung des Hohnsteiner Grafen und des Mainzer Kurfürsten deren Erbe an.

Im Gegenzug hätte dafür das Verhalten von Hans und Bertram als das Verhalten gehorsamer Vasallen erscheinen müssen. Doch das Gegenteil war der Fall. Die Vettern und ihre Nachfahren erwiesen sich in den folgenden Jahren keineswegs als willenlose Kreaturen, die Nutznießer des Vorgehens

[43] Die Einigung wurde vom Grafen von Hohnstein vermittelt. Katharina von Wintzingerode hat sie nicht mehr miterlebt. Durch die Einigung vom 10.09.1577 wurden die Töchter, die von Heinrich von Saldern, Hans Friese und Andreas Krause vertreten wurden, mit 7500 Talern als väterliches und mütterliches Erbteil abgefunden; vgl. *Wintzingerode*, Stammbaum, S.56; LHASAMD Rep. H Bodenstein Nr.78 (Vertrag), 187 (Vormundschaft), 231 (Erbschaftsstreit zwischen Hans und Katharina von Wintzingerode 1575).

der kurfürstlichen Regierung gegen Barthold gewesen waren. Vielmehr kam es wegen des Scharfensteins und des Bodensteins in Besteuerungs- und in Konfessionsfragen zu erheblichen Auseinandersetzungen, die jene aus der Zeit Bartholds bekannten Konfliktlinien wiederbelebten. Ebenso engagierten sich die Wintzingerode der verbliebenen Scharfensteiner Linie wie selbstverständlich im ständischen Widerstand gegen Stralendorf.[44] Das konnte nicht verwundern: Die Scharfensteiner Pfandburg wurde 1582/83 von Kurfürst Wolfgang eingelöst und ging der Familie verloren.[45] Immerhin wussten die Wintzingerodes – gleichsam in Fortführung der Taktik Bartholds – in den folgenden Jahrzehnten die braunschweigische Karte so geschickt zu spielen,[46] dass sie – obgleich unzweideutig eichsfeldischer Landstand – eine gewisse Sonderrolle im kurfürstlichen Herrschaftssystem des Eichsfeldes einnahmen. Die Frage nach der Stellung des Bodensteins gegenüber den Mainzer Kurfürsten wurde während des Dreißigjährigen Krieges von der Familie und mit braunschweigischer Unterstützung neu gestellt.[47] Sie blieb uneindeutig. Der Bodenstein und seine Gerichtsdörfer verblieben im Familienbesitz und stellten neben denjenigen der Hanstein, Tastungen und Hagen sowie der Stadt Duderstadt die wenigen Refugien dar, die den eichsfeldischen Protestanten blieben.[48] Insofern führten die Vettern und ihre Nachfahren das Vermächtnis Bartholds fort; aber eher trotz seiner, nicht wegen ihm. Ihr Verhalten erwies sich – so zynisch, gar unmenschlich es klingen mag – familienpolitisch als richtig: zum einen weil sie damit ein Vorgehen des Mainzer Kurfürsten gegen die Gesamtfamilie verhinderten, wie es durchaus in ähnlichen Fällen anderer Adeliger im Reich geschehen war; zum anderen weil sie ohne das Vorgehen gegen den verhassten Vetter angesichts der unsicheren politischen Situation des Bodensteins und nach dem Verlust des Scharfenstein vor einer mehr als ungewissen Zukunft gestanden hätten. Gerade der Kampf gegen ihren Vetter

[44] Stralendorf selbst beschwerte sich ja über das Zusammengehen der Wintzingerodes mit anderen Adeligen im Widerstand gegen ihn; vgl. LHASAMD Rep. A 37a Nr. 1263, fol. 165 ff.: Schreiben Stralendorfs an Erzbischof vom 29. 11. 1595.

[45] Vgl. *Golland*, Burg, S. 194; *Reinhold/Henkel*, Burg, S. 26; *Christ/May*, Handbuch, S. 356; LHASAMD Rep. H Bodenstein Nr. 619–621: Scharfensteinsche Separationssache.

[46] Vgl. LHASAMD Rep. A 37a Nr. 80, 82–88; LHASAMD Rep. A 40 I Nr. 21; *Wintzingerode*, Stammbaum, S. 22–32.

[47] Vgl. *Wintzingerode*, Stammbaum, S. 29–41; *Wintzingerode/Winkelmann/Gassmann*, Burg, S. 24–30; LHASAMD Rep. H Bodenstein Nr. 782 (Lehensmutung gegenüber Mainz 1576) Nr. 815 (Lehensmutung nach dem Tod Herzogs Wolfgang von Braunschweig 1576–78).

[48] Vgl. LHASAMD Rep. H Bodenstein Nr. 618-621; LHASAMD Rep. H Bodenstein Nr. 2053, LHASAMD Rep. H Bodenstein Anhang Nr. 1421, 1985; *Knieb*, Geschichte, S. 392–416 besonders S. 394; *Wintzingeroda-Knorr*, Kämpfe II, S. 91–111, besonders S. 99 f.; *Wand*, Reformation, S. 190–197 mit Anm. 392; *Myron Wojtowytsch*, Die Duderstädter Ratsherren im 16. und 17. Jahrhundert. Aspekte der sozialen Stellung einer kleinstädtischen Führungsschicht, in: Niedersächsisches Jahrbuch für Landesgeschichte 58 (1986), S. 1–26, hier S. 22–26.

sicherte der Familie den Bodenstein, während Barthold von Wintzingerode wenig zum Fortkommen der Familie beigetragen hatte.

Der Erfolg dieser Strategie erweist sich auch daran, dass die verbliebene Linie im Unterschied zu ihrem hingerichteten Vorfahren jedoch als geachteter Teil des eichsfeldischen Adels galt. Theodor von Steinmetz – wiewohl ausdrücklich um Unparteilichkeit bemüht – hob die Wintzingerode aus dem übrigen eichsfeldischen Adel heraus, wenn er formulierte, dieses Geschlecht habe stets „wegen angebohrner angenehmer Manier mit maenniglichen zu handeln bey Keyser= und Königlichen so wohl / als Fuerst= und Graeflichen Hoefen; theils wegen eingepflanzter hohen Gaben und Vorsichtigkeit des Verstandes in Gesandschafften und Verschickungen; theils wegen natuerlichen Heldenmuths / in hohen Kriegs Verrichtungen; theils wegen bereitfertigten Gemueths die Gerechtigkeit zu befordern in justiz-Sachen sich ruemlich gebrauchen lassen."[49] Was dem Leser vermittelt werden sollte, war eindeutig das Bild, dass es sich bei den Wintzingerodes um ein anerkanntes und integriertes kurfürstlich-mainzisches Adelsgeschlecht des Eichsfeldes handelte;[50] und integriert war es, mindestens politisch. Denn als gleichberechtigte Mitglieder der Ritterkurie des Landtags hatten die Wintzingerodes bis zum Ende der kurfürstlichen Herrschaft 1802 Anteil an den dortigen Verhandlungen. Stets versahen sie im 17. und 18. Jahrhundert entsprechende Ämter der ständischen Finanzkontrolle.[51] Der Hinrichtung Bartholds folgte weder sozial noch politisch eine Exklusion oder Stigmatisierung der Restfamilie. Insofern machte sich auch an dieser Stelle die der Causa Wintzingerode folgende, aber nicht auf ihr beruhende Kohärenzverdichtung in der Ritterschaft bemerkbar.

All dies spiegelte sich zugleich in der weiteren Gesamtentwicklung des eichsfeldischen Niederadels wider. Sie war von erstaunlicher Dynamik und Flexibilität geprägt. Dies erwies sich bereits an der Konsistenz der Ritterschaft. Vom Spätmittelalter bis zum Beginn des 19. Jahrhunderts starben fünf Sechstel der Adelsfamilien aus.[52] Diesem großen Adelssterben stand das

[49] *Steimetz*, Ursprung, S. 109. Steinmetzens Ausführungen nahmen sieben Seiten in Anspruch, was einen Umfang darstellte, der nur mit den Darstellungen zu den Hanstein, Hardenberg und Hagen vergleichbar war.

[50] Genau dies gilt es bei der Beurteilung von Steinmetzens Abhandlung zu berücksichtigen: Genaugenommen handelte es sich nämlich um ein vergiftetes Lob. Steinmetz widmete sein Werk dem Gönner seiner eigenen Familie: dem Mainzer Kurfürsten, der seinerseits ein genuines und vitales Interesse daran haben musste, das Geschlecht der Wintzingerode als kurfürstlich-mainzisches, auf dem Eichsfeld integriertes Adelsgeschlecht medial prononciert dargestellt zu wissen. Leider ist nicht bekannt, wie die Familie von Wintzingerode auf das Werk des Steinmetz reagierte, zumal bei Steinmetz ausdrücklich die Belehnung Adolph Ernsts und seines Bruders Bertram Ludolph mit dem Bodenstein durch Kurfürst Anselm Casimir – also ein politisch höchst strittiger Vorgang – vermerkt wurde.

[51] Summarisch hierzu vgl. LHASAMD Rep. H Bodenstein Nr. 3552.

[52] Vgl. *Steinmetz*, Ursprung, S. 33; *Wolf*, Urkundenbuch, S. 8–20.

Nachrücken einiger neuer Familien gegenüber.[53] Sie waren in erster Linie mit dem Kurfürsten und in weit geringerem Maße mit dem bis dahin alteingesessenen eichsfeldischen Adel verbunden, dem schon im Spätmittelalter neue Familien zugewachsen waren. Insofern erwies sich diese Adelsformation als eine offene Elite, die sich nicht durch gezielte Exklusionsmechanismen – wie die in Mainz praktizierten Ahnenproben – nach außen hin sozial-personell abschottete. Solche Exklusionsstrategien waren jedoch auch nicht zwingend notwendig, weil es im Gegensatz zu den Hoch- und Erzstiften des Mittelrheins und des Mains auf dem Eichsfeld materiell nur wenig zu verteilen gab und das Eichsfeld keine mit Pfründen gesegnete Region war, in die Adelige hineindrängten. Insofern gingen die alteingesessenen Adelsfamilien einerseits mit den neu hinzugekommenen vordergründig gelassen um. Andererseits erweist sich an den Entwicklungen des 19. Jahrhunderts ein vorhandener, wenigstens aber in dieser Zeit markierter Unterschied, der sich in der eichsfeldischen Geschichtsschreibung niederschlug. Denn nicht die neu nobilitierten Familien schrieben im 19. und beginnenden 20. Jahrhundert die Landesgeschichte des Eichsfeldes – sie hatten ja nichts zu erzählen –, sondern jene über Jahrhunderte hinweg auf dem Eichsfeld und dessen Nachbarschaft agierenden Geschlechter der Wintzingerode, Hanstein, Knorr, Bodungen, Uslar und Westernhagen. Sie definierten sich seitdem in zeit- und geographietypischer Weise als ‚uradelig' und markierten damit ein entscheidendes Distinktionsmerkmal, das keiner weiteren Erklärung bedurfte und zudem offen für neue Konzepte nationaler Selbstwahrnehmung war.[54]

Die biologische Schwächung des eichsfeldischen Adels war nicht gleichbedeutend mit seiner politischen Entwicklung. Zweifellos setzte sich nach jahrzehntelangen Konfessionskämpfen im Gefolge des Westfälischen Friedens die kurfürstliche Konfessionspolitik durch. Davon blieb jedoch einerseits der Adel in seinen Konfessionsentscheidungen unberührt,[55] andererseits vermochte er die unter Stralendorf gefundene Basis ständischer Politik und adeliger Herrschaftspartizipation durch Institutionen zu behaupten und wahrzunehmen. Die Protokolle der Landtagsverhandlungen geben hierüber einigen Aufschluss, weil sie ausweisen, dass die Landespolitik des 17. und

[53] Ein Beispiel hierfür wäre die aus dem Braunschweigischen stammende, katholische Familie von Horn, die seit dem Beginn des 17. Jahrhunderts insbesondere in Duderstadt lebte und in kurfürstlichen Diensten stand; vgl. *Kesseling*, Geschichte, passim.

[54] Zum Begriff des Uradels und seiner Entwicklung zum Distinktionsmerkmal innerhalb des deutschen Adels im 19. Jahrhundert vgl. *Godsey*, Nobles, S. 48–71.

[55] Bei den Hanstein etwa wurde das protestantische Bekenntnis im Fritzlarer Teilungsvertrag vom 29. 10. 1579 zwischen Kaspar, Melchior, Lippold und Heinrich von Hanstein festgeschrieben. In anderen Familien konvertierten viele Mitglieder aus persönlichen Gründen. Ansonsten galt auf dem Eichsfeld – bedingt durch die politischen Gegebenheiten und aufgrund des Willens der Regierung –, dass der Katholizismus offizielle Landesreligion war, protestantische Gemeinden bzw. Gläubige, sofern sie existierten, stillschweigend geduldet wurden; vgl. *Müller*, Abschied, S. 127 f.; *Linsingen*, Geschichte, S. 61 ff., 68–72; *Wätjen*, Geschichte, S. 52 f.

18. Jahrhunderts von einem – keineswegs immer konfliktfreien – Zusammenspiel zwischen Landesherrn und Landständen geprägt war.[56] Wichtiger aber noch erscheinen die Biographien der einzelnen Mitglieder der verschiedenen Adelsfamilien. Parallel zur Konsolidierung ihrer eichsfeldischen Position setzten sie nämlich sehr effektiv ihre über Jahrhunderte hinweg verfolgte Strategie der Diversifizierung von Ressourcen, Verbindungen und Lebenschancen fort. Sie machten das, was sie am besten konnten: Bewahren, Ausweichen und Weiterentwickeln, nun aber nicht mehr in grundsätzlicher Konfrontation, sondern in grundsätzlicher Kooperation mit der Mainzer Regierung, auf die sie nicht mehr grundsätzlich angewiesen waren, die sie jedoch weiterhin im Sinne einer Rückversicherung pflegten. Beschleunigt durch die politischen Rahmenbedingungen des eichsfeldisch-erzstiftischen Politiksystems, das nur wenig Ressourcen und Chancen bot, machten viele Familienmitglieder ihr Glück bei anderen Fürsten und gelangten auf diese Weise in neuen Besitz sowie höchste Positionen. Von den männlichen Mitgliedern der Familie von Hanstein diente nur ein einziger – Gottlob Alexander (1691–1749) – als Major in der kurmainzischen Armee, sehr viele dagegen in den karrierestrategisch attraktiveren Heeren anderer deutscher Fürsten als Obristen oder Generale, manche in den fürstlichen Regierungen als Räte. Karl Philipp Emil von Hanstein avancierte in der ersten Hälfte des 19. Jahrhunderts zum kurfürstlich-hessischen Staatsminister.[57] Aus den Reihen der Linsingen gingen kaiserliche Reichshofräte und hohe Militärs hervor.[58] Ähnlich entwickelte sich die Familie von Westernhagen.[59] Die Familie von Minnigerode stellte im 18. Jahrhundert mit August Friedrich von Minnigerode (1687–1747) einen hessen-darmstädtischen Premierminister.[60] Gleiches galt schließlich für die Familie von Wintzingerode: Heinrich Jobst von Wintzingerode (1628–1677) wurde kurmainzischer Kämmerer, andere dagegen preußische, braunschweigische, hessische, mainzische oder niederländische Offiziere.[61] Georg Ernst Levin von Wintzingerode (1752–1834) wurde 1801 zum württembergischen Premierminister ernannt, nachdem er zunächst als Offizier in den Diensten des Landgrafen Friedrich II. von Hessen-Kassel und seit 1788 als Oberhofmeister der Landgräfin-Witwe Philippine – einer Nichte Friedrichs II. von Preußen – gewirkt hatte, die er 1796 heiratete.[62] Sein Sohn Heinrich Levin

[56] LHASAMD Rep. H Bodenstein Nr. 3551–3555; LHASAMD Rep. A 40 I 1a Nr. 28I; Rep. A 40 I 7c Nr. 6; LHASAMD Rep. A 40 II Nr. 1a,1b, 2, 3; LHASAMD Rep. A 37a Nr. 1283–1293.

[57] Vgl. *Strotkötter*, Burg, S. 156–161; *Hanstein*, Überblick, S. 29–36.

[58] Vgl. *Linsingen*, Geschichte, S. 48 f., 85 f.

[59] Vgl. *Westernhagen*, Geschichte, S. 267–353.

[60] Jener August Friedrich stiftete in der Jahrhundertmitte auch das Kapital für den Fideikommiss in Höhe von 70 000 Gulden; vgl. *Minnigerode/Leist*, Geschichte; LHASAMD Rep. H Bockelnhagen Nr. 758, 759.

[61] Vgl. *Steinmetz*, Ursprung, S. 111 f.

[62] Vgl. *Wintzingerode*, Stammbaum, S. 57–79; *Bernhard Opfermann*, Gestalten des Eichsfeldes. Ein biographisches Lexikon, bearbeitet von Thomas T. Müller, Gerhard Müller,

(1778–1856) folgte ihm im württembergischen Staatsdienst nach, avancierte zum königlichen Gesandten an den führenden europäischen Höfen und wurde 1819 zum Staatsminister des Äußeren berufen. Als Vertreter gemäßigt liberaler Grundsätze geriet er mit Metternich mehrfach in Konflikt und trat schließlich 1823 von seinem Amt zurück, als der württembergische Monarch – König Wilhelm I. – eine isolationistische Politik betrieb. Weil zuvor gemachte Zusagen zu seiner materiellen Versorgung durch den württembergischen König nicht eingehalten worden waren und nachdem sich zu unbedachten heftigen Reakionen hatte hinreißen lassen, zog er sich verbittert auf den Bodenstein zurück und lebte dort zurückgezogen.[63]

Mit solchen Karrieren einzelner erfolgreicher Familienmitglieder war durchaus auch ein standesrechtlicher Aufstieg verbunden. Die Hagen-Rüdigershagen durften sich seit den vierziger Jahren des 18. Jahrhunderts als Freiherrn bezeichnen.[64] Die Akzeptanz ihrer Freiherrnwürde erreichte die Familie von Hanstein durch die Herausgeber des Genealogischen Taschenbuchs zwar erst 1856. Sie durfte sich in deren Besitz allerdings schon Jahrzehnte zuvor und noch zu kurfürstlich-mainzischen Herrschaftszeiten wähnen.[65] Die Linsingen der Linie Birkenfeld-Udra wurden 1816 angesichts der Verdienste des Generals Carl Christian Freiherr von Linsingen in den Befreiungskriegen in den Grafenstand erhoben.[66] Ein Zweig der Familie von Wintzingerode erreichte die kaiserliche Erhebung in den Reichsgrafenstand im Gefolge des Aufstiegs von Georg Ernst Levin 1794, während die übrige Familie im Freiherrnstand verblieb.[67]

4. Fazit: Adaption, Integration und Diversifikation als Garantiebündel adeliger Lebensweise

Die eichsfeldische Ritterschaft bedurfte keines vermeintlichen Märtyrers. Sie war auch ohne problematische Konsens- und Symbolfigur stark, lernfähig und selbstbewusst genug, um durch gelungene Komposition und Mischung der verschiedenen Sorten adeligen Kapitals ständisch-politisch auf vielfältige Weise zu überleben sowie durch gleichzeitiges adaptives und bewahrendes

Heinz Scholle, Heiligenstadt ²1999, S. 375 f.; *Wintzingerode / Winkelmann / Gassmann*, Burg, S. 31–41; *Heinrich Jobst Graf v. Wintzingerode*, Württembergs Weg zum Königreich und die beiden Minister Wintzingerode, in: ZWLG 66 (2007), S. 239–248.

63 Vgl. *Opfermann*, Gestalten, S. 377; *Wintzingerode / Winkelmann / Gassmann*, Burg, S. 42–45; *Wintzingerode*, Württembergs Weg. Mit Metternich geriet er über die Verfassungen der Mitgliedsstaaten des Deutschen Bundes in heftigen Konflikt. Nach seiner Demission lebte er auf dem Bodenstein und in Göttingen.

64 Vgl. *Wätjen*, Geschichte, S. 52 f.

65 Vgl. *Hanstein*, Überblick, S. 27 ff.

66 Vgl. *Linsingen*, Geschichte, S. 85 f.

67 Vgl. *Wintzingerode*, Stammbaum, S. 57–79; *Opfermann*, Gestalten, S. 375 f.; HStAHa Hann. 69 A Nr. 95.

Verhalten ‚oben zu bleiben'. Die Causa Wintzingerode ging dennoch keineswegs spurlos an der eichsfeldischen Ritterschaft vorüber. Sie besaß die Qualität eines Initialereignisses, insofern sie die Gültigkeit existenter Normen für jeden Angehörigen des Adelsstandes verdeutlichte und einen neuen Verständigungsprozess über den Gruppenwillen einleitete. Unausgesprochen war man sich schon zuvor darüber einig gewesen, dass man als Herrschaftsstand im Lande überleben wollte. Nun jedoch erzwang der gegenüber Barthold von Wintzingerode deutlich gewordene Mainzer Herrschaftswille eine weitaus stärkere Verständigung und Zusammenarbeit der Gesamtgruppe, die damit einwilligte, als Herrschaftsstand innerhalb der existenten – kurfürstlichen – Institutionen zu agieren, nicht bloß als ‚Einzelkämpfer'. Die Causa Wintzingerode markierte nicht das Ende, sondern den Übergang zu einer neuen Phase von Adelsmacht auf dem Eichsfeld,[68] in der das Land politisch aus der Summe von Adelsmacht und Fürstenmacht resultierte. Adelige Existenz, Eigenmacht und Eigensinn definierten sich teils neu, teils orientierten sie sich neu, nachdem sich das einem Hazardeur gleichende Vorbild Bartholds als untragbar und alles andere als zukunftsträchtig, weil selbstzerstörerisch erwiesen hatte.

Bartholds Schicksal war ein Signal für zukünftige korporative Wachsamkeit gegenüber der kurfürstlichen Regierung, kein Auslöser genereller ständischer Opposition. Seit dem achten Jahrzehnt des 16. Jahrhunderts formierte sich die eichsfeldische Ritterschaft unter Integration der Wintzingerodes korporativ als ständisch-politisches Gegengewicht zum Kurfürsten und seinem Oberamtmann. Dies geschah nicht ausschließlich als Gegenbewegung, sondern weil durch Integration in die vorgegebene politische Systemik und durch Partizipation in ihren Institutionen der eigene Herrschaftsanspruch am besten zu erhalten war. Gleichermaßen bedurften die Mainzer Kurfürsten solcher adeligen Partizipation. Ohne den Adel funktionierte auf dem Eichsfeld – wie auch andernorts – Territorialpolitik nicht und entsprechend sah das Mainzer Angebot aus: politische Teilhabe durch Einordnung und damit verbundener Akzeptanz der uneingeschränkten Hierarchisierung von Herrschaft. Umgekehrt galt Ähnliches: Ohne ein gutes Verhältnis zum kurfürstlichen Landesherrn war adelige Eigenmacht auf dem Eichsfeld prekär, unerfreulich und immer gefährdet. Daran änderte auch die weiterhin und erfolgreich verfolgte Strategie der sozialen und herrschaftsgeographischen Diversifizierung der Ressourcen nichts. Der Erhalt der Eigenmacht war das Hauptmotiv der Ritterschaft zur Kooperation, die keinesfalls mit Kollaboration verwechselt werden darf. Denn nur die so erhaltene Eigenmacht ermöglichte es, den adeligen Eigensinn – den Selbstanspruch, selbstbestimmt handeln zu können – zu erhalten.

[68] Wie selbstbewusst die adeligen Familien ihre adelige Eigenmacht noch im 19. Jahrhundert zelebrierten, erweist sich nicht zuletzt darin, dass sie in ihren Familiengeschichten und Privatarchiven eigene Abteilungen zur Verzeichnung ihrer „Subvasallen" organisierten; LHASAMD Rep. H Bodenstein Nr. 1203-2043; LHASAMD Rep. E Hanstein (Besenhausen) C II Nr. 3–6, III d Nr. 8, VII Nr. 3–4; LHASAMD Rep. E Westernhagen III Nr. 1–29; *Westernhagen*, Geschichte, S. 133–157.

Das Leben Bartholds und insbesondere sein Ende bewiesen eindrücklich, wie stark der Zwang für Adelige war, sich angemessen in soziale Kontexte einzubinden und anzupassen, Grenzen auszutesten, sie aber auch – ebenso wie politische Entwicklungen – zu akzeptieren. Nicht allein das Vorhandensein adeliger Kapitalsorten – materielle Ressourcen, Prestige und personale Beziehungen – waren von Bedeutung und unter Umständen auch entscheidend, sondern auch deren Mischungsverhältnis. Bartholds materielle Stärke mochte der Stärke seiner Sozialbeziehungen gleichkommen. Doch führte beispielsweise die Tatsache, dass er über Jahre hinweg mehrere Reiter unterhalten und für seine Interessen einsetzen konnte, dazu, dass er zwar einerseits respektiert, andererseits aber eben auch gefürchtet war und so seinen eichsfeldischen Standesgenossen suspekt wurde. Denn gleichzeitig stand er mit ihnen in massiven Auseinandersetzungen, war ihnen teilweise verhasst und kaum verbunden. Dagegen nutzten ihm seine intensiven und wohl gepflegten Beziehungen zu anderen adeligen Söldnern in materieller Hinsicht, um weitere Anstellungen zu erlangen, sich in derartigen Gewaltgemeinschaften zu etablieren und sich auf diese Weise abzusichern. Doch erwiesen sie sich als dysfunktional, um im lokalen bzw. regionalen Kontext bestehen zu können. Barthold von Wintzingerode erschien vielen seiner eichsfeldischen Standesgenossen als zu stark und weil er das Hauptgewicht seiner Sozialbeziehungen auf Kontakte in außereichsfeldische Politik- und Sozialsysteme legte, die dem eichsfeldisch-hohnsteinschen Netzwerk konkurrenzhaft gegenüber standen. So bestand letztlich kein Interesse, ihn zu unterstützen.

Sowohl die Einzelelemente der verschiedenen Kapitalsorten als auch deren Verhältnis zueinander konnten demnach miteinander im Widerstreit stehen, sich gegenseitig aufheben oder kontraproduktiv sein. So gesehen konnte ein Adeliger nicht einfach nur zu wenig von dem einen oder dem anderen Kapital besitzen. Er konnte auch zu viel von einer Kapitalsorte bzw. einem Element einer Kapitalsorte besitzen. Verstärkt wurde dies im Falle Bartholds durch die innerfamiliären Verhältnisse. Sie bedeuteten keine Unterstützung, sondern eine zusätzliche Belastung für ihn. Adeliges Leben mochte in besonderem Maße von Familiarität geprägt sein. Dies war jedoch weder gleichbedeutend mit Harmonie noch mit der Selbstverständlichkeit des Ausgleichs der Einzelinteressen bzw. deren Harmonisierung. Stattdessen erforderte der Eigensinn eines jeden adeligen Familienmitglieds den Willen zur Durchsetzung seiner Einzelinteressen bewusst auch gegen den Willen und auf Kosten anderer Familienmitglieder. Hans und Bertram von Wintzingerode taten nichts anderes als Barthold von Wintzingerode: Sie wahrten ihre materiellen und politischen Interessen, die sie rational und im Gegensatz zu ihrem Bodensteiner Vetter definiert hatten. Adeliger Eigensinn und adeliger Familienzusammenhalt schlossen also einander durchaus nicht selten aus. Das bedeutete nicht, dass die Ziele und grundsätzlichen Interessen der Vettern denjenigen Bartholds völlig widersprachen, wie sich in der Stellung des Bodensteins oder der Konfessionszugehörigkeit erwies. In beiden Fällen verfolgten die Vettern die Linie Bartholds, aber auf geschicktere Weise und nachdem sie sich gegen ihren Vetter durchgesetzt hatten. Es lässt sich sogar sagen, dass gerade wegen des Gleichklangs ihrer Interessen und Ziele und wegen der Ähnlichkeit der sozialen bzw. politischen Zwänge die beiden Vettern ihren Bodensteiner Verwandten beseitigen mussten. Auch Hans und Bertram von Wintzingerode waren keine ‚Fürstenknechte', sondern Adelige, die überleben wollten.

Daher wurde Barthold von Wintzingerode auch nicht wegen seines protestantischen Bekenntnisses von den Kurfürstlichen beseitigt, sondern als protestantischer Adeliger, der sich gegenüber allen relevanten politischen Kräften seines Umfeldes renitent verhalten hatte. Konfessionelle Aspekte waren für diesen Vorgang weder ursächlich noch zielgerichtet. Sie waren dem Geschehen gleichwohl inhärent, weil Politik und Religion zu dieser Zeit als untrennbar miteinander verbunden, wenn auch in einem ambivalenten Verhältnis zueinander stehend begriffen wurden und weil seit dem Augsburger Religionsfrieden die Konfessionsentscheidung einen Teil der fürstlichen Souveränität ausmachte. Jeder Territorialkonflikt, der die Frage der Subordination unter die Fürstenmacht thematisierte, beinhaltete automatisch auch die Religionsproblematik. Es stellte sich lediglich die Frage, in welchem Ausmaß und mit welcher Zielrichtung. Im Falle Bartholds von Wintzingerode lag auf der Hand, dass die Ausschaltung des renitenten Adeligen einer Schwächung der protestantischen Fraktion auf dem Eichsfeld gleichkommen musste. Dabei handelte es sich jedoch um einen – angesichts des späteren Konfessionskonflikts nicht unbedeutenden, sicherlich einkalkulierten, aber nicht intendierten – Nebeneffekt. Erst im 19. Jahrhundert wurde aus diesem Nebeneffekt ein Hauptfaktor der Interpretation der historischen Entwicklung auf dem Eichsfeld und des Schicksals dieses Adeligen. Vorerst handelte es sich um einen Vorgang der territorialpolitischen Domestizierung.

VII. Das verspätete Berufungsverfahren im 19. und beginnenden 20. Jahrhundert – ein Epilog?

1. Vom verschwiegenen Sonderling zum Familien- und Konfessionsmärtyrer

Politisch abgeschlossen und weitgehend vergessen,[1] wurde die Causa Wintzingerode in den folgenden Jahrhunderten zum Gegenstand der historisch-romantischen Verklärung wie in der Darstellung des Eichsfeldes durch Carl Duval, die er 1845 im Rahmen seiner Beschreibung des Eichsfeldes veröffentlichte.[2] Wenigstens fußend auf einer Familiengeschichte des Grafen Heinrich Levin von Wintzingerode (1778–1856), vielleicht sogar von diesem angeregt,[3] erschien der Ritter Barthold in Duvals Beschreibung eher als ironisierte Gespensterfigur denn als Objekt familiärer Selbstinszenierung, die sich in irgendeiner Weise konkret und unmittelbar hätte nutzen lassen.[4] Gleichwohl

[1] Eine im 17. Jahrhundert angefertigte, bis in die Moderne vorhandene und im Hausarchiv Wintzingerode gelagerte sogenannte Chronik Veltheim existiert heute nicht mehr, was umso bedauerlicher ist, weil an ihr der familiäre Umgang mit dem Schicksal Bartholds überprüft werden könnte. Folgt man einem frühen Geschichtserzähler des Eichsfeldes – dem anschließend näher zu erwähnenden Carl Duval –, konnte der Besucher des Schlosses Bodenstein in der ersten Hälfte des 19. Jahrhunderts in der rund 200 Stücke zählenden Porträtsammlung der Familie auch ein Bild des Barthold von Wintzingerode sehen. Heute ist dieses nicht mehr vorhanden. Ob es sich dabei um jenen Barthold des 16. Jahrhunderts oder jenen mittelalterlichen Barthold von Wintzingerode aus dem 14. Jahrhundert handelte, muss ungeklärt bleiben; vgl. *Carl Duval*, Das Eichsfeld oder historisch=romantische Beschreibung aller Städte, Burgen, Schlösser, Klöster, Dörfer und sonstiger beachtungswerther Punkte des Eichsfeldes, Sondershausen 1845 (ND Hannover-Döhren 1979), S. 525 f.

[2] Vgl. *Duval*, Eichsfeld, hier für Bodenstein relevant S. 515–535. Duval (1807–1853) stammte aus einer protestantischen Familie, die aus Frankreich immigriert und von Braunschweig aus nach Nordhausen gekommen war. 1828 begann Duval sein Studium der protestantischen Theologie in Halle, das er nach drei Jahren erfolgreich beendete. 1832 übernahm er eine Hauslehrerstelle in Großbodungen. Die Tätigkeit als Hauslehrer setzte er trotz erfolgreicher Predigtprüfung zeitlebens fort, unterbrochen nur durch einen einjährigen Aufenthalt 1847/48 in Berlin als Zensurbeamter. 1848 gründete er in Nordhausen eine Privatschule als Vorbereitungsanstalt für Gymnasium und Realschule, der er sich neben seiner umfangreichen, dem Eichsfeld gewidmeten literarischen Tätigkeit ganz widmete. Bereits 1838 hatte Duval eine ehemalige Schülerin geheiratet. Zu seiner Biographie vgl. *Opfermann*, Gestalten, S. 78 f. mit weiterer Sekundärliteratur.

[3] Im Privatbesitz der Familie von Wintzingerode befindet sich noch heute ein handgeschriebenes Heft des Grafen Heinrich Levin, dessen Inhalte – teilweise bis in die Formulierungen hinein deckungsgleich – mit der Beschreibung Duvals übereinstimmen; vgl. Privatbesitz Wintzingerode, Heinrich Levin Graf von Wintzingerode, „Schloss Bodenstein", um 1840.

[4] *Duval*, Eichsfeld, S. 530.

war im familiären Umfeld der Wintzingerodes bezüglich der Beurteilung dieses Vorfahren etwas in Bewegung geraten. Aus verschweigender Distanz war interessiertes Wohlwollen gegenüber diesem Vorfahren geworden. Er war jedenfalls präsent, wie manche Einträge im Stammbuch des Schlosses Bodenstein verraten. Philipp Otto von Münchhausen etwa verewigte sich im August 1841 mit dem Eintrag: „Wenn er Falschheit sieht, da kommt er in Wuth / sonst ist der Ritter Barthold gut."[5] Das neue Interesse an dem skurrilen Vorfahren entsprach ganz der durch die Romantik gesteigerten Begeisterung für das mittelalterliche Ritterwesen. Hierbei wurde Ritterlichkeit – verkörpert in Literaten wie Hutten oder Söldnerführern wie Sickingen, jedenfalls aber in praktisch handelnden Tugendmenschen – dem Privilegienadel des Ancien Régime entgegengestellt und zu einem zentralen Element der zeitgenössischen Adelsdefinition, in der der Grundbesitz und dessen Verteidigung ebenfalls eine bedeutende Rolle spielte, während neue Distinktionsbegriffe wie ‚Uradel' oder ‚Geschlechtsadel' neue Formen adeliger Binnenhierarchisierung markierten.[6] Bei dieser Form der familiären Verarbeitung der Geschichte dieses Vorfahren sollte es allerdings keineswegs bleiben. Sie unterlag einem charakteristischen Wandel.

Ein regelrechter historiographischer Krieg um Bartholds Geschichte wurde zu Beginn des letzten Jahrhunderts geführt: Zwei Jahre nach Erscheinen einer apologetischen Barthold-Biographie aus der Feder des Wilhelm Clothar Freiherr von Wintzingerode (1871–1929) schrieb der katholische Pfarrer und Geistliche Rat zu Heiligenstadt – Philipp Knieb (1849–1915) – im Vorwort zur zweiten Auflage seines Werkes über das Reformationsjahrhundert auf dem Eichsfeld: „Eine Auseinandersetzung mit Herrn v. Wintzingerode ist unmöglich, da er nicht angibt, welche meiner Äußerungen über den ‚brutalen, ungeschlachten, einem wilden Genussleben frönenden, aber gleichwohl nicht ohne Züge echter Männlichkeit und selbst einer gewissen Herzensgüte' (Mitteilungen aus der historischen Literatur, herausgegeben von der historischen Gesellschaft in Berlin, 37. Jahrgang, S. 301 f.) dastehenden Barthold von Wintzingerode er im Auge hat, wie er es sich überhaupt mit seinen Zitaten sehr bequem gemacht hat."[7] Weiter bemerkte Knieb zu den methodischen Mängeln der Wintzigerodeschen Biographie und zu dessen „Zerrbild dieses Prozesses": „Seine Voreingenommenheit, seine falsche Auffassung der Schriftstücke, seine Unkenntnis mit dem damaligen zu Recht bestehenden gerichtlichen Verfahren, seine gegen die elementarsten Regeln verstoßende Art des Zitierens aus den Quellen haben ihn in den wichtigsten Umständen

[5] Privatbesitz Wintzingerode, Stammbuch des Schlosses Bodenstein, Eintrag des Philipp Otto von Münchhausen vom 24.08.1841.

[6] Vgl. *Godsey*, Nobles, S. 48–71; *Alexandra Gerstner*, Neuer Adel. Aristokratische Elitekonzeptionen zwischen Jahrhundertwende und Nationalsozialismus, Darmstadt 2008, S. 28–31.

[7] *Knieb*, Geschichte, S. VI.

Abb. 5: Levin Georg Karl Wilhelm Freiherr von Wintzingeroda-Knorr (1830–1902).

zu groben Verstößen gegen die historische Wahrheit verleitet."[8] Der Freiherr seinerseits hatte mit seiner 1907 veröffentlichten Biographie auf die erste Auflage von Kniebs voluminöser „Geschichte der Reformation und Gegenreformation auf dem Eichsfelde" aus dem Jahr 1900 reagiert. Kniebs Monographie präsentierte sich als katholische Replik zur protestantischen Martyriologie der „Kämpfe und Leiden der Evangelischen auf dem Eichsfelde"[9] aus der Feder des Levin Georg Karl Wilhelm Freiherr von Wintzingeroda-Knorr (1830–1902), einem bei Erscheinen der Barthold-Biographie bereits verstorbenen Verwandten Wilhelm Clothars. Letzterer machte sich diese Konstellation nun zu eigen, wenn er formulierte: „In mehr polemischer, als sachlicher Weise hat ein anderer Historiker in neuester Zeit zwar fast jede Behauptung des Verfassers der ‚Kämpfe und Leiden der Evangelischen auf dem Eichsfelde' anzufechten versucht. Aber eine der Behauptungen seines wissenschaftlichen Gegners erkannte der Verfasser der ‚Geschichte der Reformation und Gegen-

[8] Vgl. *Knieb*, Geschichte, S. 135 Anm. 6.

[9] *Levin Freiherr von Wintzingeroda-Knorr*, Die Kämpfe und Leiden der Evangelischen auf dem Eichsfelde während dreier Jahrhunderte (Schriften des Vereins für Reformationsgeschichte 136), 2 Teile, Halle 1892/93.

reformation auf dem Eichsfelde‘ als richtig an, die durch ein Beiwort gezeichnete Charakteristik Bartholds von Wintzingerode“[10].

Der so angegriffene Knieb beließ es nicht bei einer einmaligen Reaktion, er rezensierte Wintzingerodes Biographie im Jahrgang 1910 der Zeitschrift „Unser Eichsfeld“ nochmals ausführlich. Er wiederholte seine Kritik an Wintzingerodes Umgang mit den Quellen und an seiner summarischen, zudem fehlerhaften Zitationsweise und wies auf die juristische Korrektheit des Prozessverlaufs hin.[11] Noch im selben Band erwiderte dieser Kniebs Anmerkungen, wobei er sich dessen Kritik zu eigen machte und darauf hinwies, der Geistliche, der über drei Jahre hinweg eine Besprechung seines Werkes verhindert habe, kenne nicht die wichtigen Archivalien des bodensteinischen Hausarchivs. Zudem verwende Knieb eine Zitationsweise, durch die sich mittels „aus dem Zusammenhang herausgerissener Zitate auch das Unrichtigste beweisen, auch die verbürgteste Tatsache bestreiten läßt“[12]. Aus dem Streit um Barthold war folglich ein Methodenstreit erwachsen, der sich noch einige Zeit fortsetzte.[13] Genaugenommen handelte es sich jedoch nicht bloß um einen Streit um die Angemessenheit der Quellen und deren Wiedergabe. Die Wurzeln reichten tiefer, der Streit thematisierte letztlich kulturelle Seins- und Sichtweisen.

Mochte Wintzingerode noch so sehr die Ansicht vertreten, bei „der Fällung des Urteils über Barthold von Wintzingerode vergass man die Berücksichtigung einer Grundlage unparteiischer Geschichtsschreibung“[14], war seine Meinung für die spätere Rezeption des Ereignisses dennoch unmaßgeblich. Denn vergessen wurde mit der Zeit seine Barthold-Biographie, während die Monographie Kniebs zum maßgeblichen wissenschaftlichen Referenzwerk für das Konfessionszeitalter auf dem Eichsfeld avancierte und auch die zweifellos um wissenschaftliche Exaktheit bemühte, verdienstvolle Darstellung Wintzingeroda-Knorrs in den Hintergrund treten ließ. So hielt sich bis in die

[10] *Wintzingerode*, Barthold, S. VII.

[11] Vgl. *Philipp Knieb*, Besprechung von Wilhelm Clothar Freiherr von Wintzingerode, Barthold von Wintzingerode. Ein Kultur- und Lebensbild aus dem Reformationsjahrhundert, Gotha 1907, in: Unser Eichsfeld 5 (1910), S. 166–174.

[12] *Wilhelm Clothar Freiherr von Wintzingerode*, Erwiderung auf die Besprechung im III. Heft des Jahrgangs 1910, in: Unser Eichsfeld 5 (1910), S. 217–219. Nicht unerwähnt ließ der Freiherr, ein Kampf mit Knieb sähe er als aussichtslos an und sähe sich lediglich „als bisheriges Mitglied des Vereins für Eichsfeldische Heimatkunde“ zu einer Erwiderung verpflichtet“ (S. 217).

[13] Knieb ließ es sich nicht nehmen schon in demselben Band eine Erwiderung auf die Erwiderung Wintzingerodes zu veröffentlichen. Ansonsten gingen die beiden Kontrahenten publikationstechnisch fortan getrennte Wege, nicht aber ohne aufeinander zu reagieren; vgl. *Wilhelm Clothar Freiherr von Wintzingerode*, Burg Scharfenstein, in: Mühlhäuser Geschichtsblätter 11 (1910/11), S. 39–48; *Philipp Knieb*, Zur Abwehr, in: Unser Eichsfeld 5 (1910), S. 220–222; *ders.*, Die Kurfürsten von Mainz und die v. Wintzingerode im 16. Jahrhundert, in: Unser Eichsfeld 6 (1911), S. 243–251.

[14] *Wintzingerode*, Barthold, S. VII.

Gegenwart weitgehend die negative Beurteilung Bartholds als Raubritter,[15] der seinem Lehnsherrn das Lehnsgeld und die Treue, der Bevölkerung den Frieden versagte. Nur die moderne, von Heinrich Jobst Graf von Wintzingerode mitverfasste, von der Evangelischen Kirche der Kirchenprovinz Sachsen herausgegebene Kurzgeschichte der Burg Bodenstein bemüht sich um eine vorsichtigere Bewertung.[16]

Die insgesamt negative Beurteilung der politischen Bedeutung Bartholds korrespondiert zumeist mit der positiven Bewertung der protestantischen Konfessionstreue und der (angeblichen) Vorbildfunktion des Ritters. Allerdings sah erst Wintzingeroda-Knorr einen expliziten engen Zusammenhang zwischen der Gefangennahme Bartholds und dem Beginn der Rekatholisierung auf dem Eichsfeld[17] – ein Urteil, das moderne Historiker zu der Annahme verleitet hat, bereits seine Familie und auch die adeligen Standesgenossen – wiewohl doch angeblich ebenso Feinde des „Raub"-Ritters wie die übrige Bevölkerung[18] – hätten ihn als Märtyrer der protestantischen Religion betrauert oder gar verehrt.[19] An diesem Punkt gilt es daher genauer zu analysieren, seit welcher Zeit der Prozess die Menschen interessierte, warum dieser Vorgang überhaupt zu solchen Kontroversen führte und wie die Urteile über Barthold zustande kamen.

2. Politische Neuordnungen und gesellschaftliche Positionierungszwänge: ein Mythos entsteht

Für die intensive und derart kontroverse Rezeption der Affäre waren nicht das Leben und Schicksal Bartholds an sich verantwortlich, sondern eher die Umstände seiner adeligen Existenz, die im 19. und noch am Beginn des 20. Jahrhunderts neue Aktualität besaßen. Der Untergang des Alten Reiches im Gefolge der Napoleonischen Ära und der Wiener Kongress brachten für Deutschland und das Eichsfeld herrschaftliche Neuordnungen, die an alle

[15] So zuletzt *Wand*, Reformation, S. 101.

[16] Vgl. *Wintzingerode/Winkelmann/Gassmann*, Burg, S. 19–23.

[17] Vgl. *Wintzingeroda-Knorr*, Kämpfe I, S. 46.

[18] Vgl. *Knieb*, Geschichte, S. 134 unter Berufung auf den Bericht des Jesuitenprovinzials Thyraeus. Auch *Wintzingeroda-Knorr*, Kämpfe I, S. 45 f., kommt zu der Auffassung, Barthold sei ein Mann gewesen, „der zwar der Eichsfelder Ritterschaft angehörte, von keinem seiner Standesgenossen aber irgend welchen Beistand zu erwarten hatte, da er fast mit Jedem in Fehde gelegen."

[19] Vgl. *Inge Mager*, Katholiken und Protestanten als Minderheiten auf dem Eichsfeld, insbesondere in Duderstadt, in: Rottenburger Jahrbuch für Kirchengeschichte 13 (1994), S. 121–131, hier S. 127 f., mit dem unzulässigen Verweis auf *Christoph Lerch*, Duderstädter Chronik: von der Vorzeit bis zum Jahre 1973, Duderstadt 1979, S. 81, der eine solche Angabe keineswegs macht; *Enno Haase*, Die Evangelischen in Duderstadt von der Reformation bis zur Gegenwart, Duderstadt 1984, S. 42; *Wand*, Reformation, S. 101 f. mit Anm. 177 (unter Verweis auf Mager und Haase).

Akteure über Jahrzehnte hinweg enorme politische und gesellschaftliche Herausforderungen stellten. Dies galt nicht zuletzt für den Adel.

Am Beginn der historiographischen Kontroverse über das Leben Bartholds stand nicht umsonst die Veröffentlichung des mit eingehenden biographischen Erläuterungen versehenen Stammbaums der Familie Wintzingerode aus der Hand Eberhards von Wintzingerode im Jahr 1848. Seine biographischen Ausführungen zu Barthold waren einerseits das Ergebnis eines neuen, zunächst wertneutralen Interesses an diesem sonderbaren Ahnen, andererseits eröffneten sie ganz neue Sichtweisen auf ihn. Anregung scheint er in der Bistumsgeschichte des Mainzer Domdekans Franz Werner (1779–1845) aus dem Jahr 1830 gefunden zu haben, der die Gefangennahme des grausamen Barthold von Wintzingerode kurz erwähnt hatte. Werner hatte den Vorgang als Akt der Befriedung des Landes durch den um das Gemeinwohl besorgten Mainzer Kurfürsten Daniel Brendel dargestellt, sich weiterer Wertungen allerdings enthalten.[20] Seine Bemerkungen schienen Eberhard von Wintzingerode dennoch hinreichend provokant, schließlich maßte sich hier ein hochrangiger Mainzer Kleriker – und damit gewissermaßen ein Verlierer der politischen Entwicklung – die Deutungshoheit über die Geschichte seiner Familie und des Eichsfeldes an. Er griff Werner zitationsweise auf und kreierte jenen Barthold-Mythos, der bis heute seine Wirkung nicht verfehlt. Zum endlichen Schicksal Bartholds bemerkte der Autor: „Nach kurzem Proceß, und zwar nicht sowohl wegen Erschießung des Försters seiner Vettern, als hauptsächlich wegen seiner Widersetzlichkeit gegen den Churfürsten Daniel in Religions=Angelegenheiten, wurde er hier am 16ten September 1575, etwa 70 Jahre alt, auf dem Thiermarkte in Mainz öffentlich enthauptet und im Barfüßer=Kloster begraben."[21] Bedeutsam erscheint hierbei, dass bereits das macht- und religionspolitische Moment in die Interpretation einbezogen, ja es sogar zu dem entscheidenden Kriterium der Hinrichtung Bartholds erhoben wurde, der wegen der angeblichen Prozesskürze der Geruch des obrigkeitlichen Unrechts anzuhaften schien. Zwar räumte Wintzingerode hinsichtlich des Gebrauchs des „Faustrechts" durch seinen Ahnen ein, „auch Barthold machte noch einen, wie es scheint sehr weit ausgedehnten, Gebrauch von demselben"[22]. Doch schien sich dies durch die allgemeine Praxis des 16. Jahrhunderts zu relativieren, zumal die Familie ihm gerade aufgrund solchen Verhaltens „einen bedeutenden Theil ihres heutigen Eigenthums zu danken"[23]

[20] Vgl. *Franz Werner*, Der Mainzer Dom und seine Denkmäler, nebst einer Darstellung der Schicksale der Stadt und der Geschichte seiner Erzbischöfe bis zur Translation des erzbischöflichen Sitzes nach Regensburg, 2 Bde., Mainz 1826–1836, hier Bd. 2, S. 428 f. Zur Biographie Werners, der ursprünglich Kanoniker an St. Stephan war, seit 1803 als Domdekan wirkte vgl. *Heinrich Reusch*, Art. Franz Werner, in: Allgemeine Deutsche Biographie, Bd. 42, Leipzig 1897, S. 43.

[21] *Wintzingerode*, Stammbaum, S. 16–21, hier S. 20.

[22] *Wintzingerode*, Stammbaum, S. 17.

[23] *Wintzingerode*, Stammbaum, S. 17.

habe. Für den Autor stand daher die prinzipielle charakterliche Vortrefflichkeit seines Ahnen außer Frage, sie schien nur durch böswillige katholische Autoren verdunkelt und verdreht worden zu sein. Denn „Barthold's Testament vom 23sten November 1568 […] stellt ihn in so vortheilhaftem Lichte dar, daß die meisten der Schatten verschwinden, welche Wolf und alle, sämmtlich katholischen, Schriftsteller, die seiner erwähnen, auf ihn geworfen haben, und die auch in die poetisirten Sagen übergegangen sind, welche Herr Duval in der Beilage 1. von ihm liefert."[24] Souverän den Wortlaut des Testaments, die Invektiven gegen seine Vettern und die scharfen innerfamiliären Auseinandersetzungen außer Acht lassend,[25] kam er zu dem für die Zukunft historiographisch richtungsweisenden und stilprägenden Ergebnis: „Ruhe und Friede darum der Asche Barthold's, dieses edlen und tapferen Ahnen, dem auf dieser Welt ein hartes Schicksal unerbittlich zur Seite ging, und der sie nicht als Verbrecher, sondern als Märtyrer seines Glaubens verließ."[26] Dieses Urteil verband Wintzingerode zugleich mit einer unzweideutigen Interpretation der Geschichte seiner Heimat, wenn er dem Eichsfeld attestierte, eine „übrigens ganz zum Papismus zurückgepeinigte Provinz"[27] zu sein. Im Unterschied dazu sei der Wohlstand der wintzingerodeschen Dörfer – abgesehen von der patriarchalischen Fürsorge seiner Familie – durch den frühzeitigen Übertritt zum Protestantismus verursacht worden, gleichsam als „Befreiung von jener papistischen Priesterherrschaft, welche Unwissenheit mit ihrem Gefolge von Aberglaube und Trägheit, mit ihrem Gefolge von Armuth und Abhängigkeit, so weit ihr erdrückender Scepter reicht, zu begünstigen pflegt"[28]. Der Autor der wintzingerodeschen Familienchronik war damit nicht nur verantwortlich für die literarisch-historiographische Inszenierung des Barthold-Mythos, sondern auch stilprägend für die sich daran anlagernde Interpretation eichsfeldischer Herrschafts- und Gesellschaftsgeschichte. Diese bediente sich frühzeitig einer aggressiven protestantischen Rhetorik und verkehrte das von den Jesuiten geprägte Tyrannenbild gegen seine ‚katholisch-papistischen' Urheber. Aus dem niederadeligen Tyrannen wurde ein protestantischer Märtyrer.

Fragt man nach den Gründen für einen derartigen Umgang mit Geschichte, so müssen für den Zeitpunkt der Abfassung dieser Familienchronik in erster Linie genuin familiäre Ursachen ausschlaggebend gewesen sein.[29] Die

[24] *Wintzingerode*, Stammbaum, S. 21.

[25] Vgl. S. 96 ff.

[26] *Wintzingerode*, Stammbaum, S. 21.

[27] *Wintzingerode*, Stammbaum, S. VII.

[28] *Wintzingerode*, Stammbaum, S. VI f. In ähnlicher Weise verewigte sich Eberhard von Wintzingerode im Stammbuch des Schlosses Bodenstein 1849, wenn er zwar keine Bemerkung zur Rolle Bartholds machte, wohl aber die Reformation als Kampf gegen die Finsternis stilisierte; vgl. Privatbesitz Wintzingerode, Stammbuch des Schlosses Bodenstein, Eintrag des Eberhard von Wintzingerode vom 09. 11. 1849.

[29] Ganz unumstritten scheint dieses Familienprojekt allerdings nicht gewesen zu sein: So schrieb Eberhard von Wintzingerode an seinen Vetter wegen eines Entwurfes zur Familiengeschichte, der Kommentar zum Stammbaum mute ihm wie eine Wiederholung

Wintzingerode konnten sich vordergründig zweifellos zu den Gewinnern der großen politischen Umbrüche seit 1800 zählen, herrschte doch nun ein protestantisches Königshaus, dem man sich wenigstens konfessionell verbunden fühlte und von dem man sich als einheimische Adelsfamilie bezüglich der eichsfeldischen Verhältnisse sicherlich einiges erwartet hatte. Doch so einfach entwickelten sich die Dinge nicht. Die preußische Herrschaftsübernahme brachte nämlich auch für diese adelige Familie den Zwang, sich im neuen System sowohl ständisch-sozial als auch politisch zu positionieren und zu etablieren. In einer für den Adel der ersten Hälfte des 19. Jahrhunderts typischen Weise waren auch die Wintzingerode gezwungen, ihren Platz in der nachständischen Gesellschaft, in der der Adel nicht mehr über seine angestammten Rechte und soziopolitischen Privilegien verfügte, zu definieren. Unter anderem diente hierbei – ähnlich anderen Adelsfamilien[30] – die stärker denn je mit bestimmten Regionen verbundene Familiengeschichte als Ressource der Selbstbehauptung und Bezugspunkt der Selbstfindung.

Doch gerade auf dem Feld der Erinnerung besaßen die Wintzingerode am Beginn der neuen Epoche ein markantes Defizit: Die Familiengeschichte war weitgehend unbekannt. Freimütig äußerte Heinrich Levin Graf von Wintzingerode in seinen 1817 begonnenen Memoiren: „Über meine Vorfahren weiß ich nichts oder nur sehr wenig, mein Vater hat in seiner Jugend aber eingehende Forschungen diesbetreffend angestellt. Es dürfte sich auf seinem Besitz in Bodenstein genügend Material über eine fast vollständige Geschichte unserer Familie finden, die kaum etwas von Interesse aussparen könnte, weil es, glaube ich, wenige Familien in Deutschland gibt, die älter sind und die ihre Spur über das finstere Mittelalter hinaus verfolgen können. ~~Alles, was ich weiß, ist, dass unsere Archive Dokumente des 14. Jahrhunderts enthalten (namentlich den Kaufbrief über das Schloss Bodenstein, das unsere Vorfahren von den Grafen von Gleichen erwarben) und eine Überlieferung, die sogar beinhaltet, dass in einer der Kirchen Neapels sich ein Epitaph eines Wintzingerode befindet, der in dieser Stadt auf der Rückkehr aus dem Heiligen Land starb, wohin er Kaiser Friedrich II. begleitet hatte.~~“[31] Die Streichungen mögen

der Bemerkungen seines (des Grafen) seeligen Vaters an; zudem sei er der Auffassung, dass „über alles im Stammbaume nicht mit meiner Ueberzeugung Uebereinstimmende“ nochmals zu reden sei, worin er mit vielen anderen Familienmitgliedern übereinstimme, insbesondere was die Bemerkungen zur Erbfolge betreffe. Eine Diskussion darüber könne allerdings nicht schriftlich, sondern müsse insgemein mündlich auf Bodenstein beraten werden; vgl. LHASAMD Rep. H Bodenstein, Anhang Nr. 1944, fol. 23 ff., hier fol. 23': Schreiben des Eberhard Freiherr von Wintzingerode an seinen Vetter Graf Heinrich Levin von Wintzingerode vom 13. 04. 1846 auf dessen Anschreiben vom 09. 04. 1846.

[30] Vgl. *Frie*, Adelsgeschichte, S. 408 f.

[31] LHASAMD Rep. H Bodenstein, Anhang Nr. 1366: Geheime Erinnerungen des Grafen Heinrich Levin von Wintzingerode (Mémoires secrèts du Comte Henri Levin de Wintzingerode, écrits par lui-même; (Streichungen im Textoriginal), aus dem Französischen übersetzt von Heinrich Jobst Graf von Wintzingerode, dem ich für die Überlassung dieser Stelle sehr herzlich danke.

Abb. 6: Heinrich Levin Graf von Wintzingerode (1778–1856).

sich aus späteren Studien im wintzingerodeschen Hausarchiv ergeben haben. Weiter erkläuterte der Autor: „Trotz dieses frühen Ursprungs, ihres besonders für die Verhältnisse ihrer Heimatprovinz ansehnlichen Besitzes und der guten Heiraten, die meine Vorfahren mit den besten Familien des Eichsfelds, Sachsens, Hannovers und Hessens eingingen, scheinen sie sich nie anders hervorgetan zu haben, als durch ihren Drang nach Unabhängigkeit und ihre Vorliebe für das Kriegshandwerk. Diese befriedigten sie, indem sie Dienste in Hessen, Preußen, Hannover oder Holland nahmen, jenen, indem sie früh und hochverschuldet mit dem Titel eines Hauptmanns, Majors oder Obristen auf ihre Güter zurückkehrten – wenige brachten es zum General – und ich wüsste keinen, der sich vor meinem Vater und meinem Vetter Ferdinand mit irgendetwas so hervorgetan hätte, dass er sich schmeicheln könnte, seinen Namen mit Clios Meißel in die Geschichte eingeschrieben zu sehen."[32] Demnach war dem zweiten Grafen von Wintzingerode einerseits die Historizität der eigenen Familie ebenso bewusst wie sein – und anderer Familienmitglieder bis zum Beginn des 20. Jahrhunderts[33] – mangelndes, jedenfalls nicht systemati-

[32] Ebd.

[33] So bekannte Wilhelm Clothar von Wintzingerode noch 1902 in seiner – auch der Göttinger Universitätsbibliothek übereigneten – Biographie des russischen Generals Ferdinand

siertes Wissen um die Familiengeschichte. Andererseits scheinen ihm bereits zu diesem Zeitpunkt mit dem besagten Unabhängigkeitsdrang und dem Militärdienst zwei herausragende Merkmale denkwürdig gewesen zu sein. Damit waren sinnstiftende Basisthemen der wintzingerodeschen Familiengeschichte – und zwar sowohl für den gräflichen als auch für den freiherrlichen Zweig der Dynastie – gefunden, die sich später als wertvoll erwiesen, selbst wenn sie im Vergleich mit den Traditionalisierungs- und Sinnstiftungsthemen in anderen adeligen Familien nicht sonderlich kreativ waren.

Gleichwohl mochte der Beginn eines solchen systematischen Interesses an der eigenen Familiengeschichte umso mehr von Bedeutung sein, als es sich insbesondere um Selbstbehauptung innerhalb des Adels, nicht nur um Absetzung von der – nicht zuletzt als revolutionär angesehenen – Masse handelte. Wohl umsolche Distinktionen innerhalb der eigenen Sozialformation zu inszenieren, betrachtete sich die Familie selbst „gewissermaßen als ein Mittelding von land=sässigem und reichsunmittelbarem Adel“[34] – und geriet deshalb sofort nach der Machtübernahme der neuen preußischen Herrscher 1803 mit deren Verwaltungsbeamten in Konflikt, der in einen Felonieprozess mündete.[35] Die neuen Verhältnisse stellten sich für die Familie entsprechend ambivalent dar. So kann es nicht verwundern, dass Eberhard von Wintzingerode in seiner Familienchronik, die im Jahr der Revolution von 1848 erschien, ein kritisches Verhältnis zu den preußischen Neuherrschern durchblicken ließ, weil der „Geist der Verwaltung“[36] in das Leben Einzug gehalten habe, der die Familie mit einem Felonieprozess überzog; weil traditionelle Nutzrechte genommen worden seien, was unter Mainzer Herrschaft nie geschehen war; weil problematische Gesetze den gemeinschaftlichen Familienbesitz zu gefährden schienen; weil die Zivilverwaltung überwiegend von bürgerlichen Personen dominiert werde, weshalb er dafür plädiere, der Adel solle in die Beamtenschaft eintreten, „um die demokratischen Tendenzen zu neutralisieren“[37]. Kurz gesagt: Auch die neue Herrschaft stellte massive An-

Freiherr von Wintzingerode: „Ein Denkmal im Kreise seiner weiteren Familie möchte ich durch dieses Lebensbild meinem berühmten Ahn errichten. Wenigen seiner Nachkommen und Angehörigen seiner Familie wird mehr von dem Leben ihres bedeutenden Vorfahren bekannt sein, als was die, nicht unbedingt zuverlässige, Familiengeschichte über ihn berichtet.“ Er – der Urenkel des Heroen – wolle ein Bild „von demjenigen, den wir mit besonderem Stolz einen der Unseren nennen, ebenso wie den Staatsminister Graf Heinrich Lewin Wintzingerode, dessen von seinem Sohne verfaßtes Charakter= und Thatenbild die Anregung zu dieser Arbeit gegeben hat“; *Wilhelm Clothar von Wintzingerode*, General der Kavallerie Ferdinand Freiherr von Wintzingerode (Ein Lebensbild aus den napoleonischen Kriegen), Arolsen 1902, Zitate aus dem Vorwort S. V f.

34 *Wintzingerode*, Stammbaum, S. VII.

35 Vgl. *Wintzingerode/Winkelmann/Gassmann*, Burg, S. 38 f.; LHASAMD Rep. H Bodenstein Nr. 771–779: Akten wegen der versäumten Lehensmutung vom 06. 09. 1803.

36 *Wintzingerode*, Stammbaum, S. XIII f.

37 *Wintzingerode*, Stammbaum, S. XVII.

sprüche an die Familie und erzwang abermals unerwartete Adaptionsleistungen.[38]

In diesem Kontext besaß die Familienchronik und der stilisierende Rekurs auf Barthold die Funktion, sich seiner Vergangenheit zu vergewissern, um mit ihr in der Gegenwart arbeiten zu können. Sie war die Antwort auf die ernüchternde Bestandsaufnahme des Grafen Heinrich Levin, das Ergebnis der Einsicht in die Sinnhaftigkeit und Notwendigkeit solcher historischer Selbstvergwisserung und das Produkt der sich anschließenden Bemühungen. Die wintzingerodesche Familienchronik und ihr umfangreiches Hausarchiv, auf dem sie aufbaute und auf das immer wieder verwiesen wurde, stellte das historiographische Arsenal dar, mit dem man die soziale Ressource, einer eichsfeldisch-adeligen Märtyrer-Familie zu entstammen, legitimierte und durch die man unausgesprochen eine Vorrangstellung wenigstens auf dem Eichsfeld ableitete: Die Herrschaft der Mainzer Kurfürsten war vergangen, die Wintzingerodes existierten ungebrochen fort. Dies mochte den Zeitgenossen provokant erscheinen, war genau genommen jedoch angesichts der neuen Konkurrenzen zum preußischen Bürgertum, zum preußischen Altadel wie auch zu anderen zur preußischen Krone hinzugekommenen, nun um vorteilhafte Positionierung ringenden Adelsgeschlechtern eher defensiv-reaktiver Natur. Es begründete wesentlich den über Jahrhunderte hinweg behaupteten Anspruch, die eichsfeldischen Verhältnisse maßgeblich mitgestalten zu können. Insofern wurde adelige Eigenmacht neu definiert und das soziale Kapital neu komponiert. Das eine war dabei mit dem anderen untrennbar verbunden und zahlte sich noch in derselben Generation aus.

Noch fand diese familiäre Erhebung Bartholds zu den protestantisch-adeligen Altären jedoch keine größere Resonanz, was wahrscheinlich durch die geringe Verbreitung des Werkes bedingt war. Innerfamiliär setzte sich immerhin ein gewissermaßen auf Barthold als familienhistorischem Urtyp

[38] In seinen als Manuskript gedruckten, wenn auch nicht immer realiter gehaltenen Reden vor dem Preußischen Landtag äußerte sich Graf Heinrich Levin von Wintzingerode 1847/48 denn auch äußerst kritisch gegenüber allen möglichen Umständen seiner Zeit. So richtete er sich in seiner Rede vom März 1847 (S. 3–34) einerseits gegen den Konstitutionalismus, Nationalismus und Kommunismus seiner Zeit, befürwortete andererseits die Forderung nach Gewissensfreiheit – denn „der Jesuitismus aller Sekten, mit seiner obligaten Begleitung von Pietismus, Bigotismus und Obskurantismus, [könne] die Erhaltung der Throne nur als Mittel, nie als Zweck betrachten" (S. 14) – und führe die Regierung an den Abgrund, die Bitte um vermehrte Vertretung des Dritten Standes oder die (eingeschränkte) Pressfreiheit, weil er der Ansicht war, der preußische Staat sei stark genug diese auszuhalten. In seiner Rede vom 14. 05. 1847 über die Rentenbanken (S. 57–65) klagte er, die Abgaben der Bauern und anderen Grundeigentümer auf dem Eichsfeld betrügen seit der preußischen Machtübernahme das 22fache dessen, was bis dahin in vorpreußischer Zeit gezahlt worden sei.(S. 61) Zudem kritisierte er die Ablösungsregelungen und ihren Sinn heftig – solle dies den Bauern oder dem Fiskus nutzen? – und forderte gesetzliche Erleichterungen für Fideikommissbildungen; vgl. *Graf H.L. von Wintzingerode* an seine Wähler August 1847. Als Manuscript gedruckt, Göttingen 1848.

rekurrierender Identitätsduktus durch, wonach sich viele herausragende Familienmitglieder standhaft, aufrecht und ehrenvoll in einer ihnen gegenüber ungerechten Umwelt allen Nachteilen zum Trotz behaupteten. So sah sich Wilko Levin Graf von Wintzingerode nach eigenem Bekunden 1866 zu einer biographischen Aufarbeitung des politischen Engagements seines Vaters im Dienste des württembergischen Königs verpflichtet, nachdem in einem Treitschke-Aufsatz ein eher ungünstiges Urteil über Heinrich Levin von Wintzingerode gefällt worden war. Der Sohn nutzte die Biographie, um drei Charaktermomente zu profilieren: Standhaftigkeit und Überzeugung, aufbrausendes, zuweilen unüberlegtes Temperament und tiefes Gerechtigkeits- und Ehrempfinden. Der Kenner der Familiengeschichte konnte, ja musste vielleicht sogar an Barthold von Wintzingerode denken, wiewohl offenkundig, weil nämlich eingestandenermaßen keineswegs allen herausragenden Familienangehörigen sämtliche der genannten Charaktereigenschaften zu eigen waren, insbesondere nicht die negativen.[39] Insofern hätte man auch die Auffassung vertreten können, dass das unglückliche Agieren des Grafen Heinrich Levin mit dem Barthold-Mythos gleichsam als familiärcharakterlich-genetischer Disposition erklärt wurde.

Bartholds Fama wirkte dennoch mittlerweile über den engeren Familienkreis hinaus. Sie zeigte sich um die Jahrhundertmitte bereits in der adeligen Klientel der Wintzingerode. So dichtete Josephine Holzmärker-Gerbode (1810–1886) – eine Heimatdichterin aus Worbis und Tochter des Bodensteiner Aktuars Dr. iur. Franz Josef Gerbode (1772–1831) – um 1860 ein Gedicht, in dem Barthold von Wintzingerode als Bodensteiner Geist erschien.[40]

[39] Wintzingerode fühlte seinen Vater zu Unrecht – nämlich als Überläufer und Ränkespieler – behandelt (vgl. Vorwort S. V ff.) und gestand dennoch freimütig ein: „Mit dieser Anerkennung steht das Zugeständniß, welches hier einen Platz finden möge, nicht im Widerspruch, daß Graf Wintzingerode, wo es sich um Recht und Unrecht handelte, leidenschaftlicher Heftigkeit, tiefer Erbitterung fähig und in solchen Augenblicken der Gefahr einer Uebereilung ausgesetzt war. Nur wenig Menschen, welche von Natur mit zartem Gefühl für das Edle und Gute ausgestattet wurden, bewahren im Kampf mit dem Leben stets kaltes Blut, – und die Gabe, den Moment der Erregung vorüberzulassen, bevor sie zum Handelns schreiten, pflegt ihnen erst das höhere Alter zu gewähren" (S. XI). Weiter führte der Sohn aus: „Wintzingerode empfand den Stolz des reinen Gewissens. Er hatte sich gleichzeitig bei seiner Reise nach Stuttgart, unterstützt durch die Ermahnungen seines Vaters, eines Mannes, der wohl ein Typus vornehmer Ruhe, sicherer Unangreifbarkeit genannt zu werden verdient und sich in einer ähnlichen Lebenslage nicht hatte erschüttern lassen, Ruhe und Vorsicht zum Gesetz gemacht. Diese lag nicht in des Sohnes Charakter. Er zwang sich dazu bei jedem Schritt, den er that" (S. 107); vgl. *Wilko Graf Wintzingerode*, Graf Heinrich Levin Wintzingerode ein Würtemberger Staatsmann, Gotha 1866.

[40] Vgl. *Thomas Türich*, Das Ohmgebirge (Eichsfelder Heimatglocken, Sonderheft 1), Duderstadt 1923, S. 23 f.: „1. Es raucht in den Zweigen, / Als wollten sich neigen / Zur Erde sich hinweg; / Im durstigen Haine / Beim Schloß Bodensteine. / Wir eilen dahin // 2. Und schauen verwundert / Aus vor'gem Jahrhundert / Ein weibliches Bild; / Zur Zeit der Gespenster, / Doch freundlich und mild. // 3. Jetzt macht sie die Runde, / Die Schlüssel am Bunde / Schließt alles sie auf, / Die Säle und Zimmer / Bei Sternengeflimmer / Im flüchti-

Auf diese Weise wurde einerseits auf die am Ausgang des 18. und am Beginn des 19. Jahrhunderts vermittelten Gespenstergestalt Bezug genommen. Andererseits zeigte sich, dass diese Figur nun nicht mehr ironisiert, sondern als selbstverständliche, ernsthaft konnotierte Gestalt des Bodensteins, seiner Geschichte und des familialen – nicht mehr nur familiären – Gedächtnisses wahrgenommen wurde, die vielfältige und unterschiedliche Anknüpfungspunkte bot. Das bedeutete nicht, dass Barthold uneingeschränkt positiv beurteilt und von allen Wintzingerode als unbezweifelbarer Säulenheiliger der Familiengeschichte eingeschätzt worden wäre.

Selbst von der zeitgenössischen protestantischen Kirchen- und Landesgeschichtsschreibung ignoriert,[41] wäre seine Martyriologie beinahe sogar durch ein Mitglied der eigenen Familie liquidiert worden: Levin Freiherr von Wintzingeroda-Knorr fällte 1882 in den „Schriften des Vereins für Reformationsgeschichte" – in einem herausragenden wissenschaftlichen protestantisch-kirchengeschichtlichen Periodikum – ein keineswegs schmeichelhaftes, aber weithin rezipiertes Urteil.[42] Das Märtyrer-Bild erhielt neuen und – wie sich zeigen sollte – entscheidenden Schwung erst durch den im Jahr 1900 im Familienblatt „Daheim" veröffentlichten Artikel Leopold Wittes, der mit Blick auf die Verdienste der Wintzingerode-Dynastie und insbesondere hinsichtlich der Rolle Bartholds im Konfessionkampf die Ideen der Familiengeschichte aufgriff und formulierte: „Märtyrerblut ist auch in der Familie Wintzingerode geflossen."[43]

gen Lauf. // 4. Sie streichelt die Köpfchen / Mit hellblonden Zöpfchen / Im Ruhbettchen dort; / Und zählet die Ahnen, / Besucht ihre Manen / Am einsamen Ort. // 5. Frau Anna Susanna / Wohl mancher schon sah / Im alten Kostüm; / Sie macht Reverenz / Bei seiner Exzellenz, Nickt beifällig ihm. // 6. Was will sie beginnen, / Sie wollte wohl spinnen / Den Flachswocken auf / Der fleißigen Mädchen? / Sie drehet das Rädchen / Im hurtigen Lauf. // 7. Und winket von Neuem / Herrn Barthold, dem Treuen, / Zum kirchlichen Haus; / sie beten um Erben, / Daß nicht möchte sterben / Ihr Stammbaum dort aus. // 8. Drauf geht es beim Sturme / Noch einmal zum Turme, / Da schaun sie ringsum; / Dann hängen sie wieder / Am Nagel sich nieder, / Die Stunde ist um." Zu dem in Duderstadt gebürtigen, in Göttingen verstorbenen Franz Josef Gerbode, der zwischen 1814 und 1823 als Bürgermeister zu Worbis amtierte, und seiner Tochter Josephine, die 1832 den Registrator Johann Gottlieb Holzmärker aus Halberstadt heiratete und 1864 zusammen mit ihren Gedichten auch die *Historischen Schilderungen* ihres Vaters herausgab, vgl. *Opfermann*, Gestalten, S. 109, 165.

41 Vgl. *Heinrich Heppe*, Die Restauration des Katholizismus in Fulda, auf dem Eichsfelde und in Würzburg, Marburg 1850, S. 79 f., der als Marburger Theologie-Lizentiat und Mitglied der Historisch-Theologischen Gesellschaft zu Leipzig die Rekatholisierung dieser Region intensiv darstellte, verlor über den Sturm des Bodenstein und die Gefangennahme Bartholds im Zusammenhang mit dem Eichsfeld-Zug des Mainzer Kurfürsten kein Wort.

42 Vgl. *Wintzingeroda-Knorr*, Kämpfe I, S. 45 f.

43 *Leopold Witte*, Wilko Levin Graf von Wintzingerode=Bodenstein, in: Daheim. Ein deutsches Familienblatt 36 (1900) Nr. 19, S. 14–16, hier S. 15. Voraus ging die Charakterisierung des Mainzer Kurfürsten: „Schonungslose Gewalt und systematische Bearbeitung des Landes durch Jesuiten, denen er [Kurerzbischof Daniel Brendel] in Heiligenstadt ein

Der umstrittene Ritter wurde erst an der Jahrhundertwende durch interessierte Kreise für eine breitere Öffentlichkeit gleichsam wiederentdeckt, nämlich als sich im Zuge der deutschen Nationalstaatswerdung die Identitätsfrage neu stellte und sich erwies, dass sie viel schwieriger zu beantworten war als zuvor angenommen. Dies galt insbesondere für die Konfessionsfrage, die Deutschland über Jahrhunderte hinweg politisch gespalten hatte und dies religiös bzw. kulturell-mental immer noch – oder bereits wieder[44] – tat. Dies galt ebenso für die politischen Kulturen und Mentalitäten der Menschen in den verschiedenen Regionen Deutschlands, die sich nach dem Untergang des Heiligen Römischen Reiches deutscher Nation 1803/06 zwar als Deutsche begriffen, die aber viel eher noch in den territorialstaatlichen Bezügen und Kulturmustern des frühneuzeitlichen Reiches verhaftet waren. Darüber konnten auch nicht die im Gefolge der politischen Neukonstruktionen der postnapoleonischen Ära geschaffenen, pseudohistorischen Kreationen des ‚Pfälzers', ‚Hessen', ‚Westfalen' oder ‚Schwaben' hinwegtäuschen. Sie waren politische Kunstprodukte massiver Integrations- und Zentralisierungsbemühungen der deutschen Partikularstaaten des Deutschen Bundes.[45]

Die Situation auf dem Eichsfeld entsprach in politischer wie mentaler Hinsicht über das gesamte 19. Jahrhundert hinweg diesem Gefühl.[46] Denn das Ende des Alten Reiches 1806 zog die völlige Zerschlagung der politischen Strukturen des Eichsfeldes und die Liquidierung der Jahrhunderte alten kurfürstlich-mainzischen Herrschaft nach sich. 1815 fielen Teile des

eigenes Kollegium mit Schule errichtete, wobei die lutherischen Bauern der ganzen Umgegend die erforderlichen Materialien herbeischaffen und auf der Baustelle Handdienste leisten mußten, wurden ins Feld geführt, um das erstrebte Ziel zu erreichen. Sein Nachfolger, Wolfgang von Dalberg, setzte das angefangene Werk mit noch größerer Grausamkeit fort." – Wittes Artikel war eine Würdigung des Grafen Wilko Levin von Wintzingerode und stellte einen kurzen Abriss der Familiengeschichte dar. Seine Publikumswirksamkeit muss enorm gewesen sein, jedenfalls nahm Knieb in seiner Besprechung des unten thematisierten Buches von Paul Schreckenbach explizit Bezug und vertrat die Ansicht, dass es Witte gewesen sei, der erstmals Barthold öffentlich als Märtyrer dargestellt habe.

[44] Vgl. *Olaf Blaschke*, Das 19. Jahrhundert: Ein Zweites Konfessionelles Zeitalter?, in: GG 26 (2000), S. 38–75; *ders.*, Konfessionen im Konflikt. Deutschland zwischen 1800 und 1970: ein zweites konfessionelles Zeitalter, Göttingen 2002.

[45] Vgl. *Celia Applegate*, A Nation of Provincials. The German Idea of Heimat, Berkeley – Los Angeles – Oxford 1990; *Klaus Pabst*, Deutsche Geschichtsvereine vor dem Ersten Weltkrieg, in: Geschichtsvereine. Entwicklungslinien und Perspektiven lokaler und regionaler Geschichtsarbeit. Dokumentation einer Studienkonferenz in Zusammenarbeit mit dem Landschaftsverband Rheinland/Referat Heimatpflege (Bensberger Protokolle 62), Bergisch Galdbach 1990, S. 9–32; *Georg Kunz*, Verortete Geschichte. Regionales Geschichtsbewußtsein in den Historischen Vereinen des 19. Jahrhunderts (Kritische Studien zur Geschichtswissenschaft 138), Göttingen 2000, S. 38–44.

[46] Noch 1906 bemerkte der Duderstädter Rektor Egert ausdrücklich, dass „alle heimatliebenden Eichsfelder bald einen großen Verein zur Erforschung unseres lieben kleinen Vaterlandes ins Leben rufen"; *M. (Philipp?) Egert*, Der erste heimatkundliche Verein auf dem Eichsfeld, in: Unser Eichsfeld 1 (1906), S. 175.

Untereichsfeldes mit Duderstadt dem Königreich Hannover, das Obereichsfeld mit den Restgemeinden des Untereichsfeldes sowie dem Obereichsfeld dem Königreich Preußen zu, das wiederum nach 1866 beide Teile unter eigener Herrschaft vereinte. Dennoch handelte es sich dabei keineswegs um die Wiedervereinigung dieser Region. Vielmehr achtete man in Berlin darauf, diesen katholischen Fremdkörper in drei Landkreise in der Provinz Sachsen (Mühlhausen, Heiligenstadt und Worbis) sowie einen in der Provinz Hannover (Duderstadt) zu zersplittern, um die konfessionspolitischen Fliehkräfte irgendwie beherrschbar zu machen. Gleichzeitig hielt man die Bevölkerung gezielt von jeder Form politischer Partizipation fern. Der preußische Oberpräsident der Provinz Sachsen lehnte die Einsetzung katholischer Landräte in der Mitte des Jahrhunderts kategorisch ab. Die administrativen Funktionäre wurden aus den Reihen der protestantischen Niederadeligen und Rittergutsbesitzer entnommen, also aus jener Sozialgruppe, die im Mainzer Kurfürstenstaat weitgehend unberücksichtigt geblieben war. Auf der anderen Seite bekamen die eichsfeldischen Gemeinden trotz des gegenteiligen Versprechens des Jahres 1810 keine Selbstverwaltung zugestanden. Noch 1891 plädierten die Rittergutsbesitzer und Landräte für eine Ablehnung der gemeindlichen Selbstverwaltung.[47]

Gestaltete sich bereits für die preußische Regierung die Anfangszeit nach der Machtübernahme schwierig, stellte all dies für die überwiegend katholische Bevölkerung auf dem Eichsfeld einen radikalen Bruch mit der Tradition dar. Die Zerschlagung der regionalen Einheit stellte vordergründig nur einen Bruch der politischen Struktur dar. Die Einordnung der Kirche in den Staat und unter ihn sowie die Aufhebung von Klöstern, die Schließung von kirchlichen Instituten und der Verkauf von Kirchengütern war dagegen eine

[47] Vgl. *Karl Paul Haendly*, Das kurmainzische Fürstentum Eichsfeld im Ablauf seiner Geschichte, seine Wirtschaft und seine Menschen 897 bis 1933, Duderstadt 1996, S. 286–291; *Ulrich Hussong*, Die Einteilung des Eichsfeldes in Landkreise zu Beginn des 19. Jahrhunderts. Mit einem Ausblick über die Kreiseinteilung bis zur Gegenwart, in: Eichsfeld-Jahrbuch 7 (1999), S. 185–221, besonders S. 187 mit Anm. 11 (Literatur zum Übergang an Preußen) und S. 192 f. (Diskussion zur Frage, inwieweit bei der Provinz- und Kreiseinteilung historische Traditionen berücksichtigt wurden); *Frank Boblenz*, Thüringer Kreis und Thüringer Städteverband – ein Exkurs zum preußischen Thüringen bis 1919/1920, in: Zeitschrift des Vereins für Thüringische Geschichte 49 (1995), S. 65–86, und 50 (1996), S. 217–239; *ders.*, Abriß der Territorialgeschichte des preußischen Thüringen, in: Das preußische Thüringen. Abhandlungen zur Geschichte seiner Volksvertretungen (Schriften zur Geschichte des Parlamentarismus in Thüringen 17), hg. vom Thüringer Landtag, Rudolstadt & Jena 2001, S. 9–45, hier S. 22–40; *Hans-Werner Hahn*, „Die Spinne im Kleinstaatennetz". Preußische Herrschaft in Thüringen im 19. Jahrhundert, in: Das preußische Thüringen. Abhandlungen zur Geschichte seiner Volksvertretungen (Schriften zur Geschichte des Parlamentarismus in Thüringen 17), hg. vom Thüringer Landtag, Rudolstadt/Jena 2001, S. 47–76, hier S. 54–61; *Mathias Tullner* (Hg.), Die preußische Provinz Sachsen. Positionen und Beiträge zu ihrer Geschichte, Magdeburg 1993.

regelrecht revolutionäre kulturelle Zäsur.[48] Alles, was bis dahin eichsfeldische Identität ausgemacht hatte, was über Jahrhunderte hinweg durch die Mainzer Herrschaft mühsam geschaffen und von den Untertanen über diesen Zeitraum mehr oder weniger verinnerlicht worden war, stand nun zur Disposition. Von den drei das Eichsfelder Selbstverständnis bestimmenden Faktoren – Katholizismus, kurfürstliche Herrschaft und Stellung als periphere Region – blieb nur noch Letzteres. Das Eichsfeld galt – nicht zuletzt wegen seiner Konfessionalität – schon aus Sicht der Zeitgenossen als das Armenhaus Preußens,[49] weil der Bevölkerungszuwachs von der heimischen und zudem nicht wettbewerbsfähigen Textilindustrie nicht absorbiert werden konnte. Infolge mussten sich die Einwohner als Wanderarbeiter verdingen.[50] An die Stelle der ersten beiden Faktoren trat die Einordnung unter Staaten, die protestantisch geprägt waren, die Religionsfreiheit boten und selbst keine Herrschaftslegitimation außer derjenigen der Bajonette und fürstlichen Staatsverträge besaßen. Für den überwiegenden – nämlich den katholischen – Teil der eichsfeldischen Bevölkerung boten die neuen Verhältnisse also so gut wie kein Identifikationspotential an, während die alte Zeit die regionale Identität konstituierte. Im Falle der protestantischen Bevölkerung musste dies eher umgekehrt erscheinen.[51] Die Festschriften, die anlässlich der Centenarfeiern der preußischen Machtübernahme 1902 erschienen, wurden denn auch in der Regel von pro-

[48] Hierin glich die Situation auf dem Eichsfeld derjenigen in anderen Regionen des Reiches, wobei die neuen preußischen Herren gleich nach der Herrschaftsübernahme in Heiligenstadt 1802 daran gingen ihre Macht augenfällig zu demonstrieren, indem sie das Kollegiatstift St. Martin aufhoben und der neu gegründeten evangelischen Gemeinde zuführten; vgl. *Thomas T. Müller*, Preußische Klostersäkularisation als Machtdemonstration. Die Martinskirche und die Gründung der evangelischen Gemeinde zu Heiligenstadt, in: ders. (Hg.), Die St.-Martins-Kirche zu Heiligenstadt. 17 Beiträge zu ihrer Geschichte (Heiligenstädter Schriften 2), Heiligenstadt 2003, S. 77–90; *Karl-Egon Lönne*, Politischer Katholizismus im 19. und 20. Jahrhundert, Frankfurt am Main 1986, S. 34–39.

[49] Das oben bereits angeführte Urteil Eberhards von Wintzingerode aus dem Jahr 1848 war hierfür symptomatisch; vgl. *Wintzingerode*, Stammbaum, S. VI f.

[50] Vgl. *Steffi Hummel*, Das Eichsfeld im 19. Jahrhundert. Entstehung und Ausformung eines regionalen katholischen Milieus, in: Zeitschrift des Vereins für Thüringische Geschichte 54 (2000), S. 189–203, hier S. 192 f.; *Hahn*, Spinne, S. 56–61; *Paul Wachtel*, Zünfte, Markt und eigenes Bier. Ein wirtschaftsgeschichtlicher Überblick vom Mittelalter bis zum Ende der Kurmainzer Zeit, in: Thomas T. Müller (Hg.), Wurbeke – Worweze – Stadtworbis. Beiträge zur Geschichte der Stadt Worbis, Duderstadt 2005, S. 65–86; *ders.*, Preußen, Weimar und das Ende. Worbis von 1802 bis 1945, in: Thomas T. Müller (Hg.), Wurbeke – Worweze – Stadtworbis. Beiträge zur Geschichte der Stadt Worbis, Duderstadt 2005, S. 87–118.

[51] Wintzingeroda-Knorr zitiert darum bewusst ein von Johann Wolf ebenfalls überliefertes Huldigungslied protestantischer Duderstädter, die 1803 anlässlich des Geburtstages des Preußenkönigs folgendes Huldigungslied darbrachten: „Wir waren unterdrückt, verfolgt / Und unsrer Brüder Spott! / Um Wahrheit und Religion / Erduldeten wir Schmach und Hohn, / Und hatten Einen Gott!"; *Wintzingeroda-Knorr*, Kämpfe II, S. 111.

testantischen Autoren gestaltet.[52] Die Laudatoren – wie bspw. der Mühlhausener Pfarrer Georg Thiele, der seine Abhandlung mit dem Satz schloss: „heute ist alles, Hoch und Niedrig, Bürger und Bauer, Geistlich und Weltlich eins in dem bis zum Königsthrone hinschallenden Rufe: *Ich bin Preuße, Will ein Preuße sein.*“[53] – glorifzierten die jüngste Vergangenheit als Erfolgsgeschichte gerade in Absetzung gegenüber der altreichischen Kleinstaaterei. So war es für die selektive Wahrnehmung der jüngsten Geschichtssegnungen ebenso symptomatisch, wenn der Erfurter Stadtarchivar Alfred Overmann in seinem Beitrag hervorhob, dass Erfurt erst wieder durch die preußische Macht „als die unbestrittene Hauptstadt Thüringens gilt“[54]. Die regionale Zentralitätsfunktion der Stadt unter Mainzer Herrschaft wurde völlig ausgeblendet, weil die protestantischen Eliten dem kurfürstlichen Stadtherrn offenkundig nie verzeihen konnten, dass er sie 1664 endgültig zur Anerkennung seiner Oberhoheit gezwungen hatte. Ebenso blieb ausgeblendet, dass die Herrschaft des preußischen Königs und seiner Beamten viel direkter und weit weniger liberal war als die der Mainzer Kurfürsten.[55] Schließlich scheint symptomatischerweise das ausgewogenere Urteil des adeligen Familienhistoriographen Max von Westernhagen unbeachtet geblieben zu sein, der 1909 die kurfürstliche Herrschaft auf dem Eichsfeld keineswegs verdammte und das exzellente Verhältnis seiner – über Jahrhunderte hinweg gemischtkonfessionellen – Familie zu den Mainzer Kurfürsten hervorhob.[56] Entsprechend kritisch-distanziert

[52] Mehrere dieser Schriften sind aufgeführt bei *Boblenz*, Abriß, S. 21 Anm. 35 und S. 24 Anm. 40.

[53] *Georg Thiele*, Hundert Jahr unter Preussens Aar! 1802–1902. Festschrift zur Feier der hundertjährigen Zugehörigkeit des Landkreises Mühlhausen i. Thür. zur Krone Preussen, Mühlhausen 1902, S. 144.

[54] Zit. nach *Hahn*, Spinne, S. 75.

[55] Wenn *Hahn*, Spinne, S. 75, davon ausgeht, es sei „bemerkenswert, wie groß die Akzeptanz der Zugehörigkeit zu Preußen in der betroffenen Bevölkerung letztlich war“, so ist dem zuzustimmen. Doch müsste eventuell gefragt werden, ob diese Akzeptanz nicht gerade wegen der vorhandenen Residualorte – wie sie für den katholischen Bereich unten noch dargestellt werden – vorhanden, weil erträglich gemacht war und ob sie nicht letztlich eine Art politisch-habitueller Vorhang war, um den jeweiligen Lokalpatriotismus und die damit verbundenen, oft Jahrhunderte alten regionalen Ressentiments rechtfertigen zu können.

[56] So bemerkte Westernhagen an unterschiedlichen Stellen seiner Familiengeschichte: „Bei den vielfach wechselnden Geschicken [...] sind die von Westernhagen in ununterbrochener Verbindung mit dem Landesfürsten und seinen Beamten geblieben; umso mehr, als sie sich in hohem Maße des Wohlwollens und der Huld der Kurfürsten von Mainz zu erfreuen hatten und von diesen eine große Anzahl von Gütern, Zehnten, Vogteien und anderen Gerechtsamen zu Lehen trugen.“ – Hinsichtlich der Vorgänge von 1479 und dem Sturz des damaligen Statthalters durch den Adel bemerkte der Autor: „Bei dieser Gelegenheit waren es besonders die von Westernhagen gewesen, welche ihrem Kurfürsten und Landesherrn getreu zur Seite gestanden hatten.“ – In seiner Charakterisierung des Kurfürsten Daniel Brendel führte er aus: „Klüger und härteren Schlags als sein Vorgänger hat er es verstanden, die gesunkene Macht der Kurfürsten auf dem Eichsfelde, auch auf dem religiösen Gebiete, wiederherzustellen und ebenso seinen Besitz immer

beurteilte er auch Barthold von Wintzingerode.[57] Eine solche Interpretation stand jedoch dem Anliegen der bis um die Jahrhundertwende vorherrschenden protestantisch-neupreußischen Sichtweise entgegen. Sie machte zugleich deutlich, dass selbst die adelige Geschichtsinterpretation nicht zwangsläufigen Charakter besitzen und dass adelig-protestantisches Selbstbewusstsein nicht automatisch antikurfürstlich-antimainzisch sein musste, sondern in Abhängigkeit von den Bedürfnissen und der Entwicklung einer jeden Familie in Richtung und Zeit variieren konnte. Der Adel konkurrierte somit auch auf diesem Feld und unabhängig von seinen familiären Verbindungen.

Dabei blieb auch der von der völligen Umkehrung der Verhältnisse zunächst tief verunsicherte eichsfeldische Katholizismus nicht statisch, sondern formierte sich neu und betrieb eine regionalspezifische Form des Aggiornamento. Auf die in der ersten Hälfte des 19. Jahrhunderts aufgebrochene kulturelle, religiöse und auch soziale Krise reagierte der eichsfeldische Klerus am Ende der ersten Hälfte des Jahrhunderts im Zeichen der allgemeinen Ultramontanisierung.[58] Dies war ein bedeutender Wandel, weil der eichsfeldische Katholizismus zunächst keineswegs konfessionelle Borniertheit pflegte. Die 1815 vornehmlich von den gesellschaftlichen und klerikalen Eliten gegründete Eichsfeldische Bibelgesellschaft besaß einen gemischtkonfessionellen Vorstand, in dem an führender Stelle der Bischöfliche Kommissar für das Obereichsfeld – Gottfried Franz Würschmidt – und der Heiligenstädter Kommissariatsassessor Johann Georg Lingemann zusammen mit protestantischen Superintendenten wirkten. Erst nach dem Tod Lingemanns 1830 zogen sich die katholischen Kleriker und Laien sukzessive aus dieser Tätigkeit zurück. Hatte man sich um die Verdammung der Bibelgesellschaften durch Pius VII. 1816 nicht gekümmert und dem eigenen Ortsbischof die Existenz dieser Institution regelrecht verheimlicht, schwenkte man nun – flankiert vom päpstlichen *Syllabus Errorum* des Jahres 1864 – auf die vatikanische Linie ein. Die Bibelgesellschaft ging denn auch 1863 ein.[59] Gleichzeitig nahm der eichs-

mehr zu erweitern." – Die enge Verbindung der Westernhagen und der Mainzer Kurfürsten gipfelte in dem stolzen Bekenntnis, der Kurfürst Sebastian von Heusenstamm – der Vorgänger Daniel Brendels – stamme aus einer Familie mit denselben genealogischen Wurzeln wie die Westernhagen, er sei also quasi Eichsfelder; vgl. *Westernhagen*, Geschichte, S. 20, 118 f., 124.

[57] Zwar stellte Westernhagen fest, die Hinrichtung Bartholds habe die eichsfeldischen Protestanten mit Entsetzen erfüllt, zumal die Bestrafung eigentlich dem Grafen von Hohnstein zugestanden habe. Dennoch stellte er ebenso unzweifelhaft fest, dass der Hingerichtete mit allen Standesgenossen in Fehde gelegen habe und unbeliebt gewesen sei, dass also seine Hinrichtung nur folgerichtig gewesen sei; vgl. *Westernhagen*, Geschichte, S. 234, 237.

[58] Allgemein vgl. *Lönne*, Katholizismus, S. 59–85.

[59] Vgl. *Jörg-Michael Junker*, „... die Heilige Schrift in dieser Gegend zu verbreiten." Zur Geschichte der Eichsfeldischen Bibelgesellschaft, in: Eichsfeld-Jahrbuch 2 (1994), S. 203–216. Es ist symptomatisch für die Härte und Dynamik des Kulturkampfes, dass dies – in Deutschland beinahe einmalige – Simultaneum später von beiden Seiten verschwiegen

feldische Klerus nun die Herausforderung durch die preußische Regierung, die mit der Gewährung der Religionstoleranz durch die Verfassung von 1850 die Verhältnisse auf dem Eichsfeld in ihr Gegenteil verkehren wollte, an. Innerkirchlicher Erneuerungsprozess und katholische Milieubildung trafen im Eichsfeld nicht nur auf günstige Voraussetzungen, sondern stießen auch auf nachhaltigen Wiederhall in der Bevölkerung. Dies äußerte sich im Wiederaufleben traditioneller Frömmigkeitsformen sowie in der Gründung neuer Vereine, Fürsorgeeinrichtungen und Zeitungen. Unter klerikaler Führung – zu nennen ist hierfür insbesondere der Heiligenstädter Geistliche Kommissar Dr. Conrad Zehrt (1806–1893) – erfand dieser ultramontanisierte Katholizismus sich und seine Geschichte gleichsam neu.[60] Der Kulturkampf, der auf dem Eichsfeld besonders hart geführt wurde,[61] war insofern nicht nur ein traumatisches Erlebnis, sondern besaß auch erstaunliche Dynamisierungs- und Verdichtungseffekte des katholischen Milieus.[62]

wurde, so als ob nicht hatte sein können, was später nicht sein durfte. Zu dem zwischen 1811/17 und 1831 als Geistlicher Kommissar amtierenden Würschmidt – einem angeblichen Illuminaten und Freimaurer – und Lingemann (1770–1830) – dem Direktor des Heiligenstädter Gymnasiums – sowie ihrem gegenseitigen Verhältnis vgl. *Wolfgang Friese*, „Am meisten aber bin ich dem Herrn Professor Lingemann beschwerlich gefallen ..." Johann Wolf und Johann Georg Lingemann, in: Ulrich Hussong/Thomas T. Müller (Hg.), Johann Wolf. Historiker des Eichsfeldes. Landesgeschichtsschreibung um 1800 (Beiträge aus den Archiven im Landkreis Eichsfeld 3), Duderstadt 2005, S. 37–51, hier besonders S. 47–51.

60 Vgl. *Thomas T. Müller*, Kraftfeld Hülfensberg? Überlegungen zur Geschichte eines „Eichsfelder Nationalheiligtums", in: Jahrbuch für mitteldeutsche Kirchen- und Ordensgeschichte 5 (2009), S. 277–295, hier S. 284–294. Zu dem Arbeitersohn und späteren Paderborner Ehrendomherr Zehrt vgl. *Opfermann*, Gestalten, S. 385 f.

61 Nicht zuletzt auch deshalb schloss sich das Eichsfeld nicht dem in Thüringen sonst so weit verbreiteten Bismarck-Kult an, schloss sich demnach also bewusst aus der modernen regionalen Erinnerungskultur aus; vgl. *Katrin Wenzel*, Bismarcktürme und Bismarcksäulen in Thüringen. Zur politischen Topographie einer Erinnerungslandschaft, in: Werner Greiling/Hans-Werner Hahn (Hg.), Bismarck in Thüringen. Politik und Erinnerungskultur in kleinstaatlicher Perspektive (Beiträge zur Geschichte und Stadtkultur 10), Weimar/Jena 2003, S. 157–176, hier S. 158 f. Allgemein zum Kulturkampf auf dem Eichsfeld: *Adalbert Dölle*, Der Kulturkampf und seine Auswirkungen auf dem Eichsfeld und im Fuldaer Land von 1872 und 1887, dargestellt vornehmlich beim Obereichsfeld auf archivalischer Grundlage, Duderstadt 1987.

62 Was zu entsprechenden Wahlergebnissen wenigstens im Wahlkreis Heiligenstadt-Worbis führte, den das Zentrum bis 1933 hielt, während das Untereichsfeld wegen des entsprechenden Zuschnitts des Wahlkreises nicht gewonnen werden konnte; vgl. *Hummel*, Eichsfeld, S. 194–202; *Conrad Zehrt*, Eichsfeldische Kirchen=Geschichte des 19. Jahrhunderts, Heiligenstadt (Eichsfeld) 1892, S. 95–197. Allgemein vgl. *Lönne*, Katholizismus, S. 123–139, 151–192. Die Stärke dieses nationaldeutschen Milieukatholizismus kennzeichnete nicht zuletzt das bei einigen protestantischen Vertretern deutlich formulierte Gefühl, abermals durch römische Händel in die Defensive gedrängt zu werden, wie die entsprechende Bemerkung von *Witte*, Wilko, S. 15 symptomatisch zeigt (vgl. dazu auch in Anm. 89 und 90).

3. Die Ausbildung konkurrierender konfessionsspezifischer Geschichtsbilder: die Protagonisten und ihre Motive

Die sich mit dem Kulturkampf ausbildende katholische ‚Wagenburgmentalität' wurde durch die dezidiert borussische Ausrichtung der nationalen deutschen Historiographie in der zweiten Hälfte des 19. Jahrhunderts verschärft.[63] Sie integrierte nicht, sondern marginalisierte die katholische Bevölkerung zusätzlich. In Absetzung von der Historikergeneration Rankes, die im Bewusstsein der mangelhaften kulturellen und politischen Geschlossenheit Deutschlands auch mit dem kulturell-konfessionell Andersartigen offener umgegangen waren, erging sich eine neue Gruppe liberal-national ausgerichteter Historiker um Heinrich von Sybel, Gustav Droysen und Heinrich von Treitschke im historiographischen Nachvollzug der nationalpolitischen Mission Preußens. Entsprechend abschätzig und entwicklungshemmend wurden Altes Reich und römischer Katholizismus – zumal derjenige gegenreformatorisch-tridentinischer Prägung – bewertet. So kann es nicht verwundern, wenn sich in der Zeit des Kulturkampfes ein fulminanter Streit um die Interpretation des konfessionellen Zeitalters auf dem Eichsfeld entzündete.[64] Denn das konfessionelle Zeitalter stellte für das Eichsfeld jene historische Epoche dar, in der begonnen worden war, die alte, an der Jahrhundertwende zerbrochene Identität von katholischer Herrschaft, Gesellschaft, Religion, Kultur

[63] In diesem Zusammenhang gilt es darauf hinzuweisen, dass bereits im Vormärz von Preußen aus gezielt sowohl aus Überzeugung heraus als auch mit staatlicher Sanktion auf dem Wege der Universitätsgesetze Juden und Katholiken der Zugang zu den Universitätslehrstühlen der Staatswissenschaften, der Jurisprudenz und eben auch der Geschichte verwehrt wurde; vgl. *Ernst Pitz*, Zur Historiographie der Landesgeschichte unter besonderer Berücksichtigung der Herausbildung von Historischen Kommissionen, in: Westfälische Forschungen 46 (1996), S. 33–48, hier S. 35; *Ernst Schulin*, Am Ziel ihrer Geschichte. Die deutschen Historiker im Kaiserreich, in: Werner Freitag (Hg.), Halle und die deutsche Geschichtswissenschaft um 1900: Beiträge des Kolloquiums „125 Jahre Historisches Seminar an der Universität Halle" am 4. / 5. November 2000 (Studien zur Landesgeschichte 5), Halle (Saale) 2002, S. 11–24, hier S. 13–18; *Christian Simon*, Historiographie. Eine Einführung, Stuttgart 1996, S. 115–126; *Wolfgang Weber*, Priester der Klio. Historisch-sozialwissenschaftliche Studien zur Herkunft und Karriere deutscher Historiker und zur Geschichte der Geschichtswissenschaft 1800–1970 (Europäische Hochschulschriften III / 216), Frankfurt am Main / Bern / New York 1984, S. 355 f.; *Wolfgang Hardtwig*, Von Preußens Aufgabe in Deutschland zu Deutschlands Aufgabe in der Welt. Liberalismus und borussianisches Geschichtsbild zwischen Revolution und Imperialismus, in: ders., Geschichtskultur und Wissenschaft, München 1990, S. 103–160; *Hans-Ulrich Wehler*, Deutsche Gesellschaftsgeschichte, 5 Bde., München 2008, hier Bd. 3, S. 379–396, 1171–1191.

[64] Knieb selbst gibt im Vorwort zur zweiten Auflage seines Werkes ein beredtes Zeugnis von den Anfeindungen, die ihm von seinen protestantischen Kritikern wegen seines Interpretationsstandpunktes („im Geiste Janssen's geschrieben"), aber auch wegen der ihm unterlaufenen und eingestandenen Fehler zuteil wurden. Dagegen wurde sein Werk von den katholischen Rezensenten gelobt; vgl. *Knieb*, Geschichte, S. V.

und Sinndeutung auszubilden. Die Thematisierung dieser Geschichtsepoche, insbesondere der Kernzeit der Rekatholisierung zwischen 1575 und 1660 und eines nach Ansicht aller Historiographen wichtigen Vorgangs – nämlich die Gefangennahme und Hinrichtung Bartholds[65] – musste automatisch den Stellenwert einer fundamentalen Wertediskussion und einer prinzipiellen Auseinandersetzung über die Frage annehmen, wie die alte Eichsfelder Identität und wie die neu-preußische Herrschaft zu beurteilen sei. Es handelte sich um nichts weniger als um einen Streit über die Deutungshoheit über die regionale Geschichte und die zeitgenössische Gegenwart. In diesem landesgeschichtlichen Kulturkampf trafen zwei Lager aufeinander, die von ihrer sozialen und intellektuellen Herkunft unterschiedlicher nicht sein konnten, wie sich an ihren Vertretern aufzeigen lässt.

Dabei präsentierte sich die katholische Fraktion keineswegs geschlossen. Zwar repräsentierten ihre Hauptvertreter – die Kleriker Johann Wolf und Philipp Knieb – zwar den eichsfeldischen Katholizismus, andererseits gehörten sie unterschiedlichen klerikalen Generationen und Ausformungen dieses Katholizismus an. Der Eichsfelder Ex-Jesuit Johann Wolf (1743–1826) war 1773 am Heiligenstädter Gymnasium untergekommen, wurde 1785 Stiftsherr in Nörten und erlebte am Beginn des 19. Jahrhunderts den Untergang der mainzischen Herrschaft und die Aufteilung der Region unter den Königreichen Preußen und Hannover.[66] Seine historischen Arbeiten waren geprägt von dem aufklärerischen Bemühen, die „Denkwürdigkeiten“ seiner Region zu sammeln und so zur rational erklärbaren Bewahrung des kulturellen Erbes seiner Heimat beizutragen. In diesem Sinne stellte Wolf, der mit Graf Heinrich Levin von Wintzingerode durchaus freundschaftliche Kontakte pflegte,[67] für alle nachfolgenden eichsfeldischen Historiographen eine Identifikations- und Konsensfigur dar. Als Mitglied der Erfurter Akademie der nützlichen Wissenschaften bemühte er sich um eine unparteiische Geschichtsschreibung, die gleichwohl der kurfürstlich-katholischen Traditionslinie verbunden war. Seine 1792/93 erschienene „Politische Geschichte des Eichsfeldes“ wie auch seine vielzähligen, materialreichen Einzelschriften zu den Kleinstädten, dem Adel und den Institutionen des Eichsfeldes bildeten die Grundlage für seine

[65] Selbst Knieb musste einräumen, dass dieser Vorgang „ein politisches Ereignis [war], welches auch in kirchlicher Beziehung von folgenschwerer Bedeutung werden sollte“; vgl. *Knieb*, Geschichte, S. 133.

[66] Zu seiner Biographie vgl. *Opfermann*, Gestalten, S. 379 ff.; *Peter Aufgebauer*, Ein Eichsfelder Jesuit, Lehrer und Historiker. Biographisches zu Johann Wolf (1743–1826), in: Ulrich Hussong/Thomas T. Müller (Hg.), Johann Wolf. Historiker des Eichsfeldes. Landesgeschichtsschreibung um 1800 (Beiträge aus den Archiven im Landkreis Eichsfeld 3), Duderstadt 2005, S. 15–26.

[67] Vgl. LHASAMD Rep. H Bodenstein, Anhang Nr. 1750, fol. 314 f.: Schreiben Heinrich Levins an seinen Vater Georg Ernst Levin vom 01. 06. 1825 und vom 03. 06. 1825. Auch hier bin ich Herrn Heinrich Jobst Graf von Wintzingerode für die Hinweise zu Dank verpflichtet.

spätere Anerkennung als „Vater der eichsfeldischen Landesgeschichte“[68], auf dessen Arbeiten die Landeshistoriker allgemein unvoreingenommen und anerkennend zurückgriffen.[69] Wenn ihm 1850 vom eichsfeldischen Klerus ein Denkmal gesetzt wurde, so geschah dies bereits in der Atmosphäre des aufbrechenden Kulturkampfes auf dem Eichsfeld. Es handelte sich um jene Auseinandersetzung, die Wolf die Stilisierung zur historiographischen Vaterfigur überhaupt erst einbrachte, insofern er zum Vorbild der sich am Beginn des 20. Jahrhunderts formierenden eichsfeldischen Heimatkunde-Bewegung und zur Integrationsfigur der darin widerstreitenden Fraktionen wurde, nicht zuletzt weil seine Person und sein historiographisches Werk die wenigen verbliebenen handgreiflichen Anknüpfungspunkte an die kurmainzische Vergangenheit darstellten. Entsprechend wurde sein Andenken fortan popularisiert.[70]

Im Geist des Kulturkampfes, der sich von dem aufgeklärt-offenen, weniger von Apologie denn vielmehr von der Suche nach rational erfassbarer Wahrheit geprägten Ansatz eines Johann Wolf wesentlich unterschied, wuchs der 1849 in Niederorschel geborene und 1915 verstorbene Philipp Knieb auf. In dem sich immer stärker entfaltenden eichsfeldischen Milieukatholizismus intellektuell sozialisiert, wirkte Knieb als Geistlicher Rat und hauptamtlicher Assessor des geistlichen Kommissariats Heiligenstadt für das Obereichsfeld.[71] Er war also Funktionär einer katholischen Kirche, die in dem neuen deutschen Nationalstaat nach eigener Anschauung gerade jene Verfolgungserfahrung machte, die die eichsfeldischen Protestanten mit Blick auf die Frühe Neuzeit für sich reklamierten. Unter der politischen Herrschaft Preußens und der protestantischen Kulturhegemonie schien sich die Geschichte des 16. und 17. Jahrhunderts unter umgekehrten Vorzeichen zu wiederholen. Die Eichsfelder Katholiken konnten sich durchaus als typische Betroffene sehen, zumal einer der schärfsten Gegner Bismarcks – der für das Eichsfeld zuständige Pa-

[68] *Adalbert Dölle*, Art. Johann Vinzenz Wolf, in: Lexikon für Theologie und Kirche Bd. 10, Freiburg ²1965, Sp. 1214; *Peter Anhalt*, Johann Wolf – Denkmäler, Gedenkfeiern, Erinnerungen, in: Ulrich Hussong / Thomas T. Müller (Hg.), Johann Wolf. Historiker des Eichsfeldes. Landesgeschichtsschreibung um 1800 (Beiträge aus den Archiven im Landkreis Eichsfeld 3), Duderstadt 2005, S. 201–220, hier S. 201 f.

[69] Selbst ein so passionierter Kritiker wie Eberhard von Wintzingerode würdigte Wolfs Werk durchaus positiv. Gleiches galt für Levin von Wintzingeroda-Knorr, der Wolf allerdings mangelnde Objektivität bei der Rechtfertigung mainzischer Rechte vorwarf; vgl. *Wintzingerode*, Stammbaum, S. IV; *Wintzingeroda-Knorr*, Kämpfe I, S. 95.

[70] Insofern ist die historiographische Tradition Wolfs ein Kunstprodukt des sich auf der Suche nach kulturell-historischer Identität befindlichen eichsfeldischen Elite-Katholizismus gewesen. Sinnfälligster Ausweis dessen war der symbolische Händedruck, der 1912 bei der Enthüllung einer Gedenktafel in Kreuzebra – dem Geburtsort Wolfs – zwischen Philipp Knieb und Pfarrer Wolpers als Vertreter der miteinander rivalisierenden Heimatkundevereine als Zeichen der Aussöhnung ausgetauscht wurde; vgl. *Anhalt*, Johann Wolf, S. 204–211.

[71] Vgl. *Bernhard Opfermann*, Die kirchliche Verwaltung des Eichsfeldes in seiner Vergangenheit, Leipzig 1958, S. 54, 186; *ders.*, Gestalten, S. 197 f.

Abb. 7: Philipp Knieb (1849–1915).

derborner Bischof Konrad Martin (reg. 1856–1879) – aus dem obereichsfeldischen Geismar stammte.[72] Wenn Philipp Knieb in seinen zahlreichen Untersuchungen anhand verschiedenster Gegenstände die Konfessionsepoche thematisierte, stellte er die Legitimation der mainzisch-katholischen Sache in den Mittelpunkt seiner Betrachtungen. Dabei ging es ihm nicht nur um die Rechtfertigung mainzisch-katholischer Herrschaft und den Nachweis der Unrechtmäßigkeit und Schuldhaftigkeit des reformatorischen Wirkens des eichsfeldischen Adels,[73] sondern auch um die Bewältigung des pastoralen

[72] Vgl. *Opfermann*, Verwaltung, S. 21 f.; *Erwin Gatz*, Art. Konrad Martin, in: Lexikon für Theologie und Kirche Bd. 6, Freiburg / Basel / Wien / Rom 1997, Sp. 1430 f. Martin (1812–1879) war einer der treuesten Bischöfe Roms in dieser Zeit und verfügte über beste Kontakte zu Pius IX. und der Kurie. Er hatte sich auf dem Vaticanum I für die Definition der Unfehlbarkeit ausgesprochen. Seit 1856 Bischof von Paderborn, amtierte er seit 1868 auch als Administrator für Anhalt. 1874 wurde er wegen der Nichtbeachtung der Mai-Gesetze mit Freiheitsstrafe belegt und inhaftiert. Aus dem Gefängnis entkommen, flüchtete er 1875 zunächst in die Niederlande, von dort nach Belgien.

[73] Symptomatisch und alle Argumente zusammenfassend beweist dies das Schlusswort bei *Knieb*, Geschichte, S. 416: „Der Adel, der Vater der religiösen Wirren auf dem Eichsfeld, ist mit verschwindenden Ausnahmen protestantisch geblieben, zu seinem eigenen größten Schaden. Am kurfürstlichen Hofe zu Mainz, in der Beamten-Hierarchie des Kurstaates sich fremd fühlend, trat er meistens in den Dienst auswärtiger Fürsten. So wurde er dem Lande entfremdet, desgleichen auch dem katholischen Volke. Während der Adel da, wo er mit dem Volke eins ist im Glauben, der geborene Führer des Volkes ist, zu welchem

Versagens von kirchlicher Obrigkeit und Pfarrklerus gegenüber den Gläubigen in der Vergangenheit. Der extrovertierten, antiprotestantisch-antiaristokratischen Stoßrichtung seines Werkes entsprach demnach eine introvertierte Mahnung an die Vorbildfunktion des Klerus und an die Geschlossenheit des eichsfeldischen Katholizismus in den Zeiten der Krise, die eine Grundvoraussetzung waren, um gegenüber dem preußischen Staat und dessen kulturellem Hegemonialanspruch bestehen zu können. In dieser Intention wurde er dabei nicht zuletzt von seinen Oberhirten – wie bspw. vom Paderborner Bischof und späteren Kölner Erzbischof Hubert Simar – bestärkt, der Kniebs „Geschichte der Reformation und Gegenreformation auf dem Eichsfelde" anregte.[74] Zudem wurde der streitbare Geistliche Rat von zahlreichen gleichgesinnten Mitstreitern wie bspw. dem Heiligenstädter Studienrat und Editor der Heiligenstädter Jesuitenchronik – Josef Freckmann – oder dem Pfarrer Nikolaus Görich unterstützt.[75]

Die andere der beiden miteinander rivalisierenden Fraktionen wurde unter anderem von den Wintzingerodes repräsentiert. Stellten die katholischen Kleriker unter den eichsfeldischen Historiographen die Verlierer der politischen Geschichte des beginnenden 19. Jahrhunderts dar, durften sie sich zu den Nutznießern der politischen Entwicklung zählen. Sie gehörten jener preußisch-protestantisch-neudeutschnationalen Bevölkerungsgruppe adeliger Prägung an, die von den politischen Umwälzungen nachhaltig profitiert hatten. Bis weit ins 20. Jahrhundert hinein blieben Katholiken aus der eichsfeldischen Landratsverwaltung verbannt. Im Gegenzug war aus dem marginalisierten Landadel der kurfürstlichen Zeit unter dem Preußenadler die administrative Provinzialelite geworden. Die Wintzingerodes hegemonisierten den Landratsposten zu Mühlhausen, die Hansteins den zu Heiligenstadt.[76] Andere Mitglieder der verzweigten Familie waren während des gesamten

dieses vertrauensvoll aufschaut, welchem es willig folgt, kann der eichsfeldische Adel sich dieses Vorzuges minder rühmen. So rächt sich alle Schuld schon auf Erden. Möge das katholische Eichsfeld jenen seiner geistlichen Fürsten ein dankbares Andenken bewahren, welche ihm die kostbare Himmelsgabe des katholischen Glaubens unter schwere Kämpfen wiederverschafft und erhalten haben, nicht minder jenen edlen Männern, welche ihrem Fürsten in diesem Kampfe treu zu Seite gestanden haben!"

[74] Vgl. *Knieb* im Vorwort zur ersten Auflage seines Werkes. Simar wirkte zwischen 1891 und 1900 als Paderborner Bischof, seit 1899 bis 1902 als Erzbischof von Köln; vgl. *Opfermann*, Verwaltung, S. 25.

[75] Freckmann (1881–1943) lehrte die Alten Sprachen und Geschichte am Heiligenstädter Gymnasium und machte sich auch mit anderen Publikationen einen Namen als Heimatforscher. Görich (1881–1934), der als Pfarrer in Großbartloff wirkte, veröffentlichte eine größere Arbeit zum Kloster Anrode und zum Dorf Bickenriede; vgl. *Opfermann*, Gestalten, S. 97 f., 115.

[76] Im Einzelnen amtierten zwischen 1816 und 1933/35 in den drei eichsfeldischen Landkreisen folgende Landräte (vgl. *Haendly*, Fürstentum, S. 289 f.):
a) Kreis Heiligenstadt: von Bodungen (1816–1841), Hermann von Hanstein (1841–1849), Friedrich von Hanstein (1850–1856), Alexander von Wussow (1857–1864), Sittig von Hanstein (1864–1904), Dr. Fritz von Christen (1904–1935);

19. Jahrhunderts im Dienst vieler Fürsten bis in höchste Regierungsämter aufgestiegen.[77] Sie agierten auf der nationalen Bühne. So wirkte Wilko Levin Graf von Wintzingerode-Bodenstein (1833–1907) bis 1900 als gewählter Landeshauptmann der preußischen Provinz Sachsen, Abgeordneter der Freikonservativen im Preußischen Abgeordnetenhaus und im Reichstag sowie seit 1886 als Präsident des von ihm mitbegründeten „Evangelischen Bundes zur Wahrung der deutsch-protestantischen Interessen". Mit dieser Organisation hatten die Wintzingerodes zugleich eine geeignete Bühne und ein Medium ihrer Selbstpositionierung im deutschen Nationalstaat gefunden. In durchaus typischer Weise für den Adel im 19. Jahrhundert nutzten sie die Religion, die allgemein als Medium der Verständigung innerhalb und zwischen den verschiedenen Gesellschaftsschichten verstanden wurde, zur Erschließung neuer sozialer Akzeptanzreservoirs.[78] Denn nach dem Wegfall der herrschaftsständischer Prädikate stellte eine ständeübergreifende Organisation wie der Evangelische Bund ein Ausweichterrain und einen Anpassungsmodus an veränderte Politikformen und Gesellschaftsverhältnisse dar. Aus adelig-grundherrlicher Sicht mochte dies vielleicht sogar eher als Fortführung traditioneller Techniken und Handlungsformen erscheinen, die nun personell makroskopiert, inhaltlich-objektiv konzentriert wurden. Mit dem Engagement des Grafen Wilko Levin von Wintzingerode im Evangelischen Bund transferierte die Familie gewissermaßen ihre altständischen Einflussmöglichkeiten auf die nationalstaatliche Ebene. Das war möglich, weil sie auf entsprechendes kulturelles Kapital verweisen konnte: ihren dezidierten Protestantismus und ihre nachweisliche Standhaftigkeit bzw. Widerständigkeit. Beide Elemente schienen historisch belegbar und in Barthold von Wintzingerode zu kulminieren bzw. wiederum zu reflektieren. Unerheblich war dabei, dass beide Elemente für sich genommen zwar schon im 16. Jahrhundert vorhanden, damals aber keine exklusiven Merkmale gewesen waren, sondern erst im 19. Jahrhundert

b) Kreis Worbis: Reiche (1816–1834), von Bültzingslöwen (1834–1843), Freiherr Hugo Karl Wilhelm von Hagen (1845–1848), Bernhard Frantz (1849–1888), Benno Frantz (1888–1912), Bock von Wülfingen (1912–1935);
c) Kreis Mühlhausen: Karl Albert Kolumbus Werner von Hagen (1816–1837), Wilhelm von Wintzingeroda-Knorr (1841–1857), Levin von Wintzingeroda-Knorr (1858–1871), Sittig von Winzingeroda-Knorr (1873–1887), Dr. Robert Klemm (1887–1922), Pabst (1922–1933).

[77] Vgl. *Witte*, Wilko, S. 14 ff.; *Hermann Giesau*, Die Geschichte des Provinzialverbandes von Sachsen 1825–1925, Merseburg 1926, S. 25, 51–72, 146 f., 506; *Opfermann*, Gestalten, S. 376 ff.

[78] Vgl. *Reif*, Westfälischer Adel, S. 400–431, hier besonders S. 423. Zur Geschichte und Entwicklung des Evangelischen Bundes und dem Wirken des Grafen Wilko Levin von Wintzingerode vgl. *Walter Fleischmann-Bisten / Heiner Grote*, Protestanten auf dem Weg. Geschichte des Evangelischen Bundes (Bensheimer Hefte 65), Göttingen 1986; *Gottfried Maron* (Hg.), Evangelisch und Ökumenisch. Beiträge zum 100jährigen Bestehen des Evangelischen Bundes (Kirche und Konfession 25), Göttingen 1986; *Armin Müller-Dreier*, Konfession in Politik, Gesellschaft und Kultur des Kaiserreiches. Der Evangelische Bund 1886–1914 (Religiöse Kulturen der Moderne 7), Gütersloh 1998.

als solche profiliert und in einer veränderten Konstellation instrumentalisiert wurden. Daraus resultierte wenigstens innerhalb des Evangelischen Bundes ein sozial akzeptierter Führungsanspruch.

Gemessen an dem Schicksal ihrer Familien wurden die Wintzingerodes durch die historische Entwicklung nach 1800 in ihrer Einstellung gegenüber den katholischen ‚Mainzer Rademachern' und in ihrer emanzipatorischen Grundeinstellung gegenüber der altreichischen Fürstenmacht bestärkt. Preußen und schließlich Reichsdeutschland gewährten endlich jene Unabhängigkeit vom Staat und gleichzeitig jene Einbindung in den Staat, die von der katholischen Kurfürstenregierung nie zugestanden worden war. Hierin lagen überdies – obwohl in geradezu dialektischer Weise – die Anknüpfungspunkte für die protestantisch-bürgerlichen Kreise des Eichsfeldes. Die Barthold-Biographie des Wilhelm Clothar von Wintzingerode[79] stellte genau dieses Unabhängigkeitsstreben Bartholds und seinen gerechten Kampf gegen den ungerechten, letzthin Recht, Freiheit und Religion unterdrückenden Fürstenwillen heraus. Sein Fokus lag dementsprechend auf der adeligen Existenz Bartholds, wenn er dessen Sorge um das – funktionierende! – Gemeinwohl seiner Herrschaft, seine persönliche Einsatzbereitschaft, sein Engagement für den Glauben oder seine liebevolle Beziehung zu seiner Frau und im Gegenzug dazu die Hindernisse beschrieb, die ihm von Bauern, Kaufleuten, Standesgenossen und nicht zuletzt von den kurfürstlichen Funktionären in den Weg gelegt worden waren.

Mochte sich Wilhelm Clothar Freiherr von Wintzingerode von Levin Freiherr von Wintzingeroda-Knorr[80] unterscheiden, insofern dieser eine Apologie adeliger Unabhängigkeit gegenüber fürstlichem Absolutismus schrieb, jener mit seinen „Kämpfen und Leiden" die Gefahr erneuter katholisch-ultramontaner Überwältigung beschwor[81] und das Bild einer erfolgreich durchlittenen

[79] Nach seiner Offizierszeit widmete sich dieser Wintzingerode, der ursprünglich die Burg Scharfenstein käuflich hatte erwerben wollen, weil sie seiner Familie aus religiösen Gründen von Kurmainz unrechtmäßig entzogen worden sei (womit er bei den zuständigen preußischen Behörden jedoch nicht durchdrang), dann aber 1918 die Burg Pottenstein in Oberfranken erwarb und bis zu seinem Tod 1930 zu seinem ständigen Wohn- und Arbeitssitz machte, ganz der Schriftstellerei; vgl. *Opfermann*, Gestalten, S. 377 f.; *Reinhold/Henkel*, Burg, S. 37 f.; *Margit Freifrau von Wintzingerode*, Zur neueren Geschichte der Burg Pottenstein. Ein Mosaik aus bisher unveröffentlichten Bildern und Dokumenten von 1878 bis in unsere Zeit, Pottenstein 2001.

[80] Neben seiner Amtszeit als Landrat zu Mühlhausen zwischen 1857/58 und 1871 war er insbesondere historiographisch tätig und wirkte u. a. in der Historischen Kommission zur Erhaltung der Denkmäler der Provinz Sachsen; vgl. *Opfermann*, Gestalten, S. 373 f.; *Peter Aufgebauer*, Levin Freiherr von Wintzingerode und seine Wüstungskunde des Eichsfeldes, in: *Wintzingeroda-Knorr*, Wüstungen, S. 5–17; *Wintzingerode-Knorr*, Familiengeschichte, S. 100–103.

[81] Wintzingerode rechtfertigte seine Schrift mit der Beobachtung: Aufgrund der „ultramontanen Presse, welche stets von dem ‚katholischen' Eichsfelde spricht, hat man sich nicht nur in anderen periodischen Blättern an den Gebrauch dieser Bezeichnung gewöhnt, sondern ist so ziemlich überall – mit Ausnahme des Eichsfeldes selbst – zu der

Abb. 8: Wilhelm Clothar Freiherr von Wintzingerode (1871–1930).

Passion der eichsfeldischen Protestanten[82] zeichnete, so besaßen sie doch eine wesentliche gemeinsame Intention: den Nachweis der Unrechtmäßigkeit der kurfürstlich-mainzischen Herrschaft und der Zwangsläufigkeit ihres Scheiterns zu erbringen. Es entsprach so ganz dem borussischen Geschichtsverständnis von Preußens Mission in Deutschland bzw. dem Unverständnis ge-

Annahme gelangt, daß das Eichsfeld lediglich von Katholiken bewohnt sei. Die nachstehenden Blätter, deren Inhalt zu einem guten Teile aus bisher unbenutzten Familienarchiven geschöpft ist, werden das Irrige jener Annahme darlegen. Es wird sich nicht allein zeigen, daß der bei weitem größte Teil der Bewohner des Ländchens sich fast ein Jahrhundert lang mit großer Treue zum evangelischen Glauben bekannt hat, und daß die Vorfahren eines großen Teiles der sich jetzt so sehr ihrer Katholizität rühmenden Eichsfelder nur durch harten Zwang, zumeist durch den schweren Druck während der ersten Jahre des dreißigjährigen Krieges, in den Schoß der alleinseligmachenden Kirche geführt worden sind und sich wider ihren Willen unter das Joch des römischen Klerus gebeugt haben"; *Wintzingeroda-Knorr*, Kämpfe I, Vorwort.

[82] Beispielhaft für die Darstellungsweise dieses über 200 Jahre dauernden, konfessionspolitischen Wüstenzuges vgl. *Wintzingeroda-Knorr*, Kämpfe II, S. 109: „Der Druck, unter welchem die evangelischen Eichsfelder lebten, der fortwährende Kampf, welcher ihnen durch die fort und fort wiederkehrenden Quälereien von seiten der geistlichen und weltlichen Behörden aufgenötigt wurde, sind für das kirchliche Leben der wenigen protestantischen Gemeinden von keinem ungünstigen Einflusse gewesen."

genüber den politischen Maximen des frühneuzeitlichen geistlichen Staates, wenn Wintzingeroda-Knorr formulierte: „Die Kurfürsten von Mainz blieben vor Allem Geistliche der römischen Kirche und als solche vermochten sie nicht ihre evangelischen Unterthanen als gleichberechtigt mit ihren katholischen Unterthanen anzusehen. Der Gedanke einer Parität beider Konfessionen blieb ihnen fremd"[83] – und dies umso mehr, als sie sich von dem verderblichen Einfluss der Jesuiten leiten ließen.[84] Die Mainzer Kurfürsten erschienen aus dieser Perspektive nicht mehr nur als unrechtmäßig, sondern sogar gegen das Gemeinwohl handelnde Fürsten, als Herrscher, die ihre Untertanen weder zu schützen noch zu fördern in der Lage waren, weshalb auch konsequenter Weise 1802 „der kurmainzische Staat und dessen Mißwirtschaft aufhörte"[85]. Damit wurde nicht nur die Herrschaft eines geistlichen Fürsten, sondern der altreichische Typus geistlicher Staatlichkeit negativ evaluiert. Letztlich ging es um die Liquidierung eines Geschichtsbildes – ein Vorgang, den die borussische Historiographie des 19. Jahrhunderts allgemein sehr erfolgreich betrieb, wie die bis in die jüngste Zeit hinein wirkende negative und sich nur langsam wandelnde Einschätzung der geistlichen Staaten wie auch die des Alten Reiches insgesamt beweist. An die Stelle der alten Reichsherrlichkeit und des Reichsherkommens – also dort, wo Preußen legitimatorisch weder in Deutschland noch auf dem Eichsfeld etwas zu bieten hatte – rückte der Mythos von der intendierten Überwindung deutscher Zerrissenheit durch Preußen und Bismarck. Deutsche Einheit, konfessionelle Parität und individuelle Selbstbestimmung korrespondierten in diesem Geschichtsbild reziprok mit deutscher Zerrissenheit, Konfessionsgedanken und Fürstenwillkür. Bei der Liquidation dieses und der Etablierung jenes Geschichtsbildes waren die Wintzingerodes vor Ort in diesem wie auch in anderen Fällen[86] behilflich.

In der Umsetzung dieses Geschichtsbildes standen sie keineswegs allein, sondern hatten bürgerliche Mitstreiter. Unterstützt wurden sie bspw. durch Friedrich Nippold, der bereits 1893 einen interpretatorischen Schritt weiter als Wilhelm Clothar von Wintzingerode gegangen war, wenn er formulierte: „Seit den Tagen der Hutten, Sickingen, Schaumburg, Kronberg und so vieler ihrer edlen Genossen, in deren Kreis auch Ihre [des Herrn Wilko Levin Graf von Wintzingerode-Bodenstein] bekenntnißtreuen Ahnen sich stellen, zieht

[83] *Wintzingeroda-Knorr*, Kämpfe II, S. 108 ff. Es gilt gleichwohl zu betonen, dass eine solche Einstellung der wissenschaftlichen Solidität seines Werkes keinen Abbruch tat!

[84] Vgl. *Wintzingeroda-Knorr*, Kämpfe II, S. 112.

[85] *Wintzingeroda-Knorr*, Kämpfe II, S. 111.

[86] Erinnert sei diesbezüglich nur daran, dass der Mühlhausener Landrat Sittig von Wintzingeroda-Knorr 1883 den Gemeinden der ehemaligen Vogtei Dorla – ein mainzisch-sächsisches Kondominium – gestattete, ein Siegerdenkmal in Erinnerung der Überwindung „deutscher Zerrissenheit" zu errichten; vgl. *Alexander Jendorff*, Altreichisches Kondominat in der Erinnerung der neupreußischen Provinz: der Aufstand in der Vogtei Dorla 1784–86 und die Evaluation absolutistischer Reformpolitik im 19. Jahrhundert, in: HJbLG (2005), S. 113–147, hier S. 131–146.

sich ja eine ununterbrochene Linie bis zu denjenigen des Freiherrn von Stein und des Herrn von Bismarck=Schönhausen!"[87] Die sozialen Grenzen innerhalb des Niederadels und die exklusiven – und damit die Eichsfelder marginalisierenden – Netzwerke der unterschiedlichen Adelsgruppen im Reich souverän außer Acht lassend,[88] stellte Nippold damit nicht nur die Wintzingerodes und insbesondere Barthold in eine Reihe mit den herausragenden, gleichwohl politisch gescheiterten reichsritterschaftlichen Bekennern des 16. Jahrhunderts, sondern zog überdies noch eine gewagte Traditionslinie bis ins 19. Jahrhundert. So gesehen erschien *der* deutsche Adel als früher Verteidiger von Idealen und als Vorkämpfer der Moderne, im Umkehrschluss dagegen der Katholizismus und die ihn tragenden Herrschaften als Hemmnis deutscher Entfaltung,[89] die doch ihren Endpunkt in Preußen-Deutschland, ja im intentionalen Zusammenwirken der Wintzingerodes, des mittelrheinischen Reichsfreiherrn Stein und des ostelbischen Junkers Bismarck fand.[90]

87 *Friedrich Nippold*, Der christliche Adel deutscher Nation. Ein Rückblick und Ausblick auf seine Vergangenheit und Zukunft. Mit besonderer Beziehung auf die deutsche Adelsgenossenschaft und das Adelsblatt, Berlin 1893, S. 6 f. In seine Würdigung bezog er ebenso die Westernhagen und Hansteins als Verteidiger des eichsfeldischen Protestantismus mit ein. Nippolds Schrift war eine Hommage an den Grafen von Wintzingerode – des langjährigen Vorsitzenden und späteren Ehrenpräsidenten des Evangelischen Bundes – nach einem mehrtägigen Aufenthalt auf Schloss Wintzingerode und zugleich eine dezidierte Invektive gegen die deutsche Adelsgenossenschaft und das „Adelsblatt", in denen er ultramontanistische Machenschaften ausmachte.

88 Schließlich waren es jene mittelrheinischen Familien – also die Hutten, Sickingen und insbesondere die Kronberg – gewesen, die die Marginalisierung des eichsfeldischen Adels im Erzstift betrieben und sich nicht für sie während der Freistellungskampagne engagiert hatten!

89 So führte *Nippold*, Adel, S. 18 aus: „Es muß doch endlich einmal klar zum Ausdruck gebracht werden, daß die schlaue jesuitische Umwerbung unseres Adels nicht möglich gewesen wäre, wenn die herkömmliche Geschichtsdarstellung nicht ein schweres Unrecht an diesem Adel begangen hätte. Auch dieses Unrecht läßt sich geschichtlich erklären. Denn es ist und bleibt eben doch die gesammte unnatürliche Lage unseres Vaterlandes seit dem Wiener Kongreß, aus der jene erregte Oppositionsstimmung hervorging: wie gegen die Fürsten, die über ihrer persönlichen Legitimität das höchste nationale Recht jedes Volkes zu vergessen schienen, so gegen einen Adel, den man nur noch als Hofadel, als Hofschranzenthum kannte. Aber wie gewöhnlich hat auch hier das eine Extrem das andere hervorgerufen. Es ist hohe Zeit, das begangene Unrecht gut zu machen." Nippolds Kritik richtete sich demnach nicht allein gegen den Katholizismus, sondern markierte insbesondere auch eine grundsätzliche Auseinandersetzung innerhalb der deutschen Adelsgenossenschaft um die Akzeptanz von Katholiken in den eigenen Reihen; vgl. *ders.*, Adel, S. 25 ff., 29, 35 ff., 45 f.; ähnlich *ders.*, Der sächsische Adel und der Protestantismus (Flugschriften des Evangelischen Bundes 184/85, XVI. Reihe, 4/5), Leipzig 1900, S. 4–9, 13–16, 18–22.

90 Entsprechend konnte Witte in seiner Würdigung des Grafen Wilko Levin von Wintzingerode auch zu folgender Auffassung hinsichtlich der Bedeutung Bartholds für die Dynastie Wintzingerode gelangen: „Welch ein heilig edles Vermächtnis für den Urenkel des Geschlechtes, der in einer Zeit erneuten, rücksichtslosen Einbruchs des Ultramontanismus in das gesamte evangelische Deutschland die Überlieferungen seines Hauses, wie

Abb. 9: Paul Schreckenbach (1866–1923).

Eine solches Geschichtsverständnis wurde unterstützt durch bürgerliche Heimatforscher wie dem Erfurter Gymnasialprofessor Martin Herwig, die die „deutsche Zerrissenheit"[91] dokumentieren wollten, um die preußische Moderne in umso günstigeres Licht heben zu können.[92]

die deutsch-protestantischen Interessen überhaupt, an hervorragender Stelle zu wahren berufen sein sollte!"; *Witte*, Wilko, S. 15.

91 Entsprechend der einschlägige Titel von Herwigs Abhandlung zur Geschichte der Vogtei Dorla: Die ganerbschaftliche Vogtei Dorla. Dorla und Langula vor dem Hainich. Ein Miniaturbild deutscher Zerrissenheit, Eisleben 1878.

92 Allerdings gilt es anzumerken, dass sich neben dieser unzweideutig borussophilen Gruppe eine andere Gruppe von Heimatforschern stellte, die die alten Verhältnisse differenzierter darzustellen suchte. Hierzu zählte bspw. auch Georg Thiele, wenn er die Herrschaft der Mainzer Kurfürsten auf dem Eichsfeld wie folgt beurteilte: „In patriarchialisch wohlwollender, den Bedürfnissen der Unterthanen auf dem Eichsfelde entgegenkommender Weise regierten die Kurfürsten über dieses Gebiet „das Eichsfeld" genannt, welche sie im Laufe von mehreren Jahrhunderten durch Kauf und Schenkungen erworben und bis vor die Thore Göttingens ausgedehnt hatten. [...] Wohl haben die Mainzer Kurfürsten nicht auf den Tafeln der Geschichte mit des Schwertes Spitze Heldenthaten verzeichnet, wenn es auch in der älteren Zeit unter ihnen nicht an streitbaren Kirchenfürsten gefehlt hat, die das Kriegsroß zu tummeln verstanden, – das ihnen gewiesene Gebiet, auf dem sie zu wirken suchten, lag anderswo, – aber sie haben allezeit in treuer Fürsorge sich ihrer Untertanen angenommen und in wohlwollender Weise geherrscht. Viele von ihnen gerade auf dem Eichsfeld geschaffene Einrichtungen reden davon noch heute mit

Flankiert wurde dieses Bemühen zusätzlich durch historische Trivialliteratur, die mit einem entsprechenden Geschichtsbild operierte. Zu ihr müssen insbesondere die Werke von Paul Schreckenbach (1866–1923) gezählt werden,[93] dessen erstmals 1905 erschienener historischer Roman „Die von Wintzigerode" ein breites Lesepublikum ansprach. Bis 1930 wurden von diesem wie auch von seinen übrigen, meist im Leipziger Verlag L. Staackmann vertriebenen Romanen jeweils mehrere zehntausend Exemplare gedruckt und schließlich als Auswahl in fünf Bänden veröffentlicht.[94] Schreckenbach recherchierte nachweislich mehrere Tage im Hausarchiv der Wintzingerode und hinterließ ein beeindruckendes Zeugnis seines Geschichtsbildes, wenn er im Stammbuch der Familie notierte: „Ein Bild des adeligen Geschlechts, / das, wie sich auch die Zeit gestaltet, / stets unerschüttert hier gewaltet / als Hort der Wahrheit und des Rechts."[95] Dieser Ruhmeshymne auf das Haus Wintzingerode-Bodenstein entsprach das später im Roman gezeichnete Bild des Barthold von Wintzingerode. Er erscheint als ein aufrechter, protestantischer, dem gegenreformatorisch-fürstlichen Zeitgeist entgegenstehender Ritter, der durch die Tücke der Jesuitenpatres Gropper und Bacharell sowie des prinzipienlosen Konvertiten Stralendorf einer klerikal-katholischen Verschwörung zum Opfer fällt. Seine Familie inklusive der Vettern – allen Auffassungsunterschieden über den richtigen Weg zum Trotz – und seine adeligen Standesgenossen stehen ihm dabei in seinem aufrichtigen Tun in herzlicher Verbundenheit zur Seite.[96] Schreckenbach, dem mit diesem Roman der literarische

deutlicher Sprache. Sie sind es daher wohl wert, daß die Rückerinnerung an vergangene Zeit anläßlich der jetzigen Centenarfeier, unbeschadet aller Treue gegen unser jetzt regierendes Herrscherhaus der Hohenzollern, dankbar das anerkennt und hervorhebt, was sie in dem langen Zeitraum eines Jahrtausends als geistliche Oberherren und in acht Jahrhunderten als Landesfürsten für einen großen Teil unseres Kreises gethan haben; *Thiele*, Jahr, S. 43 und 53 f.

[93] Der in der Nähe von Weimar als Sohn eines Pastors geborene Schreckenbach studierte in Halle und Marburg Theologie und Geschichte. In Leipzig promovierte er 1894 mit einer Dissertation zu „Luther und der Bauernkrieg", zwei Jahre später übernahm er eine Pfarrei bei Torgau. Früh begann er mit seiner schriftstellerischen Tätigkeit, die ihm große Popularität einbrachte; vgl. *Waldemar Mühlner*, Art. Paul Schreckenbach, in: Mitteldeutsche Lebensbilder, Bd. 2, hg. von der Historischen Kommission für die Provinz Sachsen und für Anhalt, Magdeburg 1927, S. 477–490.

[94] Vgl. *Paul Schreckenbach*, Die von Wintzingerode. Ein Roman aus dem sechzehnten Jahrhundert, Leipzig 1930, als Teil der fünfbändigen Ausgabe ausgewählter Romane. Allein die Einzelband-Auflage des Barthold-Romans hatte bis 1930 eine Auflage von über 30 000 Exemplaren, von anderen Romantiteln wurden über 50 000 Exemplare gedruckt. Zur Verarbeitung von Historie in der Belletristik vgl. *Martina Fuchs*, Karl V. Eine populäre Figur? Zur Rezeption des Kaisers in deutschsprachiger Belletristik (Geschichte in der Epoche Karls V. 1), Münster 2002, S. 29–41, zum historischen Roman insbesondere S. 36–39.

[95] Vgl. Privatbesitz Wintzingerode, Stammbuch des Schlosses Bodenstein, Eintrag von Dr. Paul Schreckenbach vom 07. bis 12. 10. 1904.

[96] Zu den genannten Aspekten seien an dieser Stelle in der gebotenen Kurze aus der angeführten Ausgabe des Schreckenbachschen Romans folgende Zitate benannt:

Zum Selbstverständnis Bartholds als (protestantischer) Adeliger zwischen den (spätmittelalterlichen und frühneuzeitlichen) Zeiten: Barthold äußert sich eines Abends gegenüber seinem Vetter Bertram: „Du hast mir einmal zugerufen, Bertram, daß ich in die Welt nicht passe. Du magst recht haben. Ich bin wohl zu alt dazu, ich verstehe die Menschen nicht mehr [...] Ja, ich bin alt. Noch nie hab' ich's Wort haben wollen, jetzt fühl' ich's. Ich bin aus einer anderen Zeit. Die Welt hat sich gewandelt seitdem, ich aber bin geblieben, der ich war. Als ich jung war, da lebten Männer wie Hartmut von Kronberg, Gottfried von Berlichingen, Hans von Minckwitz, Franziskus von Sickingen. Das waren Leute von hartem Schlage, Holz, das brach, aber nimmermehr sich bog. Heute beugt sich jeder, selbst der Mächtige bückt sich vor dem, der noch mächtiger ist. Der alte Graf Ernst von Hohnstein war ein starrer Römling, aber was hätte er wohl gesagt, wenn einer ihm geraten hätte, einen Teil seines Landes von einem Pfaffen zu Lehn zu nehmen? Mit der Faust hätte er solch einen Ratgeber niedergeschlagen."(S. 243); „Am meisten aber treibt mich zum Kampf die Sorge um unseren Glauben. Ich kann es nicht dulden, daß ein katholischer Pfaff Oberherr wird über mein Gericht. Das darf nie geschehen, denn dann zieht die römische Abgötterei wieder ein. Darum bleibt mir nur eines, und eine Wahl habe ich nicht: Ich muß meine Burg zu halten suchen, so groß auch die Macht ist, die gegen mich heranzieht, ich muß kämpfen bis zum äußersten."(S. 269 f.).

Zu den Auffassungsunterschieden zwischen Barthold und Bertram von Wintzingerode in Bezug auf die politische Situation und das Verhältnis zum Lehensherrn: Die beiden Vettern entgegnen einander im vertraulichen Zwiegespräch: „Dann begann Bertram: „Daß ich niemals wieder ein Schwert gegen dich aufheben, Barthold, das brauche ich dir nicht zu sagen. Hans auch nicht. Keine Lehnspflicht kann uns zwingen, gegen das eigene Blut zu fechten. Aber wir sind geschworene Vasallen des Hohnsteiners. Wir sind auch Mainzer Lehnsträger. Wie dürfen wir wider unseren Eid die Hand gegen unsern Herrn erheben? Der Graf hat uns nie das geringste Leid angetan, nicht einmal einen Vorwand wüßt' ich, ihm die Lehnspflicht aufzukündigen." „So höre ich sie im Geiste schon alle reden, unsere trefflichen Genossen vom Adel!" sagte Barthold bitter. „Der Eid, der Eid! Das ist das Schild, hinter dem sie sich alle verkriechen!" „Wundert dich das?" fragte Bertram. „Einen adligen Mann bindet sein Eid." „So bin ich wohl ein Eidbrüchiger in deinen Augen?" fuhr Barthold auf. „Von dir ist nicht die Rede", entgegnete Bertram ruhig. „Dir hat der Graf an deine Rechte gegriffen, und vieles, was geschehen ist, mußte dich zu seinem Feinde machen. Bei mir, bei fast allen andern ist das etwas ganz anderes. Ich bin Vasall des Hohnsteiners, die meisten Herren auf dem Eichsfelde sind Vasallen des Mainzers. Wohl wünschen sie alle, sie ständen lieber unter einem lutherischen Herrn. Aber sollen sie deshalb Aufruhr beginnen? Dürfen deshalb Untertanen zum Schwert greifen wider ihre geordnete Obrigkeit?" Barthold schlug eine rauhe Lache auf. „Ja, Bertram, wenn du dich zu den Untertanen rechnest, dann können, wir uns freilich nicht verstehn!" rief er. „Donnerwetter, Kreuz und Hagel! Wir sind also Unertanen! Bis jetzt dacht' ich, wir wären Leute von edlem Blute, den Fürsten gleich, nur daß die mächtiger sind und reicher als wir. Bei Gott – was ist denn solch ein Fürst weiter als ein dick und groß gewordene Edelmann! Und wodurch groß und dick geworden? Durch die Faulheit und Schlaffheit der anderen Edelleute, oft durch Lug und Trug!" Bertram schwieg eine Weile, dann entgegnete er nachdenklich: „Es mag so sein. Aber was kann uns das jetzt kümmern? Die Fürsten haben unsern Lehnseid. Daran müssen wir uns halten. Solange der Kurfürst ihren Rechten nicht zu nahe tritt und sie in ihren Freiheiten ungekränkt läßt, sind die Mainzer Lehnsleute gebunden." „Ist das dein Ernst? Vergißt du, daß der Mainzer ein Pfaff ist?" rief Barthold grimmig. „Und wenn er schon ein Pfaffe ist, ihren Eid müssen sie ihm doch halten", entgegnete Bertram fest. „Eid ist Eid!""(S. 271 ff.).

Zu angeblichen Einigkeit in der Familie Wintzingerode und den eichsfeldischen Standesgenossen: Kurz vor Bartholds Hinrichtung äußert sich der herbeigerufene Pfarrer Schneeganß: „Ja, Herr, das kann ich von ihnen rühmen. Der ganze Adel hat sich ermannt und hält fest zusammen fürs Evangelium. Herr Bertram steht in der vordersten

Durchbruch gelang, stilisierte damit die Sichtweise der Familie von Wintzingerode auf ihre Geschichte, ihre Adeligkeit, ihren Eigensinn und ihr Selbstverständnis eindrucksvoll: einig, protestantisch, standhaft. Das war zwar ahistorisch, entsprach aber dem damaligen familiären Gegenwartsverständnis, wenigstens in der Lesart des Patriarchen Graf Wilko Levin.

Dem aufmerksamen, zwischen den Zeilen lesenden zeitgenössischen Rezipienten mag zudem nicht entgangen sein, dass dieses Bild des Romanhelden starke Züge von Schreckenbachs Protektor trug. Graf Wilko Levin von Wintzingerode agierte zur Jahrhundertwende als Präsident des von ihm maßgeblich mitbegründeten Evangelischen Bundes unmissverständlich antikatholisch. Seine Einstellung machte selbst gegenüber der kaiserlichen Reichsregierung ohne Rücksicht auf die möglichen Folgen deutlich: Öffentlich schalt er Kaiser Wilhelm II. wegen seiner angeblichen Papstfreundlichkeit und fiel deswegen in Misskredit.[97] Der Massenroman diente demnach sowohl der all-

Reihe. Kurz nach Euer Wegführung kamen katholische Pfaffen nach Wintzingerode und wollten dort ihre Zeremonien ausüben. Die hat er sogleich verjagen lassen und sich an den Braunschweiger um Hülfe gewandt. Darauf hat man den Bodenstein in Ruhe gelassen"(S. 434 f.).
Zur Märtyrer-Stilisierung Bartholds: Unmittelbar nach der Enthauptung Bartholds äußert sich der auf dem Mainzer Tiermarkt anwesende Vetter Bertram gegenüber Bartholds unehelichem Sohn Klaus: „Unser Blut, das Blut der Wintzingerode, ist auf dem Hochgerichte geflossen durch der Pfaffen Hand! Das laß uns nie vergessen! Auch unseren Kindern und Enkeln wollen wir das einschärfen, damit sie fest auf der Wacht stehen gegen die Priester, die den Namen Jesu schänden. Für jeden, der unser Blut in den Adern trägt, muß es fortan gelten, was deines Vaters Wahlspruch war: Allzeit getreu dem Evangelium und allzeit wider die Pfaffen!"(S. 438).
Zur ambivalenten Figur Stralendorfs: Gegenüber dem Jesuitenpater Baccharell ließ sich Stralendorf bezüglich seines ersten Treffens mit Barthold vernehmen: „Lebhaft trat er auf mich zu und rief: „Da hab' ich einen Eures Geschlechtes gar wohl gekannt. Er war mit bei Mühlberg. Ein Mann von altem Schrot und Korn, ein tapferer Mann." „Das war mein Vater", sagte ich kurz. Höchst überrascht blickte er mich an. „Dann seid Ihr lutherisch?" rief er. „Ich war's", entgegnete ich. „Jetzt aber bin ich in die alleinseligmachende Kirche zurückgekehrt. „Da warf er mir einen Blick zu und sprach ein paar Worte. Dann wandte er mir den Rücken. Erlaßt mir, diese Worte zu wiederholen", rief Stralendorf, und eine brennende Röte flog über sein Gesicht. „Man zahlt einen hohen Preis, Herr Pater, wenn man den Glauben wechselt, dessen seid versichert. So hat mich nie ein Mensch beleidigt, dieser Mann ist mein Todfeind geworden, und nichts kann diesen Schimpf austilgen, nur sein Blut." Mit dem Ausdruck wilden Hasses im Gesicht starrte er vor sich hin."(S. 86 f.); „Stralendorf schwieg. Er war ein Mann ohne sittliche Grundsätze, von kühler, selbstsüchtiger Natur, der ohne Bedenken bereit war, auch Böses zu tun, wenn es ihm für sein Fortkommen nützlich dünkte, und dem eigentlich nichts auf Erden und im Himmel heilig war. Aber grausam und bösartig war er nicht. Darum schoß ihm, während der Propst [Bunthe; A.J.] seine Ansichten entwickelte, der ketzerische Gedanke durch den Kopf: Wie schauderhaft gemein sind doch die Priester Roms in ihrem Hasse! Aber er hütete sich, etwas davon laut werden zu lassen"(S. 200 f.).

97 Vgl. *Fleischmann-Bisten / Grote*, Protestanten, S. 27–31, 37 f., 40–56; *Maron*, Evangelisch und Ökumenisch; *Müller-Dreier*, Konfession, S. 69, 86, 94 f., 102, 108, 112, 162 ff., 169–173, 248–362, 376-383. Der 1886 gegründete Evangelische Bund, zu dessen Gründungsmitgliedern neben Wilko Levin von Wintzingerode auch die bereits genannten Witte

Abb. 10: Wilko Levin Graf von Wintzingerode (1833–1907).

und Nippold zählten, war ursprünglich eher eine protestantische Honoratiorenvereinigung, die nur wenige Theologen in ihren Reihen wusste. Das Hauptrekrutierungsgebiet des Bundes lag in den gemischtkonfessionellen Region des Deutschen Reiches, während er in den rein protestantischen Gebieten keinen großen Zuspruch fand. Erst nach dem Ausscheiden der Gründergeneration – Graf von Wintzingerode trat von seinem Präsidentenamt 1904 zurück – professionalisierte sich die Organisation. Seit der Jahrhundertwende – also seit der Annäherung der Reichsregierung an das Zentrum, dessen sie für die Flottenvorlagen bedurfte – stieg die Zahl der Mitglieder des Evangelischen Bundes um das Dreifache auf 300 000 Personen. In ihm fanden sich all jene deutsch-nationalen Protestanten, die einen konsequenteren Kurs in der Auseinandersetzung mit dem Ultramontanismus befürworteten, gerade nachdem sich der Jesuitenorden wieder seit den 1890er Jahren frei im Reich bewegen konnte. Gleichwohl definierte sich der Bund nicht als anti-katholische, sondern als anti-ultramontanistische Organisation, die für die Gleichberechtigung der Konfessionen eintrat, aber auch die offensive Auseinandersetzung mit dem Katholizismus suchte. Graf von Wintzingerode, der als „Baumeister" des Bundes galt, stand für diese defensiv verstandene, gleichwohl offensiv ausgerichtete Position symptomatisch: Er sah in den anti-katholischen Gesetzen Bismarcks nach deren Scheitern keinen Sinn, wiewohl er ihre Aufhebung im preußischen Abgeordnetenhaus vehement bekämpft und sich dafür den Spott Windhorsts eingetragen hatte.

Wilko Levin Graf von Wintzingerode fiel bei der Reichsregierung wegen seines Engagements im Zuge des „Falls Bülow" 1898 in Ungnade: Der preußische Gesandte beim Heiligen Stuhl – Otto von Bülow, auch der „schwarze Bülow" genannt – hatte anlässlich des Kaisergeburtstages am 27. Januar 1898 für die römischen Katholiken eine Feier veranstaltet, auf der er auch den Papst überschwenglich hochleben ließ. Die Vertreter des Evangelischen Bundes und insbesondere ihr Präsident beschwerten sich daraufhin bei Bülow, zumal ihnen ganz generell die Existenz der preußischen Gesandtschaft beim Heiligen Stuhl als verabscheuenswürdige Anerkennung der weltlichen Macht des Paps-

gemeinen Unterhaltung und Erbauung als auch der konfessionell spezifisch-protestantischen Sinnstiftung durch Vermassung und Literarisierung von Geschichte als auch – und gewiss nicht zuletzt – der Glorifizierung des Hauses Wintzingerode-Bodenstein. Schreckenbachs Werk, das von Graf Wilko Levin durch Einlass ins Hausarchiv gefördert und auf diese Weise mit einer bestimmten – nämlich der wintzingerodeschen – Sicht der Dinge versehen worden war, beförderte zugleich die Interessen des Hauses. Denn es diente einerseits der Popularisierung eines Familienmitglieds, das zum Konfessionsheroen geworden war; andererseits bot es dadurch auch die Möglichkeit, die Position Graf Wilko Levins als Präsident des Evangelischen Bundes binnenkonfessionell zu heroisieren, nicht zuletzt weil der Romanheld und er selbst gleichermaßen als Sachwalter des Protestantischen gelten, ja vielleicht sogar weil Graf Wilko Levin selbst als zweiter Barthold erscheinen konnte. Das musste in dieser Weise nicht die Intention des Grafen gewesen sein, trug aber zum *splendor familiae* bei. Es genügte, dass seine protestantischen Verbandsmitglieder es so sehen konnten. Umso bedauerlicher ist es, dass wir nichts über die Rezeptionsgeschichte dieses Romans – d. h. seine soziale, politische und auch konfessionelle Verbreitung – wissen.[98]

Allerdings erwies Schreckenbachs Barthold-Roman wie auch sein übriges Œvre noch in anderer Hinsicht seine Massentauglichkeit, die nicht zwingend der Intention seines Förderers Graf Wilko Levin entsprungen, ja gewissermaßen seiner Primärintention, adelige Familiengeschichte zu popularisieren, widersprechen musste. Offenkundig taugten Schreckenbachs Romane auch für die nationalistisch-völkische Verklärung allen Deutschtums in der spät- und postwilhelminischen Ära – in der Zeit vor dem Ersten Weltkrieg und in der Weimarer Republik –, die ihren Weg in den Nationalsozialismus fand. Schreckenbach selbst äußerte sich wie folgt: „Denn wenn mir's auch versagt blieb, literarische Meisterstücke zu schaffen, so spiegeln doch meine

tes galt. Diese Eingabe wurde der Reichsregierung und Kaiser Wilhelm II. zugleitet und traf auf unverhohlenes Missfallen, weil man unter keinen Umständen in Konflikt mit dem Zentrum geraten wollte, um die bevorstehenden Flottengesetze verabschieden zu können. Quittiert wurde dies durch Wintzingerode mit einer entsprechenden Replik, woraufhin Kaiser und Reichskanzler von Hohenlohe öffentlich eine Rüge aussprachen. Zeitweise wurde erwogen, den gewählten sächsischen Landeshauptmann abzusetzen, was natürlich nicht möglich war. Schließlich wurde aber wohl der politische Druck auf Wintzingerode doch so groß, dass er dem sächsischen Oberpräsidenten von Boetticher versprach, nach Ablauf der letzten zwei Jahre seiner Amtszeit nicht wieder zu kandidieren. Damit war seine öffentliche Desavouierung zwar abgewendet, sein Prestige in der Regierung jedoch ebenso beschädigt, wie der Evangelische Bund in der Wahrnehmung der Öffentlichkeit angeschlagen war. Andererseits begründete er in den Kreisen des Evangelischen Bundes Wintzingerodes Ruf, unabhängig und aufrecht für die Interessen des deutschen Protestantismus nicht nur gegen Rom, sondern notfalls auch gegen die Macht protestantischer Höherer einzutreten.

[98] Der Evangelische Bund förderte allerdings solche und ähnliche Literatur bspw. durch entsprechende Buchanzeigen und andere Hinweise auf ‚geeignete' Belletristik; vgl. *Fleischmann-Bisten/Grote*, Protestanten, S. 50 ff.

Bücher deutsches Wesen klar und kraftvoll wider und dienen Unzähligen in meinem Volke zur Stärkung und inneren Aufrichtung."[99] Dem kurz zuvor verstorbenen Romanautor, seiner „volkstümlichen", dabei mit archivmäßig-wissenschaftlichem Anspruch versehenen Schreibweise und dem Weimarer Zeitgeist eines missverstandenen Volkes enttäuschter Bürgerlicher entsprechend, konstatierte Waldemar Mühlner in seiner Würdigung 1927: „All seine Bücher gleichen darum in der Glut der Farben lebendig geschriebenen Chroniken, die in gleicher Weise historisches Leben in Reflexen geben. [...] Alle Konflikte in Schreckenbachs Romanen sind den Großtaten unserer deutschen Geschichte entnommen und singen von deutscher Kraft, deutscher Begeisterung, deutschem Wollen, deutschem Können und deutscher Gefühlsinnigkeit, selbst im Untergehen. Alle sind durchtränkt von einem großen Gedanken, einer Idee, und wo solcher Gedanke nicht beherrschend in die Erscheinung tritt wie etwa in den, im Übrigen jedoch sehr frischen „Letzten Ruhetagen" (1913), da war der Dichter von seiner Schöpfung nicht restlos befriedigt. [...] Wir brauchen gesunde Kost für alle, die nach Stärkung im Daseinskampfe hungern."[100] Adels-Romane wie „Die von Wintzingerode" wurden auf diese Weise von ihrer ursprünglichen Intention des Lobpreises adelig-familiärer und konfessioneller Verdienste gelöst und ganz auf einen nationalistischen, klassennivellierenden Massenkontext ausgerichtet, in dem der Adel zwar herausragen mochte, letztlich aber völlig aufgehen musste. Im Kontext des Schreckenbachschen Œvres wurde aus dem Barthold-Roman als intendierter Erzählung über einen adeligen Konfessionsmärtyrer der Roman über einen deutschen Tugend- und Tatmenschen im Adelsmilieu und somit aus dem adeligen Konfessionshelden ein Protagonist des Völkischen, das allerdings weder Standes- noch Klassenschranken, sondern nur soziale Grenzen nivellierendes Deutschtum kannte. Damit hatte sich die intendierte Lesart – gesellschaftspolitisch-ideologisch bedingt – massiv verändert und gewissermaßen verselbständigt, und dies gewiss nicht im Sinne des Grafen Wilko Levin. Dessen intendierte Popularisierung der Familiengeschichte erzwang seine Öffnung als Identifikationsfigur für weitere als nur adelige und/oder protestantische Kreise im Sinne seiner Germanisierung und Einordnung ins deutsche Volkskollektiv. Der stilisierte Held wurde den völkisch-aristokratischen Elitekonzeptionen des beginnende 20. Jahrhunderts entsprechend[101] zum herausragenden Volksgenossen unter anderen Volksgenossen.

[99] Zitiert nach *Mühlner*, Art. Schreckenbach, S. 489 f.
[100] *Mühlner*, Art. Schreckenbach, S. 486 ff., 490.
[101] Vgl. *Gerstner*, Adel, S. 197–294.

4. Die Institutionalisierung der historiographisch-kulturellen Sinngebung und die Rivalität der Geschichtsvereine

Im Kontext der eichsfeldischen Auseinandersetzungen um Barthold von Wintzingerode steckte die Sprengkraft des Schreckenbach-Werkes sowohl in der literarischen Form und im Sujet als auch in der zeitlichen Nähe zu den historiographischen Arbeiten der Wintzingerodes und Kniebs. Letzterer rezensierte Schreckenbach in der ersten Ausgabe von „Unser Eichsfeld" – der Zeitschrift des wenige Monate später gegründeten Vereins für Eichsfeldische Heimatkunde – in Grund und Boden: „Abgesehen von den Namen der auftretenden Personen ist fast alles Erfindung"[102]. Knieb erregte sich über den Anschein von Wissenschaftlichkeit, den der Verlag dem Roman gegeben hatte, und über die seiner Meinung nach historischen Unrichtigkeiten, die sich allein aus der Stilisierung Bartholds zum protestantischen Märtyrer ergaben.[103] Insbesondere wandte er sich gegen die charakterliche Verzeichnung der katholischen Kontrahenten Bartholds, weil dies konfessionellen Streit schüre, verletze und nicht zur wissenschaftlichen Diskussion beitrage.[104] Schreckenbachs Replik wurde noch in der gleichen Ausgabe abgedruckt. Sie fiel ebenfalls unversöhnlich aus: „Mit Herrn Knieb selbst halte ich jede Verständigung von vorneherein für ausgeschlossen."[105] Vordergründiger Gegenstand dieser Kontroverse wurde nun – wie später im Konflikt Kniebs mit Wilhelm Clothar von Wintzingerode – die Qualität des verwendeten Archivmaterials und der benutzten Archive – War das Material des Wintzingerodeschen Hausarchivs valider als Jesuitenberichte? –, auf die sich auch Knieb nochmals einließ.[106]

[102] *Philipp Knieb*, Besprechung von Paul Schreckenbach, Die von Wintzingerode. Roman aus dem 16. Jahrhundert, Verlag von Poeschel und Kippenberg in Leipzig o.J., in: Unser Eichsfeld 1 (1906), S. 31 f.

[103] „Wenn es Protestanten gibt, die sich einen solchen Mann als Märtyrer gefallen lassen wollen, so geht das uns Katholiken nichts an. Etwas anders verhält es sich aber rücksichtlich der Tendenz, welche dieser Darstellung zu Grunde liegt und keine andere ist, als die katholische Kirche, ihre Vertreter und Bekenner in den Kot zu ziehen"; vgl. *Knieb*, Besprechung, S. 32.

[104] „Und wer will es dem Katholiken verargen, wenn er entrüstet fragt: Sind denn die Männer, die wir hochschätzen und ehren, vogelfrei? Mit einem solchen Buche ist aber auch dem Protestantismus nicht gedient, es ist nur ein neuer Stoff zur Schürung des konfessionellen Haders herbeigetragen"; ebd.

[105] *Paul Schreckenbach*, in: Unser Eichsfeld 1 (1906), S. 62 f.

[106] Geschickt versuchte Schreckenbach den Konfessionalismus-Vorwurf Kniebs abzubiegen und sich nicht völlig in eine antimainzische Ecke zu stellen, wenn er unverbindlich bemerkte, die „Mainzer allerdings, die wir hochschätzen und ehren, sind unter Leuten dieses Schlages [d. h. Groppers, Stralendorfs, Bunthes und des Kurfürsten Daniel] nicht anzutreffen". Hinsichtlich der Quellendiskussion sah er allerdings zu einer solchen argumentativen Frontbegradigung keinen Grund, ja er griff sogar Levin von Wintzingeroda-Knorr an, dessen – ebenfalls – negatives Urteil über Barthold er mit dessen „Unkenntnis der einschlägigen Akten" erklärte, ein Ausfall, den sich Knieb in seiner wenige Seiten

Schließlich sollte sich die Frage der angemessenen wissenschaftlichen Methodik als Ausgangspunkt für das Eingreifen von Kniebs späterem Widersacher Wilhelm Clothar von Wintzingerode erweisen,[107] freilich dann erweitert um die Frage der angemessenen Zitationsweise.

Auf diese Weise war in der Auseinandersetzung zunächst eine Pattsituation entstanden. So wie die katholische Fraktion das wissenschaftliche Feld aufgrund der archivalisch fundierten, methodisch wenig angreifbaren, wenn auch klar katholisch intendierten Monographie Kniebs beherrschte, so besaß die protestantische Fraktion mit den Historiographen aus dem Hause Wintzingerode, ihren vielfältigen Sozialkontakten und insbesondere mit dem Roman Schreckenbachs einen uneinholbaren Vorteil auf dem Feld der öffentlichen Meinung. Dieser Umstand war Knieb und seinen Anhängern sehr wohl bewusst. Dennoch konnten und wollten sie auf diesem Feld nicht konkurrieren. Viel eher setzten sie auf dem Feld an, das sie dominierten: der Wissenschaft.

Allerdings war den Herausgebern von „Unser Eichsfeld" zu diesem Zeitpunkt die Diskussionsrichtung bereits aus den Händen geglitten.[108] Wie ungeschickt es von ihnen, die für sich und ihre Zeitschrift Überparteilichkeit beanspruchten, gewesen war, die Rezension des Schreckenbach-Werkes durch Philipp Knieb vornehmen zu lassen, zeigte sich bald. In der zweiten Ausgabe von „Unser Eichsfeld" sah sich der Mitherausgeber Klemens Löffler zu einer Anzeige veranlasst, die sich gegen den Mühlhausener Archivar Kunz von Brunn gen. von Kauffungen richtete.[109] Dieser hatte im Besprechungsteil der von ihm seit 1904 herausgegebenen Mühlhäuser Geschichtsblätter „Unser Eichsfeld" als ultramontanistisch eingestuft, während er dem seit 1904 erscheinenden „Heimatland" – eine sich ebenfalls um die eichsfeldische Geschichte bemühende Zeitschrift – attestierte, eine „ganz den Grundsätzen

später erfolgten Erwiderung zunutze machte; vgl. *Schreckenbach*, Erwiderung, S. 63; *Kniebs* Erwiderung, in: Unser Eichsfeld 1 (1906), S. 64.

[107] Vgl. *Wintzingerode*, Erwiderung, S. 217, der ausdrücklich darauf verweist, dass ihn Kniebs Verriss von Schreckenbach veranlasst habe, bei Knieb vorstellig zu werden und Fakten zu präsentieren. Ob Wintzingerodes Barthold-Biographie durch Kniebs Kritik des Jahres 1906 inspiriert wurde oder nicht eher doch durch die erste Auflage von dessen „Geschichte der Reformation und Gegenreformation", kann hier nicht geklärt werden, erscheint aber eher wahrscheinlich.

[108] In einer redaktionellen Anmerkung zu Schreckenbachs Erwiderung sah man sich genötigt zu erklären: „Herr Dr. Schreckenbach ersucht um Abdruck dieser Polemik. Sonst würde sie „erweitert und verschärft in anderer Form erscheinen". Wir nehmen sie auf, weil unsere Zeitschrift selbstverständlich von konfessionellen und politischen Rücksichten unabhängig ist, und jeden Beitrag aufnimmt, von dem sich eine Förderung der Heimatkunde erwarten läßt"; vgl. Unser Eichsfeld 1 (1906), S. 62.

[109] Vgl. *Klemens Löffler*, Zur Abwehr gegen den Archivar Herrn Dr. Kunz von Kauffungen in Mühlhausen, in: Unser Eichsfeld 2 (1907), S. 13–16. Gegen die Anwürfe des Archivars, der 1909 Direktor der Bibliothek und des historischen Archivs der lothringischen Stadt Metz wurde, hielt Löffler fest: „Unsere Zeitschrift ist, ich wiederhole es, von konfessionellen und politischen Rücksichten tatsächlich unabhängig."

der unparteiischen Geschichtsforschung"[110] entsprechende Wissenschaft zu betreiben. Mit dem Ultramontanismus-Vorwurf zog er die wissenschaftliche Seriosität des gesamten Unternehmens und seiner Repräsentanten in Zweifel, obwohl einige von ihnen – Philipp Knieb und Klemens Löffler – zu den Gründungsmitgliedern des Mühlhausener Altertumsvereins zählten.[111] Dies wog schwer, weil es am 25. Dezember 1906 zur Gründung des Vereins für Eichsfeldische Heimatkunde gekommen war, der die Grenzen der eichsfeldischen Landratsämter zu überbrücken und auch die protestantischen Eichsfelder zu integrieren suchte.[112] Darüber hinaus wog der so gewendete Ultramontanismus-Vorwurf umso schwerer, weil er in einer Zeit erhoben wurde, in der die Debatte um den Stellenwert der Landesgeschichte im historiographischen Disziplinenkanon und um die Verwissenschaftlichung der landesgeschichtlichen Arbeit in den Geschichtsvereinen und inbesondere auch der von ihnen herausgebenen Zeitschriften in vollem Gange war.[113] Kauffungens Vorwurf setzte demnach an einer für die sich gerade wissenschaftspolitisch etablierende und um die Verwissenschaftlichung der mit ihr notwendig verbundenen Geschichtsvereine bemühten universitär-institutionalisierten Landesgeschichtsforschung neuralgischen Stelle an.[114]

[110] *Kunz von Brunn gen. von Kauffungen*, Neue Zeitschriften zur eichsfeldischen Geschichte, in: Mühlhäuser Geschichtsblätter 7 (1906/07), S. 168. „Unser Eichsfeld", „welch fast lauter ultramontan gesinnten Herren (z. B. Ph. Knieb) zu ihren eifrigsten Mitarbeitern zählt", hielt er dagegen für geradezu unseriös. Insbesondere Knieb, dessen Reformationsgeschichte des Eichsfeldes der neue Mühlhausener Stadtarchivar für ultramontanistisch und jesuitisch, fern des wissenschaftlichen Standards, unversöhnlich und noch nicht einmal der moderaten Linie Moriz Ritters folgend hielt, attackierte er, nicht zuletzt wegen dessen Rezension Schreckenbachs; vgl. ders., Besprechung von *Philipp Knieb*, Reformation und Gegenreformation auf dem Eichsfelde [...], in: Mühlhäuser Geschichtsblätter 7 (1906/07), S. 165 f.

[111] Vgl. das Mitgliederverzeichnis des Altertumsvereins im ersten Vereinsjahr in: Mühlhäuser Geschichtsblätter 1 (1900/01), S. 8–11, hier S. 10.

[112] Dabei firmierte Löffler (1881–1933) als Vorsitzender, Konrad Hentrich (1880–1972) als Schriftführer, Knieb als Vorsitzender des Unterverbandes Obereichsfeld, der Duderstädter Rektor Philipp Egert (1866–1928) als Vorsitzender des Unterverbandes Untereichsfeld. Der Gründung dieses zentralen eichsfeldischen Geschichtsvereins waren offenkundig jahrelange Bemühungen und Komplikationen vorausgegangen. Nach der Gründung firmierte die Zeitschrift ‚Unser Eichsfeld' nicht mehr mit dem Zusatz „Blätter für Heimatkunde", sondern mit dem Zusatz „Zeitschrift des Vereins für Eichsfeldische Heimatkunde"; vgl. *Egert*, Verein, S. 175; Notiz in: Unser Eichsfeld 2 (1907), S. 16. Zu den genannten vgl. *Opfermann*, Gestalten, S. 81 f. (Egert), 227 (Löffler), 154 f. (Hentrich).

[113] Vgl. *Hermann Heimpel*, Über Organisationsformen historischer Forschung in Deutschland, in: HZ 189 (1959), S. 139–222, hier S. 189–209; *Alois Gerlich*, Geschichtliche Landeskunde des Mittelalters. Genese und Probleme, Darmstadt 1986, S. 48 ff.; *Simon*, Historiographie, S. 121–124; *Pitz*, Historiographie, S. 35 ff. Zur Bedeutung der Zeitschriften als Medien der regionalen Sinnstiftung und gegenseitigen Abgrenzung vgl. *Pabst*, Geschichtsvereine, S. 26 f.

[114] Dies erklärt auch, warum Knieb in der Auseinandersetzung mit Wilhelm Clothar von Wintzingerode um die Stellung des Scharfenstein gegenüber dem Mainzer Erzstift 1910/11 so sehr darum bemüht war, seine eigene wissenschaftliche Seriosität von der

Angesichts dessen musste sich der – sozial ohnehin eher traditionell strukturierte[115] – Eichsfelder Heimatkunde-Verein seit dem Beginn seiner Tätigkeit an in der Defensive sehen. Zwei Jahre nach seiner Gründung waren vier deutsche Bischöfe, eine große Zahl von Pfarrern und Kaplänen, der protestantische Landrat zu Worbis Benno Frantz, Lehrer, Kaufleute und Fabrikanten eingetreten.[116] Der Ultramontanismus-Vorwurf mochte unzutreffend sein, die konfessionelle Struktur jedoch war eindeutig. Zudem besaß er einen zeitlichen Nachteil, insofern er die späteste Gründung in dieser Region darstellte. Im Februar 1906 hatte sich bereits der Heimatkundiche Verein Untereichsfeld unter dem Vorsitz des Duderstädter Rektors Philipp Egert konstituiert, der zwar über keine eigene Zeitschrift verfügte, mit dem man allerdings in scharfer Mitgliederkonkurrenz stand, die erst 1912 – bei der Einweihung des Wolf-Denkmals mit dem symbolischen Händedruck zwischen Knieb und Pfarrer Wolpers – beendet wurde.[117] In Konkurrenz musste man sich darüber hinaus mit dem von dem Bleicheröder Lehrer Wilhelm Kolbe-Arenshausen herausgegebenen „Heimatland" – eine Zeitschrift für das Eichsfeld und die Grafschaft Hohenstein[118] – sehen und insbesondere auch mit dem bereits 1852 von Gustav Droysen mitbegegründeten, von der Universität Jena aus gesteuerten Verein für Thüringische Geschichte und Altertumskunde. Dessen historiographiegeschichtliche Ausrichtung lief auf eine Ausgrenzung oder negative Evaluierung des historischen Anteils des Katholizismus und des Mainzer Erzstifts hinaus. Die historische Identifikation wurde stattdessen

populärwissenschaftlichen Herangehensweise Wintzingerodes oder gar der literarischen Inszenierung Schreckenbachs abzugrenzen. Scharf reagierte er auf Wintzingerodes Abhandlung, mit der dieser die Pfandaufkündigung von 1582/83 als ungerecht und als Werk des habgierigen Stralendorfs bezeichnet hatte. Ein harscher Nachtrag dazu erschien Knieb wichtig, „lediglich in der Absicht, Legendenbildungen in der eichsfeldischen Geschichte möglichst nicht aufkommen zu lassen, die angegriffene Ehre der ehemaligen eichsfeldischen Landesfürsten zu wahren"; *Knieb*, Kurfürsten, S. 243; zuvor: *Wintzingerode*, Burg, passim.

[115] Es fanden sich – wie für die Sozialstruktur der Heimat- und Geschichtsvereine des 19. Jahrhunderts üblich – Pfarrer, Archivare, Honoratioren etc. unter den Gründungsmitgliedern, keine Historiker, die sich – soweit sie dem universitären Milieu entstammten – von solchen Veranstaltungen fernhielten, die universale Perspektive verfolgten und ins Zentrum ihres Geschichtsbildes das staatlich-nationale Ganze stellten; vgl. *Heimpel*, Organisationsformen, S. 189 ff.; *Gerlich*, Landeskunde, S. 49 ff., 60 f.; *Pabst*, Geschichtsvereine, S. 28.

[116] Über viele Mitglieder des Vereins lassen sich keine Konfessionsangaben machen. Die vorhandenen interpretierbaren Daten jedoch zeigen ein relativ eindeutiges Bild, zumal wenn man in der Lage ist, die Wohnorte zu bestimmen. Immerhin war mit Wilhelm Clothar Freiherr von Wintzingerode – in Halle a.d.S. ansässiger Oberleutnant – ein in der Sache engagiertes Mitglied der Dynastie Wintzingerode im Verein; das Verzeichnis der Mitglieder in: Unser Eichsfeld 3 (1908), jeweils als Anhang von S. 97, 144, 145, 193.

[117] Vgl. *Karl Wüstefeld*, 25 Jahre Heimatkundlicher Verein Untereichsfeld, in: Unser Eichsfeld 27 (1932), S. 9–19.

[118] Der genaue Titel lautete: „Heimatland. Illustrierte Blätter für die Heimatkunde des Kreises Grafschaft Hohenstein, des Eichsfeldes und der angrenzenden Gebiete".

unter Beibehaltung des nationalliberalen Horizonts mit den Ernestinern gesucht. Gleichzeitig trat der Thüringer Geschichtsverein mit seiner ausgreifenden Definition des Thüringer Raumes in Rivalität zum Thüringischen-Sächsischen Geschichtsverein für die preußische Provinz Sachsen, insofern man sich auch um die nördlichen und nordöstlichen Gebiete Thüringens bemühte und damit die staatlich-preußischen Bemühungen um eine Identifizierung der neuen politischen und historisch-mentalen Grenzen gefährdete.[119] Neben diesen beiden Organisationen stellte schließlich auch der Mühlhäuser Altertumsverein, der 1899 von Georg von Below, Karl Wenck und dem Geheimen Rat von Wintzingerode mitbegründet worden war, eine starke Konkurrenz dar;[120] dies umso mehr, weil gleich in der ersten Ausgabe der Vereinszeitschrift hervorgehoben wurde, geschichtliche Studien seien „keine wissenschaftlichen Spielereien oder Eingebungen der Modelaune, sowenig wie sie politischen oder kirchlichen Bestrebungen zu dienen bestimmt sind“[121]. Zugleich vollzog man ausdrücklich die damals allgemein zu beobachtende Neuausrichtung in der deutschen Historiographie hin zur Kultur- und Landesgeschichte.[122] Die Mühlhäuser Geschichtsblätter und der dortige Altertumsverein waren auf der wissenschaftlichen Höhe der Zeit und besaßen – wie auch die übrigen regionalen Geschichtsvereine – einen unvergleichlichen Vorteil

[119] Vgl. *Kunz*, Geschichte, S. 159-198; *Johannes Mötsch*, Thüringen als Gegenstand landesgeschichtlicher Grundlagenforschung im Kaiserreich (1871–1918), in: Mathias Werner (Hg.), Im Spannungsfeld von Wissenschaft und Politik. 150 Jahre Landesgeschichte in Thüringen (Veröffentlichungen der Historischen Kommission für Thüringen, Kleine Reihe 13), Köln / Weimar / Wien 2005, S. 23–43; *Stefan Gerber*, Historisierung und Nationalisierung der Region. Gründungsmotive und Gründungskonstellationen des Vereins für Thüringische Geschichte und Altertumskunde zwischen 1848 und 1852, in: Werner, Spannungsfeld, S. 1–22.

[120] Laut Satzung bemühte sich der Verein um die „Erforschung der Geschichte der Stadt und des Kreises Mühlhausen“; vgl. Satzung, in: Mühlhäuser Geschichtsblätter 1 (1900 / 01), S. 5. Zu Karl Wenck (1854–1927) und der Landesgeschichtsschreibung im kaiserzeitlichen Thüringen vgl. *Stefan Tebruck*, Landesherrschaft – Adeliges Selbstverständnis – Höfische Kultur. Die Ludowinger in der Forschung, in: Wartburg-Jahrbuch 2008, Regensburg 2010, S. 30–76, hier S. 31-34; *Mötsch*, Thüringen, passim.

[121] *Eduard Heydenreich*, Anregungen der lokalgeschichtlichen Forschung in neuester Zeit, in: Mühlhäuser Geschichtsblätter 1 (1900 / 1901), S. 12–15, hier S. 15. Der Mühlhausener Stadtarchivar Heydenreich firmierte in der Anfangszeit als Herausgeber der Zeitschrift.

[122] Vgl. ebd. Allgemein zur Entwicklung der deutschen Historiographie an der Jahrhundertwende und den zeitgenössischen Wissenschaftsdiskussionen um den Stellenwert der Landesgeschichte: *Gerlich*, Landeskunde, S. 69–76; *Pitz*, Historiographie, S. 41–44: *Kunz*, Geschichte, S. 77, 332; *Luise Schorn-Schütte*, Karl Lamprecht. Kulturgeschichtsschreibung zwischen Wissenschaft und Politik (Schriftenreihe der Historischen Kommission bei der Bayerischen Akademie der Wissenschaften 22), Göttingen 1984; *Thomas Stamm-Kuhlmann*, Borussentum oder kritische Geschichtsschreibung? Zur Lage der Preußen-Historiograpie um 1900, in: Werner Freitag (Hg.), Halle und die deutsche Geschichtswissenschaft um 1900: Beiträge des Kolloquiums „125 Jahre Historisches Seminar an der Universität Halle“ am 4. / 5. November 2000 (Studien zur Landesgeschichte 5), Halle (Saale) 2002, S. 108–120, hier insbesondere S. 118.

im Ringen um Selbstbehauptung und um die historiographische Deutungshoheit in einer Region, die eine große Zahl von Geschichtsvereinen vorzuweisen hatte. Dieser Vorsprung wurde durch die Aufnahme der Mühlhausener in die Historische Kommission für die preußische Provinz Sachsen und Anhalt 1909 aufgewertet,[123] während die Eichsfelder dagegen aus diesem Gremium offizieller Geschichtsinterpretation ausgeschlossen blieben.

Allerdings konnte der Verein für Eichsfeldische Heimatkunde und seine Zeitschrift mit einem wertvollen Pfund wuchern: Alle übrigen Geschichtsvereine bedienten nicht das historisch-kulturelle Selbstverständnis der Mehrheit der eichsfeldischen Bevölkerung. Das Profil des Eichsfeldischen Heimatkunde-Vereins als verspätete Gründung war symptomatisch für andere Historische Vereine, die in den ehemaligen Territorien geistlicher Herrschaften entstanden.[124] Trotz klarer Affinität zur katholischen Identität und zu Kurmainz vermied man – im Gegensatz zu anderen derartigen Vereinen in der Vorkriegszeit – jegliche Invektiven gegen Preußen und den deutschen Nationalstaat. In typischer Weise blieb man auch historiographisch dem eigenen Peripheriecharakter treu, thematisierte das historische Eigenleben des Landes und vermied staatskritische Aussagen ebenso, wie man eine eindeutige nationale Orientierung vermissen ließ.[125] Selbst dem eichsfeldischen Adel stand man keineswegs von vorneherein ablehnend gegenüber, wie die glorifizierende Würdigung der protestantischen Familie von Hanstein durch den Heiligenstädter Rektor Gerhard Strotkötter im „Unser Eichsfeld“ anlässlich der sechsten Säkularfeier der Gründung des Hansteins im Jahr 1908 zeigte. In diesem Fall erwies sich als entscheidend, dass die Familie von Hanstein als genuiner und integrativer Teil der eichsfeldischen Landesgeschichte angesehen wurde, was das konfessionelle Moment offenkundig unerheblich werden ließ.[126] Zudem agierten sie im Unterschied zu den Wintzingerode nicht so

[123] Vgl. *Walter Möllenberg*, Fünfzig Jahre Historische Kommission für die Provinz Sachsen und für Anhalt, in: Sachsen und Anhalt. Jahrbuch der Historischen Kommission für die Provinz Sachsen und für Anhalt 2 (1926), S. 1–18, hier S. 7 f., 16 f. Als erster Vertreter wurde 1909 der Mühlhausener Oberbürgermeister Trenkmann als Mitglied in die Historische Kommission aufgenommen. 1922 folgte ihm der Stadtarchivar Dr. Brinkmann. – Möllenberg war es, der bereits 1926 darauf hinwies, dass die große Zahl von Geschichtsvereinen in der Region zu einer „Zersplitterung der Kräfte“(S. 5) geführt habe.

[124] Vgl. *Kunz*, Geschichte, S. 328 ff.

[125] So fehlte denn auch die bei dieser konservativen Variante regionaler Geschichtskultur typische Heraushebung der politischen Funktion einer Herrschaft im Verfassungsgefüge des Alten Reiches, wie es sich bei Kurmainz insbesondere angeboten hätte; vgl. *Kunz*, Geschichte, S. 47 f., 336 f.

[126] Diese Säkularfeier, die durch eine offizielle Würdigung Kaiser Wilhelms II. und der Übertragung des Präsentationsrechts für das preußische Herrenhaus an das Haus Hanstein flankiert wurde, zum Anlass nehmend, schloss der Katholik Strotkötter seine Ausführungen wie folgt: „Nicht einer Familie, einer Linie, sondern vielen Familien, aber einem Geschlechte gehören die Vorgeführten [Mitglieder derer von Hanstein; A.J.] an, und über mehr als 750 Jahre verteilt sich deren nachweisliche Tätigkeit. Und doch war es gewissermaßen das Leben einer einzigen Person. Denn das Handeln des gan-

sehr auf der nationalen Bühne, sondern blieben – bei aller Integration in die preußisch-deutschen Gesellschafts- und Herrschaftsstrukukturen – in erster Linie dem Eichsfeld verbunden.

Solche Aspekte waren nicht zuletzt der Tatsache geschuldet, dass es den Verantwortlichen des Vereins für Eichsfeldische Heimatkunde letztlich nicht um den Staat ging, sondern um jene spezifische Regionalkultur – nämlich die römisch-katholische im allgemeinen wie die eichsfeldisch-regionale im speziellen –, die zu dem preußisch-neudeutschen Staats- und Geschichtsverständnis quer lag und eher jener historiographischen Neuausrichtung unter katholischen Historikern Deutschlands seit den ausgehenden 1870er Jahren entsprach.[127] Dennoch – oder vielleicht gerade deswegen – war der Verein schon kurze Zeit nach seiner Gründung zum Gegenstand einer weitreichenden Auseinandersetzung geworden, die den Charakter eines Prinzipienstreits angenommen hatte. Es ging nicht mehr nur noch um die Frage der Autorenschaft, der Methodik und des Publikationsortes, sondern um die Frage des Interpretationsstandpunkts – und damit eben um die Gretchenfrage: Wie hältst Du es mit Preußen, mit der deutschen Vergangenheit und deshalb: mit der deutschen Gegenwart? Insofern war diese von den Eichsfelder Honoratioren losgetretene Auseinandersetzung auch ein Beweis für ein vorhandenes bzw.

zen Geschlechts bezog sich nahezu einheitlich auf das öffentliche Wohl. Es war der ihm zugewiesene Beruf, für viele, für das Volk, für das Vaterland im engern oder weiteren Sinne mehr zu denken, zu sorgen, zu kämpfen und zu schaffen als für sich. Und die treue Art, wie es in seiner Gesamtheit betrachtet, diesen Beruf erfüllte, und die schweren Umstände, wie es ihn erfüllte, geben ihm Anspruch auf eine hervorragende öffentliche Anerkennung"; *Strotkötter*, Burg, S. 165; zur Biographie Strotkötters (1858–1919) vgl. *Opfermann*, Gestalten, S. 333.

[127] Wobei sie allerdings mehr der allgemeinen katholisch-universalen als der streng ultramontanistischen Ausrichtung unter den katholischen Historikern entsprach; vgl. Holger Th. Gräf, Reich, Nation und Kirche in der groß- und kleindeutschen Historiographie, in: HJb 116 (1996), S. 367–394, hier S. 383–391; *Thomas Brechenmacher*, Großdeutsche Geschichtsschreibung im neunzehnten Jahrhundert. Die erste Generation (1830–1848), Berlin 1996; *Holger Mannnigel*, Wallenstein in Weimar, Wien und Berlin. Das Urteil über Albrecht von Wallenstein in der deutschen Historiographie von Friedrich von Schiller bis Leopold von Ranke (Historische Studien 474), Husum 2003, 253–256. Zur Bedeutung von Geschichtsvereinen als mentale bzw. kulturelle Stützen regionaler Gesellschaften in den Umbruchs- und Krisenzeiten des 19. Jahrhunderts vgl. *Karl Heinz Schneider*, Geschichtsvereine und ihre Geschichtslandschaften. Räumliche Organisationsformen und regionale Probleme, in: Geschichtsvereine. Entwicklungslinien und Perspektiven lokaler und regionaler Geschichtsarbeit. Dokumentation einer Studienkonferenz in Zusammenarbeit mit dem Landschaftsverband Rheinland / Referat Heimatpflege (Bensberger Protokolle 62), Bergisch Galdbach 1990, S. 53–69, hier S. 63 f.; *Barbara Stambolis*, Nationalismus trotz Ultramontanisierung oder: „Alles für Deutschland. Deutschland aber für Christus." Mentalitätsleitende Wertorientierung deutscher Katholiken im 19. und 20. Jahrhundert, in: HZ (1999), S. 57–97.

gestiegenes Selbstbewusstsein und Selbstsicherheit bezüglich der eigenen Geschichtskultur.[128]

Der Konflikt der altreichisch-katholischen und der protestantisch-deutschnationalen Fraktion um die Deutungshoheit eichsfeldischer Geschichte war insofern symptomatisch für die Facetten der Kulturkampfzeit, selbst wenn diese offiziell auf Reichsebene bereits zu Ende war, als der landesgeschichtliche ‚Kampf um das Eichsfeld' begann. Denn das Diskussionsthema an sich war verspätet: Territorial- und Konfessionspolitik waren als zündende Themen der Historischen Vereine am Beginn des 20. Jahrhunderts allgemein zugunsten kulturgeschichtlicher und volkskundlicher Interessen zurückgetreten.[129] Dennoch gewann der dargestellte Historiographie-Konflikt seine Sprengkraft nicht nur durch die konfessionelle, sondern durch die dahinter liegende kulturelle Dimension, zumal sich auf dem Eichsfeld trotz aller katholischer Milieubildung im 19. Jahrhundert ein Forum historischer Selbstvergewisserung, Identitätsbildung und Veröffentlichung nicht hatte etablieren können. Vereinsgründung wie Konflikt stellten insofern ein Entladungsphänomen aufgestauten Identitätsdrucks dar, der durch die wintzingerodeschen Veröffentlichungen verstärkt worden war. Die extreme kulturelle Differenz, die sich im anschließenden Konflikt unter den Eliten des Eichsfeldes offenbarte, drückte sich bereits in der Sozialisation der Hauptprotagonisten aus. Letzthin konnten sie einander nicht verstehen, weil die Differenz zwischen kirchlich-katholischem Allumfassenheitsanspruch, transzendenter Deutung der Gegenwart und klerikalem Führungsanspruch in einer bürgerlichen Gesellschaft einerseits sowie andererseits Staatsabsolutismus, protestantisch hegemonisiertem Nationalismus und Adelsethos unüberbrückbar war. Die Konfrontationsstellung zwischen dem bürgerlich-katholischen Kleriker einerseits sowie dem protestantischen Pfarrer und den preußisch-protestantischen Niederadeligen andererseits stellte jenen Zündstoff bereit, der das konfessionelle Zeitalter in all seinen Facetten wiederaufleben ließ, es für die Zeitgenossen reaktualisierte und die auf allen Seiten gemachten Erfahrungen des vergangenen Jahrhunderts widerspiegelte. Erst dieses Umfeld konstituierte die Auseinandersetzung und die Bedeutungsstilisierung der Wintzingerode-Affäre, gleichgültig wie wichtig diese für die Familiengeschichte war. Ohne die grundlegende Frage nach der historischen Identität des Eichsfeldes und nach den Bewertungsmaßstäben wäre der Prozess gegen Barthold wahrscheinlich eine Randnotiz der eichsfeldischen Entwicklung geblieben.

[128] Umgekehrt kann man in den protestantischen Invektiven – wie denen Nippolds – implizit wie explizit eine aktualisierte Bedrohungswahrnehmung erkennen; vgl. *Nippold*, Adel, S. 7; *ders.*, Protestantismus, S. 34–47.

[129] Vgl. *Gerlich*, Landeskunde, S. 77–86; *Kunz*, Geschichte, S. 330 f. Umso symptomatischer ist die Tatsache, dass sich der Thüringische Geschichtsverein am Vorabend des Ersten Weltkriegs ebenfalls verstärkt um die Reformationszeit bemühte.

5. Fazit: die Geburt eines Mythos im Geist adeliger Selbstbehauptung und konfessionskultureller Selbstinszenierung

Die Rezeption der Causa Wintzingerode wirft ein symptomatisches Schlaglicht auf die Veränderlichkeit und Sinngebung von Geschichte im 19. und beginnenden 20. Jahrhundert. Sie nur als eines von unzähligen Beispielen von Geschichtskonstruktionen abzutun – was sie zweifellos ist –, griffe jedoch zu kurz. Vielmehr lässt sich an der Rezeptionsgeschichte der Geschichte Bartholds von Wintzingerode aufzeigen, in welchem Maße die gegenwartsbezogenen Interessen der jeweiligen Geschichtsschreiber den Inhalt, die Interpretation und die Präsentationsform des Historischen beeinflussten, es zur Erinnerung einer bestimmten Rezipientengruppe machten und somit historisch werden ließen.[130]

Die Causa Wintzingerode des 16. Jahrhunderts hatte mit ihrer Rezeption nur noch wenig gemein und war doch – wie auch die Rezeption jenes Falles durch die Familie und andere Interessierte im 19. Jahrhundert – das symptomatische Produkt der europäisch-deutschen Adelskultur und ihrer gesellschaftlichen Effekte. So gesehen handelte es sich um zwei unterschiedliche Geschichten.

Die Causa Barthold von Wintzingerode war die Angelegenheit eines Einzelnen, die aufgrund der Konkurrenz und Auseinandersetzung Bartholds mit seinen Vettern zur Familienangelegenheit wurde. Sie war zugleich eine herrschaftlich-politische Angelegenheit, insofern sie die Frage der Ein- und Unterordnung des Niederadels in fürstlich dominierte Herrschaftssysteme aufwarf. Schließlich war die Causa Bartholds eine Frage der Fähigkeit zur Anpassung an gewandelte Bedingungen adeliger Existenz im 16. Jahrhundert. Die Rezeption seines Falls im 19. Jahrhundert stellte sich dagegen als ein Vorgang der Selbstwahrnehmung, Selbstdefinition und Selbstpositionierung der Familie angesichts vielfältiger und nun fundamentaler Veränderungen nicht nur im herrschaftlichen, sondern zunehmend auch im gesellschaftlichen Gefüge dar. Diese Veränderungen auf dem Eichsfeld erwiesen sich im Vergleich mit denen des 16. Jahrhunderts als viel grundlegender. Anders als am Beginn der Frühen Neuzeit, als die Herrschaftsqualität des Adels sich wandelte, aber nicht beseitigt wurde, musste der Adel nun mit dem Verlust seiner angestammten Herrschaftsqualität umgehen lernen. Adeligkeit und Standesqualität waren fortan formal ‚entherrschaftlichte' Privatangelegenheiten, während sich gleichzeitig der neue – königlich-preußische – Staat im Vergleich mit seinem alteuropäisch-kurmainzischen Vorgängersystem als nicht zwangsläufig adelsfreundlicher erwies. So präsentierte sich die Rezeptionsgeschichte der Causa

[130] Folgende Überlegungen orientieren sich ausdrücklich an dem von Marcus Sandl ausgeführten und systematisierten, auf Günther Lottes zurückgehenden Konzept der Erinnerungskulturen; vgl. *Sandl*, Historizität, S. 99–111.

Barthold angesichts der gesellschaftlichen Wandlungsprozesse seit dem Ende des 19. Jahrhunderts als eine Angelegenheit der neuen Eliten des Eichsfeldes, die nun nicht mehr nur aus dem eichsfeldischen Adel bestanden. Dies war einerseits symptomatisch für die Vermassung von Geschichtsinteresse und Geschichtskultivierung, andererseits symptomatisch für die schwindende Dominanz des eichsfeldischen Adels in der Prägung von Geschichtsbildern. Schwindend bedeutete dabei nicht verschwindend, d. h. es soll an dieser Stelle nicht der Mythos der – diesmal historiographischen – Niedergangsthese rekultiviert werden. Vielmehr wurde der Adelseinfluss konkurrenziert und dadurch belebt; und der Adel wusste sehr wohl mit der neuen Konkurrenz umzugehen. Gerade die Wintzingerode besaßen die Fähigkeit, im wahrsten Sinne des Wortes aus der Not eine Tugend zu machen, indem sie dem Zwang zur Selbstbehauptung mit der Schaffung und Mobilisierung familiärer Tradition und Identität begegneten und so die typisch adelige Fähigkeit zur medialen Selbstinszenierung unter Beweis stellten.[131] Im Zuge des staatlich-gesellschaftlichen Fundamentalwandels des 19. Jahrhunderts transformierten sie gewissermaßen ihre ehemals unmittelbare Herrschaftsgewalt über Land und Leute in gesellschaftlichen Einfluss auf dem Eichsfeld, in der preußischen Provinz Sachsen und auf nationaler Ebene. Nach dem Verlust ihrer adeligen Verfügungsgewalt inszenierten sie mittels ihrer Familiengeschichte, die sie als herausragende Geschichte der vormodernen Konfessionsgesellschaft präsentierten, nunmehr in einer für den deutschen Adel der Moderne typischen Weise[132] ihre verbliebene Adeligkeit als gesellschaftliche Exzellenz, aus der sie wiederum herausragende Handlungspotentiale abzuleiten bzw. zu generieren vermochten.

Obwohl sie sich zunächst einmal des Defizits im Bewusstsein für die eigene Familiengeschichte bewusst werden mussten, besaßen die Wintzingerode in der neuen Konkurrenz der Geschichtskonstruktion und Geschichtsinterpretation mehrere unschätzbare Vorteile:

Zum einen bemühte sich zunächst kein anderer Akteur oder keine andere Interessengruppe um die eichsfeldische Geschichte. Johann Wolf – jener Nestor der Geschichte des eichsfeldischen Landes – konnte als ausgeglichener, unverdächtiger, der Aufklärung verschriebener Historiograph verstanden werden, der sich unparteiisch der Rettung des historischen Erbes seiner Heimat gewidmet hatte und dem dabei kein anderer Katholik nachfolgte. Die eichsfeldischen Katholiken blieben zunächst in einer unorganisierten, abwartenden Position, waren mit sich selbst beschäftigt und eher auf ausgleichendem Pfad mit den Protestanten. Andere politische Themenfelder konnten darüber hinaus wichtiger erscheinen. Derjenige Autor dagegen, der sich um das eichsfeldische Erbe in der ersten Hälfte des 19. Jahrhunderts bemühte – Carl

[131] Zu diesem Aspekt adeliger Mentalität vgl. *Walter*, Existenz, S. 374–380.
[132] Vgl. *Conze*, Adel, S. 402 f.

Duval –, beschrieb Land und Leute eher in romantischer Weise und blieb zudem von den Wintzingerodes kaum unbeeinflusst.

Zum anderen besaß die Familie den Vorteil eines eigenen Hausarchivs, das dazu genutzt wurde, die Familiengeschichte zu schreiben, während alle anderen möglichen Akteure gezwungen gewesen wären, die kaum erreichbaren staatlichen Archive zu benutzen. Das wintzingerodesche Familienarchiv erwies sich so als Hort der familiären Wahrheit und Sinngebung. Es war selbstverständlich, dass die Familie ihre Sicht der Vergangenheit primär, wahrscheinlich auch ausschließlich daraus schöpfte. Beide Faktoren zusammengenommen ergaben, dass sie zu diesem Zeitpunkt die Erinnerungshoheit über die Causa Barthold und mit ihr über ein Stück eichsfeldischer Geschichte besaß, das sie gezielt zur Landesgeschichte ausbaute.[133] Sie besaß darüber hinaus ein nachhaltiges Eigeninteresse angesichts der Herausforderungen, die sich aus dem Zwang zur Neupositionierung im neuen Herrschaftssystem der preußischen Krone ergaben, die der Familie nicht uneingeschränkt gewogen war, ja in vielerlei Hinsicht sogar Verschlechterungen brachte. Die Reaktion der Familie bestand in der schließlich als notwendig begriffenen historischen Selbstvergewisserung und Selbstvergegenwärtigung, die mit der Anfertigung der Familienchronik zunächst nur nach innen gerichtet war. Immerhin objektivierte diese Familiengeschichte als Erinnerungsgattung auf diese Weise das Bewusstsein, ureigenster Teil des Eichsfeldes, seines historischen Werdens und seiner Geschichte zu sein, gleichsam als posthume Legitimation von (verlorenen) Herrschaftsansprüchen. Dieses historisierende Bewusstsein brach sich nicht plötzlich Bahn, sondern entstand seit dem Beginn des 19. Jahrhunderts von der mündlichen Kolportierung der Barthold-Sage zu erinnernden Versen im Stammbuch der Familie bis zur gedruckten Familienchronik. Dies alles blieb zunächst familienintern, wenn auch von außen mitbeeinflusst. Erst der Druck der Familiengeschichte im Jahr 1848 stellte einen Schritt zur Externalisierung dieses unbewussten historischen Bewusstseins dar. Befördert wurde solche Bewusstseinsobjektivierung der eigenen Historizität zweifellos durch eichsfeldspezifische Entwicklungen wie die Ablösung der Patrimonialgerichtsbarkeit oder das sich langsam bemerkbar machende katholische Selbstbewusstsein und die gleichzeitig damit einsetzende Ultramontanisierung. Barthold und seine Lebensgeschichte war für diese Herausforderungslage ein geschaffenes Beispiel, um das Selbstverständnis eigener adeliger Standhaftigkeit, des Familiensinns und der Konfessionstreue zu inszenieren. Die Familie von Wintzingerode hatte zweifellos viele bedeutende oder gar herausragende Persönlichkeiten. Keiner von ihnen jedoch eignete sich so sehr zur Inszenierung des im 19. Jahrhundert kultivierten familiären

[133] In diesem Zusammenhang erscheinen die quellen- und methodenkritischen Bemerkungen von *Reisenleitner*, Wege, S. 28 ff., zum Umgang mit Adelsgeschichte und Adelsgeschichtsschreibung umso angebrachter.

Selbstverständnisses, gegen das Unrecht auch stärkerer Herren aufrecht zu stehen.

Die Rezeptionsentwicklung trat in eine neue Phase, als sich mit der Positionsarrondierung der Familie sowie der Verwissenschaftlichung und Verbreiterung des Geschichtsinteresses eine neue Herausforderungslage ergab. Mit der Entfaltung der nationalen Konfrontation zwischen den Konfessionen hatten die Wintzingerodes ihr Thema gefunden, anders ausgedrückt: Sie hatten eine neue Facette ihres Eigensinns entdeckt, um sich in der – nationaldeutschen, konfessionsgespaltenen – Welt der gesellschaftlichen Klassen und Massen neu angemessen positionieren zu können. Schließlich kannten sie sich mit dem Gegner so gut aus wie kaum eine andere Adelsfamilie des Eichsfeldes. Zugleich passte sich die familiengeschichtliche Erfahrung in die historiographische wie auch innenpolitische Großwetterlage ein. Entsprechend wurden sie in Thüringen zu anerkannten Historikern der eichsfeldischen Landesgeschichte mit nachhaltigen und uneingeschränkten Verdiensten. Die vormalige Familiengeschichte gewann so – um die wissenschaftliche Methodik als neuer Erinnerungstechnik erweitert – eine landesgeschichtliche Dimension, mit der sich auch die Erinnerungsgattung – der wissenschaftliche Beitrag in einem der führenden protestantisch-kirchengeschichtlichen Periodika und die Monographie mit wissenschaftlichem Anspruch – änderte und das Erinnerungsinteresse erweiterte. Denn nun wurde von den Vertretern der Familie nicht mehr nur im beschränkten Sinne die Familiengeschichte, sondern die Landesgeschichte als Ganzes problematisiert, für die die Bedeutung der Familie gleichwohl entschieden relevant zu sein blieb.

Auch dies darf man nicht als bruchartige Entwicklung begreifen. Ein grundlegender Unterschied zur Situation der ersten Jahrhunderthälfte bestand in der Existenz von einflussreichen Gegnern in Gestalt jener katholisch-bürgerlich-klerikaler Eliten, die ein eigenes Interesse an der eichsfeldischen Geschichte als verlorener Geschichte der katholisch-kurmainzischen Vergangenheit besaßen, das nicht zwangsläufig antiaristokratisch sein musste. Die Monographie Kniebs setzte dieser Gegenbewegung, die sich schließlich vereinsmäßig organisierte und unter Einbeziehung der staatlichen Archive modernisierte, ein Monument, das heftigste Reaktionen auslöste.

Diese waren symptomatisch für die vorausgegangenen Jahrzehnte und die Gegenwart der Familie von Wintzingerode zur Jahrhundertwende. Denn sie empfand sich nun offenkundig – abermals, wie schon zu Zeiten Bartholds – in einem Vielfrontenkampf: gegen den ultramontanen Katholizismus und seine eichsfeldischen Vertreter sowie gegen einen Monarchen, der am Ende gemeinsame Sache mit dem antinationalen Konfessionsfeind zu machen schien, um das Reich zur massenbasierten Großmacht entwickeln zu können. Die Familie hatte offenkundig ihre Erinnerungshoheit verloren, nachdem sie diese bereits zuvor durch die Verwissenschaftlichung der Geschichtsschreibung hatte anpassen und dadurch eine Relativierung hatte hinnehmen müssen. Sie konnte dies leichthin, weil der wissenschaftliche Mainstream ihre

Position unterstützte. Jetzt aber trat wieder jener Mechanismus in Kraft, der Barthold zur entscheidenden Identifikationsfigur werden ließ. Die Vertreter der Familie reagierten einerseits im Sinne der vorausgegangen Weise, d.h. mit akribischen wissenschaftlichen Beweisen, einmal mehr gestützt auf den Hort der familiären Wahrheit – auf das Hausarchiv –, nun aber auch auf die staatlichen Archive. Andererseits erschlossen sie – d.h. der einflussreiche Graf Wilko Levin von Wintzingerode-Bodenstein – seit dem Beginn des 20. Jahrhunderts eine neue Erinnerungsgattung, um die Erinnerungshoheit zurückzugewinnen: jenen Massenroman, den Paul Schreckenbach verfasste, der klassenübergreifend unter den Protestanten historischen Sinn zu stiften vermochte und der von der Tradition des wintzingerodeschen Konfessionsruhms zeugte. Dies geschah allerdings um den – gewiss nicht intendierten – Preis seiner Vermassung, Einordnung als Deutscher unter Deutschen, also unter Aufhebung ständischer bzw. klassenspezifischer Schranken. Die Wintzingerode spielten hierbei einerseits auf einer Bühne, deren Regeln sie nicht mehr beherrschten, und gaben damit die vormalige Erinnerungshoheit endgültig ab. Andererseits hatten sie auf diese Weise eine neue, herausragende Rolle gefunden, die sie im Kontext der deutschen Adelsgesellschaft wie nur wenige andere Familien spielen konnten. So erwies sich die literarische Vermassung der wintzingerodeschen Familiengeschichte als Teil einer adelstypischen Strategie des Obenbleibens durch Sichtbarmachung der familiären Existenz und Verbreitung der gerade erst erfundenen Tradition.

Solcher Dimensionierung von Erinnerungskultur hatten die eichsfeldischen Katholiken nichts Gleichwertiges entgegenzusetzen. Ob sie das überhaupt wollten, darf bezweifelt werden. Ihr Hauptakteur – Philipp Knieb – jedenfalls profilierte eher die wissenschaftliche Seriosität seiner Argumentation und zog die Bemühungen des Gegners entsprechend ins Lächerliche. Auf den Vorwurf Wilhelm Clothars von Wintzingerode, der Scharfenstein sei 1582/83 zu Unrecht und auf Betreiben des habgierigen Oberamtmanns Stralendorf von Kurmainz eingezogen worden, entgegnete Knieb, diese Geschichte sei völlig erlogen, aber tauglich für einen historischen Roman, „der in gewissen Kreisen mit größtem Beifalle aufgenommen würde“[134]. Zudem suchte die katholische Fraktion gerade in den Ruf wissenschaftlicher Seriosität zu gelangen und sich hierin auszuzeichnen, um sich wenigstens auf diesem Feld vom Vorwurf des Antimodernismus und Antirationalismus zu befreien bzw. keine Angriffsfläche zu bieten. Unwahrscheinlich ist ein solcher Wille, mit den Wintzingerode auf dem medialen Feld gleichzuziehen, auch, weil der katholische Horizont bei allem Ultramontanismus doch eher ein eichsfeldischer war und blieb. Gemeinsam war ihnen mit den Wintzingerodes das Interesse an der Erinnerung der Geschichte – also ihrem jeweiligen Gegenwartsinteresse –, mit der

[134] *Knieb*, Kurfürsten, S. 246. Zum vorausgegangenen Artikel vgl. *Wintzingerode*, Burg, passim.

sie die Interpretationshegemonie über die eichsfeldische Landesgeschichte zu gewinnen suchten.

VIII. Geschichte, Erinnerung und die soziale Macht der Selbstvergewisserung

Das pathetische Jubelschreiben des Jesuitenpaters Thyraeus vom August 1574 berichtete nicht nur vom Ende des Barthold von Wintzingerode, es markierte auch den Beginn der selektiven Aneignung seiner Geschichte. Thyraeus schilderte Bartholds Gefangennahme als ein Auftaktereignis der einsetzenden Gegenreformation auf dem Eichsfeld mit maßgeblicher Hilfe der Jesuiten. Die Befreiung des Volkes vom tyrannischen Joch des Adeligen und die Befreiung des Eichsfeldes von der protestantischen Häresie setzte er zwar nicht in eins, verband sie aber geschickt über seine Erzählweise miteinander. Er profilierte zugleich eine vermeintlich prominente Rolle der Jesuitenpatres in dieser Szene des konfessionspolitischen Geschehens auf dem Eichsfeld, die allerdings in anderen Quellen kaum Erwähnung findet, wenn sie nicht sogar unerwähnt bleibt. Die Verarbeitung der Causa Barthold von Wintzingerode durch Pater Thyraeus, die in dieser Form selbst in irgendwelchen Jesuitenschriften nicht wieder erschien, eignete sich die Geschichte in einer Weise an, der die eichsfeldischen Protestanten – Adel wie Nicht-Adelige – zum damaligen Zeitpunkt nichts Gleichwertiges entgegenzusetzen hatten. Bei genauerer Betrachtung fällt jedoch auf, dass es sich um eine Aneignung für die innerkatholischen Belange handelte. Rom wollte Erfolgsberichte von der deutschen Konfessionsfront – die Jesuiten lieferten Berichte über spektakuläre Erfolge ihrer Arbeit, nicht zuletzt weil sie genügend über die Schwierigkeiten ihrer Arbeit zu berichten hatten. Schon die Mainzer Regierung sah die Angelegenheit nüchterner: Kurerzbischof Daniel Brendel ließ sich in Mainz für seine eichsfeldische Aktion nicht feiern. Er musste das Ergebnis in eine langfristig wirksame Politik, die auf Subordination und Integration zielte, überführen.

Allein dies zeigt, dass die frühzeitig einsetzende selektive Aneignung der Causa Barthold von Wintzingerode von großen zeitlichen, räumlichen und inhaltlichen Distanzen geprägt war, die sich über Jahrhunderte hinweg erhielten und zur Ausbildung von unterschiedlichen, vornehmlich intrinsisch motivierten Erzählweisen führte. Die Unterschiedlichkeit dieser Narrative war allerdings keine Besonderheit der Rezeption. Sie zeigte sich bereits im Verlauf des politisch-juristischen Teils der Geschichte. Die Gegner verwendeten hier zwar ein gemeinsames Vokabular – Ehre, Not- bzw. Gegenwehr, Freundschaft, Recht und Gerechtigkeit – und sie problematisierten damit dieselben Themen – Ordnung und Handlungsfreiheiten –, die verschiedene Ausformungen bzw. Verständnisweisen – Über-, Unter- oder Einordnung, Berechtigung und Rechtmäßigkeit von Gewaltausübung – besaßen und denen ihre politisch-soziale, jedoch keine genuin religiös-konfessionelle Stoßrichtung gemeinsam waren. Trotz gleichen Vokabulars sprachen sie dennoch von

Verschiedenem. Symptomatisch hierfür war der Tyrannei-Vorwurf, der die gegensätzlichen Positionen und die jeweilige Selbstwahrnehmung der Sprecher repräsentierte. In ihm kulminierten die Vorwürfe der Gegner Bartholds ebenso, wie er inhaltlich von der Seite des Beklagten aufgenommen wurde.

Mit der Hinrichtung Bartholds schien seine Geschichte zu ihrem Ende gekommen zu sein. Der Tyrann war tot, alles war gesagt. Tatsächlich war die Causa Barthold von Wintzingerode am 22. September 1575 abgeschlossen, weil keiner der noch lebenden Akteure ein Interesse an der weiteren öffentlichen Thematisierung der Geschichte besaß. Bartholds Vettern hatten als Konfliktpartei auf der Seite des Mainzer Kurfürsten gestanden. Selbst wenn sie sich während des Prozesses bedeckt gehalten hatten, war es völlig undenkbar, dass sie als Nutznießer der Verurteilung und Hinrichtung das Gedächtnis ihres Verwandten am Leben erhalten hätten. Der Mainzer Kurfürst hatte ein wichtiges politisches Signal auf dem Eichsfeld gesetzt. Mehr musste er nicht tun und mehr wollte er bestimmt nicht tun, weil dies seiner langfristigen politischen Zielsetzung – die Durchsetzung seiner Landeshoheit – widersprochen hätte. Die adelige Freundschaft Bartholds hatte resigniert und letztlich auch andere Sorgen. Die mit Barthold verbundenen oder einfach dem Eichsfeld benachbarten Fürsten schließlich interessierte die Causa nicht mehr: Mit dem Tod des Adeligen war die Sache ausgestanden, der Vorgang ließ sich nicht mehr für die eigenen Interessen nutzen. Diese Phase des Verarbeitungsprozesses zeichnete sich also durch gemeinsames Schweigen oder gar Vergessen der Geschichte aus. Zwar blieben die strittigen Hauptthemen – die Stellung des Bodenstein, die Einordnung der Wintzingerode ins eichsfeldische Herrschaftssystem, die Rolle des Kurfürsten – erhalten. Doch die Hauptakteure benötigten die Gestalt des Barthold von Wintzingerode nicht, um diese Konflikte miteinander auszutragen.

In einer zweiten Phase des Rezeptionsprozesses wurde die Causa Barthold infolge der familiären Situation der Wintzingerode im 19. Jahrhundert wiederbelebt. Nun erst wurde aus ihr eine Familienangelegenheit, die seitdem aufgrund der Vielfalt ihrer Verständnismöglichkeiten auch von anderen Gesellschaftsgruppen rezipiert wurde und in andere Bedeutungsfelder hinein spielte. Die moderne Rezeptionsgeschichte der Causa Barthold erwies jetzt, in welchem Ausmaß die historischen Abläufe selektiv angeeignet wurden und wie groß dabei die inhaltlichen, gesellschaftlichen und zeitlichen Distanzen waren, die aus einer Geschichte mehrere Erzählungen hervorbrachten.

Die zeitlichen Distanzen ergaben sich aus dem nach der Hinrichtung Bartholds einsetzenden funktionalen Vergessen. Es wurde erst aufgebrochen, als sich die Familie angesichts der Herausforderungen des 19. Jahrhunderts gezwungen sah, sich ihrer Geschichte zu versichern und sich neu zu positionieren. Die daraus resultierende Beschäftigung mit dem Vorfahren wirkte einige Jahrzehnte später auch auf die Vertreter des eichsfeldischen Katholizismus ein und zurück, obwohl Barthold von Wintzingerode für sie eine alles andere als zentrale Gestalt ihres Selbstverständnisses war.

Aus diesem Umstand resultierten die gesellschaftlichen Distanzen der Rezeption. Während die Familie von Wintzingerode begann, in Barthold einen wichtigen, wenn nicht sogar *den* Urahn familiärer Unabhängigkeit und Vorläufer konfessioneller Freiheit zu sehen, stellte seine Hinrichtung für die katholischen Akteure bloß einen Nebenaspekt der einsetzenden katholischen Reform und Gegenreformation auf dem Eichsfeld – also die historische Basis ihrer Ausgangslage im 19. Jahrhundert – dar. Insofern prallten an dieser Stelle unterschiedliche gesellschaftlich-ständische und insbesondere konfessionelle Sichtweisen aufeinander, die sich beide auf die historischen Quellen stützen konnten. Ein genauerer Blick erweist die hinzutretenden zeitlichen Distanzen innerhalb der beiden Rezeptionslager. Denn bei den neupreußischen Katholiken des Eichsfeldes handelte es sich nicht mehr um jene Gruppe, die im 16. und 17. Jahrhundert ihre (weitgehende) Geschlossenheit auf kurfürstliches Betreiben hin erst (wieder) hatte finden müssen, sondern um eine in den über Jahrhunderte gewachsenen, kultur- und mentalitätsprägenden Traditionen stehende Glaubensgemeinschaft, die die überwältigende Bevölkerungsmehrheit dieser Region ausmachte. Selbst wenn sie sich in Opposition stehend zu einer kirchenkritischen oder gar klerusfeindlichen preußischen Obrigkeit und von dieser bedrängt wähnte, hatte dies nichts mit der Situation dreihundert Jahre zuvor zu tun. Gleichermaßen handelte es sich auch bei den Wintzingerode nicht um jene Familie, die noch im 16. und 17. Jahrhundert um Orientierung und inneren Zusammenhalt gerungen, Zuordnung gemieden und Unabhängigkeit gesucht hatte, sondern um einen Familienverband, dessen Mitglieder bei aller Unsicherheit der neuen Zeiten im preußischen Herrschafts- und Gesellschaftssystem angekommen waren und im Lauf des 19. Jahrhunderts ihre Positionen in der nationaldeutschen Gesellschaft und auf regionaler Ebene eingenommen hatten. All diese Akteure – katholische nicht-adelige und protestantische adelige – glaubten, in der Vergangenheit ihre aktuellen Anliegen und Herausforderungen wiederzuerkennen oder sie mit ihnen erklären zu können, ohne zu verstehen, dass ihre jeweiligen Ahnen ebenfalls vor zeitspezifischen, aber eben anderen Herausforderungen gestanden hatten.

Daraus ergaben sich schließlich die inhaltlichen Distanzen bei der Wahrnehmung und Aneignung der Causa Barthold, die seit der zweiten Hälfte des 19. Jahrhunderts zu massiven Auseinandersetzungen über die Frage der richtigen Verständnisweisen führten. Für die Zeitgenossen handelte es sich um eine Frage der historischen Wahrheit. Die katholischen Akteure des Rezeptionsprozesses prägten dabei Wahrnehmungsmuster der alteuropäisch-kurerzstiftischen Geschichte des Eichsfeldes aus, die von dem Bestreben dominiert waren, mit modernen wissenschaftlichen Methoden die historische Wahrheit zu erfassen. Quellentreue Abbildung des historischen Geschehens und seiner Strukturen war hierfür das Stichwort. Das katholische Narrativ war davon bestimmt, die Rechtmäßigkeit des Katholizismus und der kurfürstlichen Regierung, die konfessionell-kirchliche Freiheit und die lokale Tyrannei des protestantischen Adels darzustellen. Genaugenommen handelte es sich dabei um Argumentationselemente Bartholds von Wintzingerode unter umgekehrten Vorzeichen. Das katholische Narrativ war zudem durch das Ziel bedingt, im Kreis der zeitgenössischen Historiker als gleichwertig bzw. modern zu gelten, das eigene regionale Geschichtsbild – die Prägung des Eichsfelds durch die katholische Religion und Kirche sowie durch eine katholische Landesherrschaft – glaubwürdig zu vermitteln und protestantisch-adelige Gegenentwürfe zu entwerten. Deshalb erschien Barthold von Wintzingerode als Tyrann – also als Störer der legitimen Ordnung und Verbrecher wider die gottgesetzte Obrigkeit – und als Nebenakteur in einer entscheidenden Phase der eichsfeldischen Geschichte: am Beginn der den eichsfeldischen Katholizismus neu und entscheidend konstituierenden Gegenreformation. Weil man das Feld der historischen Interpretation nicht den protestantisch-adeligen Historikern überlassen wollte, übernahm man die kurfürstliche Rechtsposition des 16. Jahrhunderts, ohne auf die komplexen Details zu achten.

Welche großen Distanzen bestanden, erwies sich just an jenem Punkt. Während Philipp Knieb und Wilhelm Clothar von Wintzingerode einander am Beginn des 20. Jahrhunderts historiographisch unnachgiebig und unversöhnlich bekämpften, hatten zu Beginn des 19. Jahrhunderts Heinrich Levin von Wintzingerode und der Exjesuit Johann Wolf freundschaftliche Kontakte gepflegt. Innerhalb der Rezeptionsfraktionen bestanden demnach generationelle Wahrnehmungsdistanzen. Für die katholische Fraktion ergab sie sich aus der Erfahrung des Kulturkampfes. Für die Familie von Wintzingerode fällt eine Beurteilung schwerer, allein weil sie differenzierter ausfallen muss. Dies betrifft weniger die Bedingtheit der familienbezogenen Wahrnehmung durch die zeitgenössischen politisch-ökonomisch-gesellschaftlichen Herausforderungen. Von größerer Bedeutung erscheint die Frage, was auf wen wirkte: Wirkte die Lebensgeschichte des Barthold von Wintzingerode auf die Familie, die seine Eigenschaften bei sich wiederentdeckte, oder kreierte die Familie den Barthold-Mythos auf der Suche nach Erklärungen für die hervorstechenden Handlungsmuster bzw. Charaktereigenschaften herausragender Familienmitglieder? Diese Frage wird sich nicht vollends klären lassen. Ein Schlüssel zu ihrer Beantwortung dürfte sicherlich bei Heinrich Levin von Wintzingerode und dem Gefühl der Familie liegen, von den Mächtigen des Wiener Kongresses und den preußischen Neuherrschern ungerecht behandelt worden zu sein.

Solche Empfindungen trafen sich mit dem Verlangen der Dynastie, über die eigene, bis dahin ungewisse Geschichte größere Gewissheit zu erlangen. Es traf sich mit der ‚Entdeckung' eines Spitzenahns, der ähnlich eigensinnig, stur – positiv ausgedrückt: aufrecht – und aufbrausend gewesen war und sich dazu eignete, die Charaktereigenschaften wenigstens eines herausragenden Familienmitglieds zu historisieren. Fortan wurde seine Lebensgeschichte – d. h. nur seine Auseinandersetzungen und sein Ende – zum Narrativ der Familiengeschichte, die bis dahin offenkundig nichts Verbindendes kannte, weil sie selbst weitgehend unbekannt gewesen war. Die Gestalt Bartholds von Wintzingerode bediente demnach wie kein anderer Ahn die zeitgebundenen Orientierungsbedürfnisse und Rechtfertigungszwänge der dynastischen Akteure des 19. Jahrhunderts. Er bot sich als sinnstiftender Urahn der Familie auch deshalb an, weil er dem gesamten Familienverband – dem neu-gräflichen ebenso wie dem alt-freiherrlichen Familienzweig – hinreichend Identifikationspotential bot. In dem protestantischen Söldnerführer konnten sich auch die Freiherrn von Wintzingerode wiederfinden, die mit dem russischen Kavalleriegeneral Ferdinand von Wintzingerode (1770–1818) ebenfalls eine herausragende Gestalt der Freiheitskriege vorzuweisen hatten. Infolge kam es zu einem regelrechten, wenn auch unausgesprochenen Wettbewerb innerhalb des Familienverbandes über die Frage, wer dem historischen Urahn und Vorbild am nächsten kam. In den seit der Mitte des 19. Jahrhunderts erschienenen Biographien zu solchen Familienmitgliedern schwang jedenfalls dieses Element stets mit. Sie alle variierten das aus der Causa Barthold abgeleitete Motiv der als familienspezifisch begriffenen aufrechten Haltung, der Pflichterfüllung gegenüber dem eigenen Gewissen, Gott, der eigenen Familie und der Heimat sowie der Standhaftigkeit gegenüber äußeren Widrigkeiten und / oder überwältigender Anfeindung, die kein anderer Spitzenahn als Zuschreibungsmerkmale aufwies, und machten auf diese Weise die personenbezogene Causa Barthold zur dynastischen Causa Wintzingerode.

Angesichts solcher selektiver Aneignungen seiner Geschichte wurde Barthold von Wintzingerode ein Held bzw. Antiheld, der als Sinnbild des Kampfes für die adelige Freiheit und gegen die klerikale Despotie bzw. für die adelige Tyrannei und die religiöse Freiheit stand und der vom eigensinnigen Adeligen zum Konfessionsprotagonisten mutierte. Das 16. Jahrhundert – also das Zeitalter der Reformation und Gegenreformation – war für die Interessen der Akteure des 19. Jahrhunderts besonders geeignet, weil das Konfessionelle einen herausragenden Konfliktgegenstand der zweiten Hälfte des 19. Jahrhunderts darstellte, auf dessen Folie andere gesellschaftsrelevante Themen verhandelt wurden. So unterschiedlich der adelige Akteur des 16. Jahrhunderts und die Rezeption seines Lebens im 19. und beginnenden 20. Jahrhundert waren, so sehr waren sie doch unaufhebbar miteinander verbunden. Barthold von Wintzingerode wäre ohne die Erinnerungsinteressen und Herausforderungslagen der Akteure des 19. Jahrhunderts überhaupt nicht erinnert worden. Sie benötigten seine Geschichte, um sie als Kanalisations- und Verbreitungsmoment von zeitbedingten Individual- und Kollektivinteressen instrumentalisieren zu können. So wurde von allen Akteuren bewusst ein Mythos geboren, um sich selbst in der Gegenwart behaupten zu können.

Karte 2: Das Eichsfeld, die Region und die Herrschaft Bodenstein um 1550.

Verzeichnis der Abbildungen und Karten

Quellen- und Literaturverzeichnis

1. Archivalische Quellen

Sächsisches Hauptstaatsarchiv Dresden [HStADd]
Bestand 10024: Geheimer Rat (Geheimes Archiv)

Bistumsarchiv Erfurt [BAEf]

Landeshauptarchiv Sachsen-Anhalt, Abteilung Magdeburg [LHASAMD]

Repositur A 37a:	Kurmainzische Regierung (Hofrat) zu Mainz. Akten betr. das Eichsfeld [Rep. A 37a]
Repositur A 37b I:	Kurmainzische Regierung (Hofrat) zu Mainz. Akten betr. Stadt und Gebiet Erfurt, Grafschaft Gleichen und Herrschaft Kranichfeld [Rep. A 37b I]
Repositur A 40:	Kurmainzische Regierung zu Heiligenstadt [Rep. A 40]
Repositur Dd:	Patrimonialgerichte [Rep. Dd Gericht...]
Repositur E:	Deposita und Nachlässe von Personen, Familien, Kirchengemeinden, Städten und Gemeinden [Rep. E]
Repositur H:	Rittergutsbezirke [Rep. H]

Hessisches Staatsarchiv Marburg [StAMr]
Best. 17d: Adel

Niedersächsisches Hauptstaatsarchiv Hannover [HStAHa]

Cal. Or.	Urkundenbestände für das Fürstentum Calenberg
Celle Or.	Urkundenbestände für das Fürstentum Celle
Cal. Br.	Aktenbestände für das Fürstentum Calenberg
Celle Br.	Aktenbestände für das Fürstentum Celle
Hann.	Aktenbestände für das Kurfürstentum / Königreich Hannover (1692–1866)

Thüringisches Hauptstaatsarchiv Weimar [HStAWe]
Ernestinisches Gesamtarchiv [EGA]

Privatbesitz Wintzingerode
Stammbuch des Schlosses Bodenstein

Niedersächsisches Staatsarchiv Wolfenbüttel [StAWo]

Urk	Urkunden
Alt	Aktenbestände für das Fürstentum Wolfenbüttel und Blankenburg

Bayerisches Staatsarchiv Würzburg [StAWü]

Mainzer Ingrossaturbücher [Mz.Ingr.]

Mainzer Akzidental- und Bestallungsbücher [MzAkzB]

Mainzer Regierungsarchiv [MRA]

Mainzer Urkunden, Weltlicher / Geistlicher Schrank [Mz.Urk. WS / GS]

Mainzer Bücher verschiedenen Inhalts

2. Gedruckte Quellen

Andrea Alciati, Tractatus de praesumptionibus, Lugdunum 1551.

[Anonymos], Tractatus de praesumtionibus, in: Tractatus plurimi iuris, Basel 1487.

Arens, F.V., Die Inschriften der Stadt Mainz von frühmittelalterlicher Zeit bis 1650 (Deutsche Inschriften 2), Stuttgart 1958.

Hippolyto Bonacossa, Aureum Repertorium Alphabeticum De Praesumptionibus, Venedig 1580.

Fulcher von Chartres, Historia Hierosolymitana, hg. von H. Hagenmeyer, Heidelberg 1913.

Herrmann, F. (Hg.), Quellen zur Topographie und Statistik der Stadt Mainz. Häuser- und Steuerlisten aus der Zeit von 1497–1541. Mit einer Wiedergabe des Maskoppschen Stadtplanes aus dem Jahre 1575 (Beiträge zur Geschichte der Stadt Mainz 3), Mainz 1914.

Hessen-Kasselische Landtagsabschiede 1649–1798 (Vorgeschichte und Geschichte des Parlamentarismus in Hessen 5), hg. und eingeleitet von G. Hollenberg, Marburg 1989.

Jacobus Menochius, De praesumptionibus, coniecturis, signis, et indiciis commentaria, Genf 1670.

Schwarz, W.E. (Hg.), Die Nuntiatur-Korrespondenz Kaspar Groppers nebst verwandten Aktenstücken (1573–1576) (Quellen und Forschungen aus dem Gebiete der Geschichte 5), Paderborn 1898.

Sehling, E. (Hg.), Die evangelischen Kirchenordnungen des XVI. Jahrhunderts II / 2, Leipzig 1904 (ND Aalen 1970).

Nicolaus Serarius, Moguntiacarum rerum ab initio usque ad reverendissimum et illustrissimum hodiernum Archiepiscopum, ac Electorem, Dominum D. Ioannem Schwichardum, Mainz: Balthasar Lipp 1604.

Cyriacus Spangenberg, Adels-Spiegel. Historischer Ausfuehrlicher Bericht: Was Adel sey vnd heisse / Woher er komme / Wie mancherley er sey / Vnd Was denselben ziere vnd erhalte / auch hingegen verstelle vnd schwaeche […], 2 Bde., Schmalkalden: Michel Schmueck 1591 / 1594.

Steinmetz, Th. v., Ankunfft und Fortsetzung / der Wohlgebohrnen Haeuser / Der loeblichen Ritterschaft im Land des Eichsfelds, Göttingen / gedruckt bei Josquinus Woycken, in: Ursprung und Fortgang / Leben und Thaten des vor Christi unsers Erlösers Gebuhrt in Unglück und Unruhe zu Rom gebohren glueckselig und ruhigen Edlen Roemers Ußlar von Dorocampo und der von ihm in Teutschland entsprossenen Herren von Ußlar / Sambt Stamm=Registern der Ritterschafft im Land des Eichsfelds, Göttingen 1701.

Christoph Wendin / Albert Schad, Disputatio de probationibus et praesumptionibus, cum materiis concordantibus in utroque iure, Rostock 1588.

Verzeichnis der im deutschen Sprachbereich erschienenen Drucke des XVI. Jahrhunderts [VD 16], hg. von der Bayerischen Staatsbibliothek in München in Verbindung mit der Herzog August Bibliothek in Wolfenbüttel, I. Abteilung, Stuttgart 1995.

Wolf, J., Eichsfeldisches Urkundenbuch nebst einer Abhandlung von dem Eichsfeldischen Adel, Göttingen 1819.

3. Sekundärliteratur

Albert, Th. D., Der gemeine Mann vor dem geistlichen Richter. Kirchliche Rechtsprechung in den Diözesen Basel, Chur und Konstanz vor der Reformation (Quellen und Forschungen zur Agrargeschichte 45), Stuttgart 1998.

Algazi, G., Herrengewalt und Gewalt der Herren im späten Mittelalter. Herrschaft, Gegenseitigkeit und Sprachgebrauch, Frankfurt am Main / New York 1996.

Andermann, K., Der Überfall im württembergischen Geleit bei Markgröningen im Jahre 1459 – ein klassischer Fall von Straßenraub?, in: W. Schmierer / G. Cordes / R. Kiess / G. Taddey (Hg.), Aus südwestdeutscher Geschichte. FS H.-M. Maurer, Stuttgart 1994, S. 273–286.

Andermann, K., Grundherrschaften des spätmittelalterlichen Adels in Südwestdeutschland, in: Blätter für deutsche Landesgeschichte 127 (1991), S. 145–190.

Andermann, K., Raubritter – Raubfürsten – Raubbürger? Zur Kritik eines untauglichen Begriffs, in: ders. (Hg.), „Raubritter" oder „rechtschaffene vom Adel"? Aspekte von Politik, Friede und Recht im späten Mittelalter (Oberrheinische Studien 14), Sigmaringen 1997, S. 9–29.

Andermann, U., Ritterliche Gewalt und bürgerliche Selbstbehauptung. Untersuchungen zur Kriminalisierung und Bekämpfung des spätmittelalterlichen Raubrittertums am Beispiel der norddeutschen Hansestädte, Frankfurt am Main 1991.

Angermann, G., Der Oberst Georg von Holle 1514–1576. Ein Beitrag zur Geschichte des 16. Jahrhunderts (Mindener Beiträge 12), Minden 1966.

Anhalt, P., Johann Wolf – Denkmäler, Gedenkfeiern, Erinnerungen, in: U. Hussong / Th.T. Müller (Hg.), Johann Wolf. Historiker des Eichsfeldes. Landesgeschichtsschreibung um 1800 (Beiträge aus den Archiven im Landkreis Eichsfeld 3), Duderstadt 2005, S. 201–220.

Applegate, C., A Nation of Provincials. The German Idea of Heimat, Berkeley – Los Angeles – Oxford 1990.

Arens, F. (Bearb.), Die Kunstdenkmäler der Stadt Mainz, Teil 1 (Die Kunstdenkmäler von Rheinland-Pfalz 4 / 1), Mainz 1961.

Asch, R.G., Rearistokratisierung statt Krise der Aristokratie? Neuere Forschungen zur Geschichte des Adels im 16. und 17. Jahrhundert, in: Geschichte und Gesellschaft 30 (2004), S. 144–154.

Asch, R.G., Religiöse Selbstinszenierung im Zeitalter der Glaubenskriege. Adel und Konfession in Westeuropa, in: Historisches Jahrbuch 125 (2005), S. 67–100.

Asch, R.G., Zwischen defensiver Legitimation und kultureller Hegemonie: Strategien adliger Selbstbehauptung in der frühen Neuzeit, in: zeitenblicke 4 (2005), Nr. 2 [2005-06-28].

Asch, R.G., Europäischer Adel in der Frühen Neuzeit. Eine Einführung, Köln / Weimar / Wien 2008.

Assmann, J., Kollektives Gedächtnis und kulturelle Identität, in: ders. / T. Hölscher (Hg.), Kultur und Gedächtnis, Frankfurt am Main 1988, S. 9–19.

Assmann, J., Das kulturelle Gedächtnis. Schrift, Erinnerung und politische Identität in frühen Hochkulturen, München 1992.

Aufgebauer, P., Ein Eichsfelder Jesuit, Lehrer und Historiker. Biographisches zu Johann Wolf (1743-1826), in: U. Hussong / Th.T. Müller (Hg.), Johann Wolf. Historiker des Eichsfeldes. Landesgeschichtsschreibung um 1800 (Beiträge aus den Archiven im Landkreis Eichsfeld 3), Duderstadt 2005, S. 15–26.

Aufgebauer, P., Die Vorgängerburgen, in: Burg Hanstein. Zur 700-jährigen Geschichte einer eichsfeldischen Grenzfeste, hg. im Auftrag des Familienverbandes der von Hanstein von H.-D. von Hanstein, Duderstadt 2008, S. 53–59.

Aufgebauer, P., „Grundsteinlegung" 1308 und Bau der heutigen Burg, in: Burg Hanstein. Zur 700-jährigen Geschichte einer eichsfeldischen Grenzfeste, hg. im Auftrag des Familienverbandes der von Hanstein von H.-D. von Hanstein, Duderstadt 2008, S. 60–66.

Aufgebauer, P., Zeit der Fehden im 14. und 15. Jahrhundert, in: Burg Hanstein. Zur 700-jährigen Geschichte einer eichsfeldischen Grenzfeste, hg. im Auftrag des Familienverbandes der von Hanstein von H.-D. von Hanstein, Duderstadt 2008, S. 91–93.

Bauer, A., Das Gnadenbitten in der Strafrechtspflege des 15. und 16. Jahrhunderts. Dargestellt unter besonderer Berücksichtigung von Quellen der Vorarlberger Gerichtsbezirke Feldkirch und des Hinteren Bregenzerwaldes (Rechtshistorische Reihe 143), Frankfurt am Main / Berlin / Bern 1996.

Bauer, Chr., Reichsritterschaft in Franken, in: A. Schindling / W. Ziegler (Hg.), Die Territorien des Reichs im Zeitalter der Reformation und Konfessionalisierung. Land und Konfession 1500–1650. Bd. 4: Mittleres Deutschland (KLK 52), Münster 1992, S. 182–213.

Baumann, A. / Westphal, S. / Wendehorst, St. / Ehrenpreis, St. (Hg.), Prozeßakten als Quelle. Neue Ansätze zur Erforschung der Höchsten Gerichtsbarkeit im Alten Reich (Quellen und Forschungen zur Höchsten Gerichtsbarkeit 37), Köln / Weimar / Wien 2001.

Behringer, W., Chonrad Stoeckhlin und die Nachtschar. Eine Geschichte aus der frühen Neuzeit, München 1994.

Bei der Wieden, B., Außenwelt und Anschauungen Ludolf von Münchhausens (1570-1640) (Niedersächsische Biographien 5), Hannover 1993.

Bei der Wieden, B., Zur Konfessionalisierung des landsässigen Adels zwischen Weser, Harz und Elbe, in: Archiv für Reformationsgeschichte 89 (1998), S. 310–319.

Bei der Wieden, B., Niederdeutsche Söldner vor dem Dreißigjährigen Krieg. Geistige und mentale Grenzen eines sozialen Raums, in: B.R. Kroener / R. Pröve (Hg.), Krieg und Frieden. Militär und Gesellschaft in der Frühen Neuzeit, Paderborn / München / Wien / Zürich 1996, S. 85–107.

Blaschke, O., Das 19. Jahrhundert: Ein Zweites Konfessionelles Zeitalter?, in: Geschichte und Gesellschaft 26 (2000), S. 38–75.

Blaschke, O., Konfessionen im Konflikt. Deutschland zwischen 1800 und 1970: ein zweites konfessionelles Zeitalter, Göttingen 2002.

Blauert, A. / Schwerhoff, G. (Hg.), Kriminalitätsgeschichte. Beiträge zur Sozial- und Kulturgeschichte der Vormoderne (Konflikt und Kultur – Historische Perspektiven 1), Konstanz 2000.

Boblenz, F., Thüringer Kreis und Thüringer Städteverband – ein Exkurs zum preußischen Thüringen bis 1919 / 1920, in: Zeitschrift des Vereins für Thüringische Geschichte 49 (1995), S. 65–86, und 50 (1996), S. 217–239.

Boblenz, F., Abriß der Territorialgeschichte des preußischen Thüringen, in: Das preußische Thüringen. Abhandlungen zur Geschichte seiner Volksvertretungen (Schriften zur Geschichte des Parlamentarismus in Thüringen 17), hg. vom Thüringer Landtag, Rudolstadt / Jena 2001, S. 9–45.

Bödeker, H.E., Biographie. Annäherungen an den gegenwärtigen Forschungs- und Diskussionsstand, in: ders. (Hg.), Biographie schreiben (Göttinger Gespräche zur Geschichtswissenschaft 18), Göttingen 2003, S. 9–63.

Boetticher, M. v., Niedersachsen im 16. Jahrhundert (1500–1618), in: Geschichte Niedersachsens, begründet von H. Patze, hg. von Chr. van den Heuvel und M. von Boetticher, Bd. 3,1 (Veröffentlichungen der Historischen Kommission für Niedersachsen und Bremen 36), Hannover 1998, S. 19–116.

Borggrefe, H., Humanistischer Tugendbegriff und aristokratisches Standesdenken. Positionen zum Adel in der Literatur des 16. Jahrhunderts, in: Der Adel in der Stadt des Mittelalters und der Frühen Neuzeit. Beiträge zum VII. Symposion des Weserrenaissance-Museums Schloß Brake vom 9. bis zum 11. Oktober 1995, veranstaltet vom Institut für vergleichende Städtegeschichte an der Westfälischen Wilhelms-Universität Münster (Materialien zur Kunst- und Kulturgeschichte in Nord- und Westdeutschland 25), Marburg 1996, S. 75–84.

Bourdieu, P., Rede und Antwort, Frankfurt am Main 1992.

Bourdieu, P., Soziologische Fragen, Frankfurt am Main 1993.

Bourdieu, P., Die verborgenen Mechanismen der Macht. Schriften zu Politik & Kultur 1, Hamburg 1997.

Bourdieu, P., Der Tote packt den Lebenden. Schriften zu Politik & Kultur 2, Hamburg 1997.

Bourdieu, P., Praktische Vernunft. Zur Theorie des Handelns, Frankfurt am Main 1998.

Bourdieu, P., Sozialer Sinn. Kritik der theoretischen Vernunft, Frankfurt am Main ³1999.

Braun, R., Konzeptionelle Bemerkungen zum Obenbleiben: Adel im 19. Jahrhundert, in: H.-U. Wehler (Hg.), Europäischer Adel 1750–1950 (GG SH), Göttingern 1990, S. 87–95.

Brechenmacher, Th., Großdeutsche Geschichtsschreibung im neunzehnten Jahrhundert. Die erste Generation (1830–1848) (Berliner Historische Studien 22), Berlin 1996.

Brecht, M., Die deutsche Ritterschaft und die Reformation, in: Ebernburg-Hefte 3 (1969), S. 27–37.

Bruchmann, K.G., Der Kreis Eschwege. Territorialgeschichte der Landschaft an der mittleren Werra (Schriften des Instituts für geschichtliche Landeskunde von Hessen und Nassau 9), Marburg 1931.

Bruning, J. Die kursächsische Reichspolitik zwischen Augsburger Religionsfrieden und Dreißigjährigem Krieg – nur reichspatriotisch und kaisertreu?, in: H. Junghans (Hg.), Die sächsischen Kurfürsten während des Religionsfriedens von 1555 bis 1618. Symposion anlässlich des Abschlusses der Edition „Politische Korrespondenz des Herzogs von Sachsen" vom 15. bis 18. September 2005 in Leipzig. Veranstaltet von der Sächsischen Akademie der Wissenschaften zu Leipzig und dem Theologischen Arbeitskreis für Reformationsgeschichtliche Forschung Berlin (Quellen und Forschungen zur sächsischen Geschichte 31), Stuttgart 2007, S. 81–94.

Brunn gen. von Kauffungen, K. v., Neue Zeitschriften zur eichsfeldischen Geschichte, in: Mühlhäuser Geschichtsblätter 7 (1906/07), S. 168.

Brunn gen. von Kauffungen, K. v., Besprechung von Philipp Knieb, Reformation und Gegenreformation auf dem Eichsfelde [...], in: Mühlhäuser Geschichtsblätter 7 (1906/07), S. 165–166.

Brunner, O., Land und Herrschaft. Grundfragen der territorialen Verfassungsgeschichte, Südostdeutschlands im Mittelalter, Brünn/München/Wien ³1943.

Brunner, O., Adeliges Landleben und europäischer Geist. Leben und Werk Wolf Helmhards von Hohberg 1612–1688, Salzburg 1949.

Buchwald, G. v., Deutsches Gesellschaftsleben im endenden Mittelalter, Kiel 1887.

Büttner, E., Der Krieg des Markgrafen Albrecht Alcibiades in Franken 1552–1555, Bayreuth 1908.

Burgdorf, W., Ein Weltbild verliert seine Welt. Der Untergang des Alten Reiches und die Generation 1806 (bibliothek altes Reich 2), München 2006.

Burke, P., Geschichte als soziales Gedächtnis, in: A. Assmann/D. Harth (Hg.), Mnemosyne: Formen und Funktionen der kulturellen Erinnerung, Frankfurt am Main 1991, S. 289–304.

Burschel, P., Söldner im Nordwestdeutschland des 16. und 17. Jahrhunderts. Sozialgeschichtliche Studien (Veröffentlichungen des Max-Planck-Instituts für Geschichte 113), Göttingen 1994.

Busch, T., Herrschen durch Delegation. Reichsgräfliche Herschaft zu Ende des 17. und im 18. Jahrhundert am Beispiel der Reichsgrafschaft Solms-Rödelheim (Quellen und Forschungen zur hessischen Geschichte 156), Darmstadt/Marburg 2008.

Carroll, St. The Peace in the Feud in Sixteenth- and Seventeenth-Century France, in: Past & Present 178 (2003), S. 74–115.

Christ, G./May, G., Handbuch der Mainzer Kirchengeschichte 2: Erzstift und Erzbistum Mainz. Territoriale und kirchliche Strukturen (Beiträge zur Mainzer Kirchengeschichte 2), Würzburg 1997.

Coing, H., Europäisches Privatrecht. Bd. 1: Älteres Gemeines Recht (1500 bis 1800), München 1985.

Conze, E., Von deutschem Adel. Die Grafen von Bernstorff im 20. Jahrhundert, Stuttgart / München 2000.

Demandt, K.E., Der Personenstaat der Landgrafschaft Hessen im Mittelalter. Ein „Staatshandbuch" Hessens vom Ende des 12. bis zum Anfang des 16. Jahrhunderts, 2 Bde. (Veröffentlichungen der Historischen Kommission für Hessen 42), Marburg 1981.

Dierkes, F., Streitbar und ehrenfest. Zur Konfliktführung im münsterländischen Adel des 16. und 17. Jahrhunderts (Westfalen in der Vormoderne 1), Münster 2007.

Diesselhorst, M. / Duncker, A., Hans Kohlhase. Die Geschichte einer Fehde in Sachsen und Brandenburg zur Zeit der Reformation (Rechtshistorische Reihe 201), Frankfurt am Main 1999.

Dölle, A., Art. Johann Vinzenz Wolf, in: Lexikon für Theologie und Kirche Bd. 10, Freiburg [2]1965, Sp. 1214.

Dölle, A., Der Kulturkampf und seine Auswirkungen auf dem Eichsfeld und im Fuldaer Land von 1872 bis 1887, dargestellt vornehmlich beim Obereichsfeld auf archivalischer Grundlage, Duderstadt 1987.

Dotzauer, W., Das „Burgenterritorium" des Franz von Sickingen, in: Ebernburg-Hefte 9 (1975), S. 166–192.

Dreitzel, H., Monarchiebegriffe in der Fürstengesellschaft. Semantik und Theorie der Einherrschaft in Deutschland von der Reformation bis zum Vormärz, 2 Bde., Köln / Weimar / Wien 1991.

Dülmen, R. van, Theater des Schreckens. Gerichtspraxis und Strafrituale in der frühen Neuzeit, München [2]1988.

Duval, Carl, Das Eichsfeld oder historisch=romantische Beschreibung aller Städte, Burgen, Schlösser, Klöster, Dörfer und sonstiger beachtungswerther Punkte des Eichsfeldes, Sondershausen 1845 (ND Hannover-Döhren 1979).

Egert, M., Der erste heimatkundliche Verein auf dem Eichsfeld, in: Unser Eichsfeld 1 (1906), S. 175.

Ehmer, H., Horneck von Hornberg. Raubritter oder Opfer fürstlicher Politik?, in: K. Andermann (Hg.), „Raubritter" oder „rechtschaffene vom Adel"? Aspekte von Politik, Friede und Recht im späten Mittelalter (Oberrheinische Studien 14), Sigmaringen 1997, S. 65–88.

Eibach, J., Kriminalitätsgeschichte zwischen Sozialgeschichte und Historischer Kulturforschung, in: Historische Zeitschrift 263 (1996), S. 681–715.

Endres, R., Adel in der Frühen Neuzeit (EDG 18), München 1993.

Fellner, R., Die fränkische Ritterschaft von 1495–1524 (Historische Studien 50), Berlin 1905 (ND Vaduz 1965).

Fleischmann-Bisten, W. / Grote, H., Protestanten auf dem Weg. Geschichte des Evangelischen Bundes (Bensheimer Hefte 65), Göttingen 1986.

Fouquet, G., Stadt, Herrschaft und Territorium – Ritterschaftliche Kleinstädte Südwestdeutschlands an der Wende vom Mittelalter zur Neuzeit, in: Zeitschrift für Geschichte des Oberrheins 141 (1993), S. 70–120.

Frie, E., Adel um 1800. Oben bleiben?, in: zeitenblicke 4 (2005), Nr. 3.

Frie, E., Adelsgeschichte des 19. Jahrhunderts? Eine Skizze, in: Geschichte und Gesellschaft 33 (2007), S. 398–415.

Friese, W., „Am meisten aber bin ich dem Herrn Professor Lingemann beschwerlich gefallen …" Johann Wolf und Johann Georg Lingemann, in: U. Hussong / Th. T. Müller (Hg.), Johann Wolf. Historiker des Eichsfeldes. Landesgeschichtsschreibung um 1800 (Beiträge aus den Archiven im Landkreis Eichsfeld 3), Duderstadt 2005, S. 37–51.

Fuchs, M., Karl V. Eine populäre Figur? Zur Rezeption des Kaisers in deutschsprachiger Belletristik (Geschichte in der Epoche Karls V. 1), Münster 2002.

Fuchs, R.-P./Schulze, W. (Hg.), Wahrheit, Wissen, Erinnerung. Zeugenverhörprotokolle als Quellen für soziale Wissensbestände in der Frühen Neuzeit (Wirklichkeit und Wahrnehmung in der Frühen Neuzeit 1), Münster 2006.

Fuchs, Th., Traditionsstiftung und Erinnerungspolitik. Geschichtsschreibung in Hessen in der Frühen Neuzeit (Hessische Forschungen zur geschichtlichen Landes- und Volkskunde 40), Kassel 2002.

Gahlen, G./Winkel, C., Militärische Eliten in der Frühen Neuzeit: Einführung, in: dies. (Hg.), Militärische Eliten in der Frühen Neuzeit (Militär und Gesellschaft in der Frühen Neuzeit 14 (2010)), S. 7–31.

Gatz, E., Art. Konrad Martin, in: Lexikon für Theologie und Kirche Bd. 6, Freiburg–Basel–Wien–Rom 1997, Sp. 1430f.

Gebhardt, F.I., Blicke in die evangelische Religions= und Kirchengeschichte zu Duderstadt von Einfuehrung dieser Confession bis zum dritten Reformations=Jubilaeum, Göttingen 1817.

Gehrke, H.-J., Mythos, Geschichte, Politik – antik und modern, in: Saeculum 45 (1994), S. 239–264.

Gerber, St., Historisierung und Nationalisierung der Region. Gründungsmotive und Gründungskonstellationen des Vereins für Thüringische Geschichte und Altertumskunde zwischen 1848 und 1852, in: M. Werner (Hg.), Im Spannungsfeld von Wissenschaft und Politik. 150 Jahre Landesgeschichte in Thüringen (Veröffentlichungen der Historischen Kommission für Thüringen, Kleine Reihe 13), Köln/Weimar/Wien 2005, S. 23–43.

Gerlich, G., Geschichtliche Landeskunde des Mittelalters. Genese und Probleme, Darmstadt 1986.

Gerstner, A., Neuer Adel. Aristokratische Elitekonzeptionen zwischen Jahrhundertwende und Nationalsozialismus, Darmstadt 2008.

Geschichte der in einem Familienverband zusammengeschlossenen Geschlechter von dem Hagen, vom Hagen, von der Hagen, von Hagen mit 67 Stammtafeln 1150-1990, hg. vom Hagen'schen Familienverband e.V., verfasst von H. Wätjen, Hannover/Bremen 1991.

Geschichtlicher Handatlas von Niedersachsen, hrsg. von Institut für Landesforschung der Universität Göttingen, bearbeitet von G. Pischke, Neumünster 1989.

Giesau, H., Die Geschichte des Provinzialverbandes von Sachsen 1825–1925, Merseburg 1926.

Gillner, B., Unkatholischer Stiftsadel. Konfession und Politik des Adels im Fürstbistum Paderborn (1555-1618) (Forum Regionalgeschichte 13), Münster 2006.

Ginzburg, C., Der Käse und die Würmer. Die Welt eines Müllers um 1600, Frankfurt am Main 1979.

Ginzburg C., Der Richter und der Historiker. Überlegungen zum Fall Sofri, Berlin 1991.

Ginzburg, C., Die Benandanti. Feldkulte und Hexenwesen im 16. und 17. Jahrhundert, (Turin 1966) Hamburg 1993.

Godsey, Jr., W.D., Nobles and Nation in Central Europe. Free Imperial Knights in the Age of Revolution, 1750–1850, Cambridge 2004.

Görich, K., Die Ehre des Erzbischofs. Arnold von Selenhofen (1153–1160) im Konflikt mit Mainz, in: Archiv für mittelrheinische Kirchengeschichte 53 (2001), S. 93–123.

Göse, F., *Es war mir wie einem armen Gemeinen zu Muthe.* Überlegungen zur Professionalisierung adliger Offiziere ausgewählter deutscher Reichsterritorien im 17. Jahrhundert, in: G. Gahlen/C. Winkel (Hg.), Militärische Eliten in der Frühen Neuzeit (Militär und Gesellschaft in der Frühen Neuzeit 14/1 (2010)), S. 185–214.

Goldschmidt, H., Zentralbehörden und Beamtentum im Kurfürstentum Mainz vom 16. bis zum 18. Jahrhundert (Abhandlungen zur Mittleren und Neueren Geschichte 7), Berlin/Leipzig 1908.

Golland, E., Die Burg Scharfenstein, 875 Jahre Beuren. Beiträge zur Geschichte eines Dorfes im Eichsfeld von 1128–2003, hg. von der Ortschaft Beuren, Ortsteil der Stadt Leinefelde, Duderstadt 2003, S. 188–196.

Golland, E., „Das Volk alle war dem Ritter geneigt …“ Werner von Hanstein – eine legendäre Rittergestalt, in: Burg Hanstein. Zur 700-jährigen Geschichte einer eichsfeldischen Grenzfeste, hg. im Auftrag des Familienverbandes der von Hanstein von H.-D. von Hanstein, Duderstadt 2008, S. 94–98.

Gräf, H.Th., Reich, Nation und Kirche in der groß- und kleindeutschen Historiographie, in: Historisches Jahrbuch 116 (1996), S. 367–394.

Gräf, H.Th., Art. Stra(h)lendorf(f), Leopold, in: Biographisches Lexikon für Mecklenburg, hg. von Sabine Pettke, Rostock 2004, Bd. 4, S. 269–276.

Gräf, H.Th. / Jendorff, A. / Pühringer, A., Staatsgewalt im Alten Reich der Neuen Zeit? Bemerkungen zu drei Neuerscheinungen und ihrer Bedeutung für die Landesgeschichte, in: Hessisches Jahrbuch für Landesgeschichte 51 (2001), S. 257–267.

Graf, K., Feindbild und Vorbild. Bemerkungen zur städtischen Wahrnehmung des Adels, in: Zeitschrift für Geschichte des Oberrheins 141 (1993), S. 121–154.

Graf, K., „Der adel dem purger tregt haß“. Feindbilder und Konflikte zwischen städtischem Bürgertum und landsässigem Adel im späten Mittelalter, in: Werner Rösener (Hg.), Adelige und bürgerliche Erinnerungskulturen des Spätmittelalters und der Frühen Neuzeit (Formen der Erinnerung 8), Göttingen 2000, S. 191–204.

Gundlach, F., Die hessischen Zentralbehörden von 1247 bis 1604, 3 Bde. (Veröffentlichungen der Historischen Kommission für Hessen und Waldeck 12), Marburg 1930–1932.

Haase, E., Die Evangelischen in Duderstadt von der Reformation bis zur Gegenwart, Duderstadt 1984.

Haendly, K.P., Das kurmainzische Fürstentum Eichsfeld im Ablauf seiner Geschichte, seine Wirtschaft und seine Menschen 897 bis 1933, Duderstadt 1996.

Hahn, H.-W., „Die Spinne im Kleinstaatennetz“. Preußische Herrschaft in Thüringen im 19. Jahrhundert, in: Das preußische Thüringen. Abhandlungen zur Geschichte seiner Volksvertretungen (Schriften zur Geschichte des Parlamentarismus in Thüringen 17), hg. vom Thüringer Landtag, Rudolstadt / Jena 2001, S. 47–76.

Hahn, P.-M., Ein Geburtsstand zwischen Beharrung und Bewegung: der niedere Adel in der frühen Neuzeit, in: G. Schulz (Hg.), Sozialer Aufstieg. Funktionseliten im Spätmittelalter und in der frühen Neuzeit (Deutsche Führungsschichten in der Neuzeit 25), München 2002, S. 193–219.

Halbwachs, M., Das kollektive Gedächtnis, Stuttgart 1957.

Härter, K., Regionale Strukturen und Entwicklungslinien frühneuzeitlicher Strafjustiz in einem geistlichen Territorium: die Kurmainzer Cent Starkenburg in: Archiv für Hessische Geschichte 54 (1996), S. 111–163.

Härter, K., Policey und Strafjustiz in Kurmainz. Gesetzgebung, Normdurchsetzung und Sozialkontrolle im frühneuzeitlichen Territorialstaat (Studien zur europäischen Rechtsgeschichte 190), 2 Halbde., Frankfurt am Main 2005.

Hanstein, C. Ph. E. v., Urkundliche Geschichte des Geschlechts der von Hanstein in dem Eichsfeld in Preußen (Provinz Sachsen) nebst Urkundenbuch und Geschlechts-Tafeln, Kassel 1856/57 (ND Duderstadt 2007).

Hanstein, H.-D., Überblick über die Geschichte der Familie von Hanstein, in: Burg Hanstein. Zur 700-jährigen Geschichte einer eichsfeldischen Grenzfeste, hg. im Auftrag des Familienverbandes der von Hanstein von H.-D. von Hanstein, Duderstadt 2008, S. 13–52.

Hanstein, H.-D., Das „Semmelhansloch“. Zum Gesamtgericht Hanstein, in: Burg Hanstein. Zur 700-jährigen Geschichte einer eichsfeldischen Grenzfeste, hg. im Auftrag des Familienverbandes der von Hanstein von H.-D. von Hanstein, Duderstadt 2008, S. 145–187.

Burg Hanstein. Zur 700-jährigen Geschichte einer eichsfeldischen Grenzfeste, hg. im Auftrag des Familienverbandes der von Hanstein von H.-D. von Hanstein, Duderstadt 2008.

Hardtwig, W., Von Preußens Aufgabe in Deutschland zu Deutschlands Aufgabe in der Welt. Liberalismus und borussianisches Geschichtsbild zwischen Revolution und Imperialismus, in: ders., Geschichtskultur und Wissenschaft, München 1990, S. 103–160.

Haug-Moritz, G., Widerstand als „Gegenwehr". Die schmalkaldische Konzeption der „Gegenwehr" und der „gewehrliche" Krieg des Jahres 1542, in: R. von Friedeburg (Hg.), Widerstandsrecht in der Frühen Neuzeit. Erträge und Perspektiven der Forschung im deutsch-britischen Vergleich (Zeitschrift für Historische Forschung, Beiheft 26), Berlin 2001, S. 141–161.

Hedwig, A. / Murk, K. (Hg.), Adelsarchive – zentrale Quellenbestände oder Curiosa? (Schriften des Hessischen Staatsarchivs Marburg 22), Marburg 2009.

Heimpel, H., Über Organisationsformen historischer Forschung in Deutschland, in: Historische Zeitschrift 189 (1959), S. 139–222.

Heinig, P.-J., Die Mainzer Kirche im Spätmittelalter (1305–1484), in: F. Jürgensmeier (Hg.), Handbuch der Mainzer Kirchengeschichte, Bd. 1: Christliche Antike und Mittelalter (Beiträge zur Mainzer Kirchengeschichte 6), Würzburg 2000, S. 416–554.

Heppe, H., Die Restauration des Katholizismus in Fulda, auf dem Eichsfelde und in Würzburg, Marburg 1850.

Herwig, M., Die ganerbschaftliche Vogtei Dorla. Dorla und Langula vor dem Hainich. Ein Miniaturbild deutscher Zerrissenheit, Eisleben 1878.

Heydenreich, E., Anregungen der lokalgeschichtlichen Forschung in neuster Zeit, in: Mühlhäuser Geschichtsblätter 1 (1900 / 1901), S. 12–15.

Hoffmann, Chr., Ritterschaftlicher Adel im geistlichen Fürstentum. Die Familie von Bar und das Hochstift Osnabrück: Landständewesen, Kirche und Fürstenhof als Komponenten der adeligen Lebenswelt im Zeitalter der Reformation und Konfessionalisierung 1500–1651 (Osnabrücker Geschichtsquellen und Forschungen 39), Osnabrück 1996.

Hofmann, H. H., Adelige Herrschaft und souveräner Staat. Studien über Staat und Gesellschaft in Franken und Bayern im 18. und 19. Jahrhundert, München 1962.

Holle, L., Die Streitigkeiten der Markgrafen von Bayreuth mit der Ritterschaft über die Reichsunmittelbarkeit, in: Archiv für Geschichte und Altertumskunde von Oberfranken 8 (1861), S. 55–115.

Hollenberg, G., Die hessen-kasselischen Landstände im 18. Jahrhundert, in: Hessisches Jahrbuch für Landesgeschichte 38 (1988), S. 1–22.

Hörsch, W., Adel im Bannkreis Österreichs. Strukturen der Herrschaftsnähe im Raum Aargau-Luzern, in: G. P. Marchal (Hg.), Sempach 1386. Von den Anfängen des Territorialstaates Luzern. Beitrag zur Frühgeschichte des Kantons Luzern, Basel 1986, S. 353–402.

Hummel, S., Das Eichsfeld im 19. Jahrhundert. Entstehung und Ausformung eines regionalen katholischen Milieus, in: Zeitschrift des Vereins für Thüringische Geschichte 54 (2000), S. 189–203.

Husmeier, G., Graf Otto IV. von Holstein-Schaumburg (1517–1576). Landesherrschaft, Reichspolitik und Niederländischer Aufstand (Schaumburger Studien 60), Bielefeld 2002.

Hussong, U., Die Einteilung des Eichsfeldes in Landkreise zu Beginn des 19. Jahrhunderts. Mit einem Ausblick über die Kreiseinteilung bis zur Gegenwart, in: Eichsfeld-Jahrbuch 7 (1999), S. 185–221.

Ignor, A., Geschichte des Strafprozesses in Deutschland 1532–1846. Von der Carolina Karls V. bis zu den Reformen des Vormärz (Rechts- und Staatswissenschaftliche Veröffentlichungen der Görres-Gesellschaft N.F. 97), Paderborn / München / Wien / Zürich 2002.

Isenmann, E., Wer darf Recht durchsetzen? – Moderne Staatlichkeit im Spiegel des Mittelalters, in: hero.dot. Das Magazin für den Geschichtsunterricht Nr. 02, Frühjahr / Sommer 2007, S. 3–5.

Jäger, B., Zur Geschichte der Hexenprozesse im Stift Fulda. Forschungsstand – Kritik – Perspektiven, in: Fuldaer Geschichtsblätter 73 (1997), S. 7–64.

Jendorff, A., Reformatio Catholica. Gesellschaftliche Handlungsspielräume kirchlichen Wandels im Erzstift Mainz 1514–1630 (Reformationsgeschichtliche Studien und Texte 142), Münster 2000.

Jendorff, A., Der Mainzer Hofmeister Hartmut (XIII.) von Kronberg (1517–1591). Kurfürstlicher Favorit oder Kreatur des erzstiftischen Politiksystems?, in: M. Kaiser / A. Pečar (Hg.), Der zweite

Mann im Staat. Oberste Amtsträger und Favoriten im Umkreis der Reichsfürsten in der Frühen Neuzeit (ZHF, Beiheft 32), Berlin 2003, S. 39–57.

Jendorff, A., Verwandte, Teilhaber und Dienstleute. Herrschaftliche Funktionsträger im Erzstift Mainz 1514 bis 1647 (Untersuchungen und Materialien zur Verfassungs- und Landesgeschichte 18), Marburg 2003.

Jendorff, A., Altreichisches Kondominat in der Erinnerung der neupreußischen Provinz: der Aufstand in der Vogtei Dorla 1784–86 und die Evaluation absolutistischer Reformpolitik im 19. Jahrhundert, in: Hessisches Jahrbuch für Landesgeschichte (2005), S. 113–147.

Jendorff, A., Gemeinsam herrschen. Das alteuropäische Kondominat und das Herrschaftsverständnis der Moderne, in: Zeitschrift für Historische Forschung (2007), S. 215–242.

Jendorff, A., Condominium. Typen, Funktionsweisen und Entwicklungspotentiale von Herrschaftsgemeinschaften in Alteuropa anhand hessischer und thüringischer Beispiele (Veröffentlichungen der Historischen Kommission für Hessen 72), Marburg 2010.

Jendorff, A. / Krieb, St., Adel im Konflikt. Beobachtungen zu den Austragungsformen der Fehde im Spätmittelalter, in: Zeitschrift für Historische Forschung 30 (2003), S. 179–206.

Jendorff, A. / Wunder, H., Einleitung: Adel in Hessen vom 15. bis zum 20. Jahrhundert – Probleme und Perspekiven der Forschung, in: E. Conze / A. Jendorff / H. Wunder (Hg.), Adel in Hessen. Herrschaft, Lebensführung und Selbstverständnis vom 15. bis ins 20. Jahrhundert (Veröffentlichungen der Historischen Kommission für Hessen 70), Marburg 2010, S. 13–52.

Jordan, R., Pfeifers und Münzers Zug in das Eichsfeld und die Verwüstung der Klöster und Schlösser, in: Zeitschrift des Vereins für thüringische Geschichte und Altertumskunde NF 14 (1904), S. 36–96.

Junker, J.-M., „... die Heilige Schrift in dieser Gegend zu verbreiten." Zur Geschichte der Eichsfeldischen Bibelgesellschaft, in: Eichsfeld-Jahrbuch 2 (1994), S. 203–216.

Kahlenberg, F.P., Konsolidierung und Arrondierung des Territorialstaates in der zweiten Hälfte des 16. Jahrhunderts. Der Merlauer Vertrag von 1582 zwischen Hessen und Mainz, in: Hessisches Jahrbuch für Landesgeschichte 14 (1964), S. 123–198.

Kayser, K., Der Kampf um die Kirche zu Hottenrode 1597-1616. Ein Beitrag zur hannoverschen Kirchengeschichte, Göttingen 1894.

Kern, M., Tugend versus Gnade. Protestantische Bildprogramme in Nürnberg, Pirna, Regensburg und Ulm (Berliner Schriften zur Kunst 16), Berlin 2002.

Kesseling, P., Zur Geschichte der Familie von Horn in Duderstadt im 17. und 18. Jahrhundert, in: Unser Eichsfeld 10 (1924), S. 186–189.

Klein, Th., Ernestinisches Sachsen, kleinere thüringische Gebiete, in: A. Schindling / W. Ziegler (Hg.), Die Territorien des Reichs im Zeitalter der Reformation und Konfessionalisierung. Land und Konfession 1500-1650. Bd. 4: Mittleres Deutschland (KLK 52), Münster 1992, S. 8–39.

Kneitz, O., Albrecht Alcibiades, Markgraf von Kulmbach 1522–1557 (Die Plassenburg 2), Kulmbach 1951 ([2]1982).

Knieb, Ph., Besprechung von Paul Schreckenbach, Die von Wintzingerode. Roman aus dem 16. Jahrhundert, Verlag von Poeschel und Kippenberg in Leipzig o.J., in: Unser Eichsfeld 1 (1906), S. 31–32.

Knieb, Ph., Geschichte der Reformation und Gegenreformation auf dem Eichsfelde, Heiligenstadt [2]1909.

Knieb, Ph., Besprechung von Wilhelm Clothar Freiherr von Wintzingerode, Barthold von Wintzingerode. Ein Kultur- und Lebensbild aus dem Reformationsjahrhundert, Gotha 1907, in: Unser Eichsfeld 5 (1910), S. 166–174.

Knieb, Ph., Zur Abwehr, in: Unser Eichsfeld 5 (1910), S. 220–222.

Knieb, Ph., Die Kurfürsten von Mainz und die v. Wintzingerode im 16. Jahrhundert, in: Unser Eichsfeld 6 (1911), S. 243–251.

Koch, L., Jesuiten-Lexikon. Die Gesellschaft Jesu einst und jetzt, Paderborn 1934.

Kortüm, H.-H., „Wissenschaft im Doppelpaß"? Carl Schmitt, Otto Brunner und die Konstruktion der Fehde, in: Historische Zeitschrift 282 (2006), S. 585–617.

Krause, H.-G., Pfandherrschaft als verfassungsgeschichtliches Problem, in: Der Staat 9 (1970), S. 387–404, 515–532.

Kuhlbrodt, P., Das alte Ellrich – Geschichte einer Südharzstadt, Nordhausen 2000.

Kunz, G., Verortete Geschichte. Regionales Geschichtsbewußtsein in den Historischen Vereinen des 19. Jahrhunderts (Kritische Studien zur Geschichtswissenschaft 138), Göttingen 2000.

Landsberg, E., Art. Arnold von Reyger, in: Allgemeine Deutsche Biographie, Bd. 28, Leipzig 1889, S. 349–350.

Lanzinner, M., Friedenssicherung und politische Einheit des Reiches unter Maximilian II. (1564–1576) (Schriftenreihe der Historischen Kommission bei der Bayerischen Akademie der Wissenschaften 45), Göttingen 1993.

Leppin, V., Die ernestinischen Beziehungen zu Kursachsen – um das Erbe der Reformation, in: H. Junghans (Hg.), Die sächsischen Kurfürsten während des Religionsfriedens von 1555 bis 1618. Symposion anlässlich des Abschlusses der Edition „Politische Korrespondenz des Herzogs von Sachsen" vom 15. bis 18. September 2005 in Leipzig. Veranstaltet von der Sächsischen Akademie der Wissenschaften zu Leipzig und dem Theologischen Arbeitskreis für Reformationsgeschichtliche Forschung Berlin (Quellen und Forschungen zur sächsischen Geschichte 31), Stuttgart 2007, S. 67–80.

Lerch, Chr., Duderstädter Chronik: von der Vorzeit bis zum Jahre 1973, Duderstadt 1979.

Le Roy Ladurie, E., Montaillou. Ein Dorf vor dem Inquisitor 1294 bis 1324, Frankfurt am Main 1982.

Lesser, F.Chr., Historie der Grafschaft Hohnstein. Nach dem Manuskript im Thüringischen Hauptstaatsarchiv zu Weimar, hg. von Peter Kuhlbrodt (Schriftenreihe der Friedrich-Christian-Lesser-Stiftung 5), Nordhausen 1997.

Liepold, A., Wider den Erbfeind christlichen Glaubens. Die Rolle des niederen Adels in den Türkenkriegen des 16. Jahrhunderts (Europäische Hochschulschriften III/767), Frankfurt am Main / Berlin / Bern / New York / Paris / Wien 1998.

Linsingen a.d.h. zu Birkenfelde und Udra, D. Freiherr v., Zur Geschichte der Herren, Freiherren und Grafen von Linsingen zu Linsingen, Jesberg, Asphe usw. in Hessen, zu Birkenfelde, Udra, Rengelrode, Burgwalde usw. im Eichsfeld, zu Ricklingen, Adenstedt, Gerstorf usw. im Hannoverschen sowie in England und Südafrika, in Holland und Frankreich, und in Brasilien (Schriftenreihe des Heimat- und Geschichtsvereins Jesberg e.V.), o.O. 2004.

Löffler, K., Zur Abwehr gegen den Archivar Herrn Dr. Kunz von Kauffungen in Mühlhausen, in: Unser Eichsfeld 2 (1907), S. 13–16.

Löw, M., Raumsoziologie, Frankfurt am Main 2001.

Lönne, K.-E., Politischer Katholizismus im 19. und 20. Jahrhundert, Frankfurt am Main 1986.

Lottes, G., „The State of the Art". Stand und Perspektiven der „intellectual history", in: F.-L. Kroll (Hg.), Neue Wege der Ideengeschichte. FS Kurt Kluxen, Paderborn / München / Wien / Zürich 1996, S. 27–45.

Lüpkes, V. / Borggrefe, H. (Hg.), Adel im Weserraum um 1600. Katalog. Ausstellung im Weserrenaissance-Museum Schloß Brake, 15. September bis 8. Dezember 1996 (Schriften des Weserrenaissance-Museum Schloß Brake 9), München / Berlin 1996.

Luttenberger, A.P., Kurfürsten, Kaiser und Reich. Politische Führung und Friedenssicherung unter Ferdinand I. und Maximilian II. (Veröffentlichungen des Instituts für Europäische Geschichte Mainz. Abt. Universalgeschichte 149; Beiträge zur Sozial- und Verfassungsgeschichte des Alten Reiches 12) Mainz 1994.

Mager, I., Katholiken und Protestanten als Minderheiten auf dem Eichsfeld, insbesondere in Duderstadt, in: Rottenburger Jahrbuch für Kirchengeschichte 13 (1994), S. 121–131.

Mannigel, H., Wallenstein in Weimar, Wien und Berlin. Das Urteil über Albrecht von Wallenstein in der deutschen Historiographie von Friedrich von Schiller bis Leopold von Ranke (Historische Studien 474), Husum 2003.

Maron, G. (Hg.), Evangelisch und Ökumenisch. Beiträge zum 100jährigen Bestehen des Evangelischen Bundes (Kirche und Konfession 25), Göttingen 1986.

Maruhn, A., Prozesse niederadeliger Grundherren gegen Dorfgemeinden vor dem hessischen Hofgericht 1500-1620. Ein Beitrag zum Konzept der „Verrechtlichung sozialer Konflikte" in der Frühen Neuzeit, in: E. Conze / A. Jendorff / H. Wunder, Adel in Hessen. Herrschaft, Lebensführung und Selbstverständnis vom 15. bis ins 20. Jahrhundert (Veröffentlichungen der Historischen Kommission für Hessen 70), Marburg 2010, S. 269–291.

Mayer, E., Geschichte der Kreuzzüge, Stuttgart / Berlin / Köln 71989.

Minnigerode, Albrecht Frhr. v. / Leist, H., Geschichte der Freiherren von Minnigerode, Delmenhorst 1982.

Mitteis, H., Der Staat des Hohen Mittelalters. Grundlinien einer vergleichenden Verfassungsgeschichte des Lehnszeitalters, Weimar 41953.

Mittendorf, G., Verbindung der Herzöge Ernst, Wolfgang und Philipp zum Grubenhagen mit Philipp II. König von Spanien 1556–1593, in: Archiv des Historischen Vereins für Niedersachsen 1846, S. 193–260.

Möllenberg, W., Fünfzig Jahre Historische Kommission für die Provinz Sachsen und für Anhalt, in: Sachsen und Anhalt. Jahrbuch der Historischen Kommission für die Provinz Sachsen und für Anhalt 2 (1926), S. 1–18.

Möller, H.-M., Das Regiment der Landsknechte. Untersuchungen zu Verfassung, Recht und Selbstverständnis in deutschen Söldnerheeren des 16. Jahrhunderts (Frankfurter Historische Abhandlungen 12), Wiesbaden 1976.

Mötsch, J., Thüringen als Gegenstand landesgeschichtlicher Grundlagenforschung im Kaiserreich (1871–1918), in: M. Werner (Hg.), Im Spannungsfeld von Wissenschaft und Politik. 150 Jahre Landesgeschichte in Thüringen (Veröffentlichungen der Historischen Kommission für Thüringen, Kleine Reihe 13), Köln / Weimar / Wien 2005, S. 23–43.

Morsel, J., Crise? Quelle Crise? Remarque à propos de la prétendue crise de la noblesse allemande à la fin du Moyen Age, in: Sources. Travaux historiques 14 (1988), S. 17–42.

Morsel, J., *Das sy sich mitt der bessten gewarsamig schicken, das sy durch die widerwerttigenn Franckenn nit niedergeworffen werdenn.* Überlegungen zum sozialen Sinn der Fehdepraxis am Beispiel des spätmittelalterlichen Franken, in: D. Rödel / J. Schneider (Hg.), Strukturen der Gesellschaft im Mittelalter. Interdisziplinäre Mediävistik in Würzburg, Wiesbaden 1996, S. 140–167.

Morsel, J., La noblesse contre le prince. L espace social des Thüngen à la fin du Moyen Age (Franconie, vers 1250-1525 (Beihefte der Francia 49), Stuttgart 2000.

Mosebach, U., Wo einst die Grafen von Hohnstein lebten. Über die Geschichte der Grafschaft und der Burgruine Hohnstein (bei Nordhausen), Clausthal-Zellerfeld 1993.

Mühlner, W., Art. Paul Schreckenbach, in: Mitteldeutsche Lebensbilder, Bd. 2, hg. von der Historischen Kommission für die Provinz Sachsen und für Anhalt, Magdeburg 1927, S. 477–490.

Müller-Dreier, A., Konfession in Politik, Gesellschaft und Kultur des Kaiserreiches. Der Evangelische Bund 1886–1914 (Religiöse Kulturen der Moderne 7), Gütersloh 1998.

Müller, J., Kurmainzische Amtsgebäude auf dem Eichsfelde, in: Unser Eichsfeld 5 (1910), S. 162–166, 191–195.

Müller, Th.T., Preußische Klostersäkularisation als Machtdemonstration. Die Martinskirche und die Gründung der evangelischen Gemeinde zu Heiligenstadt, in: ders. (Hg.), Die St.-Martins-Kirche zu Heiligenstadt. 17 Beiträge zu ihrer Geschichte (Heiligenstädter Schriften 2), Heiligenstadt 2003, S. 77–90.

Müller, Th.T., Die Hand am Burgtor. Rechtliche Normierung auf dem Hanstein im 16. Jahrhundert, in: Burg Hanstein. Zur 700-jährigen Geschichte einer eichsfeldischen Grenzfeste, hg. im

Auftrag des Familienverbandes der von Hanstein von H.-D. von Hanstein, Duderstadt 2008, S. 112–122.

Müller, Th.T., Der Abschied von den Heiligen. Die Hansteiner und die Reformation, in: Burg Hanstein. Zur 700-jährigen Geschichte einer eichsfeldischen Grenzfeste, hg. im Auftrag des Familienverbandes der von Hanstein von H.-D. von Hanstein, Duderstadt 2008, S. 123–128.

Müller, Th.T., Kraftfeld Hülfensberg? Überlegungen zur Geschichte eines „Eichsfelder Nationalheiligtums", in: Jahrbuch für mitteldeutsche Kirchen- und Ordensgeschichte 5 (2009), S. 277–295.

Münch, E., Vollrat von der Lühe 1549: Straßenräuber und Mörder oder Opfer der Rostocker Justiz? Zwei historische Lieder und ihr geschichtlicher Hintergrund, in: Hansische Geschichtsblätter 117 (1999), S, 53–91.

Niederquell, Th., Die Kanoniker des Petersstifts in Fritzlar 1519–1803 (Veröffentlichungen der Historischen Kommission für Hessen 41), Marburg 1980.

Nippold., F., Der christliche Adel deutscher Nation. Ein Rückblick und Ausblick auf seine Vergangenheit und Zukunft. Mit besonderer Beziehung auf die deutsche Adelsgenossenschaft und das Adelsblatt, Berlin 1893.

Nippold, F., Der sächsische Adel und der Protestantismus (Flugschriften des Evangelischen Bundes 184/85, XVI. Reihe, 4/5), Leipzig 1900.

Nitschke, B., Einführung in die politische Theorie der Prämoderne 1500–1800, Darmstadt 2000.

Oestreich, G., Antiker Geist und moderner Staat bei Justus Lipsius (1547–1606). Der Neostoizismus als politische Bewegung (Schriftenreihe der Historischen Kommission bei der Bayerischen Akademie der Wissenschaften 38), hg. von N. Mout, Göttingen 1989.

Oexle, O.G., Memoria als Kultur, in: ders. (Hg.), Memoria als Kultur (Veröffentlichungen des MPI für Geschichte 121), Göttingen 1995, S. 9–78.

Olesen, J.E., Die dänischen Beziehungen zu Kursachsen 1555 bis 1618, in: Helmar Junghans (Hg.), Die sächsischen Kurfürsten während des Religionsfriedens von 1555 bis 1618. Symposion anlässlich des Abschlusses der Edition „Politische Korrespondenz des Herzogs von Sachsen" vom 15. bis 18. September 2005 in Leipzig. Veranstaltet von der Sächsischen Akademie der Wissenschaften zu Leipzig und dem Theologischen Arbeitskreis für Reformationsgeschichtliche Forschung Berlin (Quellen und Forschungen zur sächsischen Geschichte 31), Stuttgart 2007, S. 33–50.

Opfermann, B. Die kirchliche Verwaltung des Eichsfeldes in seiner Vergangenheit, Leipzig 1958.

Opfermann, B., Gestalten des Eichsfeldes. Ein biographisches Lexikon, bearbeitet von Thomas T. Müller, Gerhard Müller, Heinz Scholle, Heiligenstadt ^{2}1999.

Orth, E., Die Fehden der Reichsstadt Frankfurt am Main im Spätmittelalter. Fehderecht und Fehdepraxis im 14. und 15. Jahrhundert, Wiesbaden 1973.

Ortloff, F., Geschichte der Grumbachschen Händel, 4 Bde., Jena 1868–1870.

Otte, A., Die Mainzer Hofgerichtsordnung von 1516/1521 und die Gesetzgebung auf dem Gebiet der Zivilgerichtsbarkeit im 16. Jahrhundert. Geschichte, Quellen und Wirkung des Gesetzes für die Zentraljustizbehörde eines geistlichen Fürstentums, (Diss. Mainz) 1964.

Pabst, K., Deutsche Geschichtsvereine vor dem Ersten Weltkrieg, in: Geschichtsvereine. Entwicklungslinien und Perspektiven lokaler und regionaler Geschichtsarbeit. Dokumentation einer Studienkonferenz in Zusammenarbeit mit dem Landschaftsverband Rheinland/Referat Heimatpflege (Bensberger Protokolle 62), Bergisch Galdbach 1990, S. 9–32.

Patschovsky, A., Fehde im Recht. Eine Problemskizze, in: Chr. Roll (Hg.), Recht und Reich im Zeitalter der Reformation. FS Horst Rabe, Frankfurt am Main ^{2}1997, S. 145–178.

Pedlow, G. W., The Survival of the Hessian Nobility 1770–1870, Princeton 1988.

Peters, Chr., Der kursächsische Anteil an der Entstehung und Durchsetzung des Konkordienbuches, in: H. Junghans (Hg.), Die sächsischen Kurfürsten während des Religionsfriedens von 1555 bis 1618. Symposion anlässlich des Abschlusses der Edition „Politische Korrespondenz des Herzogs von Sachsen" vom 15. bis 18. September 2005 in Leipzig. Veranstaltet von der Sächsischen

Akademie der Wissenschaften zu Leipzig und dem Theologischen Arbeitskreis für Reformationsgeschichtliche Forschung Berlin (Quellen und Forschungen zur sächsischen Geschichte 31), Stuttgart 2007, S. 191–208.

Petri, F., Nordwestdeutschland im Wechselspiel der Politik Karls V. und Philipps des Großmütigen von Hessen, in: Zeitschrift für Hessische Geschichte 71 (1960), S. 37–60.

Petri, F., Herzog Heinrich der Jüngere von Braunschweig-Wolfenbüttel. Ein norddeutscher Territorialfürst im Zeitalter Luthers und Karls V., in: Archiv für Reformationsgeschichte 72 (1981), S. 122–158.

Pfeiffer, G., Studien zur Geschichte der fränkische Ritterschaft, in: Jahrbuch für fränkische Landesforschung 22 (1962), S. 173–280.

Pflüger, Chr., Kommissare und Korrespondenzen. Politische Kommunikation im Alten Reich (1552–1558) (Norm und Struktur 24), Köln / Weimar / Wien 2005.

Pitz, E., Zur Historiographie der Landesgeschichte unter besonderer Berücksichtigung der Herausbildung von Historischen Kommissionen, in: Westfälische Forschungen 46 (1996), S. 33-48.

Press, V., Adel im 19. Jahrhundert. Die Führungsschichten Alteuropas im bürgerlich-bürokratischen Zeitalter, in: A. Reden-Dohna / R. Melville (Hg.), Adel an der Schwelle des bürgerlichen Zeitalters 1780–1860 (Veröffentlichungen des Instituts für Europäische Geschichte Mainz, Abt. Universalgeschichte 10), Stuttgart 1988, S. 1–19.

Press, V., Adel im Alten Reich (Frühneuzeit-Forschungen 4), Tübingen 1998.

Press, V., Götz von Berlichingen (ca. 1480 bis 1562): vom „Raubritter" zum Reichsritter, in: ders., Adel im Alten Reich (Frühneuzeit-Forschungen 4), Tübingen 1998, S. 334–356.

Press, V., Wilhelm von Grumbach und die deutsche Adelskrise der 1560er Jahre, in: Blätter für deutsche Landesgeschichte 113 (1977), S. 396–431.

Preuß, H., Söldnerführer unter Landgraf Philipp dem Großmütigen von Hessen (1518–1567) (Quellen und Forschungen zur hessischen Geschichte 30), Darmstadt / Marburg 1975.

Pröve, R., Gewalt und Herrschaft in der Frühen Neuzeit. Formen und Formenwandel von Gewalt, in: Zeitschrift für Geschichtswissenschaft 47 (1999), S. 792–806.

Pröve, R., Violentia und Potestas. Perzeptionsprobleme von Gewalt in Söldnertagebüchern des 17. Jahrhunderts, in: M. Meumann / D. Niefanger (Hg.), Ein Schauplatz herber Angst. Wahrnehmung und Darstellung von Gewalt im 17. Jahrhundert, Göttingen 1997, S. 24–42.

Proksch, C., Die Auseinandersetzung um den Austrag des Rechts zwischen Fürsten und Ritterschaft in Franken vom Ende des 14. bis in die Mitte des 16. Jahrhunderts, in: D. Rödel / J. Schneider (Hg.), Strukturen der Gesellschaft im Mittelalter. Interdisziplinäre Mediävistik in Würzburg, Wiesbaden 1996.

Rabe, H., Reich und Glaubensspaltung. Deutschland 1500–1600 (Neue Deutsche Geschichte 4), München 1989.

Rabeler, S., Niederadlige Lebensformen im späten Mittelalter. Wilwolt von Schaumburg (um 1450-1510) und Ludwig von Eyb d. J. (1450–1521) (Veröffentlichungen der Gesellschaft für fränkische Geschichte IX / 53), Würzburg 2006.

Ranieri, F., Rezeption und Prozeßrecht am Reichskammergericht, in: Frieden durch Recht. Das Reichskammergericht von 1495 bis 1806, hg. von I. Scheurmann, Mainz 1994, S. 170–173.

Rechter, G., *Wenn ihr nicht einen streich haltet, so müßt ihr mehr streich halten*. Zum Verhältnis zwischen Niederadel und Städten in Franken, in: Kurt Andermann (Hg.), „Raubritter" oder „rechtschaffene vom Adel"? Aspekte von Politik, Friede und Recht im späten Mittelalter (Oberrheinische Studien 14), Sigmaringen 1997, S. 133–150.

Reichhardt, R., Die Grafschaft Hohenstein im 16. und 17. Jahrhundert. Festschrift zur 200jährigen Jubelfeier der Vereinigung der Grafschaft Hohenstein mit dem brandenburgisch=preussischen Staate, Hohenstein 1899.

Reichhardt, R., Die Grafschafschaft Hohenstein unter der Herrschaft des Grafen Thun 1628–1631, in: Zeitschrift des Harz-Vereins für Geschichte und Altertumskunde 36 (1903), S. 274–283.

Reichhardt, R., Die Reformation in der Grafschaft Hohenstein (Volksschriften des Vereins für Kirchengeschichte in der Provinz Sachsen 2), Magdeburg 1912.

Reif, H., Westfälischer Adel 1770–1860. Vom Herrschaftsstand zur regionalen Elite (Kritische Studien zur Geschichtswissenschaft 35), Göttingen 1979.

Reif, H., Adel im 19. und 20. Jahrhundert (EDG 55), München 1999.

Reinhard, W., Staatsmacht als Kreditproblem. Zur Struktur und Funktion des frühneuzeitlichen Ämterhandels, in: Vierteljahrschrift für Wirtschafts- und Sozialgeschichte 61 (1974), S. 289–319.

Reinhard, W., Geschichte der Staatsgewalt. Eine vergleichende Verfassungsgeschichte Europas von den Anfängen bis zur Gegenwart, München 1999.

Reinhard, W., Paul V. Borghese (1605–1621). Mikropolitische Papstgeschichte (Päpste und Papsttum 37), Stuttgart 2009.

Reinhold, J. / Henkel, G., Die Burg Scharfenstein im Eichsfeld in Geschichte und Gegenwart, Duderstadt 2009.

Reinle, Chr., Bauernfehden. Studien zur Fehdeführung Nichtadeliger im spätmittelalterlichen römisch-deutschen Reich, besonders in den bayerischen Herzogtümern (VSWG-Beihefte 170), Wiesbaden 2003.

Reinle, Chr., Fehden und Fehdebekämpfung am Ende des Mittelalters. Überlegungen zum Auseinandertreten von „Frieden" und „Recht" in der politischen Praxis zu Beginn des 16. Jahrhunderts am Beispiel der Absberg-Fehde, in: Zeitschrift für Historische Forschung 30 (2003), S. 355–388.

Reinle, Chr., „Fehde" und gewaltsame Selbsthilfe in England und im römisch-deutschen Reich, in: Akten des 36. Deutschen Rechtshistorikertages. Halle an der Saale, 10.–14. September 2006, hrsg. von R. Lieberwirth / H. Lück, Baden-Baden / Bern / Stuttgart 2008, S. 99–132.

Reisenleitner, M., Wege zum Adel – Theoretische Zugänge zur Kultur einer Elite, in: Frühneuzeit-Info 1 (1990), S. 28–37.

Remling, L., Fastnacht und Gegenreformation in Münster. Diarien, Chroniken und Litterae annuae der Jesuiten als Quellen, in: Jahrbuch für Volkskunde 5 (1982), 51–77.

Reusch, H., Art. Franz Werner, in: Allgemeine Deutsche Biographie, Bd. 42, Leipzig 1897, S. 43.

Ritter, A., Die Ratsherren und ihre Familien in den südhannoverschen Städten Göttingen, Duderstadt und Münden vom 15. bis zum Ende des 17. Jahrhunderts (Provinzial-Institut für Landesplanung und niedersächsische Landes- und Volksforschung Hannover Göttingen A / II,6), Oldenburg 1943.

Ritzmann, P., „Plackerey in teutschen Landen". Untersuchungen zur Fehdetätigkeit des fränkischen Adels im frühen 16. Jahrhundert und ihrer Bekämpfung durch den Schwäbischen Bund und die Reichsstadt Nürnberg, insbesondere am Beispiel des Hans Thomas von Absberg und seiner Auseinandersetzung mit den Grafen von Öttingen (1520–1531), München 1995.

Rödel, V., Die von Walderdorff als Burgmannen zu Friedberg und als Mitglieder der Reichsritterschaft, in: F. Jürgensmeier (Hg.), Die von Walderdorff. Acht Jahrhunderte Wechselbeziehungen zwischen Region–Reich–Kirche und einem rheinischen Adelsgeschlecht, Köln 1998, S. 19–30.

Roeck, B. / Tönnesmann, A., Die Nase Italiens. Federico da Montefeltro, Herzog von Urbino, Berlin ^{2}2007.

Römmelt, St.W., Adel, medialer Konfliktaustrag und Öffentlichkeit im Heiligen Römischen Reich. Das Beispiel der Grumbachschen Händel (1553–1567), in: W. Demel / F. Kramer (Hg.), Adel und Adelskultur in Bayern (Zeitschrift für Bayerische Landesgeschichte, Beiheft 32), München 2008, S. 271–300.

Rösener, W., Zur Problematik des spätmittelalterlichen Raubrittertums, in: H. Maurer / H. Patze (Hg.), FS Berent Schwineköper, Sigmaringen, 1982, S. 469–488.

Rommel, Chr. (v.), Geschichte von Hessen, 10 Bde., Marburg und Cassel 1820–1858.

Rudersdorf, M., Ludwig IV. Landgraf von Hessen-Marburg 1537–1604. Landesteilung und Luthertum in Hessen (Veröffentlichungen des Instituts für europäische Geschichte Mainz, Abt. Universalgeschichte 144), Mainz 1991.

Rupprecht, K., Ritterschaftliche Herrschaftswahrung in Franken. Die Geschichte der von Guttenberg im Spätmittelalter und zu Beginn der Frühen Neuzeit (Veröffentlichungen der Gesellschaft für Fränkische Geschichte 9/42), Neustadt an der Aisch 1994.

Samse, H., Die Zentralverwaltung in den südwelfischen Landen vom 15. bis zum 17. Jahrhundert. Ein Beitrag zur Verfassungs- und Sozialgeschichte Niedersachsens (Quellen und Darstellungen zur Geschichte Niedersachsens 49), Hildesheim und Leipzig 1940.

Sandl, M., Historizität der Erinnerung/Reflexivität des Historischen. Die Herausforderung der Geschichtswissenschaft durch die kulturwissenschaftliche Gedächtnisforschung, in: G. Oesterle (Hg.), Erinnerung, Gedächtnis, Wissen. Studien zur kulturwissenschaftlichen Gedächtnisforschung (Formen der Erinnerung 26), Göttingen 2005, S. 89–119.

Scattola, M., Das Naturrecht vor dem Naturrecht. Zur Geschichte des „ius naturae" im 16. Jahrhundert (Frühe Neuzeit 52), Tübingen 1999.

Schattkowsky, M. (Hg.), Die Familie von Bünau. Adelsherrschaften in Sachsen und Böhmen vom Mittelalter bis zur Neuzeit (Schriften zur sächsischen Geschichte und Volkskunde 27), Leipzig 2008.

Scheurmann, I., Die Wissenschaft vom Kameralprozeß, in: Frieden durch Recht. Das Reichskammergericht von 1495 bis 1806, hg. von I. Scheurmann, Mainz 1994, S. 159–169.

Schilling, H., Reichs-Staat und frühneuzeitliche Nation der Deutschen oder teilmodernisiertes Reichssystem. Überlegungen zu Charakter und Aktualität des Alten Reiches, in: Historische Zeitschrift 272 (2001), S. 377–395.

Schirmer, U., Kunz von Kaufungen und der Prinzenraub zu Altenburg (1455). Strukturen eines spätmittelalterlichen Konflikts, in: Zeitschrift für Historische Forschung 32 (2005), S. 369–405.

Schlögl, R., Vergesellschaftung unter Anwesenden. Zur kommunikativen Form des Politischen in der vormodernen Stadt, in: ders. (Hg.), Interaktion und Herrschaft. Die Politik der frühneuzeitlichen Stadt (Historische Kulturwissenschaft 5), Konstanz 2004, S. 9–60.

Schmidt, A., Vaterlandsliebe und Religionskonflikt. Politische Diskurse im Alten Reich (1555–1648) (Studies in Medieval and Reformation Traditions 126), Leiden/Boston 2007.

Schmidt, H., Kirchenregiment und Landesherrschaft im Selbstverständnis niedersächsischer Fürsten des 16. Jahrhunderts, in: Niedersächsisches Jahrbuch für Landesgeschichte 56 (1984), S. 31–58.

Schmidt, G., Geschichte des Alten Reiches. Staat und Nation in der Frühen Neuzeit 1495-1806, München 1999.

Schneider, J., Spätmittelalterlicher deutscher Niederadel. Ein landschaftlicher Vergleich (Monographien zur Geschichte des Mittelalters 52), Stuttgart 2003.

Schneider, K.H., Geschichtsvereine und ihre Geschichtslandschaften. Räumliche Organisation und regionale Probleme, in: Geschichtsvereine. Entwicklungslinien und Perspektiven lokaler und regionaler Geschichtsarbeit. Dokumentation einer Studienkonferenz in Zusammenarbeit mit dem Landschaftsverband Rheinland/Referat Heimatpflege (Bensberger Protokolle 62), Bergisch Gladbach 1990, S. 53–69.

Scholz, O.R., Die Vorstruktur des Verstehens. Ein Beitrag zur Klärung des Verhältnisses zwischen traditioneller Hermeneutik und ‚philosophischer Hermeneutik' in: J. Schönert/F. Vollhardt (Hg.), Geschichte der Hermeneutik und die Methodik der textinterpretierenden Disziplinen (Historia Hermeneutica. Series Studia 1), Berlin 2005, S. 443–461.

Schorn-Schütte, L., Karl Lamprecht. Kulturgeschichtsschreibung zwischen Wissenschaft und Politik (Schriftenreihe der Historischen Kommission bei der Bayerischen Akademie der Wissenschaften 22), Göttingen 1984.

Schorn-Schütte, L., Politische Kommunikation in der Frühen Neuzeit: Obrigkeitskritik im Alten Reich, in: Geschichte und Gesellschaft 32 (2006), S. 273–311.

Schorn-Schütte, L., Historische Politikforschung. Eine Einführung, München 2006.

Schorn-Schütte, L. / Tode, S. (Hg.), Debatten über die Legitimation von Herrschaft. Politische Sprachen in der Frühen Neuzeit (Wissenskultur und gesellschaftlicher Wandel 19), Berlin 2006.

Schorn-Schütte, L., Kommunikation über Politik im Europa der Frühen Neuzeit. Ein Forschungskonzept, in: Jahrbuch des Historischen Kollegs 2007, S. 3–36.

Schorn-Schütte, L., Geschichte Europas in der Frühen Neuzeit. Studienhandbuch 1500–1789, Paderborn / München / Wien / Zürich 2009.

Schreckenbach, P., Die von Wintzingerode. Ein Roman aus dem sechzehnten Jahrhundert, Leipzig 1930.

Schröder J., (Hg.), Entwicklung der Methodenlehre in Rechtswissenschaft und Philosophie vom 16. bis zum 18. Jahrhundert (Contubernium 46), Stuttgart 1998.

Schröder, J., Entwicklungstendenzen der juristischen Interpretationstheorie von 1500 bis 1850, in: J. Schönert / F. Vollhardt, Geschichte der Hermeneutik und die Methodik der textinterpretierenden Disziplinen (Historia Hermeneutica. Series Studia 1), Berlin 2005, S. 203–220.

Schrohe, H., Die Stadt Mainz unter kurfürstlicher Verwaltung (1462–1792) (Beiträge zur Geschichte der Stadt Mainz 5), Mainz 1920.

Schubert, E., Steuer, Streit und Stände. Die Ausbildung ständischer Repräsentation in niedersächsischen Territorien des 16. Jahrhunderts, in: Niedersächsisches Jahrbuch für Landesgeschichte 63 (1991), S. 1–58.

Schubert, E., Die Harzgrafen im ausgehenden Mittelalter, in: J. Rogge / U. Schirmer (Hg.), Hochadelige Herrschaft im mitteldeutschen Raum (1200 bis 1600). Formen – Legitimation – Repräsentation (Quellen und Forschungen zur sächsischen Geschichte 23), Leipzig 2003, S. 13–115.

Schulin, E., Am Ziel ihrer Geschichte. Die deutschen Historiker im Kaiserreich, in: Werner Freitag (Hg.), Halle und die deutsche Geschichtswissenschaft um 1900: Beiträge des Kolloquiums „125 Jahre Historisches Seminar an der Universität Halle" am 4. / 5. November 2000 (Studien zur Landesgeschichte 5), Halle (Saale) 2002, S. 11–24.

Schumann, S., Joachim von Mynsinger von Frundeck (1514–1588). Herzoglicher Rat in Wolfenbüttel – Rechtsgelehrter – Humanist. Zur Biographie eines Juristen im 16. Jahrhundert (Wolfenbütteler Forschungen 23), Wiesbaden 1983.

Schuster, P., Eine Stadt vor Gericht. Recht und Alltag im spätmittelalterlichen Konstanz, Paderborn / München / Wien / Zürich 1999.

Schuster, P., Die Krise des Spätmittelalters. Zur Evidenz eines sozial- und wirtschaftsgeschichtlichen Paradigmas in der Geschichtsschreibung des 20. Jahrhunderts, in: Historische Zeitschrift 269 (1999), S. 19–55.

Schwerhoff, G., Köln im Kreuzverhör. Kriminalität, Herrschaft und Gesellschaft in einer frühneuzeitlichen Stadt, Bonn / Berlin 1991.

Schwerhoff, G., Aktenkundig und gerichtsnotorisch. Einführung in die Historische Kriminalitätsforschung (Historische Einführungen 3), Tübingen 1999.

Seyboth, R., Die Markgraftümer Ansbach und Kulmbach unter der Regierung Markgraf Friedrichs des Älteren (1486–1515) (Schriftenreihe der Historischen Kommission bei der Bayerischen Akademie der Wissenschaften 24), Göttingen 1985.

Seyboth, R., „Raubritter" und Landesherrn. Zum Problem territorialer Friedenswahrung im späten Mittelalter am Beispiel der Markgrafen von Ansbach-Kulmbach, in: Kurt Andermann (Hg.), „Raubritter" oder „rechtschaffene vom Adel". Aspekte von Politik, Friede und Recht im späten Mittelalter (Oberrheinische Studien 14), Sigmaringen 1997, S. 115–131.

Sieferle, R.P. / Breuninger, H. (Hg.), Kulturen der Gewalt. Ritualisierung und Symbolisierung von Gewalt in der Geschichte, Frankfurt / New York 1998.

Sikora, M., Der Adel in der Frühen Neuzeit, Darmstadt 2009.

Simon, Chr., Historiographie. Eine Einführung, Stuttgart 1996.

Sprandel, R., Die Ritterschaft und das Hochstift Würzburg im Spätmittelalter, in: Jahrbuch für fränkische Landesgeschichte 36 (1976), S. 117–143.

Stambolis, B., Nationalismus trotz Ultramontanisierung oder: „Alles für Deutschland. Deutschland aber für Christus." Mentalitätsleitende Wertorientierung deutscher Katholiken im 19. und 20. Jahrhundert, in: Historische Zeitschrift 269 (1999), S. 57–97.

Stamm-Kuhlmann, Th., Borussentum oder kritische Geschichtsschreibung? Zur Lage der Preußen-Historiograpie um 1900, in: W. Freitag (Hg.), Halle und die deutsche Geschichtswissenschaft um 1900: Beiträge des Kolloquiums „125 Jahre Historisches Seminar an der Universität Halle" am 4./5. November 2000 (Studien zur Landesgeschichte 5), Halle (Saale) 2002, S. 108–120.

Steinmetz, W., Neue Wege einer historischen Semantik des Politischen, in: ders. (Hg.), „Politik". Situationen eines Wortgebrauchs im Europa der Neuzeit (Historische Politikforschung 14), Frankfurt am Main / New York 2007, S. 9–40.

Stiegemann, Chr. (Hg.), Wunderwerk. Göttliche Ordnung und vermessene Welt. Der Goldschmied und Kupferstecher Antonius Eisenhoit und die Hofkunst um 1600. Katalog der Ausstellung im Erzbischöflichen Diözesanmuseum Paderborn, Mainz 2003.

Stievermann, D., Kurfürst Johann Friedrich von Sachsen, seine hegemoniale Stellung und der Schmalkaldische Krieg, in: V. Leppin / G. Schmidt / S. Wefers (Hg.), Johann Friedrich I. – der lutherische Kurfürst (Schriften des Vereins für Reformationsgeschichte 204), Heidelberg 2006, S. 101–125.

Stimming, M., Die Entstehung des weltlichen Territoriums des Erzbistums Mainz (Quellen und Forschungen zur Hessischen Geschichte 3), Darmstadt 1915.

Stollberg-Rilinger, B., Handelsgeist und Adelsethos. Zur Diskussion um das Handelsverbot für den deutschen Adel vom 16. bis zum 18. Jahrhundert, in: Zeitschrift für Historische Forschung 15 (1988), S. 273–309.

Stollberg-Rilinger, B., Zeremoniell, Ritual, Symbol. Neue Forschungen zur symbolischen Kommunikation in Spätmittelalter und Früher Neuzeit, in: Zeitschrift für Historische Forschung 27 (2000), S. 389–405.

Streetz, M., Das Fürstentum Calenberg-Göttingen (1495/1512–1584), in: Niedersächsisches Jahrbuch für Landesgeschichte 70 (1998), S. 191–235.

Strotkötter, G., Burg und Geschlecht der von Hanstein, in: Unser Eichsfeld 3 (1908), S. 97–117, 145–166.

Stuckenberg, C.-F., Untersuchungen zur Unschuldsvermutung, Berlin 1998.

Tebbe, K., Epitaphien aus dem Weserraum um 1600, in: „... uns und unseren Nachkommen zu Ruhm und Ehre". Kunstwerke im Weserraum und ihre Auftraggeber (Materialien zur Kunst- und Kulturgeschichte in Nord- und Westdeutschland 6), Marburg 1992, S. 9–67.

Tebbe, K., Epitaphien adeliger Auftraggeber in städtischen Kirchen des Weserraumes, in: Der Adel in der Stadt des Mittelalters und der Frühen Neuzeit. Beiträge zum VII. Symposion des Weserrenaissance-Museums Schloß Brake vom 9. bis zum 11. Oktober 1995, veranstaltet vom Institut für vergleichende Städtegeschichte an der Westfälischen Wilhelms-Universität Münster (Materialien zur Kunst- und Kulturgeschichte in Nord- und Westdeutschland 25), Marburg 1996, S. 321–332.

Tebbe, K., Epitaphien in der Grafschaft Schaumburg. Die Visualisierung der politischen Ordnung im Kirchenraum, hg. von V. Lüpkes und H. Borggrefe (Materialien zur Architektur-, Kunst- und Kulturgeschichte in Nord- und Westdeutschland 18), Marburg 1996.

Tebruck, St., Landesherrschaft – Adeliges Selbstverständnis – Höfische Kultur. Die Ludowinger in der Forschung, in: Wartburg-Jahrbuch 2008, Regensburg 2010, S. 30–76.

Teske (Red.), G., Adel und Stadt. Vorträge auf dem Kolloquium der Vereinigten Westfälischen Adelsarchive e. V. vom 28.–29. Oktober 1993 in Münster (Veröffentlichung / Vereinigte Westfälische Adelsarchive e. V. 10), Münster 1998.

Teuner, R., Die fuldische Ritterschaft 1510–1656 (Rechtshistorische Reihe 18), Frankfurt am Main / Bern 1982.

Thiele, G., Hundert Jahr unter Preussens Aar! 1802–1902. Festschrift zur Feier der hundertjährigen Zugehörigkeit des Landkreises Mühlhausen i. Thür. zur Krone Preussen, Mühlhausen 1902.

Türich, Th., Das Ohmgebirge (Eichsfelder Heimatglocken, Sonderheft 1), Duderstadt 1923.

Tullner, M. (Hg.), Die preußische Provinz Sachsen. Positionen und Beiträge zu ihrer Geschichte, Magdeburg 1993.

Wachtel, P., Zünfte, Markt und eigenes Bier. Ein wirtschaftsgeschichtlicher Überblick vom Mittelalter bis zum Ende der Kurmainzer Zeit, in: Th. T. Müller (Hg.), Wurbeke - Worweze - Stadtworbis. Beiträge zur Geschichte der Stadt Worbis, Duderstadt 2005, S. 65–86.

Wachtel. P., Preußen, Weimar und das Ende. Worbis von 1802 bis 1945, in: Th. T. Müller (Hg.), Wurbeke - Worweze - Stadtworbis. Beiträge zur Geschichte der Stadt Worbis, Duderstadt 2005, S. 87–118.

Wadle, E., Der Ewige Landfriede von 1495 und das Ende der mittelalterlichen Friedensbewegung, in: 1495 - Kaiser, Reich, Reformen. Der Reichstag zu Worms, hg. von der Landesarchivverwaltung Rheinland-Pfalz, Koblenz 1995, S. 71–80.

Walter, U., Aristokratische Existenz in der Antike und der Frühen Neuzeit – einige unabgeschlossene Überlegungen, in: H. Beck / P. Scholz / U. Walter (Hg.), Die Macht der Wenigen. Aristokratische Herrschaftspraxis, Kommunikation und ‚edler' Lebensstil in Antike und Früher Neuzeit (Historische Zeitschrift, Beiheft 47), München 2008, S. 367–394.

Walther, G., Abt Balthasars Mission. Politische Mentalitäten, Gegenreformation und eine Adelsverschwörung im Hochstift Fulda (Schriftenreihe der Historischen Kommission bei der Bayerischen Akademie der Wissenschaften 67), Göttingen 2002.

Walther, G., Treue und Globalisierung. Die Mediatisierung der Reichsritterschaft im deutschen Südwesten, in: H. U. Rudolf (Hg.), Alte Klöster - neue Herren. Die Säkularisation im deutschen Südwesten 1803. Begleitbücher zur großen Landesausstellung Baden-Württemberg 2003 in Bad Schussenried, Bd. 2. 1 und 2. 2: Aufsätze, Stuttgart 2003, S. 857–872.

Walther, G., Diskrete Bündnispartner. Zum Verhältnis zwischen geistlichen Stiften und Ritterschaft im Zeitalter der Glaubensspaltung, in: Annali dell'Istituto storico italo-germanico in Trento 30 (2004), S. 345–360.

Walther, G., Glaube, Freiheit und Kalkül. Zur Frage von ‚Anpassung' und ‚Mobilität' bei adligen Konfessionsentscheidungen im 16. Jahrhundert, in: H. Carl / S. Lorenz (Hg.), Gelungene Anpassung? Adelige Antworten auf gesellschaftliche Wandlungsvorgänge vom 14. bis zum 16. Jahrhundert (Schriften zur südwestdeutschen Landeskunde 53), Ostfildern 2005, S. 185–200.

Walther, G., Freiheit, Freundschaft, Fürstengunst. Kriterien der Zugehörigkeit zum Adel in der Frühen Neuzeit, in: H. Beck / P. Scholz / U. Walter (Hg.), Die Macht der Wenigen. Aristokratische Herrschaftspraxis, Kommunikation und ‚edler' Lebensstil in Antike und Früher Neuzeit (Historische Zeitschrift, Beiheft 47), München 2008, S. 301–322.

Wand, A., Reformation, Katholische Reform und Gegenreformation im kurmainzischen Eichsfeld (1520–1648), Heiligenstadt 1998.

Weber, W., Priester der Klio. Historisch-sozialwissenschaftliche Studien zur Herkunft und Karriere deutscher Historiker und zur Geschichte der Geschichtswissenschaft 1800–1970 (Europäische Hochschulschriften III / 216), Frankfurt am Main / Bern / New York 1984.

Weber, W., Prudentia gubernatoria. Studien zur Herrschaftslehre in der deutschen politischen Wissenschaft des 17. Jahrhunderts (Studia Augustana 4), Tübingen 1992.

Wehler, H.-U., Deutsche Gesellschaftsgeschichte, 5 Bde., München 2008.

Weidner, M., Landadel in Münster 1600-1760. Stadtverfassung, Standesbehauptung und Fürstenhof (Quellen und Forschungen zur Geschichte der Stadt Münster, Reihe B N.F. 18), Münster 2000.

Weiß, U., Von der Frühbürgerlichen Revolution bis zur völligen Unterwerfung durch Kurmainz vom Ende des 15. Jahrhunderts bis 1664, in: W. Gutsche (Hg.), Geschichte der Stadt Erfurt, Weimar [2]1989, S. 103–144.

Weiß, U., Die frommen Bürger von Erfurt. Die Stadt und ihre Kirchen im Spätmittelalter und in der Reformationszeit, Weimar 1988.

Wenzel, K., Bismarcktürme und Bismarcksäulen in Thüringen. Zur politischen Topographie einer Erinnerungslandschaft, in: W. Greiling / H.-W. Hahn (Hg.), Bismarck in Thüringen. Politik und Erinnerungskultur in kleinstaatlicher Perspektive (Beiträge zur Geschichte und Stadtkultur 10), Weimar / Jena 2003, S. 157–176.

Werner, F., Der Mainzer Dom und seine Denkmäler, nebst einer Darstellung der Schicksale der Stadt und der Geschichte seiner Erzbischöfe bis zur Translation des erzbischöflichen Sitzes nach Regensburg, 3 Bde., Mainz 1826–1836.

Westernhagen, M. v., Geschichte der Familie von Westernhagen auf dem Eichsfelde während eines Zeitraumes von 7 Jahrhunderten, Reprint der Ausgabe 1909, Heiligenstadt 2003.

Wieland, Chr., Selbstzivilisierung zur Statusbehauptung. Untersuchungen zum Verhältnis von adligen Lebenswelten und Rechtssystem im 16. Jahrhundert am bayerischen Beispiel, in: Geschichte und Gesellschaft 33 (2007), S. 326–349.

Wieland, Chr., Die Ausnahme in der Sprache des Allgemeinen. Bayerischer Adel und Gericht im 16. Jahrhundert, in: W. Demel / F. Kramer (Hg.), Adel und Adelskultur in Bayern (Zeitschrift für Bayerische Landesgeschichte, Beiheft 32), München 2008, S. 107–135.

Winkelbauer, Th., Fürst und Fürstendiener. Gundaker von Liechtenstein, ein österreichischer Aristokrat des konfessionellen Zeitalters (Mitteilungen des Instituts für Österreichische Geschichte, Ergänzungsband 34), Wien / München 1999.

Wintzingerode, E. v., Stammbaum der Familie von Wintzingerode, mit biographischen Erläuterungen, Göttingen 1848.

Wintzingerode, H.J. Graf v. / Winkelmann B. / Gassmann, Rita, Die Burg Bodenstein im Eichsfeld: Geschichte und Gegenwart, hg. vom Kuratorium der Burg Bodenstein, Evangelische Kirche der Kirchenprovinz Sachsen, Duderstadt ²1996.

Wintzingerode, H.J. Graf v., „Recht tun behält sein Preis allzeit". Die Geschichte der Herren von Wintzingerode und der Burg Bodenstein, Heft 1 (Bodunger Beiträge 8), Großbodungen 2004.

Wintzingerode, H.J. Graf v., Württembergs Weg zum Königreich und die beiden Minister Wintzingerode, in: Zeitschrift für Württembergische Landesgeschichte 66 (2007), S. 239–248.

Wintzingerode, H.L. Graf v., Graf H.L. von Wintzingerode an seine Wähler August 1847. Als Manuscript gedruckt, Göttingen 1848.

Wintzingerode-Knorr, L. Freiherr v., Ein Criminal-Proceß aus dem 16. Jahrhundert, in: Zeitschrift des Harz-Vereins für Geschichte und Alterthumskunde 11 (1878), S. 101–118.

Wintzingerode-Knorr, L. Freiherr v., Die Kämpfe und Leiden der Evangelischen auf dem Eichsfelde während dreier Jahrhunderte (Schriften des Vereins für Reformationsgeschichte 136), 2 Teile, Halle 1892 / 93.

Wintzingerode-Knorr, L. Freiherr v., Die Wüstungen des Eichsfeldes (Geschichtsquellen der Provinz Sachsen und angrenzender Gebiete 40), Halle 1903 (ND Duderstadt 1995).

Wintzingerode-Knorr, S.-W. Freiherr v., Familiengeschichte derer v. Wintzingerode (Knorr), Wolfsburg 2004.

Wintzingerode, M. Freifrau v., Zur neueren Geschichte der Burg Pottenstein. Ein Mosaik aus bisher unveröffentlichten Bildern und Dokumenten von 1878 bis in unsere Zeit, Pottenstein 2001.

Wintzingerode, W.C., General der Kavallerie Ferdinand Freiherr von Wintzingerode (Ein Lebensbild aus den napoleonischen Kriegen), Arolsen 1902.

Wintzingerode, W.C. v., Barthold von Wintzingerode. Ein Kultur- und Lebensbild aus dem Reformationsjahrhundert, Gotha 1907.

Wintzingerode, W.C. v., Erwiderung auf die Besprechung im III. Heft des Jahrgangs 1910, in: Unser Eichsfeld 5 (1910), S. 217–219.

Wintzingerode, W.C. v., Burg Scharfenstein, in: Mühlhäuser Geschichtsblätter 11 (1910 / 11), S. 39–48.

Wintzingerode W.C. v., Geschichte der Familie von Wintzingerode im Mittelalter, Gotha 1923.

800 Jahre Wintzingerode 1204-2004, hg. von der Ortschaft Wintzingerode, Stadt Leinefelde-Worbis, Ortschaft Wintzingerode 2004.

Wintzingerode, W. Graf, Graf Heinrich Levin Wintzingerode ein Würtemberger Staatsmann, Gotha 1866.

Witte, L., Wilko Levin Graf von Wintzingerode=Bodenstein, in: Daheim. Ein deutsches Familienblatt 36 (1900) Nr. 19, S. 14–16.

Wittke, M., Mord und Totschlag. Gewaltdelikte im Fürstbistum Münster 1580–1620. Täter, Opfer und Justiz (Veröffentlichungen der Historischen Kommission für Westfalen XXII; Geschichtliche Arbeiten zur westfälischen Landesforschung 21), Münster 2002.

Wojtowytsch, M., Die Duderstädter Ratsherren im 16. und 17. Jahrhundert. Aspekte der sozialen Stellung einer kleinstädtischen Führungsschicht, in: Niedersächsisches Jahrbuch für Landesgeschichte 58 (1986), S. 1–26.

Wolf, J., Denkwürdigkeiten des Marktfleckens Gieboldehausen im Harz=Departement, District Duderstadt, Göttingen 1813.

Wolf, J., Eichsfeldische Kirchengeschichte mit 134 Urkunden, Göttingen 1816.

Wolf, J., Politische Geschichte des Eichsfeldes, neu bearbeitet und herausgegeben von K. Löffler, Duderstadt 1921.

Wrede, M. / Carl, H., Einleitung: Adel zwischen Schande und Ehre, Tradition und Traditionsbruch, Erinnerung und Vergessen, in: dies. (Hg.), Zwischen Schande und Ehre. Erinnerungsbrüche und die Kontinuität des Hauses. Legitimationsmuster und Traditionsverständnis des frühneuzeitlichen Adels in Umbruch und Krise (Veröffentlichungen des Instituts für Europäische Geschichte Mainz, Abt. Universalgeschichte, Beiheft 73), Mainz am Rhein 2007, S. 1–24.

Wüstefeld, K., 25 Jahre Heimatkundlicher Verein Untereichsfeld, in: Unser Eichsfeld 27 (1932), S. 9–19.

Zehrt, C., Eichsfeldische Kirchengeschichte des 19. Jahrhunderts, Heiligenstadt (Eichsfeld) 1892.

Ziegler, W., Braunschweig-Lüneburg, Hildesheim, in: A. Schindling / W. Ziegler (Hg.), Die Territorien des Reichs im Zeitalter der Reformation und Konfessionalisierung. Land und Konfession 1500–1650 (KLK 51), Bd. 3: Der Nordosten, Münster 1991, S. 8–43.

Zimmermann, E., Hanau. Stadt und Land. Kulturgeschichte und Chronik einer fränkisch=wetterauischen Stadt und ehemaligen Grafschaft, 2 Bde., Hanau 1903.

Zmora, H., Adelige Ehre und ritterliche Fehde: Franken im Spätmittelalter, in: K. Schreiner / G. Schwerhoff (Hg.), Verletzte Ehre. Ehrkonflikte des Mittelalters und der Frühen Neuzeit (Norm und Struktur 5), Köln / Weimar / Wien 1995, S. 91–109.

Zmora, H., State und Nobility in Early Modern Germany. The Knightly Feud in Franconia, 1440–1567, Cambridge 1997.

Zotz, T., Adel in der Stadt des deutschen Spätmittelalters. Erscheinungsformen und Verhaltensweisen, in: Zeitschrift für Geschichte des Oberrheins 141 (1993), S. 22–50.

Personen- und Ortsregister

(Nicht aufgenommen wurden die Stichwörter Barthold von Wintzingerode, Bodenstein, Eichsfeld und Kurfürstentum Mainz.)

www.ingramcontent.com/pod-product-compliance
Lightning Source LLC
LaVergne TN
LVHW092114300926
849161LV00002B/132
9783486707090